CRETA

ANTONY BEEVOR

CRETA

Tradução de
MARIA BEATRIZ DE MEDINA

Revisão técnica de
MÁRCIO SCALERCIO

EDITORA RECORD
RIO DE JANEIRO • SÃO PAULO

2008

CIP-Brasil. Catalogação-na-fonte
Sindicato Nacional dos Editores de Livros, RJ.

Beevor, Antony, 1946-
B352c Creta / Antony Beevor; tradução Maria Beatriz de Medina. – Rio de Janeiro: Record, 2008.

Tradução de: Crete
Apêndices
Inclui bibliografia
ISBN 978-85-01-07455-3

1. Guerra Mundial, 1939-1945 – Campanhas – Creta (Grécia). 2. Guerra Mundial, 1939-1945 – Movimentos de resistência – Creta (Grécia). 3. Creta (Grécia) – História militar. I. Título.

07-3647 CDD – 940.534959
CDU – 94(100)"1939/1945"

Título original em inglês:
CRETE

Direitos exclusivos de publicação em língua portuguesa para o Brasil adquiridos pela
EDITORA RECORD LTDA.
Rua Argentina 171 – Rio de Janeiro, RJ – 20921-380 – Tel.: 2585-2000
que se reserva a propriedade literária desta tradução

Impresso no Brasil

ISBN 978-85-01-07455-3

PEDIDOS PELO REEMBOLSO POSTAL
Caixa Postal 23.052
Rio de Janeiro, RJ — 20922-970

Para Artemis

Sumário

Mapas 9
Agradecimentos 11

PARTE I A queda da Grécia

1. Missões militares 19
2. Missões diplomáticas 31
3. Missões secretas 43
4. A dupla invasão 51
5. Do outro lado do Egeu 65

PARTE II A batalha de Creta

6. "Um segundo Scapa" 81
7. "A ponta da lança alemã" 97
8. "Fontes secretíssimas" 109
9. "Uma ótima oportunidade para matar" 131
10. Maleme e o Vale da Prisão 149
11. À queima-roupa em Retimno e Heráclion 161
12. Primeira noite e segundo dia 177
13. "A invasão por mar" 191
14. Desastre em terra e mar 199
15. Impasse em Retimno e Heráclion 213

16. A batalha de Galatas 221
17. A tropa de choque de Laycock e a Força-Reserva 233
18. Ao sul da Baía Suda 245
19. Rendição 259
20. Cairo e Londres 275

PARTE III A resistência

21. Represálias, fuga e resistência 285
22. Rumo ao campo 299
23. O ponto máximo do poder alemão 315
24. O ano da mudança 327
25. O armistício italiano 341
26. O seqüestro do general Kreipe 361
27. A retirada alemã 373
28. Os últimos dias da ocupação 393

Apêndices
A. Organizações Secretas 411
B. As formações britânicas e alemãs na batalha 412
C. Mensagens do Ultra enviadas a Creta antes da batalha 418
D. Organizações políticas gregas 423

Notas 425
Bibliografia 441
Índice remissivo 447

Mapas

1. Creta 15
2. O Mediterrâneo oriental 34
3. Os setores de Maleme e Suda antes da invasão 120
4. Campo de pouso de Maleme, 20 de maio de 1941 151
5. Retimno, 20 de maio de 1941 163
6. Heráclion, 20 de maio de 1941 168
7. Vale da Prisão, 21 de maio de 1941 183

de Veteranos de Creta), e aos membros desta e de outras associações que gentilmente contribuíram com as suas recordações: Tom Barratt, Tom Bevan, R. B. Brown, J. Clayton, Horace Cowley, Alexander Dow, tenente-comandante T. J. Gibbons, Alfred Gotts, tenente-comandante F. M. Hutton, Clifford Pass, Kenneth Stalder e Norman Swift; e a Vassilios Fourakis e Eleutheris Tsinakis.

Gostaria também de agradecer àqueles que ajudaram de outras maneiras, compartilhando generosamente suas próprias pesquisas, contribuindo com fontes inesperadas ou dando idéias úteis para novas buscas: Joan Bright Astley, Evangelos Christou, Antony Contomichaelos, Michael Davie, brigadier Christopher Dunphie, M. R. D. Foot, Imogen Grundon, Edward Hodgkin, Penelope Hope, Charles Messenger, Sir David Miers, Nigel Nicolson, Bernard Redshaw, Hugo Vickers e Christopher Woods.

Tenho uma grande dívida para com aqueles que me ajudaram na pesquisa na Grécia e a tornaram tão agradável: John Craxton, em Canéia; Marion Tzanakis, cônsul britânico em Heráclion; capitão da Marinha Real Richard Evans, adido naval e aeronáutico da embaixada britânica em Atenas; Sua Excelência Richard Woods, ex-embaixador da Nova Zelândia na Grécia; e o almirante Evangelos Sakellariou e o tenente-coronel Mountakis e a sua equipe do Museu da Guerra em Atenas.

Sou também muito grato a todos os que me emprestaram cartas, diários, fotografias e, principalmente, narrativas não publicadas, várias das quais mostraram-se não só úteis como fundamentais.

Hugh Fraser, integrante da Missão Militar Britânica em Creta, foi generosíssimo com o seu tempo e decifrou e traduziu documentos úteis e relatos da resistência. O Dr. Detlef Vogel, do Instituto de Pesquisa de História Militar em Freiburg, enviou-me muito gentilmente cópias de documentos alemães relevantes e transmitiu-me questões levantadas em sua própria obra sobre o tema.

Aqueles com conhecimento pessoal ou especializado e que leram e criticaram capítulos não só me pouparam de erros como, em muitos casos, acrescentaram novos esclarecimentos. Sou especialmente grato ao comandante Edward Thomas por examinar todas as seções relativas ao Ultra, ao general-de-brigada Michael Forrester, a Lord Jellicoe por examinar todos os trechos sobre ataques do SAS e do SBS; e a todos os membros da Missão Militar Britânica em Creta e a Manoussos Manoussakis, que também leu a Terceira Parte, em alguns casos várias vezes, e telefonou a toda a sua rede de colegas da resistência na Grécia para confirmar os fatos descritos no texto. Quaisquer erros que tenham restado são, é claro, inteiramente de minha responsabilidade.

Fui extremamente afortunado por todo o encorajamento e auxílio que recebi dos meus editores da John Murray, editores e amigos de várias gerações da minha família. Grant McIntyre deu bons conselhos e demonstrou nisso enorme talento, enquanto Gail Perkis foi a revisora perfeita, questionando com tato trechos confusos ou mal escritos e apresentando soluções excelentes quando o meu cérebro falhava.

Meu maior agradecimento está reservado para minha esposa Artemis Cooper. Se não tivesse suportado quase todo o fardo da doença da nossa filha, eu jamais conseguiria terminar este livro a tempo.

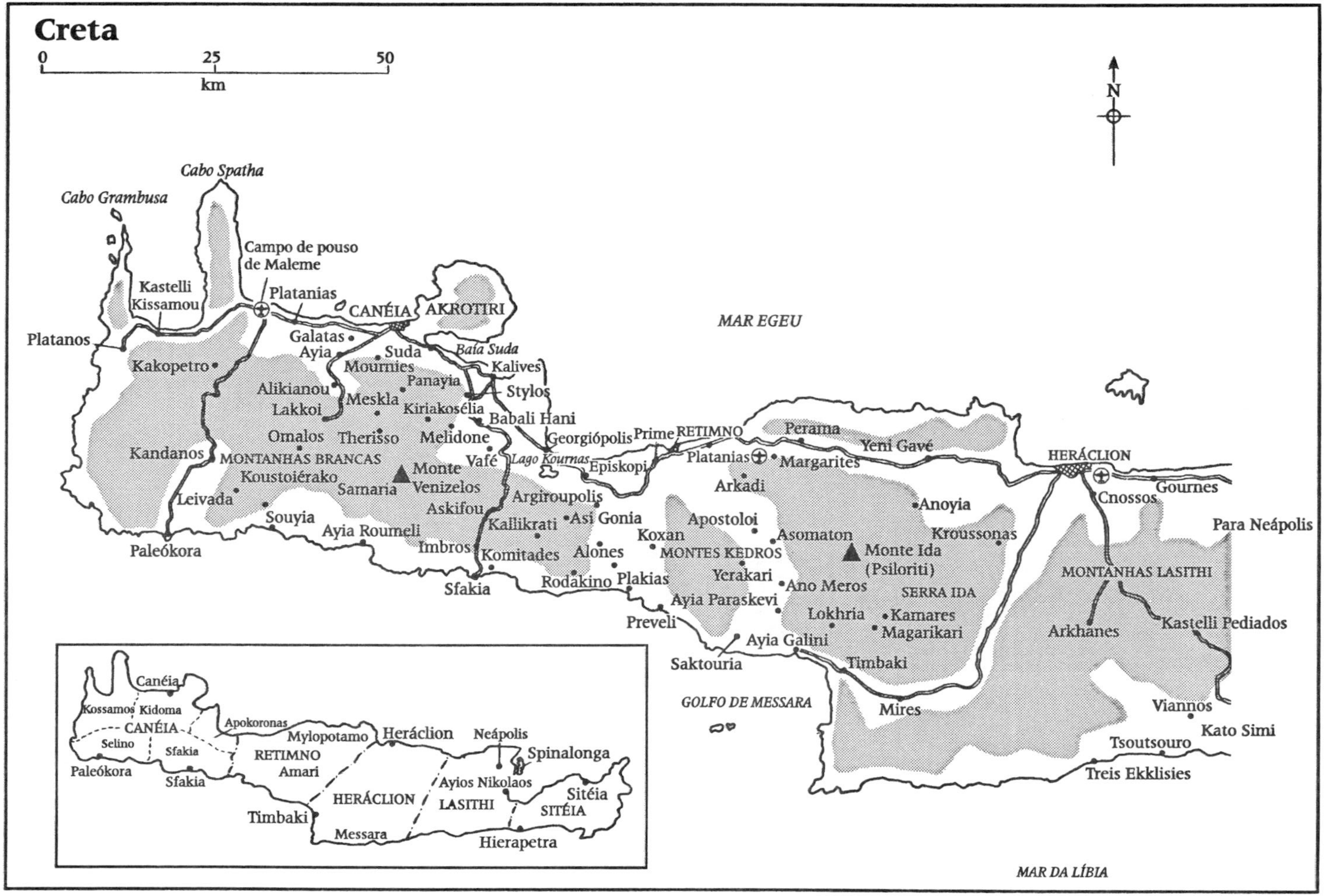
Creta
0
25
50
km
N
Cabo Spatha
Cabo Grambusa
Campo de pouso
de Maleme
Kastelli
Kissamou
Platanias
CANÉIA
AKROTIRI
Platanos
Galatas
Ayia
Suda
Baía Suda
Kalives
Kakopetro
Mournies
Panayia
Stylos
Alikianou
Meskla
Lakkoi
Kiriakosélia
Babali Hani
Omalos
Therisso
Melidone
Georgiópolis
Prime
RETIMNO
Kandanos
MONTANHAS BRANCAS
Monte
Venizelos
Vafé
Lago Kournas
Episkopi
Koustoiérako
Samaria
Leivada
Souyia
Askifou
Argiroupolis
Ayia Roumeli
Kallikrati
Asi Gonia
Paleókora
Imbros
Komitades
Alones
Sfakia
Rodakino
Plakias
MAR EGEU
Perama
Yeni Gavé
Platanias
Margarites
Arkadi
Apostoloi
Koxan
MONTES KEDROS
Yerakari
Ayia Paraskevi
Preveli
Saktouria
Asomaton
Ano Meros
Lokhria
Ayia Galini
Monte Ida
(Psiloriti)
SERRA IDA
Kamares
Magarikari
Timbaki
Anoyia
Kroussonas
HERÁCLION
Cnossos
Gournes
Para Neápolis
MONTANHAS LASITHI
Arkhanes
Kastelli Pediados
GOLFO DE MESSARA
Mires
Viannos
Kato Simi
Tsoutsouro
Treis Ekklisies
MAR DA LÍBIA
Canéia
Kossamos
Kidoma
CANÉIA
Selino
Sfakia
Paleókora
Sfakia
Apokoronas
Mylopotamo
RETIMNO
Amari
Heráclion
HERÁCLION
Timbaki
Messara
Neápolis
Spinalonga
Ayios Nikolaos
LASITHI
Sitéia
SITÉIA
Hierapetra

PARTE I

A queda da Grécia

1

Missões militares

Na noite seguinte à partida dos últimos soldados britânicos das praias de Dunquerque, um homem alto de olho de vidro disse adeus à esposa nos degraus do Oxford and Cambridge Club. Era a véspera da sua partida para a Grécia num hidroavião. Nunca mais se viram. Um ano depois, gravemente ferido na batalha de Creta, foi empurrado contra um muro por pára-quedistas alemães e fuzilado.

Embora fosse arqueólogo e ex-aluno do Winchester College, com formação convencional, John Pendlebury era um romântico cheio de vigor. Levava consigo uma bengala de estoque que afirmava ser a arma perfeita contra pára-quedistas. Em Creta, ela se tornou sua marca registrada, mais famosa que o olho de vidro que costumava deixar em cima da escrivaninha para indicar que não estava em Heráclion, sempre que partia para as montanhas para reunir-se com os comandantes da guerrilha.

Como muitos arqueólogos e professores, fora procurado em 1938 por um departamento especial do War Office (o ministério da Guerra britânico), conhecido como MI(R) — Military Intelligence (Research), serviço militar de informações e pesquisa —, precursor da SOE, Special Operations Executive (Executiva de Operações Especiais). Por ter conhecimento íntimo de Creta devido ao período, em meados da década de 1930, em que foi curador de Cnossos, Pendlebury era candidato óbvio para operações especiais. Mas não houve convocação no início da guerra e ele voltou à Inglaterra para ocupar um posto num regimento de cavalaria.

O chamado veio, finalmente, em maio de 1940, quando o ataque alemão aos Países Baixos e à França começou. A possibilidade cada vez maior da entrada da Itália na guerra e o interesse alemão pelos Bálcãs, principalmente pelas jazidas de petróleo da Romênia, indicavam que o Mediterrâneo oriental seria o próximo teatro de operações. Outro arqueólogo que sabia grego e foi convocado para as cores camufladas do MI(R), em maio de 1940, foi Nicholas Hammond, professor de Cambridge. Ele e Pendlebury foram enviados para um rápido curso sobre explosivos, que se tornaram a especialidade de Hammond; qualificação bem improvável para um futuro diretor de Clifton e professor de grego. Hammond era especialista em Épiro e Albânia. Em Londres, antes que partissem, Pendlebury insistiu, mais por diversão que por paranóia, que ao telefone, por questão de segurança, sempre conversassem em grego: Hammond no dialeto epirota e Pendlebury em cretense.

Embora mais velho que a maioria dos que se apresentaram como voluntários nos grupos de sabotagem e retaguarda, em termos físicos Pendlebury era um dos mais aptos. Atleta famoso em Cambridge nas corridas e no salto em altura e membro do Clube Aquiles, fora amigo de Harold Abrahams, campeão olímpico dos 100 metros rasos em 1924, e de Lord Burghley. Numa temporada em Cnossos antes da guerra, caminhara mais de 1.500 quilômetros no terreno montanhoso de Creta.

Com pouco mais de um dia de antecedência, os quatro integrantes do MI(R) destinados à Grécia e à Albânia foram convocados a comparecer ao War Office. Eram Pendlebury, Hammond, um empresário de Zagreb e David Hunt, também arqueólogo, do Magdalen College de Oxford, que depois da guerra tornou-se diplomata. Em 4 de junho, foram escoltados até a Estação Victoria por um oficial dos Guardas de Infantaria com farda de gala, calções de montaria, botas brilhantes e o devido quepe. No meio da torrente exausta de evacuados de Dunquerque, sua presença imaculada dava um daqueles toques surrealistas que são a especialidade não intencional do sistema britânico.

Eles embarcaram num hidroavião no porto de Poole e decolaram sem saber direito a rota. As colunas alemãs que avançavam profundamente na França forçaram o piloto a adotar uma trajetória indireta, pousando para reabastecer em Arcachon, logo ao sul de Bordéus, Sète, Bizerta, Malta e Corfu. Em Atenas, todos, com exceção de Pendlebury, tiveram recusada a entrada porque os seus disfarces de "empresário" e "funcionário público" foram considerados suspeitos. Naquele período anterior à invasão italiana, o governo grego estava em alerta contra qualquer ação britânica que pudesse comprometer sua neutralidade.

Pendlebury, como ex-curador de Cnossos, teve permissão para entrar no país. Transferiu-se logo para Creta, onde começou a entrar em contato com os amigos que fizera durante as suas marchas longuíssimas e a preparar grupos para resistir à invasão daquela ilha de tamanha importância estratégica.

Hammond e Hunt, impedidos de entrar na Grécia, não tiveram escolha senão seguir para o Egito. Lá, foram incorporados ao 1º Batalhão do Regimento Galês, em Alexandria. Mais tarde este batalhão regular demonstrou a sua têmpera militar em Creta, mas para quem se apresentara como soldado irregular voluntário a rotina em tempo de paz era sufocante. "Todo domingo os oficiais davam um coquetel que ia do meio-dia às três (somente coquetéis de champanhe), com a presença dos jovens e belos de Alexandria. Às três horas, todos nos sentávamos para o rosbife com *Yorkshire pudding*, embora a temperatura estivesse bem acima dos trinta graus." Como a Itália declarou guerra em 10 de junho, dois dias depois que Hammond e Hunt chegaram a Alexandria, esta estranha vida não durou muito tempo.

Naquele verão, enquanto a Grã-Bretanha se preparava para a invasão e ocorriam as primeiras escaramuças no deserto ocidental, o governo do ditador grego general Ioannis Metaxas, sensibilíssimo à ameaça do exército italiano que ocupara a Albânia em abril de 1939, envidou todos os esforços para evitar o confronto.

O governo de Atenas chegou a ignorar o afundamento do seu cruzador *Helle*, que atuava como guarda cerimonial durante comemorações religiosas na ilha de Tinos, por um submarino italiano. Esta moderação excepcional de pouco lhe serviu.

Poucas campanhas militares foram realizadas de modo tão descuidado quanto a invasão italiana da Grécia, iniciada em 28 de outubro de 1940. A princípio, Mussolini queria invadir a Iugoslávia, mas Hitler vetou a proposta com firmeza. As matérias-primas iugoslavas eram quase tão importantes para o esforço de guerra da Alemanha quanto o petróleo romeno. De certa forma, é surpreendente que Hitler não tenha vetado também a invasão da Grécia. Recebera muitos avisos do que os italianos pretendiam, e Mussolini, quase com certeza, tratou do assunto em particular com ele durante certo instante da reunião de 4 de outubro em Brenner.

O Duce apresentou a campanha pretendida como parte de um ataque duplo a posições da Grã-Bretanha no Mediterrâneo oriental; supostamente, a captura de Mersa Matruh seguida pelo domínio italiano do Egeu. Na época, isso combinava com a "estratégia periférica" da Alemanha de atacar a Grã-Bretanha sem ser o ataque direto pelo Canal da Mancha, mas Hitler não avaliou corretamente o talento do regime italiano para o desastre.

Emanuele Grazzi, ministro italiano em Atenas, acordou o general Metaxas às três horas da manhã para entregar-lhe um ultimato sem sequer conhecer em detalhes as suas condições. A pantomima diplomática foi ainda mais injuriosa porque os soldados italianos já tinham atravessado a fronteira albanesa. O general Papagos, chefe do Estado-Maior grego, telefonou para o coronel Jasper Blunt, adido militar britânico, em menos de meia hora. Blunt foi diretamente para a sede do Estado-Maior Geral, onde encontrou um clima de sangue-frio muito impressionante naquelas circunstâncias.

As manifestações populares no dia seguinte mostraram que o país se unira instintivamente. O "Não" de Metaxas a Grazzi ainda é comemorado todo ano, em 28 de outubro, com o feriado nacional conhecido como "Dia Ohi". Com a emoção patriótica, tanto a esquerda quanto os liberais venizelistas antimonárquicos esqueceram por algum tempo que a ditadura monarquista de Metaxas violara a constituição e suprimira toda a oposição.

Metaxas, com a autoridade do recém-restaurado rei Jorge II, dera fim à política partidária com o decreto de 4 de agosto de 1936. O seu domínio foi imposto pela polícia e pela polícia secreta do seu leal partidário Constantinos Maniadakis, ministro de Segurança Nacional.

Durante muito tempo, a preocupação interminável dos monarquistas e liberais gregos com a constituição fora pouco mais que uma batalha substituta que lhes permitia ignorar o verdadeiro problema do país: a divisão entre a capital centrada em si mesma e o interior e as ilhas tristemente negligenciados. Esta falha dos dois partidos principais, seguida pela ditadura metaxista (conhecida como "Regime de Quatro de Agosto"), deu mais tarde oportunidade aos comunistas na parte continental do país.

Os paralelos com a Espanha eram impressionantes. A diferença no padrão dos fatos que levaram às suas respectivas guerras civis é, principalmente, o momento da sua ocorrência. Na Espanha, a ditadura de Primo de Rivera, na década de 1920, adiou a explosão para o final dos anos 1930. Na Grécia, a tentativa semelhante de Metaxas de impor ao caos civil a ordem militar foi seguida pela campanha albanesa e pela ocupação alemã. Isso fez com que a explosão fosse retardada até o final da Segunda Guerra Mundial, logo depois de os soldados britânicos chegarem a Atenas.

Em 28 de outubro de 1940, Sir Michael Palairet, ministro britânico, foi saudado na varanda da Legação Britânica tanto por adversários quanto por partidários do regime. A Legação, grande mansão branca e rosada na avenida Kifissia, pertencera a Eleutherios Venizelos, grande estadista liberal da Primeira Guerra Mundial, cuja postura pró-aliada ajudara a depor o germanófilo rei Constantino, pai de Jorge II. Na Creta natal de Venizelos, o surto de patriotismo quase levou à destruição, em Heráclion, da fonte Morosini, do início do século XVII, por ser veneziana e, portanto, "inimiga".

Os reservistas não esperaram as ordens de convocação; apresentaram-se de imediato. Soldados entusiasmadíssimos, apinhados em vagões de transporte de tropas, dispararam cerca de um milhão de tiros para o ar. Muitas unidades partiram para a frente de batalha a pé, já que mal existia transporte motorizado no exército grego. Nas montanhas Pindus, homens, mulheres e crianças ofereceram-se a si e a seus animais de carga para carregar munição e suprimentos no terreno difícil e sem estradas. Em poucos dias, o avanço italiano foi detido.

Na crença de que a campanha seria pouco mais que uma marcha triunfal, o exército italiano na Albânia não recebera unidades de engenharia. A falta de estratégia — uma investida inútil pelo maciço montanhoso de Épiro, em vez de cortar caminho rumo ao importantíssimo porto de Salônica — exasperou Hitler, tanto quanto a incompetência com que a campanha foi realizada. Ele fingiu não ter nenhum conhecimento prévio de toda aquela aventura.

Em vez de uma campanha curta e vigorosa que excluísse o inimigo do continente europeu, Hitler descobriu que a ação de Mussolini obrigaria a Grã-Bretanha a honrar a garantia à independência grega dada em abril de 1939, depois da invasão italiana da Albânia. Em Salzburgo, em 18 de novembro, o Führer fez o conde Ciano, ministro do Exterior italiano, entender que a chegada dos bombardeiros da Royal Air Force aos campos petrolíferos de Ploesti, seu principal fornecedor de combustível, era culpa de Mussolini.

A preocupação de Hitler com os poços de petróleo aumentou ainda mais quando ficou claro que a tentativa de apaziguar a desconfiança soviética, provocada pela presença de soldados alemães na Romênia, falhara. Em 5 de dezembro de 1940, ele finalmente decidiu invadir a Rússia. Agora, a ameaça de uma segunda frente à direita da sua retaguarda tornava-se uma grande preocupação.

O plano original do Estado-Maior de invadir a Grécia (Operação Marita) e Gibraltar (Operação Félix) como parte da "estratégia periférica" contra o poderio imperial e mediterrâneo da Grã-Bretanha teria de ser revisto. A imperturbável intransigência do general Franco tornara "Félix" impossível e, de qualquer modo, Hitler, com a sua ambição fixada na Rússia, perdera o interesse pelo Mediterrâneo. "Marita", por outro lado, tornara-se mais importante do que nunca. Era preciso garantir o seu flanco para o avanço iminente para o leste.

Os temores de Hitler eram exagerados. A presença da RAF na Grécia era ameaça muito menor do que imaginava, porque o governo de Metaxas recusara-se a permitir que os britânicos ameaçassem os campos petrolíferos romenos. Uma coletânea improvisada de esquadrilhas comandadas pelo vice-marechal do Ar D'Albiac — a princípio, principalmente Blenheims e Gladiators — foi enviada do Egito para apoiar o exército grego na frente albanesa. Para não provocar os alemães, os bombardeiros não poderiam ficar estacionados muito além de Elêusis e Tatoi, ambos perto de Atenas.

Para o grupo de vanguarda — avisado de surpresa, na bagunça de suas barracas no deserto, "Amanhã vocês partem para a Grécia" — o pouso do hidroavião Sunderland na estação aérea naval de Falera, perto de Atenas, foi um momento emocionante. Era a primeira tropa britânica a voltar abertamente ao território europeu desde a queda da França.

Os jovens pilotos que vieram depois tinham a atitude despreocupada comum à época. Na 211ª Esquadrilha, vários deles eram fãs de corridas automobilísticas e tinham se conhecido nas pistas de Brooklands. Tudo e todos recebiam apelidos compulsivamente; as "pipas" eram chamadas "Bloody Mary" e "Caminix" e havia pilotos conhecidos como "the Bish" ("o Errado") Gordon-Finlayson, "Twinkle" ("Pisca-Pisca") Pearson e "Shaky Do" ("Treme-Treme") Dawson.

Logo se adaptaram à nova vida. Durante o dia, faziam incursões de bombardeio aos portos albaneses de Durazzo e Valona, num padrão perigoso e repetitivo conhecido como missões "na mesma hora, no mesmo lugar". E à noite divertiam-se em Atenas, começando no Zonar's e depois indo para o Maxim's ou à boate Argentina, onde se acotovelavam e, às vezes, iam às vias de fato com implausíveis "turistas" alemães. Na Argentina, costumavam flertar com uma cantora e dançarina loura chamada Nicki depois do espetáculo, sem saber que ela namorava um integrante da Seção D (outra precursora da SOE) que trabalhava secretamente na Legação.

Como mais um gesto de apoio e para ter "informações detalhadas sobre os méritos relativos dos dois exércitos", Churchill exigira o envio de uma missão militar britânica ao exército grego. O QG do Oriente Médio recebeu esta ordem poucos dias depois da invasão italiana e, no final da segunda semana de novembro, o general-de-brigada Gambier-Parry partiu do Egito, seguido por um grupo mínimo que poderia vir a formar um estado-maior.

Embora o adido militar coronel Blunt ficasse numa situação delicada, ele e Gambier-Parry se ajustaram bem. Mas Gambier-Parry foi chamado de volta, perto do fim do ano, para uma missão como comandante das tropas britânicas em Creta que teve vida curta. O seu substituto foi o general-de-brigada T. G. Heywood.

Heywood fora adido militar em Paris antes da queda da França. A sua recusa a admitir os defeitos do exército francês era uma limitação pouco auspiciosa. Harold Caccia, primeiro-secretário da legação, considerava-o "inteligente, mas não muito sábio". Heywood era detalhista. O seu rosto era militar e musculoso, com bigode, olhos duros e estreitos e monóculo. Ambicioso e "politicamente orientado", aumentou a Missão Militar britânica, que de pouco mais de meia dúzia de oficiais passou, em dado momento, para mais de setenta, crescimento que convenceu muitos no exército grego de que aquela organização destinava-se a ser o núcleo de uma força expedicionária.

Heywood também deixou o seu colega artilheiro Jasper Blunt numa posição intolerável. Blunt, homem perspicaz, acumulara excelente conhecimento sobre o exército grego. Era também o único oficial britânico de Atenas que conseguira inspecionar o nordeste ameaçado antes que o Estado-Maior Geral grego proibisse novas visitas. O coronel Blunt, com o seu conhecimento superior do local, deveria ter se unido à missão como principal oficial de informações, mas Heywood trouxera o seu próprio colaborador, Stanley Casson, professor de arqueologia em New College, Oxford, que, embora brilhante e veterano da frente de Salônica na Primeira Guerra Mundial, estava bem desatualizado. Talvez o acréscimo mais excêntrico tenha sido o coronel Rankin, do Exército Indiano, com os seus culotes de montaria de talhe exagerado e uma longa túnica da cavalaria tão armada para os lados que ele passou a ser conhecido como o "evzone indiano".*

Em sua maioria, os integrantes da Missão Militar Britânica eram oficiais regulares escolhidos ou voluntários que conheciam a região. O principal oficial de operações do estado-maior era o famoso coronel Guy Salisbury-Jones, natural da cidade escocesa de Coldstream. O número dois era o major Peter Smith-Dorrien, que foi morto mais tarde no atentado terrorista ao Hotel King David.**

Nas fileiras de jovens capitães e subalternos, estavam Charles Mott-Radclyffe, diplomata transformado em soldado que servira em Atenas há apenas poucos anos; Monty Woodhouse, ex-aluno de 23 anos do Winchester College, de aparência austera e idéias rigorosas, que alguns anos depois, com o posto de coronel, teve papel importante, junto com Nick Hammond, ao impedir que os comunistas gregos eliminassem grupos de guerrilheiros rivais; Michael Forrester, que logo viria a destacar-se em Creta como líder quase mítico dos combatentes irregulares na batalha contra os pára-quedistas alemães; e Patrick Leigh Fermor, descrito por Woodhouse como "reencarnação de Byron" por ter se ligado a um regimento da cavalaria grega durante a revolução venizelista de 1935 e que, mais tarde, deu crédito ao rótulo com algumas das mais românticas aventuras guerrilheiras da guerra.

O início da carreira de prazer itinerante de Leigh Fermor foi bem descrito em seus livros, mas a caminho de Atenas o seu poder encantado de sobrevivência quase falhou. Vindo de Alexandria, o cruzador HMS *Ajax* parou ao largo da Baía de Suda, no litoral norte de Creta. Ele e Monty Woodhouse foram para a antiga cidade veneziana de Canéia para beber e fumar narguilé. Mais tarde, um soldado do Black Watch — o 3º Batalhão do Real Regimento da Escócia — que dirigia um caminhão de rações parou para lhes dar

---

*Os "evzones" pertenciam a um corpo de elite da infantaria grega e usavam as saias pregueadas típicas do país. (*N. da T.*)

**Em 22 de julho de 1946, houve um atentado contra o governo britânico da Palestina realizado pela organização sionista Irgun. Por ordem do líder Menahem Beguin, futuro primeiro-ministro de Israel, os militantes, disfarçados de árabes, jogaram uma bomba no Hotel King David, em Jerusalém, então sede do Secretariado Britânico, do comando militar e de uma instituição policial. Morreram 91 pessoas, em sua maioria civis e árabes. (*N. da T.*)

carona de volta a Suda, mas estava bêbado e conduzia sem cuidado em estradas "artisticamente em ruínas", na expressão de Pendlebury. O caminhão virou no fosso da estrada e Leigh Fermor, ferido na cabeça, teve de ser deixado para trás no hospital quando o *Ajax* zarpou. Finalmente chegou a Atenas uma semana depois.

O oficial-de-ligação da missão com o governo grego era o príncipe Pedro da Grécia, primo mais jovem do rei Jorge II e antropólogo que passara muito tempo no Himalaia. Como anglófilo inveterado, com "um repertório espantoso de canções indecentes", era muito apreciado pelos oficiais britânicos. Dificilmente a missão teria condições de dar conselhos úteis sobre a guerra nas montanhas. "Os gregos com certeza eram corajosos", observou um correspondente de guerra, "mas a guerra nas montanhas, em sua opinião, não se adequava aos métodos modernos e eles voltaram, quase automaticamente, para as táticas do século passado." Forrester, que trabalhara com Salisbury-Jones, descreveu o conflito "como uma das guerras dos Bálcãs, com armas meio desatualizadas".

A tarefa nebulosa da Missão Militar Britânica não ficou mais clara com o ambiente irreal em que os seus integrantes viviam e trabalhavam. Logo depois da invasão italiana, o governo grego requisitara o hotel Grande Bretagne, na Praça da Constituição, como seu quartel-general: era um dos maiores prédios de Atenas e tinha um porão amplo, pronto a servir de abrigo contra ataques aéreos.

O general Metaxas ocupou o escritório do gerente, o rei recebeu uma sala particular e a fama de "Jimmy", o barman, como homem mais bem informado de Atenas aumentou ainda mais quando o general Mellisinos, subchefe do Estado-Maior, colocou sua escrivaninha diante das fileiras de garrafas.

"O maior espetáculo do prédio", escreveu o coronel Blunt em seu diário, "era Maniadakis, o chefe da segurança pública. Tinha uma mesa de mogno imensa que combinava com o seu corpanzil. Sobre ela estava uma fotografia descomunal do general Metaxas numa moldura de prata grande e maciça e um cacho de telefones que não ficaria mal na sala de algum chefe de polícia do cinema. Maniadakis agarrava um monofone no punho enorme e berrava à procura de algum prefeito ou chefe de polícia das províncias, gritando não só para fazer-se ouvir acima das máquinas de escrever mas também porque gostava de gritar. Enquanto esta encenação se desenrolava, todo o seu círculo íntimo de oficiais e amigos aglomerados e sentados à sua volta prestava a máxima atenção em suas palavras e tentava escutar o que vinha da outra ponta da linha."

Durante o espantoso sucesso da campanha grega contra os italianos, o Estado-Maior de planejamento conjunto e os chefes do Estado-Maior em Londres não queriam que o auxílio britânico fosse além das esquadrilhas de caças e bombardeiros já enviadas. Um modo de ajudar tanto os gregos quanto os interesses britânicos no Mediterrâneo oriental era assumir a responsabilidade sobre Creta, que os italianos queriam ocupar como base aérea e naval. Metaxas suspeitava que os britânicos tinham os seus próprios planos para aquela ilha de tamanha importância estratégica, mas naquela época claramente este era o mal menor. Apesar do surto de sentimento pró-britânico, os gregos não esqueciam a frase de Venizelos que descrevia o seu país como o "mendigo das Grandes Potências".

Em Londres, desta vez a opinião de almirantes, generais e marechais-do-ar coincidiu e Churchill concordou. Com lembranças da Grande Esquadra de 1914, exigiu que o grande porto natural da Baía de Suda, no litoral norte de Creta, se transformasse num "segundo Scapa".*

O almirante Cunningham, comandante-chefe do Mediterrâneo, já planejara, com aprovação grega, criar ali uma base naval. Os primeiros soldados britânicos a serem enviados para lá, do 2º Batalhão do Regimento de York e Lancaster, receberam ordem de prontidão para partir 48 horas antes da invasão italiana. O 2º Batalhão do Black Watch, que também fazia parte da 14ª Brigada de Infantaria, seguiu-os poucos dias depois.

O despacho de soldados britânicos para guardar a Baía de Suda permitiu ao governo grego levar para o continente a 5ª Divisão cretense. Harold Caccia, falando em nome de Sir Michael Palairet, deu ao governo grego uma garantia categórica: "Cuidaremos de Creta."

Esta decisão, perfeitamente lógica desde que os britânicos cumprissem a promessa, foi mais tarde lamentada pelos cretenses com amargura justificada. "Ah, se ao menos a Divisão estivesse aqui!" tornou-se o grito quase universal quando aconteceu a invasão alemã da ilha por via aérea apenas seis meses depois.

---

*Scapa Flow é um porto natural nas Ilhas Orkney, no litoral nordeste da Escócia, usado há muitos séculos. Foi base importante da esquadra britânica nas duas guerras mundiais. (*N. da T.*)

A Divisão Cretense desembarcou em Salônica na segunda semana de novembro de 1940. Devido à falta de transporte, teve de percorrer marchando a maior parte da Macedônia até Kastoria, a uns setenta quilômetros ao sul do Lago Prespansko, onde se encontram Grécia, Albânia e Iugoslávia. Os cretenses faziam parte das reservas das dez divisões do exército grego numa frente de batalha que se estendia para sudoeste pelos montes Pindus até o litoral de Épiro diante de Corfu.

Durante a segunda metade de novembro e pela maior parte de dezembro, o exército grego avançou valentemente contra os italianos, empurrando-os de volta à Albânia apesar do terreno acidentado, do mau tempo e da deficiência em aeronaves e veículos blindados. Em 28 de dezembro, o flanco direito firmou-se em Pogradets, no Lago Ohridsko.

Nesta guerra de montanha, só sobreviveram os acostumados às condições duríssimas. Os oficiais britânicos maravilharam-se com a resistência dos soldados gregos, equipados com armamento da Primeira Guerra Mundial, boa parte dele tomado do exército austríaco, e "roupas e calçados de qualidade deplorável". Muitos estavam enrolados em trapos. Durante a marcha até a frente de batalha, os mais sortudos receberam, de transeuntes com pena, sobretudos civis. Foi o pior inverno na memória dos vivos. As baixas por congelamento superaram de longe as causadas pela ação inimiga. Somente os feridos capazes de andar tinham possibilidade de sobreviver. Era quase impossível evacuar alguém de maca. O suprimento tanto de rações quanto de munição era irregular, já que praticamente tudo tinha de vir em tropas de mulas. Os animais de carga que se feriam eram mortos e as suas carcaças carneadas pelos soldados famintos. Em várias ocasiões, Blenheims da RAF tiveram de lançar sacos de alimentos para unidades retidas pela neve e que passavam fome. Até a água era um problema, já que não havia combustível para derreter a neve.

Na fase seguinte, a Divisão Cretense lutou no setor central da frente de batalha. Nos últimos dias de janeiro de 1941, a 5ª Divisão destacou-se no combate pelo Monte Trebesina e em Klissoura, importante entroncamento rodoviário. Um único regimento cretense pôs para correr a 58ª Divisão Leniano. Outra formação inimiga neste setor era a 51ª Divisão Siena, que mais tarde ocupou a parte oriental de Creta; em 1943, depois do armistício italiano, Paddy Leigh Fermor contrabandeou o seu comandante para fora da ilha.

Leigh Fermor, ao fugir do clima claustrofóbico do quartel-general de Atenas, não deu mais atenção à 5ª Divisão Cretense do que às outras em sua viagem pela frente albanesa. As únicas diferenças que conseguiu recordar mais tarde foram a alegria dos cretenses, apesar do frio selvagem, e a maneira como levavam os fuzis no ombro, como um jugo, porque era assim que os pastores da ilha caminhavam com os seus cajados. Naquele momento, não tinha idéia da importância que Creta viria a adquirir.

2

Missões diplomáticas

Em janeiro de 1941, depois de reforçar o exército na Albânia, só restavam aos gregos quatro divisões de efetivo reduzido para proteger a fronteira búlgara da Trácia e da Macedônia oriental. O comandante-em-chefe, general Papagos, esperava que a aliança com a Iugoslávia lhe permitisse esmagar os italianos numa pinça* para que as suas divisões pudessem ser reposicionadas caso aumentasse a ameaça alemã vinda da Romênia. Papagos, supervisionado de perto por Metaxas, tratara a investida na Albânia com robusta habilidade, mas sua determinação de vencer os italianos virou idéia fixa e essa visão limitada viria a mostrar-se desastrosa.

De qualquer modo, o governo iugoslavo do príncipe-regente Paulo parecia um aliado muito problemático naquele estágio. Os exércitos do Eixo e dos seus aliados recentes estavam do outro lado de seis das sete fronteiras da Iugoslávia: Itália, Áustria, Hungria, Romênia, Bulgária e Albânia. E o príncipe Paulo, que Churchill mais tarde apelidou de "Prince Palsy" ("Príncipe Paralisia"), estava cedendo à pressão de Hitler para assinar o Pacto Tripartite. Apesar das garantias alemãs contrárias, isso significaria, quase com certeza, permitir que a Alemanha usasse o sistema ferroviário da Iugoslávia para invadir a Grécia. O governo grego só podia pedir ajuda aos britânicos, mas Metaxas seguia em sua política de não provocar a Alemanha. Não conhecia tão bem quanto Churchill as intenções de Hitler.

---

*Manobra militar na qual se ataca pelos lados e pela frente. (*N. da E.*)

Em 10 de janeiro de 1941 — mesmo dia em que Hitler decidiu enviar soldados à Líbia para apoiar os italianos e que o X Corpo Aéreo, recém-chegado à Sicília, atacou o porta-aviões *Illustrious* da Marinha britânica —, Churchill recebeu a confirmação, pela escuta de mensagens alemãs decifradas em Bletchley Park, fonte mais tarde conhecida como Ultra, de que a concentração de tropas alemãs na Romênia constituía uma grave ameaça à Grécia. Ordenou prontamente a elaboração de planos de alistamento de emergência para o envio de uma força expedicionária britânica ao continente grego.

O general Sir Archibald Wavell, comandante-em-chefe do Oriente Médio, estava menos preocupado. Numa série de mensagens de 10 de janeiro entre Londres e Cairo, argumentou que os alemães estavam basicamente envolvidos numa "guerra de nervos". Wavell achou que sua opinião predominara quando o general Heywood chegou de Atenas naquele mesmo dia para dizer que o governo grego acreditava que os alemães só queriam "alertar a nós e aos russos para sairmos dos Bálcãs". Mas os chefes do Estado-Maior, obedecendo à diretiva de Churchill, deixaram claro que esperavam a sua obediência: "O governo de Sua Majestade decidiu que é essencial dar aos gregos a máxima ajuda possível."

Wavell voou para Atenas três dias depois vestido como civil para reunir-se com o rei Jorge II da Grécia, Metaxas e o general Papagos. Metaxas queria impedir que os britânicos mandassem uma tropa simbólica, cujo tamanho fosse grande o bastante para dar aos alemães uma desculpa para a invasão mas pequena demais para impedi-los. O general Papagos, orientado por Metaxas, afirmou que "seria necessário que as tropas gregas na frente búlgara fossem imediatamente reforçadas com nove divisões e o correspondente apoio aéreo". Wavell respondeu que isso seria impossível. Não poderia disponibilizar mais do que duas ou três divisões. Metaxas disse que isso seria bastante inadequado e que mandar uma pequena guarda avançada de artilharia, como Wavell sugerira, só serviria para dar aos alemães pretexto para atacar. Mais tarde Papagos declarou ter argumentado que, de qualquer modo, seria melhor empregar as divisões britânicas no norte da África.

Wavell reiterou sua oferta de um grupo de vanguarda pouco antes de voar de volta ao Cairo. Tendo seguido fielmente as instruções de Londres, no fundo sentiu-se aliviado quando os gregos insistiram em recusar a ajuda, pois as tropas do general O'Connor avançavam rumo à Líbia. Os chefes do Estado-Maior em Londres e o Gabinete de Guerra também deram, todos, o mesmo suspiro de alívio; parece que Churchill também, em particular. Mas Churchill estava consciente das questões políticas mais amplas. A Grã-Bretanha era constantemente acusada, pela propaganda alemã, de abandonar os seus aliados e fazer com que outros países travassem por ela as suas guerras. Esta última crítica era irritante numa época em que "Winston sentia que precisava influenciar os americanos".

As mensagens interceptadas pelo Ultra continuavam a mostrar que a ameaça alemã na Romênia era grave e Churchill, cuja opinião sobre o bom senso de enviar a força expedicionária oscilava, recusou-se a aceitar o argumento de Wavell de que ajudar a Grécia seria "uma perigosa meia-medida". O seu pensamento fixava-se no fato de que o comando do Oriente Médio tinha 300 mil homens em seu efetivo, número que não o deixava acreditar que houvesse tão poucos soldados disponíveis para a linha de frente. Um dos integrantes do Gabinete de Guerra observou mais tarde que Churchill, embora "de certo modo atualizado com as coisas modernas", estava "disposto demais a falar em termos do número de sabres e baionetas".

Metaxas morreu de câncer na garganta em 29 de janeiro. A propaganda alemã afirmou que fora envenenado no jantar que Peter Coats, ajudante-de-ordens de Wavell, oferecera em sua homenagem quinze dias antes no hotel Grande Bretagne. O novo primeiro-ministro, Alexandros Koryzis, era banqueiro e não político profissional e faltava-lhe a certeza sólida do antecessor. O seu governo logo indicou que estava disposto a aceitar a ajuda britânica, qualquer que fosse a sua quantidade.

Churchill, inspirado pela idéia que tinha da história britânica, em que a raça da ilha criara alianças contra o poder que predominasse na época, entendeu isso como sinal para criar um pacto balcânico com Grécia, Iugoslávia e Turquia. Seguindo as suas instruções, Anthony Eden, secretário do Exterior, acompanhado por Sir John Dill, chefe do Estado-Maior Geral Imperial, partiu de Londres para o Cairo em 12 de fevereiro, dia em que Rommel chegou a Trípoli. O general Wavell, ao saber da visita, resignou-se a aceitar um forte compromisso com a Grécia e avaliou as suas tropas fragmentadas.

Talvez Wavell precisasse mais de informações fundamentadas do que de soldados. Infelizmente, Heywood passava-lhe relatórios irreais e otimistas sobre a capacidade do exército grego, quase numa repetição de seus delírios na França. A avaliação de Blunt foi muito mais sóbria. Ele sabia que, apesar

O Mediterrâneo oriental

da resistência magnífica aos italianos, esforço que cobrara o seu preço em homens e equipamento, o exército grego teria pouca chance contra as divisões alemãs blindadas, motorizadas e com avassalador apoio aéreo. E, desde a morte de Metaxas, vinham crescendo as tensões políticas ocultas entre os oficiais metaxistas, ainda predominantes, e os venizelistas cujas carreiras foram prejudicada durante a ditadura.

A versão de Heywood levou a melhor, principalmente porque satisfazia a fome de notícias positivas de Churchill. E houve ainda momentos encorajadores na frente albanesa que ele pôde destacar. Em 13 de fevereiro, a ofensiva grega renovou-se. A Divisão Cretense atacou a noroeste, partindo do Monte Trebesina, e mais uma vez empurrou os italianos para trás. Dois dias depois, ocuparam o Passo Medjigorani e o Monte Sen Deli. Logo, nevascas intensas praticamente impuseram a paralisação das operações. Vários observadores acreditavam que, sem este revés, os gregos teriam capturado o porto de Valona e que isso levaria o exército italiano ao colapso. Outros estavam menos convencidos. Os gregos não tinham suprimentos nem meios de transporte necessários para sustentar o avanço.

A guerra aérea não afrouxou nem com as condições de vôo quase sempre terríveis. Em 28 de fevereiro, a RAF realizou a sua ação mais bem-sucedida da campanha. Duas esquadrilhas, uma de Hurricanes e outra de Gladiators, derrubaram, em uma hora e meia, 27 aeronaves italianas na frente albanesa. Esta vitória conseguiu mitigar um pouco as críticas gregas à recusa da RAF de empregar aeronaves em apoio aos seus soldados, mas naquele estágio da guerra a RAF recebia críticas parecidas do exército britânico; ela se considerava uma arma puramente estratégica.

Mais ou menos nesta época, os gregos receberam informações de que os italianos tinham se recuperado o suficiente para planejar um grande contra-ataque. Isso aconteceu na segunda semana de março, com 12 divisões italianas desdobradas entre os rios Apsos e Aöos contra as quatro divisões da linha de frente grega.

Mussolini, sabendo muitíssimo bem que a invasão alemã que estava sendo planejada faria o seu exército passar vergonha, ordenou que os seus soldados atacassem "a qualquer custo". Durante a semana que se seguiu, os cretenses, especificamente, distinguiram-se ao causar pesadas baixas. A sua pontaria, da qual se orgulhavam demasiadamente, era considerada a melhor no exército grego. Em dez dias, o grande contra-ataque italiano amortecera-se, mas até então a situação nos Bálcãs, e mesmo em todo o Oriente Médio, já mudara. Em termos comparativos, as tropas de Mussolini tornaram-se uma preocupação insignificante.

Em 16 de fevereiro houve a primeira escaramuça entre soldados britânicos e alemães no norte da África, perto de Sirte. Quatro dias depois Churchill admitiu o perigo de dispersar as forças e avisou a Eden, Dill e Wavell, no Cairo: "Não se considerem obrigados a uma iniciativa grega se, no fundo do coração, acharem que será mais um fiasco norueguês." Mas Eden, como os generais logo descobriram, não se desviaria do seu rumo.

Churchill, com o seu sentimento forte e às vezes emocionado demais de lealdade aos gregos e ao seu rei, almejava ajudar qualquer que fosse o risco. Por outro lado, ainda queria conselhos claros e nítidos dos oficiais superiores presentes no local, mas dera a Eden poderes plenipotenciários "em todas as questões diplomáticas e militares" antes que partisse de Londres. Isso pode ter convencido Dill e Wavell de que não tinham escolha senão apoiar a linha decidida pelo secretário do Exterior. Eden se enamorara visivelmente da idéia de surpreender o mundo com uma grande aliança, o tipo de golpe teatral com que sonhavam os diplomatas. Mas como no caso de Churchill, que contava "sabres e baionetas", tais ilusões pertenciam a um passado distante.

Dado o estado antiquado dos exércitos e forças aéreas turcas e iugoslavas, a aliança balcânica nunca seria mais do que um gesto. Wavell opunha-se à tentativa de Eden de atrair os turcos para este plano; foi a única vez em que falou com firmeza sobre a questão. A derrota turca e a ocupação alemã do Dardanelos, argumentou ele com razão, seriam desastrosas. Felizmente, os turcos foram suficientemente sensatos para não se deixarem arrastar para este plano ilusório. Além do exército alemão reunido na Romênia, temiam que a Rússia, tradicional inimiga sua e ainda aliada de Hitler, repetisse o golpe pelas costas que tinha praticado com a Polônia.

Em 22 de fevereiro, Eden voou para Atenas, acompanhado de Dill, Wavell e do vice-marechal-do-ar Longmore, oficial superior da RAF no Oriente Médio. Antes da primeira reunião no Palácio Tatoi, o governo grego, muito encorajado pelo rei, declarou a sua determinação de resistir aos alemães, quer os britânicos os ajudassem, quer não. Estes ficaram impressionados e até emocionados com tal coragem. O general Papagos admitiu que a defesa avançada da Trácia e da Macedônia oriental era impraticável, causando nova aprovação britânica. Concordou que o grosso das tropas gregas deveria recuar para a sugerida linha Haliacmon, que ia da encosta norte do Monte Olimpo até a fronteira iugoslava, ao longo da serra de Vermion. A segurança do flanco esquerdo, logo à frente do Passo Monastir, dependia claramente de o exército iugoslavo resistir aos alemães.

Eden, mais entusiasmado do que nunca com a idéia de uma aliança balcânica, prometeu aos gregos recursos "formidáveis", exagerando o efetivo das tropas disponíveis apresentado no resumo do Estado-Maior. O coronel Freddie De Guingand, integrante do Estado-Maior de Planejamento Conjunto do Oriente Médio, observou, consternado, o apoio morno de Wavell ao projeto. Ele achou difícil perdoá-lo por não ter aberto o jogo, assim como vários outros oficiais mais tarde. Depois da reunião, De Guingand observou como Eden "alisou-se" diante do fogo enquanto os seus subordinados o congratulavam pelo triunfo diplomático.

Esta visão militar dos acontecimentos não combina com a do Foreign Office (ministério do Exterior britânico). Logo antes da principal reunião, Sir Michael Palairet organizou um almoço íntimo para dar a Wavell uma idéia melhor das questões envolvidas e para adverti-lo de que, com a morte de Metaxas, o rei é que tinha o verdadeiro poder de decisão. Para surpresa de Harold Caccia, um dos quatro presentes, Wavell, "normalmente bastante taciturno, ficou bastante loquaz".

Começou dizendo: "Bem, a situação na Grécia não é tão diferente assim da do Egito", e prosseguiu comparando as propriedades defensivas das serras gregas à Depressão de Qatara. "Isso significa que não é tão pertinente assim perguntar quantas divisões são necessárias, já que somente um número específico pode ser utilizado." Isso, como tantos surtos de falso otimismo que influenciaram os personagens principais — dá para suspeitar de um esforço quase desesperado para transformar dever em prazer — baseava-se no pressuposto mal embasado de que os iugoslavos manteriam a neutralidade ou resistiriam com a mesma ferocidade e eficácia que na Primeira Guerra Mundial.

Depois que, no final da tarde, foi tomada a decisão de enviar uma força expedicionária, Eden, Dill e Wavell partiram de Atenas. Deram pouca atenção aos fatos acontecidos na Grécia nos dez dias seguintes. Eden e Dill foram a Ancara em busca da aliança e Wavell ficou preocupadíssimo com o problema de exigir ainda mais de reservas já tão sobrecarregadas. Um dito freqüente seu, na época, era o aforismo do general Wolfe: "A guerra é uma opção de dificuldades." Enquanto isso, De Guingand, disfarçado de jornalista, percorria a sugerida linha Haliacmon com um extravagante terno xadrez emprestado.

No sábado, 1º de março, a Bulgária entrou publicamente para o Pacto Tripartite e, na manhã de domingo, o XII Exército alemão, partindo da Romênia, começou a cruzar o Danúbio em três pontilhões rapidamente montados por engenheiros do exército. Eden e Dill chegaram a Atenas algumas horas depois. O general Heywood recebeu-os com notícias ainda piores. O general Papagos não dera a ordem de recuo para a linha Haliacmon. Afirmara que, sem meios de transporte, não haveria tempo e que, de qualquer modo, estava à espera da resposta dos iugoslavos sobre a segurança do flanco esquerdo da linha.

Até que ponto Heywood foi responsável por este erro de comunicação é difícil dizer; mas não é possível que tenha sido totalmente inocente. Ele não era a pessoa certa para dar as informações objetivas de que Wavell tanto precisava, fosse sobre a exaustão do exército grego, fosse, principalmente, sobre as idéias fixas de Papagos: a sua recusa em recuar da fronteira búlgara e a sua recusa a sequer pensar na transferência de divisões da Albânia, por mais grave que fosse a ameaça a nordeste.

Nos dois dias seguintes, a exasperação britânica e o orgulho ferido grego cresceram numa série de reuniões infrutíferas que sempre voltavam à questão de quem dissera o quê em 22 e 23 de fevereiro. (O general Heywood, num desleixo espantoso, não fizera minutas da reunião para que ambos os lados assinassem.) As divisões gregas na Macedônia oriental corriam enorme risco e mesmo assim Papagos recusava-se a mandá-las recuar. Seu exército não tinha meios de transporte e, afirmou, a Missão Militar britânica sabia muito bem disso. De qualquer modo, esperara que os britânicos o informassem das intenções do governo iugoslavo, como afirmava que fora combinado. Mas é quase certo que a sua obstinação se devesse mais ao temor de abandonar a Trácia à cupidez búlgara; e sem o porto de Salônica, havia pouca esperança de convencer os iugoslavos a se unirem ao exército grego em seu querido projeto de um ataque em pinça contra os italianos na Albânia.

Quaisquer que fossem as razões de Papagos e qualquer que fosse a causa do desentendimento inicial, o plano do Estado-Maior Conjunto desmoronara. Chegou-se a um mau acordo sobre a linha Haliacmon; Eden comparou as discussões a "regateio num bazar oriental", principalmente porque os primeiros navios de tropas estavam partindo do Egito. O coronel Jasper Blunt descreveu a cena em seu diário:

> Os nossos representantes sentaram-se na sala de estar da Legação; os secretários iam e vinham com telegramas; Sir Michael Palairet fazia as vezes de anfitrião, o rei exausto, o rosto sério do general Papagos, a palidez mortal do premiê grego, o suspense enquanto o rei e seus assessores conferenciavam atrás das portas fechadas do escritório do ministro. Os minutos se passavam e eu assistia à cena como observador nunca consultado. Era um espectador com lugar na primeira fila da platéia de um drama tão intenso quanto os apresentados no palco grego clássico, com a vantagem de que eu conhecia a trama, o escritor e os atores.

Blunt adivinhara o resultado desde o princípio, mas, por lealdade ao seu embaixador e respeito à cadeia de comando, não revelara a sua apreensão à equipe de Wavell. Palairet só descobriu a força dos seus sentimentos quando deram adeus a Eden e Dill no porto de Falera. A calma previsão que Blunt fez da debacle chocou-o profundamente.

O comandante designado para as tropas britânicas e da comunidade britânica, general-de-divisão Sir Henry Maitland Wilson, já chegara a Atenas. Supostamente, viera incógnito, na prática uma impossibilidade para aquele general enorme e alegre. Careca, bigodudo e de rosto redondo, tinha o ar antiquado de um tio-avô muito querido.

Wilson e os seus oficiais superiores sentiram que Sir Michael Palairet sofrera demasiada influência da anglofilia do rei grego e ainda ignorava a sinistra realidade militar. Depois de um belicoso discurso de Palairet, "cheio de otimismo do Foreign Office", ouviu-se Wilson dizer ao seu Estado-Maior: "Bem, não sei nada sobre isso. Já encomendei os meus mapas do Peloponeso."

Os portos e praias do Sul, como conjeturara corretamente, logo se tornariam pontos de evacuação. Mas a bordo dos navios de tropas que partiam de Alexandria, os oficiais da força expedicionária, constituída principalmente de soldados australianos e da Nova Zelândia, abriam ansiosos os mapas para estudar rotas de invasão pela Iugoslávia rumo a Viena.

Ao chegarem, foram dissuadidos deste otimismo; mas nem mesmo Wilson, com todo o seu alegre pessimismo, sabia que o Estado-Maior de Planejamento Conjunto, no quartel-general do Oriente Médio, começara, em segredo, a elaborar os detalhes da evacuação — precaução com a qual Wavell concordou com relutância e desagrado.

No Cairo, a decisão final sobre a intervenção foi tomada em 7 de março, quando o marechal-de-campo Smuts chegou. Numa reunião noturna organizada por Eden, a proposta firme de Smuts foi que seria impensável recuar num estágio tão avançado; embora dificilmente tranqüilizadora em termos militares, foi conclusiva em termos políticos. Ficou claro que Eden sentia-se aliviado por ter o seu apoio, já que a opinião de Smuts tinha grande peso junto a Churchill.

Na noite seguinte, quando finamente chegou a resposta do governo iugoslavo — com evasivas entremeadas em cada frase —, Anthony Eden apareceu com o seu séquito na casa do comandante-em-chefe, que dava para a pista de corridas de Gezira. Wavell e Dill foram acordados por ordem sua. Desceram e, sentados lado a lado no sofá com seus roupões, tiveram de ficar ouvindo enquanto Eden andava de um lado para o outro redigiundo o seu telegrama a Churchill.

Nisso, chegou o vice-marechal-do-ar Longmore, também em resposta a um chamado, e viu "os dois soldados cansados, parecendo um par de ursinhos de pelúcia, tentando dar à eloqüência do secretário do Exterior a atenção exigida. Ambos logo adormeceram em silêncio e, quando Eden parou para comentários, só a sua respiração regular quebrava o silêncio".

Na manhã seguinte, depois da cavalgada matutina e de nadar na piscina de Gezira, Wavell passou algumas horas em sua escrivaninha. Em seguida, foi ao escritório de Longmore e deixou diante dele, sem dizer qualquer palavra, os seguintes versos:

SECRETÍSSIMO E PERSONALÍSSIMO
O Jarro†
(Com desculpas a Lewis Carroll)

No Cairo, aonde os ciganos vão,
Canto esta música com meu violão.
("Só que não vou cantar de verdade", explicou
Anthony, gentil.
"Muitíssimo obrigada", disse Jacqueline.*)
Em Atenas, onde gregos encontrei,
Vou lhe dizer o que é que procurei.
("Vai ser bom saber", disse Jacqueline.)
Ao Jarro mandei recado.
Não seja bobo,** meu caro.
Você vai acabar rachando
Se com Hitler for ficando.
O Jarro respondeu: "Mas assim
Vai ficar difícil pra mim."
("É difícil pra mim também", disse Jacqueline com tristeza.
"E não vai melhorar daqui pra frente", disse Anthony.)
Com um lápis novo e luzidio
Uns telegramas eu redigia
Quando alguém veio me avisar
Que os generais foram se deitar.
E eu bradei: "Pois sem demora
Vá acordá-los, e é agora."
Fui duro com eles, não cedi em nada;
Ficaram de pé até alta madrugada.
("Não foi quase uma maldade?", disse Jacqueline.
"Claro que não", disse Anthony, com firmeza. "Queremos generais,
não dorminhocos. Mas pare de me interromper.")

---

†Trocadilho intraduzível. Iugoslávia, em inglês, é Jugoslavia. As três primeiras letras do nome do país formam a palavra inglesa *jug*, que significa "jarro". (*N. da T.*)
*Lady Lampson, esposa do embaixador britânico no Egito, Sir Miles Lampson, mais tarde Lord Killearn.
**Em inglês, *MUG*, que significa tanto caneca quanto bobo, pessoa fácil de enganar. (*N. da T.*)

Parece que os recrutados para operações especiais sentiram que aqueles anos de guerra seriam os mais intensos da sua vida. "Quanto material para autobiografias está sendo criado", disse um amigo ao viajante e escritor Peter Fleming, recrutado pelo MI(R) pouco antes da deflagração da guerra. Também deveria ter mencionado ficção. Outro dos primeiros integrantes recordou que as mesmas pessoas viviam aparecendo nos lugares mais improváveis em torno do Mediterrâneo: "a coisa toda parecia um romance de Anthony Powell."

Os soldados regulares constituíam a base original do MI(R). Dentre eles, um oficial sapador chamado George Young foi mantido de prontidão no Cairo, com uma companhia de campanha de Reais Engenheiros, para ir à Romênia explodir os campos de petróleo de Ploesti. Seriam guiados até o alvo por Geoffrey Household, autor de *Rogue Male* e recruta mais recente do MI(R). Household viajou até lá tendo "empresário", e não escritor, no passaporte porque "Compton Mackenzie e Somerset Maugham [ambos agentes secretos em seu tempo] tinham destruído para sempre a nossa fama de inocentes ingênuos".

O medo de empurrar os romenos para o Eixo acabou levando ao adiamento indefinido da missão de Young. Pouco depois, quando o MI(R) do Cairo foi reorganizado como embrião da SOE, Young formou um comando no Oriente Médio. Este acabou incorporado à Layforce* e o oficial sapador participou da ação de retaguarda em Creta descrita em *Oficiais e gentlemen*, de Evelyn Waugh, oficial de informações da brigada. Na crise de desilusão de Waugh provocada por esta retirada, Young foi um dos poucos que continuaram merecedores do seu respeito.

O projeto mais desvairado deste estágio da guerra, talvez da guerra toda, foi o exército particular de Peter Fleming conhecido como "Missão Iaque". Irmão de Ian, viajante e autor de livros como *Brazilian Adventure* e oficial da reserva dos Grenadier Guards (Granadeiros da Guarda — um dos regimentos mais antigos do exército britânico), Peter Fleming já era veterano de um

*A Layforce foi um grupamento militar britânico constituído pelas unidades de número 7, 8 e 11 e pelo Comando Conjunto do Oriente Médio, formado no local. Recebeu este nome devido ao seu comandante, tenente-coronel Robert Laycock. O primeiro ataque foi realizado em 20 de abril de 1941, no Porto de Badia; embora causasse pouco dano, obrigou Rommel a retirar uma brigada da frente de batalha no norte da África. O grupamento foi desmobilizado em 1º de agosto de 1941. (*N. da T.*)

fiasco expedicionário, a campanha da Noruega. Usando desavergonhadamente os seus pistolões — o pai fora grande amigo de Churchill — Fleming formou um grupo para fazer o reconhecimento de Namsos num hidroavião Sunderland. Depois, quando as tropas aliadas desembarcaram, juntou-se ao general Carton de Wiart que, com "um olho só, um braço só e, bem mais surpreendente, uma Cruz da Vitória só", foi uma das inspirações do personagem general Ben Ritchie-Hook, de Evelyn Waugh.*

Durante o medo de invasão que se seguiu a Dunquerque, Fleming recebeu ordens de organizar, no sul da Inglaterra, grupos de retaguarda conhecidos como Unidades Auxiliares. Então, no outono de 1940, quando o número de italianos aprisionados pelas tropas de Wavell no Oriente Médio começou a subir, Churchill teve a idéia de formar uma "Legião Garibaldi" com os antifascistas dentre eles. Fleming recrutou meia dúzia de amigos, como Norman Johnstone, colega granadeiro, e Mark Norman, subalterno da Cavalaria de Hertfordshire que "não tinha idéia de para que aquilo servia". Levando consigo os seus ordenanças como personagens saídos dos romances e contos de Dornford Yates, partiram para um curso intensivo de explosivos e combate corpo-a-corpo no centro de treinamento de unidades especiais de combate em Lochailort, nas Highlands ocidentais.

O codinome "Missão Iaque" inspirava-se no livro de Fleming *Notícias da Tartária*. Equipados com uma tonelada de explosivo plástico, 40 mil libras esterlinas em notas e soberanos e dicionários de bolso de italiano (já que só um deles conhecia a língua), seguiram para o Cairo com "prioridade extraordinária".

Como não conseguiram um único voluntário nos campos de prisioneiros, a Missão Iaque seria desmobilizada se não fosse a ameaça alemã aos Bálcãs. No final de março, Peter Fleming convenceu George Pollock, chefe da SOE Cairo, a deixá-los partir para a Iugoslávia para "enrijecer a determinação do príncipe Paulo". Os acontecimentos obrigaram Fleming a modificar o plano. Em vez disso, a Missão Iaque seguiria para o norte da Grécia para treinar grupos de resistência e Fleming conseguiu achar espaço para os seus homens e equipamento no próximo navio de tropas a zarpar de Alexandria. Em Atenas, fizeram contato com Harold Caccia, cuja esposa, Nancy, era irmã de Oliver Barstow, outro cavaleiro guerrilheiro de Fleming.

---

*O principal ingrediente de Ritchie-Hook na trilogia *Homens em armas* foi o brigadier Saint Clair Morford. Houve também uma pitada do almirante Sir Walter Cowan.

A Missão Iaque, "eriçada de submetralhadoras e pistolas", seguiu para o norte depois de comprar os seus próprios meios de transporte com o fundo de guerra. E, no final da primeira semana de abril, numa encosta perto da fronteira iugoslava, em meio a uma paisagem de tirar o fôlego, os ordenanças dos soldados montaram as tendas e armaram os leitos de campanha "como se estivéssemos num safári". Peter Fleming não resistiu e mandou uma mensagem à SOE, em Londres: OCUPANDO PASSO MONASTIR. Ele não sabia que o Liebstandarte Adolf Hitler, divisão das SS comandada por Sepp Dietrich, seguia diretamente para o lugar do seu glorioso piquenique.

O arqueólogo John Pendlebury sempre teve certeza de que os alemães invadiriam a Grécia e depois a sua amada Creta. Não ficara à toa depois de separar-se de Nick Hammond e dos outros após a viagem de hidroavião partindo do porto Poole. Instalado a princípio na Vila Ariadne, que conhecia tão bem desde o seu tempo de curador de Cnossos, e depois em Heráclion, fez listas de cidadãos pró-britânicos e pró-Eixo. Nessa fase, antes da invasão italiana e enquanto o governo de Metaxas agarrava-se, persistente, à neutralidade, teve de representar o papel de "vice-cônsul mais falso do mundo". Mas Pendlebury, assim como os cretenses com quem tanto se identificava, via com desdém a discrição necessária às operações secretas. Ele era famoso demais para o seu trabalho. Os cretenses especulavam a seu respeito, sempre intrigados com aquele inglês de olho de vidro e bengala de estoque a passear pela ilha.

A objetividade, o senso de humor e a *joie de vivre* de Pendlebury atraíam-nos muitíssimo; para um egresso do Winchester College daquela idade, mostrava notável desinibição e parecia adorar contradições. Pendlebury era um solitário sociável com uma arrogância inocente e a guerra, muito mais anárquica do que ditatorial no seu caso, era a oportunidade perfeita para pôr-se no papel de um soldado claramente irregular com armas irregulares.

Depois da invasão italiana, com os soldados britânicos bem recebidos em Creta pelo governo de Atenas, Pendlebury tirou do armário a farda de capitão da cavalaria e tornou-se oficial de ligação entre as tropas britânicas e as autoridades militares gregas. No entanto, o seu verdadeiro interesse era a criação de uma tropa cretense para substituir, em parte, a divisão local que fora mandada para a frente albanesa.

Pendlebury percebia humilhações com rapidez e o seu trato com os superiores nem sempre era diplomático. "A melhor repreensão que recebi", escreveu, "foi por usar a palavra 'bastardo' no telegrama a um ministro. Em resposta, ressaltei que, se a palavra estava no livro de código, era óbvio que deveria ser usada; que o ministro tinha idade suficiente para conhecer os fatos da vida; e que era a única palavra que combinava com o indivíduo ao qual se referia."

As repreensões oficiais não o detinham. No Natal de 1940, descreveu o espírito belicoso dos cretenses: "Fui levado nos ombros por cinco povoados e aldeias e fui abençoado por dois bispos e fiz alguns discursos inflamados em varandas. O clima é espantoso." E voltou de uma viagem de acrobacias aéreas pelas Montanhas Brancas e em torno do Monte Ida afirmando: "A anglofilia é crescente!" Pendlebury tinha paixão por mapas. Orgulhava-se de conhecer "a ilha melhor do que ninguém no mundo inteiro" e as suas montanhas "pedra por pedra". Se tivessem armas, ele não tinha a menor dúvida de que os cretenses poderiam derrotar uma invasão alemã praticamente sozinhos. E essa invasão viria assim que a Grécia caísse.

Nick Hammond, amigo e colega de Pendlebury, recebeu um serviço mais adequado à sua especialização depois de ficar um mês em Alexandria com o Regimento Galês e as suas festas domingueiras. A. W. Lawrence, professor de arqueologia clássica e meio-irmão de Lawrence da Arábia, chegou da Inglaterra, enviado por Churchill para treinar os judeus da Palestina em missões de sabotagem. Arnold Lawrence, Hammond e um artilheiro chamado Barnes montaram a sua escola num kibutz perto de Haifa. O segredo era essencial, já que suas atividades constituíam uma transgressão clara do Mandato da Liga das Nações. Um dos primeiros alunos foi Moshe Dayan, que perdeu o olho ali, durante o treinamento. Mas o projeto não vingou, devido, principalmente, à escolha excêntrica do chefe por Churchill, já que A. W. Lawrence mostrou ser um arabista tão ardoroso quanto o meio-irmão.

Para a missão seguinte, Hammond teve de avançar pela estrada apenas alguns quilômetros: em outubro de 1940, foi criado o principal centro de treinamento de agentes da SOE Cairo. (Este campo perto de Haifa, chamado mais tarde de ME 102, foi um lugar que ele e a maioria dos oficiais da SOE passaram a conhecer bem nos quatro anos seguintes.) No início da primavera de 1941, Hammond foi convocado a Atenas. Chegou lá em 15 de março, pouco antes da Missão Iaque de Peter Fleming. Este, que precisava de um especialista em explosivos, tentou cativá-lo, mas com o Décimo Segundo Exército da Wehrmacht já na Bulgária, Hammond achou que era tarde demais para começar a treinar grupos de retaguarda e já trabalhava com os dois homens da SOE dentro da Legação. Bill Barbrook era um ex-oficial regular chamado de volta ao serviço devido à experiência albanesa; e o seu companheiro Ian Pirie estava na Grécia desde antes da guerra, quando fora recrutado pela Seção D.

Pirie, egresso da Harrow School e de quem disseram ser "não muito diferente de um cupido adulto com roupas bem cortadas", tinha atrás de si uma exuberante carreira nos negócios que, aparentemente, incluía tentativas malsinadas de criar um cemitério para cães e depois uma pista de corridas perto de Atenas. Era evidente que gostava da vida na capital com a sua namorada Nicki Demertzi, a loura devastadora da boate Argentina, que ele acreditava ser parente do ex-primeiro-ministro de mesmo nome.*

Às vezes o comportamento mundano de Pirie era exasperante. Uma das suas observações mais famosas tratava da família real grega: "Como é que alguém consegue levar a sério na face da terra uma dinastia que é mais nova que o fornecedor de vinhos?" Várias operações secretas de Ian Pirie indicam com bastante clareza uma leviandade compulsiva. Com aparente seriedade, propôs ao primeiro-secretário Harold Caccia que, para melhorar o moral depois da ocupação alemã, deveriam importar suportes musicais para papel higiênico que tocassem o hino nacional grego quando alguém puxasse o papel.

Uma operação levemente mais profissional, pelo menos em teoria, visava a atingir um rádio alemão que funcionava num apartamento particular. Transmitia mensagens a Berlim a intervalos regulares e assim Pirie deu um jeito de criar uma sobrecarga súbita da eletricidade fornecida ao prédio, na esperança de que isso fizesse os circuitos explodirem. Em vez disso, a façanha produziu uma explosão de protestos dos outros moradores, inclusive o ministro norte-americano e um dentista que abria o dente de um paciente naquela hora. Os alemães simplesmente passaram a usar um gerador e continuaram trabalhando.

A missão principal de Pirie, de criar previamente uma rede de resistência, não foi bem-sucedida, embora talvez a culpa não fosse só dele. Com franqueza incomum, já que em geral os diplomatas preferiam permanecer

---

*A outra grande atração da boate Argentina era uma dançarina chamada La Bella Asmaro que, mais tarde, apaixonou-se pelo capitão Mark Chapman-Walker da Brigada de Fuzileiros, ajudante-de-ordens do general Jumbo Wilson. (Chapman-Walker pode ser visto na extrema direita da foto 4.)

ignorantes das atividades da SOE, avisou Harold Caccia, contemporâneo seu no Trinity College, em Oxford, do seu trabalho secreto. O governo de Metaxas opunha-se com todo o vigor a qualquer atividade oculta que pudesse irritar os alemães e, assim, Pirie achou melhor não recrutar ninguém ligado ao regime; acabaria denunciado aos agentes de Maniadakis, ministro de Segurança Nacional. Isso só lhe deixava os grupos de oposição, principalmente da esquerda não comunista; os membros estritos do Partido Comunista ainda tinham de considerar a Alemanha nazista como aliada da "pátria do socialismo".*

Assim como a ajuda militar britânica à Grécia aumentou lentamente no inverno de 1940 e depois disparou no início da primavera de 1941, o mesmo aconteceu com o envolvimento de todas as organizações de espionagem rivais. David Hunt, o professor de arqueologia designado para o Regimento Galês em Alexandria, chegara a Atenas em novembro de 1940 acompanhado de Geoffrey Household, agora no novo papel de oficial de segurança em campanha. Uniram-se ao setor de informações do Estado-Maior da RAF, encabeçado pelo comandante de esquadrilha visconde Forbes, que fora adido aeronáutico da Legação de Bucareste na época da espera infrutífera de Household pelos sapadores de George Young.

Enquanto Household fazia a ligação com oficiais de segurança gregos, Hunt, como segundo no comando do setor de informações do Estado-Maior, processava as mensagens interceptadas, tanto as do Ultra quanto o material de nível inferior, porém mais imediato. A espionagem militar convencional e as organizações secretas (principalmente na forma dos adidos militares assistentes espalhados pelas capitais balcânicas) raramente eram boas amigas. A rivalidade então ficou ainda mais exacerbada, porque o general Wilson, insatisfeito com Stanley Casson, da Missão Militar britânica, trouxe o coronel Quilliam, do quartel-general do Oriente Médio, como seu próprio chefe de informações. Quando o exército iugoslavo desmoronou sem prévio aviso em abril, as acusações de incompetência voaram de um lado a outro, entre os departamentos, com grande veemência.

---

*Como exemplo precoce do tipo de contradição política com que a SOE se envolveria na região, Pirie, enquanto recrutava esquerdistas em Atenas, também mandava suprimentos ao general Mihailovic, na Sérvia, prevendo que o príncipe Paulo sucumbiria à pressão de Hitler para assinar o Pacto Tripartite.

4

A dupla invasão

Na vã tentativa de aumentar a segurança, os homens da 2ª Força Expedicionária da Nova Zelândia enviados à Grécia não foram informados com antecedência do seu destino. Foram equipados com capacetes coloniais, levados para navios de transporte de tropas e depois agüentaram quatro dias de tempestade. "Metade do tempo as hélices ficaram fora d'água"; os soldados usaram os capacetes como "sacos de vômito" e chegaram "passando muito mal".

O otimismo combativo dos oficiais, que desenrolavam mapas para estudar rotas de invasão até a Áustria, agüentou um pouco mais. No porto de Pireu, encontraram o pessoal do adido militar alemão no cais fazendo anotações detalhadas sobre o seu efetivo e equipamento.* Em Atenas, a suástica adejava diante do quartel-general britânico, na encosta do Monte Licabeto. E os oficiais comandantes convocados para uma reunião no Acropole Palace Hotel foram informados de que todo o plano de defesa da linha Haliacmon fora comprometido.

Mas houve pouca irritação nas unidades acampadas nos atraentes pinheirais das encostas que circundavam o norte de Atenas. Os soldados britânicos e dos países da Comunidade Britânica gostavam dos gregos e admiravam-nos pela resistência à invasão italiana; seja como for, todos já

*Parece que o adido militar alemão era de origem meio escocesa. O seu bom inglês foi suficiente para enganar alguns oficiais descuidados, que conversaram com ele com bastante despreocupação.

estavam bem acostumados com os CMFUs (Complete Military Fuck-Ups, ou grandes cagadas militares). O fatalismo tradicional do Exército instalou-se: "Estamos aqui porque estamos aqui, porque estamos aqui", dizia a canção. Por outro lado, alguns soldados australianos e neozelandeses começaram a perguntar-se por que eram maioria numa malfadada força expedicionária enviada para honrar uma obrigação britânica.

Wavell, depois que veio à luz o desastroso desentendimento sobre a linha Haliacmon, fizera contato com o general-de-divisão Thomas Blarney, comandante do corpo australiano, e o general-de-brigada Bernard Freyberg, comandante neozelandês. Embora fosse improvável uma negativa embaraçosa, Wavell e os chefes do Estado-Maior em Londres ficaram aliviadíssimos quando, separadamente, eles e os seus primeiros-ministros aceitaram os "riscos adicionais envolvidos". Mas os dois países perceberam, mais tarde, que não tinham sido bem informados e tanto Blarney quanto Freyberg foram criticados por não terem transmitido na época as suas dúvidas pessoais.

O grupo de operações especiais de Jumbo Wilson na Grécia, conhecido como Força W, era formado pela Divisão da Nova Zelândia, à direita da linha Haliacmon, guardando o passo da Sérvia perto do Monte Olimpo, pela 1ª Brigada Blindada britânica, enviada para norte e nordeste como proteção, e pela 6ª Divisão Australiana, à esquerda. No último momento, quando se fez sentir a força do ataque de Rommel ao longo da costa, Wavell reteve no norte da África a 7ª Divisão Australiana e a Brigada Independente polonesa. Este caso pode ser descrito como exemplo de mau planejamento que deu certo, já que essas formações fariam pouca diferença para os acontecimentos na Grécia e a sua ausência, mais tarde, reduziu o peso da evacuação.

Os dias anteriores ao início da batalha, embora frios nas montanhas, são lembrados como idílicos. A beleza do clima, a paisagem e as flores selvagens deixaram impressão quase tão profunda quanto a recepção calorosa nas aldeias. Um oficial escreveu: "Senti-me mais como noivo do que como soldado no meu caminhão decorado com botões de pessegueiro e com violetas na lapela." Enquanto os oficiais britânicos tentavam comunicar-se com os colegas gregos em grego clássico mal recordado dos tempos de escola, os soldados, superando a barreira da língua com o seu próprio jeito inimitável, criaram um mercado próspero para suplementar as rações, vendendo latas vazias de gasolina por quatro ovos a unidade. No local, comprava-se carne de carneiro e vinho para a mesa dos oficiais, enquanto as guloseimas tinham de ser trazidas de Salônica. Nos domingos, a convite do padre, havia procissões na igreja da aldeia.

Em 2 de abril, Anthony Eden e o general Sir John Dill, a caminho da fronteira para a conferência com o governo iugoslavo, apareceram sem avisar no refeitório dos oficiais do regimento dos Hussardos de Northumberland. Dick Hobson, chefe de Estado-Maior do 12º Regimento de Lanceiros, que acompanhava os visitantes, escreveu mais tarde: "Estavam a caminho para parlamentar com os iugoslavos, que hesitavam sobre que lado apoiariam. O Sr. Eden tinha uma carta especial para o duque [de Northumberland], na época capitão do regimento. (Transpirou que esta importante missiva era na verdade o relatório do guarda-caça sobre as façanhas dos cães de Percy!) Naquela época, as cerejeiras e outras árvores frutíferas da planície tinham sido todas borrifadas com sulfato de cobre e todos os troncos estavam verdes. Observei: 'Tenho esperanças de ver as flores brotarem na copa dessas árvores, que lindo vai ficar.' Eden e Dill trocaram olhares e disseram: 'Temo que você não vá ficar aqui tempo bastante.'"

Em 25 de março, o príncipe Paulo, regente da Iugoslávia, assinara em Viena o Pacto Tripartite, depois de intensa pressão de Hitler, que queria usar o sistema ferroviário iugoslavo na invasão da Grécia. Dois dias depois, um golpe de Estado em Belgrado o depôs. Seguiram-se manifestações populares de resistência em que a multidão insultou o embaixador alemão, cuspindo e chutando o seu carro.

A notícia deste espetacular revés chegou a Berlim durante a visita de Matsuoka, ministro do Exterior japonês. Hitler, "arfando por vingança", nas palavras do intérprete oficial, deu ordens imediatas de invasão. Ribbentrop, reunido com Matsuoka — acabara de sugerir que os japoneses tomassem Cingapura dos britânicos —, foi chamado e o general Halder convocado imediatamente à Chancelaria. O OKH, Estado-Maior Geral alemão, ficou de plantão durante a noite para esboçar as ordens operacionais com base num exercício de planejamento realizado por Halder no mês de outubro anterior. Os preparativos para a Operação Barbarossa, planejada invasão da Rússia, foram postos de lado e um total de 29 divisões e quase 2 mil aeronaves foram designadas para a campanha balcânica. Este duplo ataque, exercício de visível exagero, ficaria sob o comando do marechal-de-campo von Brauchitsch, em Wiener Neustadt, ao sul de Viena. No caso, muitas destas formações não foram necessárias e uma das divisões nunca veio a saber que fora designada para o combate.

De fato, a virada súbita dos acontecimentos em Belgrado foi boa para os alemães. A conquista da Iugoslávia tornaria muito mais fácil a conquista da Grécia. E para a paz de espírito de Hitler, a sujeição dos "eslavos do sul" impediria toda e qualquer aliança deles com os parentes russos depois do início da Operação Barbarossa.

Mas a demonstração iugoslava de desafio, seguida pelo sucesso da Marinha Real contra uma força naval italiana a sudoeste do cabo Matapan (a garra central do Peloponeso), levou os britânicos a um surto de falso otimismo. Churchill ficou bastante entusiasmado. Mandou um telegrama ao governo australiano: "Os fatos de quinta-feira em Belgrado mostram o longo alcance dos efeitos desta e de outras medidas que tomamos quanto a toda a situação nos Bálcãs. Os planos alemães foram frustrados e podemos alimentar novas esperanças de formar uma frente balcânica com a Turquia que reúna cerca de setenta divisões aliadas das quatro Potências envolvidas." O seu otimismo imoderado desmoralizou-se duramente apenas uma semana depois.

Pouco antes do amanhecer de 6 de abril, começou a fase mais devastadora da guerra nos Bálcãs, com a invasão simultânea da Iugoslávia e da Grécia. O povo de Belgrado pagou pela coragem temerária de dez dias antes. Vários milhares morreram (as estimativas variam entre três e dezessete mil pessoas) quando a cidade foi destroçada pelo bombardeio impiedoso e o sistema de comunicações do exército iugoslavo desmoronou. Mais tarde, na mesma noite, incursões alemãs bombardearam o porto do Pireu e atingiram o *Clan Fraser*. Sem conhecer a natureza da sua carga, Geoffrey Household e o seu sargenteante foram a bordo para inspecionar o fogo. Saíram bem na hora. Cheio de munição, o navio explodiu nas primeiras horas do dia, destruindo o atracadouro principal e afundando mais 11 embarcações. O efeito moral foi considerável.

Comprovou-se que a crença obsessiva do general Papagos numa operação conjunta greco-iugoslava contra os italianos na Albânia não passava de sonho. Foi constatado que as Forças Armadas iugoslavas, das quais dependia o plano de Papagos, estavam lamentavelmente despreparadas. O seu exército, com efetivo de quase um milhão de homens, espalhou-se tolamente por uma fronteira imensa e só conseguiu matar 151 alemães durante toda a campanha. A advertência do coronel Blunt de que os iugoslavos precisariam de pelo menos um mês para se mobilizar fora ignorada em meio ao entusiasmo oficial com o pacto balcânico.

As divisões gregas na linha Metaxas, que corria ao longo do rio Nestos, a leste, e depois seguia a fronteira búlgara até a Iugoslávia, lutaram com grande tenacidade. As suas fortificações eram muito menos restritivas que a linha Maginot e permitiam que as guarnições atacassem de forma inesperada. A 5ª Divisão de Caçadores de Montanha alemã, que mais tarde constituiu metade da tropa de invasão de Creta, foi "repelida no desfiladeiro de Rupel apesar do apoio aéreo mais forte e suportou baixas consideráveis". Mas a linha foi rompida pela 6ª Divisão de Caçadores de Montanha: esta conseguiu cruzar uma serra coberta de neve a mais de 2 mil metros de altura que os gregos tinham considerado intransponível. Uma guarnição lutou com tamanha bravura que os alemães permitiram que os defensores partissem com as suas armas e os saudaram.

A 2ª Divisão Panzer alemã capturou Salônica em 9 de abril e o Segundo Exército grego, a leste do rio Vardar, rendeu-se. Mas, com o colapso iugoslavo, a ameaça ao interior do país tornou-se ainda maior. Em menos de três dias, abriu-se a rota de invasão da Grécia pelo desfiladeiro de Monastir. Isso ameaçou o flanco esquerdo da linha Haliacmon e a direita da retaguarda do exército grego na Albânia. Mais tarde, o general Papagos descreveu este desastre como desdobramento de "uma situação adversa" e tentou jogar a culpa nas informações incorretas recebidas dos iugoslavos e dos britânicos.

A unidade da Força W que mais corria riscos era a 1ª Brigada Blindada, que consistia dos blindados leves do 4º Regimento de Hussardos, dos Matildas do 3º Real Regimento Blindado, do 2º Regimento da Real Artilharia Montada, com peças de 25 libras, dos Hussardos de Northumberland, regimento anticarro, e dos Rangers, também conhecidos, confusamente, como 9º Batalhão do Real Corpo de Fuzileiros do Rei. Desde o desembarque, a maior parte dos veículos já tinha percorrido quase oitocentos quilômetros de estradas ruins até as posições entre a massa coberta de neve do Monte Olimpo e as montanhas iugoslavas. Os blindados, já dilapidados e com alta quilometragem percorrida, foram levados de trem, em plataformas, até o entroncamento de Aminteon. A princípio concentrada em Edessa, a menos de trinta quilômetros da fronteira em linha reta, a brigada estava voltada para o vale do Axios, a nordeste, que ia da Iugoslávia até Salônica.

O grosso da Força W consistia na Divisão da Nova Zelândia, comandada por Freyberg, à direita, entre o mar e a serra do Monte Olimpo, e do Corpo Australiano de Blarney, agora com efetivo apenas de divisão, na dobra da linha ao sul da Sérvia, tendo as montanhas a separá-lo dos neozelandeses. Mas a possível ameaça vinda do norte pelo desfiladeiro de Monastir era considerada tão desastrosa que o general Wilson, sempre desconfiado do crédito que Papagos depositava nos iugoslavos, criou uma formação mista sob o comando do general Iven Mackay, da divisão australiana. A Força Mackay, com dois batalhões australianos e parte da 1ª Brigada Blindada, avançou para formar uma linha logo ao sul de Vevi e cobrir a saída do desfiladeiro de Monastir. Os australianos principalmente, recém-chegados do norte da África, sofreram muito com o frio em suas posições defensivas na área coberta de neve da montanha.

A ausência de notícias da Iugoslávia era inquietante. Então a confirmação da tomada de Skopje pelos alemães chegou na tarde de 8 de março. Um oficial comandante, que recebeu ordens de recuar rapidamente para novas posições, sentiu-se tentado a perguntar: "Para que lado?" As divisões alemãs logo avançariam vindo do norte e do leste. A heróica defesa grega da linha Metaxas só retardou por alguns dias o avanço alemão.

As outras formações da Força W tiveram de ajustar as suas posições. A Divisão da Nova Zelândia recebeu ordens de recuar da faixa litorânea abaixo do rio Haliacmon para defender o passo da Sérvia, o passo do Olimpo e o vale do Tempe. Enquanto isso, ao norte, a 16ª Brigada Australiana guarnecia o passo de Veria. O elo mais fraco da Força W era, inevitavelmente, a sua ligação com o Exército Macedônio Central grego, ala direita das tropas gregas na frente albanesa. A ligação e as comunicações entre os quartéis-generais britânico e grego não eram suficientes para mantê-los a par dos acontecimentos. E quando o XL Corpo Panzer alemão começou as suas rápidas sondagens vindas do norte, a falta de transporte motorizado do exército grego impediu que as suas divisões recuassem com a mesma rapidez dos aliados.

Peter Fleming e a Missão Iaque, na fronteira iugoslava, perceberam que não havia tempo para cumprir a tarefa de formar e treinar grupos de retaguarda. Ao decidir que a retirada era melhor do que agir por conta própria num gesto suicida, optaram por tornar-se uma equipe de demolição autônoma a serviço de qualquer comandante que encontrassem.

Começando pela Força Mackay, os integrantes da Missão Iaque atacaram uma ponte importante da estrada de Florina. Seguiu-se a ela o pátio de manobras de Aminteon, onde destruíram vinte locomotivas. Dirigir trens e explodi-los, causando o que Fleming chamou mais tarde de "caos do tipo espetacular e agradável", tornou-se a sua especialidade na retirada da Macedônia para o sul.

Dick Hobson, chefe do estado-maior da 1ª Brigada Blindada, não achava graça nessas tarefas. "É preciso dizer que, sentado diante do rádio para dar a ordem das demolições, lembro de ter refletido na coisa horrível que estava a ponto de perpetrar. Os gregos tinham sido gentilíssimos conosco e ali estávamos a ponto de devastar o campo e arruinar o seu meio de vida; e de fugir aparentemente sem lutar." Por acaso, três dias depois, Hobson viu Fleming chegar ao quartel-general da brigada, perto de Ptolemais: "Quem havia de aparecer senão Peter Fleming, imaculadamente trajado como capitão dos Guardas Granadeiros, vindo direto do Quartel Wellington, trazendo até bengala e parecendo nem ligar para o que estava acontecendo." (É preciso dizer que Hobson apreciava e admirava muito Peter Fleming. Numa caçada, na Inglaterra, perguntou a Fleming por que usava botas de caçador. "Tenho de usar", respondeu. "Quebrei a perna ontem.")

Em 11 de abril, um dia frio e claro, houve o primeiro combate importante dos australianos e da 1ª Brigada Blindada na região ao sul de Vevi. Gerry de Winton, que comandava o pelotão de comunicações, recordou a cena do vale à luz da noite como "igualzinho a um quadro de Lady Butler, com o sol se pondo à esquerda, os alemães atacando pela frente e, à direita, os artilheiros em posição com os seus armões". Por mais espetacular que fosse o cenário, a resistência parece ter sido eficaz. A mensagem OL 2042 interceptada pelo Ultra dizia: "Perto Vevi Schutzstaffel Adolf Hitler enfrenta resistência violenta."

Apesar da má comunicação e da mudança do tempo para uma chuva gelada com pancadas de neve trazidas pelo vento noroeste, conhecido como *vardar*, o recuo da Força W, diante de força superior, conseguiu impedir a tentativa de cerco do inimigo. Este sucesso teve pouco a ver com intuição brilhante por parte de Jumbo Wilson, que dificilmente mereceria ser descrito como "general que pensa".

A cabana 3 do Bletchley Park, criada apenas no início do ano, já decifrava o tráfego do rádio alemão com velocidade espantosa, graças principalmente ao procedimento descuidado da Luftwaffe nas transmissões. Estas informações obtidas das mensagens nunca eram imediatas a ponto de permitir armadilhas complexas contra o avanço inimigo, e de qualquer modo faltava à Força W comando, controle, treinamento e equipamento para aproveitar a maioria das oportunidades; mas, com certeza, ajudaram a salvar do desastre as tropas da Grã-Bretanha e dos países da Comunidade Britânica. As normas de segurança que cercavam o material do Ultra impediam que os britânicos dividissem estas informações com os gregos, mas como o seu exército, na frente albanesa, sofria de penosa falta de meios de transporte, é provável que isso não tenha feito muita diferença. Papagos só começou a retirada pelos montes Pindus em 13 de abril. Em conseqüência, os alemães conseguiram forçar uma cunha blindada entre a Força W e as divisões à sua direita, o que logo permitiu o cerco.

A ponta-de-lança do inimigo na frente de Monastir, que incluía o Liebstandarte Adolf Hitler, nunca afrouxou o ataque, mas a ainda tosca tática blindada alemã mostrou que esperavam pouca resistência. Nos desfiladeiros entre as serras de Vernion e Vermon, os canhões da 1ª Brigada Blindada, inclusive os de 25 libras da 2ª Real Artilharia Montada disparados com a mira aberta, causaram pesadas baixas em várias ocasiões, mas os desgastados veículos M10 do 3º Real Regimento Blindado estavam caindo aos pedaços. As lagartas projetadas para o deserto viviam se soltando e, em geral, havia escassez deprimente de peças de reposição. Sem tempo para nada a não ser os consertos mais simples, as baixas mecânicas tinham de ser largadas fora da estrada e incendiadas.

Logo ao sul de Ptolomais, os soldados do duque de Northumberland, com canhões anticarro montados na carroceria dos caminhões, enfrentaram uma investida de blindados. Sob fogo intenso, Rollie Charrington, comandante da brigada, afastou-se. Não querendo interferir no rumo da batalha, comentou com Hughie Northumberland:

— Caro colega, que bom vê-lo. Sempre quis lhe dizer como a sua mãe estava fantástica na Coroação.

Perto dali, uma tropa mista de metralhadores da Nova Zelândia, soldados do 3º Regimento Blindado e uma bateria do 2º Regimento da Real Artilharia Montada abriu fogo. O inimigo achou que eram uma divisão blindada inteira. Mas este sucesso foi raro. Seguiu-se uma retirada aos saltos pelas gargantas e desfiladeiros das montanhas. Em certos pontos, as bombas alemães destruíram a estrada na encosta coberta de xisto. Gerry de Winton recordou "um buraco de vinte metros de comprimento que a guarnição do veículo de comando encheu de mulas mortas, firmadas com fuzis gregos descartados".

Quando em retirada, os boatos se espalham ainda mais febrilmente, na tentativa desesperada de inspirar otimismo: uma divisão canadense desembarcou em Salônica para pegar os alemães pela retaguarda, chegaram várias centenas de Spitfires. Os gregos eram bem mais fatalistas e também generosos. Os soldados britânicos, emocionados e sem graça, viam-se festejados pelos aldeões sempre que recuavam. Um oficial comandante foi retardado para que o padre abençoasse o carro do estado-maior com água benta. Os gregos demonstravam o que sentiam pelo inimigo de maneira menos pacífica. Gerry de Winton, ao ver um piloto alemão lançar-se do avião e cair de pára-quedas num bosque perto de uma aldeia, avançou para prendê-lo. Um grupo de mecânicos civis barrou-lhe o caminho.

— Fique de fora — disseram-lhe, brandindo pesadas chaves inglesas. — Nós cuidamos disso.

Os ataques aéreos, poucos a princípio, ficaram mais numerosos assim que a chuva e a neve diminuíram. Mark Norman, da Missão Iaque, recordou como a limpidez do céu produzia um estranho efeito óptico. Ao perceber um Stuka em posição de mergulhar, jogou-se do caminhão na valeta do lado da estrada. Olhando de volta o atacante, viu-o bater as asas. Naquela luz brilhante, "um falcão a sessenta metros ficava igualzinho a um Stuka a 600 metros".

Outro pássaro a causar confusão foi a cegonha. Na migração para o norte, voando em grandes bandos, provocaram histórias enlouquecidas de lançamento de pára-quedistas. Outros pássaros só causavam prazer. Um soldado da retaguarda contou que ficara escutando os rouxinóis num bosque perto de Atlante até as duas da manhã. Ele e a sua tropa de canhões anticarro esperavam que parte da Divisão Australiana recuasse até a sua posição. Descobriram, ao amanhecer, que a unidade em questão havia partido há muito tempo e que corriam o risco de ficar isolados. Os oficiais britânicos na Grécia tinham péssima opinião desta formação australiana específica; um deles afirmou que "o seu grandioso grito de guerra na Grécia era 'estamos caindo fora!'" Já outros observaram que os australianos tinham sofrido muito com o frio nas montanhas e acrescentaram que, embora recuassem de repente, tinham a mesma probabilidade de virar-se de novo e lutar.

Os ataques aéreos tornaram-se freqüentes depois da primeira semana, quando os grupamentos aéreos da Luftwaffe começaram a decolar de campos avançados perto de Salônica. Viam-se poucos caças britânicos opondo-se a eles. Os neozelandeses começaram a dizer que as iniciais RAF (Royal Air Force) significavam Rare As Fairies (raros como fadas). (Somente 80 das suas 152 aeronaves tinham condições de voar quando os alemães atacaram.) O general Wilson observou que os seus homens estavam ficando "sensíveis a bombas" e abandonavam os veículos com o aparecimento de qualquer tipo de aeronave à distância. Mas, aos olhos dos oficiais britânicos, levando-se em conta os alvos oferecidos durante a lentidão angustiante da retirada, os ataques de metralha e bombardeio aos comboios eram levíssimos.

— Bem — disse o brigadier Rollie Charrington ao observar o engarrafamento de 15 quilômetros de trânsito militar vindo de um desfiladeiro na montanha —, se os boches começarem a bombardear vai ser o fim da nossa brigada. — Mas a maior parte dos veículos da 1ª Brigada Blindada sucumbiu às panes mecânicas e foi abandonada pelo caminho.

Quando possível, a retirada era feita durante a noite. O cansaço, que com freqüência fazia os motoristas adormecerem ao volante durante as viagens noturnas, produziu o seu próprio tipo de baixa, tanto de homens quanto de veículos. Quando o comboio parava, os motoristas caíam num sono tão profundo que os oficiais que vinham atrás só conseguiam acordá-los com um tiro junto à janela da cabine. Mesmo os que ficavam acordados talvez achassem estar sonhando, tão estranhas eram algumas visões durante a retirada. Um playboy de Belgrado com sapatos bicolores, acompanhado da amante num Buick conversível de dois lugares, apareceu, incompatível, no engarrafamento militar. E certa noite um oficial da Missão Militar Britânica viu passar, à luz da Lua, um esquadrão de lanceiros sérvios com longas capas, como fantasmas dos derrotados em antigas guerras.

As estradas ficaram atulhadas de veículos quebrados, carroças, artilharia puxada a cavalo e os remanescentes cansados de caminhar do exército grego da Macedônia. Era preciso encher as crateras feitas pelas bombas e empurrar ou guinchar as obstruções para o lado da estrada. Certa unidade levou nove horas para transpor um trecho de 37 quilômetros.

O general Wilson percebeu que, com o grosso do exército grego isolado na Albânia devido ao que ele chamava de "doutrina fetichista de não ceder aos italianos nem um metro de terreno", toda esperança de segurar os alemães ao norte de Larissa se desfez. O serviço de interceptação de mensagens alertou para a ameaça de cerco vinda do oeste. Assim, Wilson deu ordens de recuar até a linha das Termópilas. A própria Larissa era um gargalo perigoso: já arruinada por um terremoto no início do inverno, fora novamente arrasada pela Luftwaffe. A retirada foi difícil, ainda mais com a ameaça alemã no flanco esquerdo, mas o perigo real veio pela direita, perto do Monte Olimpo. Durante três dias, a 5ª Brigada da Nova Zelândia conseguiu manter o Vale do Tempe, garganta do rio Pinios que ia até Larissa, contra ataques violentos da 2ª Divisão Panzer e da 6ª Divisão de Caçadores de Montanha.

Comandado pelo general Blarney, muito apreciado pelos oficiais britânicos, o recém-batizado Corpo Anzac — formado pela 6ª Divisão Australiana e pela 2ª Divisão da Nova Zelândia — recuou para a linha das Termópilas. Por um descuido desastroso, uma grande remessa de suprimentos para Larissa caiu intacta nas mãos dos caçadores de montanha alemães, dando ao inimigo meios de continuar a investir sem pausa.

Os ataques determinados de unidades panzer alemãs e o alerta do serviço de interceptação de mensagens sobre o movimento do flanco alemão pelo litoral do Adriático e ao longo do Golfo de Corinto logo tornaram insustentável a posição das Termópilas. Em 18 de abril, o primeiro-ministro Alexandros Koryzis suicidou-se com um tiro. Em Atenas, ninguém acreditou na história de "ataque cardíaco". Wavell voou para lá na manhã seguinte — os oficiais do seu Estado-Maior foram avisados para portar pistolas desta vez, devido à incerteza da situação — e noutra rodada de reuniões no Palácio Tatoi tomou-se, em 20 de abril, a decisão de evacuar as tropas da Grã-Bretanha e dos países da Comunidade Britânica.

O rei convidara o general Mazarakis, líder da oposição republicana, para esta reunião. Queria que se unisse ao governo, cuja direção assumira pessoalmente depois da morte de Koryzis. Mas os republicanos recusaram-se a participar caso o odiado Maniadakis permanecesse no cargo. O general Wilson conseguiu resistir a esta exigência argumentando que não era possível pensar na mudança do comando das questões de segurança em momento tão perigoso. Esta questão só tem importância porque esses detalhes foram usados mais tarde pelo Partido Comunista para acusar os britânicos de apoiar desde o princípio "colaboradores metaxistas".

No mesmo dia, ocorreu um golpe de Estado dentro do Exército de Épiro, ação provocada em parte por um perverso ataque de vaidade. O general Tsolacoglou, que se autonomeara comandante, queria negociar termos com o general Sepp Dietrich, comandante das SS, e não com os desprezados italianos. "No aniversário do Führer", recordou o Estado-Maior divisional das Waffen SS, "por volta das 16 horas, dois oficiais gregos com bandeiras brancas aproximaram-se da nossa linha de frente".* Mas Tsolacoglou não atingiu seu objetivo. Mussolini ficou ofendido ao saber dessas manobras que passavam por cima do entendimento do Eixo de que a Grécia pertencia à esfera de influência italiana. Embora Hitler simpatizasse tanto com Sepp Dietrich quanto com o marechal-de-campo List, comandante do seu exército, a discussão sobre protocolo não valia o rompimento com o seu aliado. Os termos combinados com Tsolacoglou foram cancelados e o italiano general Ferrero teve permissão de receber a rendição formal ao lado do general Jodl dali a dois dias.

Jumbo Wilson, um dos poucos oficiais superiores britânicos a ver o regime metaxista como verdadeiramente fascista, suspeitava do "trabalho de quinta-coluna" de "certos indivíduos de Atenas que ocuparam altos cargos no último governo". Os alemães, desde um mês antes da invasão, realmente foram alvo de uma série de sondagens. Mas Wilson, ainda menos sofisticado em termos políticos do que a maioria dos oficiais da sua geração, não conseguiu ver esta ironia à luz da sua oposição à remoção de Maniadakis.

Para as esquadrilhas da RAF, a retirada foi como uma lembrança deprimente da queda da França. Muitas vezes as guarnições em terra mal tinham acabado de armar as barracas quando chegavam ordens — ou contra-ordens — de recuar para mais outro campo de pouso improvisado. Devido à falta de peças de reposição, as aeronaves tiveram de ser impiedosamente canibalizadas na tarefa de "remendar e despachar" e, várias vezes por dia, eram importunados por Messerschmitt 109 e pela metralha dos Messerschmitt 110 bimotores.

Para a defesa antiaérea, só havia uns poucos canhões Lewis montados em reparos que mais pareciam estantes de música altas demais. Na maioria dos casos, as guarnições em terra só tinham fuzis. No aeródromo de Elêusis,

*Graças à mensagem interceptada pelo Ultra (OL 2128) — "Comandante de Exército grego não identificado considerado disposto a capitular" — os britânicos foram avisados com antecedência.

entre Atenas e o istmo de Corinto, três "erks", como eram chamados os mecânicos, conseguiram derrubar um Messerschmitt 109, mas foi um acidente. E mais tarde, em Argos, o comodoro-do-ar Grigson foi visto "de pé no centro do campo com o fuzil ao ombro. Um mecânico carregava-lhe a arma e ali estavam os dois, tão calmos como se caçassem tetrazes".

A última batalha aérea importante aconteceu em 20 de abril, dia da Páscoa no calendário grego, quando 15 caças, tudo o que restava das três esquadrilhas de Hurricanes, atacaram 120 aeronaves alemãs sobre Atenas e o Pireu. Entre eles, pilotos como "Timber" Woods, "Dixie" Dean e "Scruffy" Dowding derrubaram 22 máquinas inimigas, com a perda de dez das suas.

Em Atenas, assim que as sirenes silenciavam havia um estranho ar de normalidade. Circulavam boatos otimistas de que a linha das Termópilas agüentaria. Na noite de 21 de abril, Theodore Stephanides, médico anglo-grego que servia no Real Corpo Médico do Exército e também era escritor e amigo de Lawrence Durrell desde Corfu, foi ao Clube dos Oficiais, defronte do hotel Grande Bretagne, e depois jantou no restaurante de Costi sem nenhuma preocupação no mundo. Na manhã seguinte, veio a ordem de evacuação.

A notícia foi um choque. Stephanides não foi o único a supor que a resistência no Peloponeso seria mantida. Mas a comunidade civil britânica na Grécia tinha poucas ilusões. Uma multidão tentara praticamente invadir os portões da Legação já em 17 de abril, exigindo conhecer os planos da evacuação. Segundo a correspondente Clare Hollingworth, não foi uma "visão agradável".

Nos dois dias seguintes a Força W retirou-se, protegida por forte retaguarda. Sob a cobertura de ataques de bombardeio de mergulho, os blindados alemães fizeram ataques de sondagem na estrada das Termópilas. A 5ª Artilharia da Nova Zelândia e os Hussardos de Northumberland, em conjunto, destruíram 16 blindados em 24 de abril. Somente a boa escolha das suas posições salvou-os do efeito total da hábil combinação alemã de ataque sincronizado por terra e pelo ar.

Naquela noite a retaguarda recuou. Os soldados chegaram a Atenas na manhã seguinte, "depois de dirigir com o diabo nos calcanhares". A última posição defensiva de canhões anticarro ficava perto da casa do primeiro secretário da embaixada americana. Ele ofereceu bebidas aos oficiais na varanda mas disse que não podia convidá-los a entrar sem comprometer a neutralidade dos Estados Unidos. Pouco depois, um oficial superior da polícia de Atenas chegou para pedir ao destacamento que seguisse adiante, já que uma resistência tão perto da capital poderia provocar represálias alemãs. Eles imobilizaram os canhões perto do palácio de Tatoi, removeram miras e blocos de culatra e depois seguiram para os pontos de evacuação.

Mais uma vez, emocionados e sem graça com os abraços, flores e presentes de vinho daqueles que abandonavam, os soldados que partiam foram saudados pelo caminho:

— Boa sorte quando voltarem! Retornem com a vitória!

5

Do outro lado do Egeu

Para as tropas da Grã-Bretanha e da Comunidade Britânica, a necessidade de escapar antes que os alemães chegassem provocou um certo delírio ansioso: o medo de se atrasar, comum na entrada da escola, combinado ao temor infantil de ser deixado para trás. No acampamento de Kokinia, perto de Atenas, "os caminhões eram carregados apressadamente, suprimentos e equipamentos jogados de qualquer jeito, valises e malas de oficiais abertas com o conteúdo espalhado como se os donos, no último momento, tivessem escolhido os seus pertences mais valiosos".

A rendição do Exército de Épiro permitiu aos alemães seguir contornando a linha das Termópilas desde a costa do Adriático e avançar sobre Atenas pelo litoral norte do Golfo de Corinto. Para proteger o Peloponeso, o general Wilson removeu para Patras dois esquadrões do 4º Regimento de Hussardos para combater qualquer tentativa de desembarque no litoral sul. E para retardar o gancho direito do inimigo sobre Atenas, enviou a Missão Iaque para bloquear a estrada do lado norte do Golfo, entre Naupaktos e Missolonghi. Nisso, o bando de Fleming já não tinha mais explosivos e foi preciso arranjar algumas bombas de 500 libras num depósito de lixo do outro lado do istmo de Corinto e levá-las de caíque (escuna tradicional da região para pesca ou comércio, com motor para o caso de não haver vento) até o alvo. Esta demolição improvisada, embora sem total sucesso, bastou para retardar o avanço alemão vindo daquele lado enquanto a evacuação prosseguia rapidamente.

O grande porto do Pireu estava cheio de ruínas enegrecidas e as casas à beira d'água eram pouco mais que cascas queimadas. Somente as docas circundantes ainda funcionavam a contento. No início da noite de 22 de abril, cerca de quarenta prisioneiros alemães, principalmente pilotos da Luftwaffe, foram embarcados no SS *Elsi* e colocados no porão. Os soldados australianos, de guarda na parte de cima, tinham granadas prontas para jogar lá embaixo caso houvesse problemas. Entre os passageiros civis, o professor A. R. Burn, do British Council, e a esposa deram boas-vindas à presença do inimigo em seu meio. Estavam tão certos da eficácia da quinta-coluna em Atenas que acreditavam que Goering saberia imediatamente e daria ordens para poupar o navio. O *Elsi* cruzou o Egeu e todos desembarcaram sãos e salvos na Baía de Suda antes que a Luftwaffe o afundasse ali em 29 de abril; assim, sua fé não se frustrou.

No mesmo dia, a maior parte da Casa Real — sem esquecer Otto, o cão dachshund real — embarcou num hidroavião Sunderland no porto de Falera. O navio em que deveriam ter partido na véspera fora afundado ainda no atracadouro. O grupo incluía a princesa herdeira Frederica com os dois filhos — Constantino, que mais tarde perdeu o trono da Grécia, e Sofia, atual rainha da Espanha — e a babá escocesa. A admirável Sra. Britten-Jones, amante do rei Jorge, foi nomeada dama de companhia da princesa Frederica.

Parece que Joyce Britten-Jones foi uma das pouquíssimas amantes reais da história a quem só se fizeram elogios. Harold Caccia descreveu-a como o tipo perfeito de esposa de militar: extremamente sensata, nunca envolvida em intrigas e excelente numa crise. O marido, capitão do Black Watch que bebia demais, era ajudante-de-ordens do vice-rei britânico da Índia quando o rei dos helenos visitou aquela região pouco tempo antes de voltar ao trono. Logo a relação íntima se desenvolveu e, em 1936, com muita correção, a Sra. Britten-Jones agiu como anfitriã do rei ao receber Eduardo VIII e a Sra. Simpson durante o seu cruzeiro de verão no *Nahlin*.

Em março, o efeito estabilizador de Joyce Britten-Jones sobre o rei Jorge levou Eden a exigir que a sua passagem aérea de Londres à Grécia via Cairo fosse facilitada o máximo possível. Mas a tentativa de manter a viagem em segredo fracassou quando ela chegou ao aeródromo de Heliópolis, pois o general de Gaulle, que vinha no mesmo avião, insistiu que ela o precedesse bem na hora em que a banda atacou a Marselhesa. Sir Miles Lampson, embaixador britânico proconsular no Egito, recebeu-a discretamente. Por acaso, conhecia-lhe o sogro, "Jerky" Jones, gerente do Banco de Hong-Kong e Xangai em Yokohama. Finalmente, ela chegou a Atenas no início de abril, poucos dias antes da invasão alemã da Grécia.

O príncipe herdeiro Paulo ("Palo") observou o hidroavião que levava a família real decolar do porto de Falera. Ele partiu para Creta no dia seguinte em outro Sunderland, com o rei, seu irmão, e mais o primeiro-ministro Emmanuel Tsouderos, Sir Michael Palairet e o adido militar coronel Blunt.

A Legação britânica e o hotel Grande Bretagne cheiravam a papel queimado — odor inconfundível da retirada — porque os diplomatas e oficiais de Estado-Maior destruíram apressadamente os documentos.* Mais tarde, os oficiais da Força W queixaram-se de que os únicos registros trazidos da Grécia foram as contas do rancho. Mas o pelotão de comunicação da 1ª Brigada Blindada, instalado junto ao Palácio de Tatoi, compensou essa desvantagem. O camareiro real telefonou ao rei em Creta para pedir instruções e recebeu ordem de distribuir o vinho da adega, duas garrafas para cada oficial e uma para cada soldado.

A data da evacuação da maior parte da Missão Militar e do pessoal do quartel-general ainda em Atenas foi 24 de abril. O oficial comandante do serviço de informações da Força Aérea Britânica na Grécia, comandante de esquadrilha Lord Forbes, acompanhado de David Hunt, aguardava no aeródromo nas primeiras horas da manhã. Os gregos tinham-lhe pedido que pilotasse até Creta um dos seus Avro Anson. Ao amanhecer, Forbes esperava a vez de decolar quando um ataque da Luftwaffe, cedo demais naquele dia, forçou-os a se jogar numa trincheira, de onde observaram a destruição da aeronave.

Forbes e Hunt voltaram a Atenas, passaram algum tempo no apartamento de Forbes e depois foram de carro, na mesma noite, até o Pireu, passando por ruas onde as pessoas pareciam inseguras. No cais, embarcaram no *Kalanthe*, iate a vapor originalmente requisitado pela marinha grega ao seu proprietário inglês e agora cedido à Legação britânica. O adido naval servia de comandante e entre os passageiros também estavam Harold e Nancy Caccia com os filhos, os cães e a babá chinesa; Doreen, esposa do coronel Jasper Blunt; vários integrantes da Missão Militar, como Charles Mott-

*A mensagem OL 2142 do Ultra, de 22 de abril, ordenava: "tomar o máximo cuidado de queimar todo o material decifrado desta série. Vital segurança nossa fonte."

Radclyffe; e alguns gregos importantes. Um acréscimo posterior e surpreendente a este grupo foi o líder comunista exilado Miltíades Porfiroyennis, que Harold Caccia permitiu que se juntasse a eles vindo do exílio na ilha de Kimolos. Caccia, que apelidava este comunista de nome esquisito de "nascido em berço de ouro", voltou a encontrá-lo numa mesa de negociações durante a guerra civil grega.

A Missão Iaque de Peter Fleming, depois de embarcar as armas e explosivos remanescentes, deveria defender o *Kalanthe* em caso de ataque aéreo, com um oficial e o soldado seu criado para guarnecer cada um dos quatro canhões Lewis. Houve várias acusações muito duvidosas a Fleming nessa época. Segundo uma das histórias, o coronel Blunt e Fleming tiveram uma rixa na véspera da partida do *Kalanthe* em que Blunt insistia que, como a Missão Iaque viera para a Grécia como tropa de retaguarda, Fleming seria um desertor se partisse. Outra afirmava que Fleming colocou uma bandagem desnecessária na cabeça ao chegar ao Egito e tentou cavar uma condecoração por bravura. É preciso lembrar que Fleming provocou muita inveja indignada por ter pistolões em Londres e no Cairo, de modo que tais histórias devem ser vistas com certa cautela.

Não houve dúvidas quanto à disputa em que o general Heywood, comandante da Missão Militar, se envolveu. Depois de receber ordens urgentes do Cairo de destruir os tanques de combustível da RAF, que continham mais de 30 mil toneladas de gasolina e fluido de aviação — prêmio valioso para a Luftwaffe —, Heywood encarregou um grupo de sapadores de realizar a tarefa durante a noite, mas descobriu que o lugar era guardado por soldados gregos ali postados exatamente para impedir tal tentativa. Como os gregos estavam dispostos a atirar, Heywood recuou, não querendo provocar uma batalha entre aliados. Mais tarde esta decisão foi condenada pelo Quartel-General do Oriente Médio e a carreira de Heywood foi prejudicada. Não se pode descartar a possibilidade de que este tenha sido um jeito não embaraçoso de puni-lo por falhas anteriores. Heywood morreu num acidente aéreo na Índia dois anos depois.

Nick Hammond, que comandava um grupo de quatro sapadores, também participou de missões destrutivas durante a retirada. Enquanto o bando de Fleming se divertia explodindo veículos de rodagem e fazendo locomotivas se chocarem, ele concentrou-se nas indústrias úteis para o esforço de guerra alemão. No seu último dia na Grécia, destruiu em Haliartus os estoques de algodão e voltou a Atenas, onde encontrou-se com Ian Pirie e David Pawson, terceiro oficial clandestino da Legação. Prepararam a fuga depois de destruir os últimos vestígios da atividade do MI(R) e da Seção D e de empacotar tudo o que fosse útil. Pirie e Barbrook deixaram para trás dois equipamentos de rádio, um com um grupo venizelista, cujas atividades logo se extinguiram, e outro com um republicano radical, coronel (mais tarde general) Bakirdzis que, com o codinome "Prometheus", tornou-se o primeiro contato da SOE Cairo na Grécia.

Antes da partida, o rei pedira ao general Wilson que cuidasse do príncipe Pedro, do almirante Sakellariou, ministro da Marinha, e de Maniadakis, ministro da Segurança Nacional. Assim, depois de uma reunião final com o general Papagos em 25 de abril, Wilson e o seu grupo foram de Atenas para o Peloponeso, num comboio de automóveis; um deles era a limusine deixada pelo príncipe Paulo, ex-regente da Iugoslávia, em sua viagem para o exílio. Embora não tivessem sofrido a mesma perigosa afronta que o coronel Salisbury-Jones e o capitão Forrester, cujo carro fora alvejado por infantes australianos descontentes, prédios bombardeados e crateras retardaram a tal ponto o seu avanço que acabaram cruzando a ponte sobre o canal de Corinto duas horas antes do amanhecer do dia seguinte. Foi bem na hora.

Logo depois da aurora de 26 de abril, pára-quedistas alemães pousaram no lado sul e atacaram a ponte, guardada por alguns blindados leves do 4º Regimento de Hussardos e por neozelandeses que guarneciam canhões Bofors. A luta foi caótica. Um comboio com duzentos feridos a pé, comandado pelo capitão Guy May, do quartel-general, acabara de cruzar a ponte a caminho de Nauplia e foi envolvido pela batalha.

Os alemães esmagaram rapidamente toda oposição, mas parece que os dois oficiais que tinham preparado a demolição da ponte esgueiraram-se de volta até a margem do canal e conseguiram detonar as cargas com tiros de fuzil. Mais tarde, esta façanha (tão amada pelos redatores de roteiros) foi questionada como impossível, só que a ponte foi destruída com muitos alemães em cima dela e Wilson concedeu aos dois oficiais a Cruz Militar.*

A 4ª Brigada da Nova Zelândia, a caminho de embarcar no Peloponeso, foi afortunadíssima num momento em que a comunicação quase se extinguira. O pelotão de comunicações da Cavalaria de Middlesex, com o quar-

*Terceira maior condecoração do Exército britânico. (*N. da E.*)

tel-general da 1ª Brigada Blindada, conseguiu passar uma mensagem avisando-os da captura do istmo de Corinto pelos pára-quedistas alemães. Prontamente, o comandante Inglis fez a sua brigada dar meia-volta e os neozelandeses seguiram para o litoral leste da Ática. Destruíram os seus veículos e o equipamento pesado e formaram linhas de defesa em Porto Rafti e Rafina, sob o céu perfeito da primavera. Ao anoitecer, os soldados seguiram para o porto ou para a praia levando apenas as armas pessoais e as mochilas. Lá, esperaram ansiosos o surgimento de formas escuras ao longe.

O transporte deles para os cruzadores, contratorpedeiros e navios mercantes requisitados levou muito tempo — tempo demais para os comandantes da Marinha Real, que sabiam qual seria o provável destino causado pelos bombardeiros de mergulho caso os navios não estivessem bem afastados e fora de águas perigosas antes das primeiras luzes. A 1ª Brigada Blindada, que para o seu desgosto fora retardada como "Subárea de Base" e tropa de retaguarda, foi a última a chegar à praia de Rafina. Depois do embarque demorado, feito principalmente a remo, quase mil homens ficaram para trás. Quando o oficial de praia sugeriu ao brigadier Rollie Charrington levá-lo a bordo antes dos outros, Charrington explodiu de raiva:

— Por quem me toma? — Ele seria o último a partir e Dick Hobson, chefe do Estado-Maior, o penúltimo.

Charrington e seus homens recuaram para esconder-se na floresta. O notável é que houve poucas queixas. No quartel-general da brigada, Hobson estava "a ponto de me jogar ali mesmo no chão quando o sargento Blythe, nosso sargento do rancho, apareceu e disse 'Uísque e soda, senhor?' Eu disse: 'Sargento Blythe, não acredito'. 'Bem senhor', disse ele, 'soda não temos, só água'. Então ele mostrou um cantil de uísque do tamanho de uma garrafa e uma garrafa d'água. Acho que nunca precisei nem gostei tanto dessa bebida quanto daquela vez. O sargento Blythe, que fora do 12º Regimento de Lanceiros e mordomo de Willoughby Norrie* antes de se realistar, era muito especial".

As tentativas de achar o caminho da outra praia de embarque em Porto Rafti fracassaram. Os alemães tinham alcançado o litoral entre as duas praias.

*Mais tarde, general Lord Norrie e governador-geral da Nova Zelândia. Foi do 11º Regimento de Hussardos, comandou o 10º Regimento de Hussardos e, mais tarde, a 1ª Brigada Blindada, em 1938-1940.

Naquela noite, Charrington e seus homens se resignaram a ir para um campo de prisioneiros e a maioria deles caiu num sono exausto. Mas por volta de uma da manhã foram acordados às sacudidelas com a informação de que surgira um navio ao largo. Era o contratorpedeiro HMS *Havoc*, enviado para ajudá-los pelos últimos homens da 4ª Brigada da Nova Zelândia que embarcaram em Porto Rafti.

A bordo, os marinheiros distribuíram a panacéia padrão da Marinha depois de um desastre: chocolate, sanduíches de carne enlatada e cobertores. Durante a evacuação, a gratidão e os louvores recebidos do Exército foram bem merecidos. O almirante Sir Andrew Cunningham, comandante-em-chefe do Mediterrâneo, designara seis cruzadores e 19 contratorpedeiros para a tarefa, quase todos os seus navios daquele tamanho.

Enquanto a maioria dos soldados organizados partiu em navios de guerra, outros grupos de soldados e oficiais seguiram em barcos menores. Em 22 de abril, um grupo da Missão Militar Britânica que incluía Paddy Leigh Fermor e alguns mensageiros jogou o seu caminhão no despenhadeiro do Cabo Sunion. Tinham combinado tomar o *Ayia Varvara*, caíque convertido em belo iate, que armaram com canhões Lewis. A sua missão era navegar até Myli, no Golfo de Argos, para evacuar o general Wilson e seu séquito caso outros meios falhassem.

Para evitar a onipresente Luftwaffe, só podiam mover-se com segurança à noite. Na manhã de 26 de abril, o grupo chegou a Myli e procurou Peter Smith-Dorrien, que viera de Atenas com o general Wilson e o príncipe Pedro. Podiam ver a linha de veículos militares abandonados a se estender por vários quilômetros a partir do pequeno porto. Jumbo Wilson estava na ponta do píer, sentado em seu saco de dormir, mastigando a ponta da bengala. Esperava um hidroavião Sunderland. Alguém lhe perguntou o que pretendia fazer e o general respondeu com jovialidade: "Vou fazer o que muito general bom já fez: sentar-me na minha bagagem." Acabou partindo mesmo num Sunderland naquela noite. A sua bagagem — à qual parecia muito apegado a julgar pela atenção que ela recebeu em suas memórias —, junto com o seu motorista, e vários membros do estado-maior, como Smith-Dorrien e as suas garrafas de champanhe e Philip Scott, do 60º Regimento de Fuzileiros e segundo ajudante-de-ordens de Wilson, decidiram seguir com o *Ayia Varvara*. Pelo menos não havia entre os pertences do general nenhum grande carro americano, uma dos fracos mais surpreendentes de Jumbo Wilson. Seja como for, o caíque foi afundado no dia seguinte ao largo de Leonidion; perdeu-se toda a carga, mas felizmente nenhuma vida.

Entre os últimos a deixarem Atenas, poucas horas antes de os alemães hastearem a sua bandeira na Acrópole, estavam Nicholas Hammond, David Pawson, Ian Pirie e Nicki Demertzi. Para garantir o salvo-conduto de Nicki junto à oficialidade britânica, o casal apressou o seu matrimônio. Deixaram Atenas de madrugada e seguiram até a marina de Tourkolímono. A bagagem incluía um grande lote de fardas alemãs que Pirie vinha acumulando e os restos do explosivo plástico de Hammond.

Depois da rápida ocupação da Ática pelos alemães, a evacuação continuou durante as últimas noites de abril nos portos e praias do Peloponeso. Aproveitou-se todo meio de transporte disponível: contratorpedeiros e cruzadores da Marinha Real, navios mercantes requisitados, caíques e aeronaves. Blenheims organizou um serviço de transporte para Creta com homens acondicionados, em horrível desconforto, nos compartimentos de bombas e torretas das aeronaves, enquanto Sunderlands os tiravam das praias do Golfo de Argos e perto de Kalamata. Um deles conseguiu, não se sabe como, decolar do Golfo de Argos com 84 homens a bordo, quase três vezes a lotação máxima permitida no equivalente hidroavião civil da Imperial Airways. Mas as embarcações alugadas e requisitadas pelos britânicos estavam proibidas aos soldados gregos, inclusive aos cretenses da 5ª Divisão que tentavam voltar para casa e continuar lutando. Esta rigidez oficiosa causou espanto e tristeza depois de tantos atos de generosidade espontânea demonstrados pelos gregos.

O último estágio da evacuação tornou-se caótico. A estrada entre Argos e Nauplia era um engarrafamento maciço de veículos militares abandonados. E quase dois mil mecânicos e pessoal administrativo da RAF concentrados em Argos estavam "saindo do controle" conforme a sua esperança de fuga diminuía e os ataques aéreos alemães aumentavam. A maioria dos oficiais já tinha partido de avião e, mais tarde, a RAF queixou-se de que sequer estavam na lista de instruções para a evacuação. A massa de aeronautas desconsolados foi desviada para Kalamata, assim como 8 mil homens da Divisão Australiana, somados a 1.500 iugoslavos desalentados.

Não foi organizada a defesa. Durante o dia, os soldados desmoralizados e exaustos abrigavam-se nos olivais perto da cidade para evitar o bombardeio. Foram flanqueados por uma pequena tropa alemã que atravessara o Golfo de Corinto e todo o Peloponeso sem ser percebida e escapulira para capturar o porto debaixo do nariz de todos. Embora os contra-ataques, comandados por alguns oficiais e praças decididos, tenham sido bem-sucedidos — o sargento Hinton, neozelandês, ganhou uma Victoria Cross* — a Marinha segurou-se, acreditando que os alemães ainda eram uma ameaça, e pouquíssimos homens foram removidos durante aquela última noite.

Para muitos, os ataques durante a viagem para Creta foram ainda mais angustiantes do que o que tinham sofrido em terra. O *Julia*, como o *Elsi* que levara os prisioneiros da Luftwaffe, foi um dos navios com mais sorte. Este navio de 1.500 toneladas de transporte de carvão partira antes das duas da manhã de 23 de abril, logo depois do *Elsi*. A hora da partida estava dentro das diretrizes da Marinha Real para esvaziar as águas perigosas antes do amanhecer, mas o *Julia* não fazia mais do que sete nós. Estavam a apenas cinqüenta quilômetros do litoral da Ática quando a aurora surgiu, revelando mar calmo e céu claro. Gritos anunciaram o primeiro ataque quase imediato de Stukas, vindo de nordeste: sete pontos pretos "agrupados em dois V de três aviões cada, com um avião solitário um pouco à frente". Numa correria caótica, praças da unidade de engenharia com os seus fuzis, únicas armas a bordo, tomaram posição.

Os Stukas, de acordo com Theo Stephanides, "formaram uma linha e, ao chegar quase em cima de nós, cada avião virava de lado e depois, de nariz para baixo, parecia cair verticalmente em nossa direção. Soltavam um grito terrível ao mergulhar e, com o troar dos nossos trinta fuzis, o pandemônio era ensurdecedor. Quando cada avião descia até uns trezentos metros, via-se um pontinho preto separar-se da fuselagem e despencar sobre nós com cruel assobio". Cada bomba — felizmente todas erraram o alvo — soltava uma imensa coluna de espuma "e cada vez o navio adernava e havia um choque e um curioso clangor metálico causado pela onda de compressão que atingia os costados". Os Stukas, então, faziam o mesmo circuito em fila para soltar a segunda bomba e, finalmente, metralharam o navio antes de voltar à base para reabastecer. Surpreendentemente, houve poucas baixas aos cui-

*Maior condecoração militar britânica. (*N. da E.*)

dados de Stephanides; uma delas foi um sargento australiano cujo relógio foi esmagado contra o pulso por uma bala.

No decorrer do dia, o *Julia* foi bombardeado cinco vezes sem receber nenhum choque direto. Algas foram jogadas no convés e a tripulação, decidida a aproveitar todas as oportunidades, pescou alguns peixes mortos pelas ondas de choque. Depois de se abrigar numa pequena enseada na ilha de Cítera durante o dia seguinte, finalmente chegaram a Creta na manhã de 25 de abril e entraram no imenso porto natural da Baía de Suda.

O *Julia* tivera mesmo muita sorte. No total, 26 embarcações foram afundadas, inclusive dois navios-hospitais, e mais de duas mil pessoas perderam a vida. Praticamente todos os refugiados civis e soldados gregos feridos no barco *Hellas* morreram queimados. Para quem lançava as bombas, o horror lá embaixo era distante e até mesmo abstrato. "Dia de sol", registrou o piloto de um Junkers 88 em 25 de abril, "e fomos mandados para achar navios de transporte de soldados britânicos nas áreas de Atenas, Corinto e Nauplia". Ele tentou identificar Micenas. "Disse à minha tripulação que estávamos sobrevoando um território que vira pelo menos 3 mil anos de história grega (...) As aldeias e cidadezinhas pareciam um pátio de pontinhos brancos". Acima do porto de Nauplia, "tudo parecia pacífico e intocado. Mas uma coisa fez o meu coração bater mais depressa". Um navio de passageiros ancorado — "uma visão fascinante" — constituía um "alvo sem igual". O bombardeador preparou-se quando o avião inclinou-se de lado e depois mergulhou. O piloto levantou o nariz da aeronave no momento crucial e apertou o botão vermelho. O operador de rádio e o artilheiro, girando a cabeça, viram as explosões. "Acertamos! Duas acertaram em cheio, duas erraram. Cascatas d'água e chamas altas. O que senti? Alívio depois da máxima tensão, orgulho por uma tripulação novata e bem-sucedida. Tristeza porque um belo navio se foi. Satisfação porque não transportará mais tropas britânicas e isso era tudo o que contava nesse dia."

O pior desastre da evacuação também começou em Nauplia. O *Slamat*, navio mercante holandês, continuou a transportar soldados até as quatro da manhã, apesar dos avisos de que nunca deveria passar pelo canal de Anticítera ao amanhecer. Pego por bombardeiros de mergulho às sete horas e muito avariado, mandou sinais de socorro. O contratorpedeiro HMS *Diamond* foi resgatá-lo e recolheu sobreviventes. Mas o *Diamond* foi afundado e, assim, o HMS *Wryneck* foi ajudar e também naufragou. No total perderam-se 700 homens nos três navios. Cinqüenta sobreviveram, inclusive alguns marinheiros feridos do *Wryneck* cuja baleeira foi resgatada pelo grupo de Nick Hammond.

Hammond, Pirie e Nicki tinham zarpado da marina de Tourkolímono rumo ao Peloponeso, onde um dos seus dois caíques fora afundado por ataques aéreos. No segundo barco, que levava o explosivo plástico de Hammond e o estoque de fardas alemãs de Pirie, chegaram às ilhas desabitadas de Anana. Ali encontraram os marinheiros e levaram-nos para o hospital em Creta.

O grupo do caíque de Leigh Fermor, depois que o *Ayia Varvara*, com a bagagem de Jumbo Wilson, foi bombardeado, comprou outro barco. Nele, contornaram o Peloponeso até a ilha de Anticítera, recolhendo soldados perdidos pelo caminho, inclusive uma dúzia de neozelandeses num barco aberto e, depois, dez australianos. O segundo caíque foi uma péssima compra. O motor falhou depois que partiram de Anticítera para cruzar o canal até Creta e tiveram de voltar, num desespero de improvisos. Em Anticítera encontraram o *Amalia*, escuna de três mastros que, sob a mira da arma, um oficial da infantaria grega tomara de um conterrâneo de "lealdade duvidosa". Zarparam, desta vez sem problemas, para a extremidade noroeste de Creta, onde desembarcaram no antigo porto veneziano de Kastelli Kissamou.

Michael Forrester, que fez-se ao mar por volta das oito da noite num caíque com carga mista de civis e soldados de Monemvasia, deveria ter seguido rota semelhante. Ele acordou nas primeiras horas da manhã com a sensação de que havia algo errado. Verificando a bússola prismática, descobriu que estavam navegando para leste. O comandante e proprietário do caíque, que o oficial de praia de Monemvasia recomendara como indivíduo totalmente confiável, estava tão bêbado que só se mantinha de pé por estar apoiado no timão. Forrester chamou dois australianos para ajudá-lo e prenderam o homem no porão. Mal podendo adivinhar até onde tinham ido na direção errada, Forrester fez o navio dar meia-volta e, usando a sua bússola prismática, seguiu na esperança de chegar à ilha de Cítera.

Durante o dia, ouviram motores aéreos. Forrester mandou todos os soldados se esconderem sob o convés ou debaixo de lonas e pediu às mulheres que se sentassem na frente do barco e acenassem. Um Messerschmitt 110 passou acima dos mastros, dando uma olhada de perto, depois inclinou-se e voltou como se fosse metralhar. As gregas nem piscaram. Acenaram o mais que puderam. O piloto deu mais uma volta, acenou de volta da carlinga e depois partiu atrás de outra presa.

O *Kalanthe*, iate a vapor da Legação britânica, com a sua lista de passageiros distintos e bem sortidos, partira do Pireu no crepúsculo de 24 de abril. Durante a noite, avançaram rumo ao pequeno arquipélago de Milos. Lá, no dia seguinte, abrigaram-se na baía de uma ilha desabitada chamada Poliaigos, porque qualquer navio ou barquinho em mar aberto logo atrairia a atenção de aeronaves alemãs.

Os passageiros foram levados à praia onde passaram um dia alegre e descuidado, com os filhos de Blunt e Caccia brincando juntos com tanta animação que a babá dos Blunt ameaçou contar aos pais. A tripulação grega permaneceu no navio para fazer consertos e manter o nível do vapor para o caso de algum ataque. Estavam protegidos por canhões Lewis da Missão Iaque, com as suas guarnições. Comendo omeletes feitas com o grande suprimento de ovos comprado naquela manhã e tomando gim com limão na ponte, vestindo apenas calções, Peter Fleming passou um dia quase tão agradável quanto o grupo na praia. Durante a tarde, o *Kalanthe* foi avistado por três bombardeiros Junkers 88. Alguém tocou a sirene para avisar aos que estavam em terra e três guarnições de canhões entraram em ação; Mark Norman e Oliver Barstow dos dois lados da ponte, cada um com mais um soldado, e Fleming na popa com um soldado da guarda.

Mas os bombardeiros não foram afetados pelos disparos dos três canhões Lewis e, depois de errarem várias vezes, um deles conseguiu atingir o navio com uma bomba. O *Kalanthe* explodiu, matando nove dos que estavam a bordo, inclusive Oliver Barstow, irmão de Nancy Caccia, e ferindo seis. Mark Norman ficou gravemente ferido e Peter Fleming sofreu uma concussão. Harold Caccia e Norman Johnstone, granadeiro subalterno da Missão Iaque, remaram rapidamente até a embarcação em chamas — com a munição explodindo com o calor, foi um ato de coragem — para recolher os feridos. Homens queimados e enegrecidos foram salvos pela ação rápida de três mulheres do grupo com experiência de enfermeiras voluntárias. Rasgaram as camisas para limpar os ferimentos e queimaduras. Para Nancy Caccia, que a essa hora já tinha certeza de que o irmão morrera, a urgência do trabalho pelo menos obrigou-a a concentrar-se em outras coisas.

Auxiliado por ilhéus próximos de Kimolos e recolhidos três dias depois por um caíque trazido de Creta para resgatá-los, o grupo partiu outra vez.* Mas ventos pouco favoráveis e a lentidão do caíque obrigaram-nos a seguir para a ilha vulcânica de Santorini. Pouco depois da sua chegada, uma pequena erupção os fez pensar que estavam sendo bombardeados outra vez. Mark Norman, que ainda sofria muitas dores dos ferimentos, afirmou mais tarde que, em Santorini, foi deitado nos degraus do altar da igrejinha e deram-lhe vinho da comunhão como substituto de analgésico.

Felizmente, em Santorini havia um pequeno barco de carga que um destacamento da polícia militar requisitara. Duas vezes mais veloz que o caíque, poderia chegar ao litoral de Creta no decorrer de uma noite. Na manhã seguinte, ao amanhecer, viram o pico coberto de neve do Monte Ida na proa a estibordo e duas horas depois entraram no porto de Heráclion, cidade que os venezianos chamavam de Cândia. No cais, o coronel Jasper Blunt, avisado da sua chegada, esperava por eles. Os colegas passageiros de Doreen Blunt afastaram-se com o máximo tato, à espera de uma reunião pungente depois de tudo o que ela passara, mas a primeira coisa que o marido lhe perguntou foi que diabos ela fizera com a tecla do piano antes de partir de Atenas.

Depois da evacuação do continente grego, Churchill avisou a Wavell: "Pagamos a nossa dívida de honra com muito menos baixas do que eu temia." Felizmente, a perda de homens foi mesmo bem menor do que poderia ter sido: dos 58 mil soldados enviados à Grécia, houve 2 mil mortos e feridos e 14 mil aprisionados. Mas a perda de material bélico foi desastrosa: 104 blindados, 40 canhões antiaéreos, 192 canhões de campanha, 164 canhões anticarro, 1.812 metralhadoras, cerca de 8 mil veículos de transporte, a maior parte do equipamento de comunicação, quantidade inestimável de suprimentos e 209 aeronaves, das quais 72 foram perdidas em combate, 55 em terra e 82 destruídas na evacuação.

Valera a pena pagar preço tão alto para limpar a consciência pesada da Grã-Bretanha por ter abandonado aliados no passado? Do ponto de vista puramente militar, a decisão de despachar a força expedicionária fora cala-

*De acordo com Harold Caccia, o sobrenome de Rodney Bond, seu salvador e membro do Serviço Secreto de Informações, foi mais tarde sugerido por Peter Fleming ao irmão Ian quando este buscava um nome para o seu agente secreto de ficção.

mitosa. Metaxas disse certa vez ao coronel Blunt: "Poucos percebem como é fácil e perigoso misturar sentimentos com estratégia." A idéia de Churchill de que apoiar a Grécia influenciaria os Estados Unidos fora mais um desejo esperançoso do que um fato, muito embora a resistência heróica da Grécia à invasão italiana ajudasse a mudar as opiniões no Capitólio antes do debate sobre os Empréstimos e Arrendamentos. E recentemente foi atacada a crença inabalável de que a campanha dos Bálcãs retardara, com conseqüências fatais, o início da Operação Barbarossa.*

Sejam quais forem os argumentos contra o envio de uma força expedicionária, é difícil não simpatizar com o veredicto de Geoffrey Household. "Orgulho-me", escreveu mais tarde, "e orgulhei-me na época de termos permitido que a generosidade, fosse ela real ou apenas um gesto político, vencesse o bom senso." Monty Woodhouse, admitindo a possível influência de saber o final da história, argumentou que, sem a intervenção britânica, o governo grego, ao contrário do povo grego, poderia ter se entregado aos alemães sem luta e a hegemonia comunista sobre a resistência seria completa.

Para os cretenses, o desastre foi mais pessoal. A divisão com os seus filhos, maridos e irmãos ficara presa na frente albanesa. O general Papasteriou, que a comandava, conseguiu fugir para Creta, mas a sua salvação teve vida curta. Foi assassinado em Kastelli Kissamou por um sargento da polícia durante um protesto violento contra sua deserção.

---

*Martin Van Creveld, em seu livro *Hitler's Strategy 1940-1941 — The Balkan Clue*, publicado em 1973, defendia de forma bem convincente que a Operação Barbarossa não fora retardada pelo desdobramento das formações depois da Operação Marita, mas sim pela distribuição lenta do transporte mecânico, boa parte dele capturado dos franceses no ano anterior, às unidades que liderariam o avanço para a Rússia. Recentemente, a questão Barbarossa voltou a atrair a atenção. O professor Hagen Fleischer refutou a teoria de que o mau tempo atrasara o seu início. Então o debate explodiu como um todo num simpósio em Salônica, em maio de 1991. Para irritação dos acadêmicos gregos, o professor Poog, do Instituto de Pesquisa em História Militar de Freiburg, declarou que não havia mais dúvidas sobre a questão: o atraso da Operação Barbarossa devera-se à preparação tardia de campos de pouso da Luftwaffe na Polônia. Quando Monty Woodhouse exprimiu seu forte ceticismo, Poog disse que Hitler não informara Goering dos seus planos. Enquanto isso, historiadores dos Estados Unidos afirmaram que a distribuição de petróleo fora o principal problema. Seja qual for a verdadeira razão, ou melhor, a combinação de razões para o atraso, a campanha balcânica e a posterior invasão de Creta ajudaram a confirmar a falsa sensação de segurança de Stalin ao lhe dar a impressão de que Hitler visava ao Canal de Suez e não à Rússia.

PARTE II

A batalha de Creta

6

"Um segundo Scapa"

Para os exaustos evacuados da Grécia que se dirigiam a Creta, as Montanhas Brancas, logo acima do horizonte, foram a primeira coisa que viram da ilha. A imensa maioria das embarcações com soldados a bordo dirigiu-se à Baía de Suda, porto natural com oito quilômetros de extensão, guardado ao norte pela elevação rochosa da grande península de Akrotiri e ao sul pelas grandes escarpas de Malaxa.

Na barra da baía ficavam as ruínas de um castelo veneziano, mas provavelmente a atenção dos evacuados seria mais atraída pelo casco de um pequeno vapor bombardeado pela Luftwaffe. Era mera antevisão da paisagem lá dentro: chaminés e mastros de embarcações afundadas, sempre alguns navios queimando eternamente depois de ataques aéreos e superestruturas danificadas na maior parte do porto. O cruzador HMS *York* estava encalhado, a popa inundada, depois de um ataque ousado da marinha italiana com seis pequenos barcos a motor carregados de explosivos. A aldeia de Suda, diante do cais, uma fila de casas baixas, bombardeadas e abandonadas, não era uma visão animadora.

Quatro batalhões da 2ª Divisão da Nova Zelândia chegaram à Baía de Suda em 25 de abril: o Dia Anzac, 26 anos depois.* Recordar o planejamento

*O "Dia Anzac", 25 de abril, é comemorado na Austrália e na Nova Zelândia. É o aniversário da maior ação militar de tropas australianas e neozelandesas na Primeira Guerra Mundial (Anzac significa "Australian and New Zealand Army Corps", ou corpo de exército australiano e neozelandês). Em 25 de abril de 1915, os seus soldados desembarcaram em Galípoli, no litoral turco do Egeu. Por terem errado o ponto de desembarque, viram-se encurralados numa costa montanhosa e não puderam avançar, mas mantiveram a cabeça-de-ponte durante oito meses sob ataques ferozes dos defensores turcos. Finalmente os aliados se retiraram, tendo o Anzac sofrido 10 mil baixas, e os britânicos, mais de 33 mil. (*N. da T.*)

britânico em Galípoli não encorajaria os soldados da Comunidade Britânica. Tinham vindo de Porto Rafti no HMS *Glengyle*, navio misto de transporte de tropas, e nos cruzadores *Calcutta* e *Perth*.

A atividade no cais tinha um ar de nervosismo, porque era provável que os bombardeiros voltassem a qualquer momento. Um oficial do Estado-Maior britânico foi de lancha até os navios gritando instruções para que todas as armas, com exceção de fuzis e armas pessoais, fossem empilhadas no quebra-mar. O brigadier James Hargest, comandante da 5ª Brigada da Nova Zelândia, sabia muito bem que nunca veria de novo todo aquele equipamento que trouxera da Grécia com tanta dificuldade e recusou-se terminantemente a obedecer. O oficial do Estado-Maior gritou de volta que estava encarregado daquela base e insistiu que suas ordens fossem obedecidas. "Não me surpreende", retorquiu Hargest, "que o senhor esteja encarregado da área *base*,* se é assim que o senhor se comporta. Estou lhe dizendo que os meus homens conservarão as suas armas." Apesar da negativa de Hargest, um destacamento da Polícia do Exército britânica no quebra-mar conseguiu aliviar muitas companhias do seu armamento pesado. Os neozelandeses não estavam sozinhos. Quase todas as unidades da Grã-Bretanha e dos países da Comunidade Britânica que desembarcaram em Suda foram recebidas com esta lição memorável para os soldados: cuidar das armas durante a retirada não vale a pena.

As companhias formaram-se no cais e foram embora marchando, mas depois de partir em "ordem bastante boa" a tentativa de manter a linha desmoronou. Os homens, exaustos desde a Grécia, despencaram e tiraram as botas ao lado da estrada. No interior, perto de Canéia, longe da área do porto e do cheiro de gasolina queimada, os soldados encontraram mesas sobre cavaletes onde os soldados britânicos que já estavam na ilha distribuíam barras de chocolate, chá e pacotes de biscoito.

A visão dos soldados regulares bem equipados do Regimento Galês, parte da guarnição da 14ª Brigada de Infantaria, teve efeito encorajador sobre muitos daqueles sobreviventes desalentados. Os que se arrastaram para longe de Suda pela avenida Tobruk, como os britânicos a rebatizaram, tinham a barba por fazer, estavam sujos, descabelados e cansados. Muitos estavam

*Aqui há um trocadilho intraduzível. A palavra *base*, em inglês, além de significar "base", como em português, também tem o sentido de "vil, desprezível". (*N. da T.*)

com a cabeça descoberta, pois tinham jogado fora os capacetes de aço durante a retirada, e a farda estava desabotoada no sol quente. Garotos cretenses que vendiam sorvete a dois dracmas fizeram bons negócios.

Para dispersar essa enorme reunião — 27 mil homens no decorrer de menos de uma semana — os soldados foram levados para além de Suda e Canéia e instalados ao longo do trecho de litoral entre o sopé das Montanhas Brancas e o mar. Espalharam-se pelos olivais — os campos designados eram tão visíveis quanto concessões de minas num mapa — e acomodaram-se da melhor maneira possível. Os dias quentes de primavera podiam ser enganosos; as noites foram frias para os que jogaram fora os sobretudos durante a retirada.

Depois que as unidades já tinham uma área de dispersão reconhecível, o caminhão conhecido como "Annie Lorry" passou distribuindo rações: latas de carne e de geléia para acompanhar as bolachas secas que viravam massa corrida dentro da boca. O pão era escasso devido à falta de padarias de campanha, mas quando o exército grego ofereceu padeiros italianos do seu reservatório de prisioneiros de guerra, o oficial britânico encarregado recusou: "Não podemos permitir isso. Eles podem envenenar os nossos rapazes." Os gregos, com tolerância admirável, ofereceram os seus próprios padeiros, dizendo que usariam os italianos.

A carne enlatada ou "corned dog" ("cachorro em lata") tinha de ser arrancada com o canivete e comida diretamente na lâmina. Seguiram-se laranjas doadas generosamente pelos cretenses, mas o súbito consumo de grande quantidade de frutas fez efeito. Os olivais logo ficaram imundos e a falta de ferramentas de trincheira não facilitou o ritual de escavação de latrinas do exército.

Os melhores copos eram as latas redondas de cigarros Player's Navy Cut, mas a maioria tinha de usar latas de carne vazias para fazer chá e também para beber áraque e vinho. As parcas rações de chá e açúcar, entregues a cada companhia num saco de areia, combinadas à hospitalidade cretense, aumentaram muito o consumo do vinho tinto local. A palavra grega *krassi* ficou na gíria do regimento, na expressão inglesa *"got krassied up"*, durante muito tempo depois de Creta.

A superpopulação ao redor de Canéia chegara ao extremo. Havia também vários milhares de refugiados civis misturados às tropas regulares e aos "achados e perdidos". Pessoal da RAF sem aeronaves, mecânicos sem ferramentas, motoristas sem veículos, pessoal de engenharia sem picaretas e soldados extraviados de todos os regimentos, corpos e unidades menores imagináveis.

A visão de um avião de reconhecimento, conhecido como *shufti-plane*, fazia os recém-chegados mergulharem em desordem nas valetas. Dois pilotos da RAF viram-se empilhados em cima de uma moça muito atraente. Quando se desembaralharam com o aviso de tudo bem, reconheceram Nicki, da boate Argentina.

— Boa tarde, Nicki — disse um deles com um sorriso.

— Sra. Pirie, por favor! — respondeu ela bastante altiva, para enfatizar o seu novo estado civil.

Para a maioria dos civis, Creta não passava de um descanso na sua fuga para o Egito. Muitas vezes tinham ainda menos razões que os soldados para confiar nas autoridades. Quando a tropa do general Wilson recuou para a linha das Termópilas, Lawrence Durrell, em Kalamata, telegrafou ao seu chefe no British Council, em Atenas, pedindo instruções. Recebeu a resposta: "Agüente firme! *Rule Britannia!*", mas descobriu mais tarde que o autor desta mensagem irreverente já tinha escapulido por conta própria.

Durrell, a esposa Nancy e a filhinha Penelope só escaparam do caos militar de Kalamata porque um conhecido de Corfu, ex-integrante da Marinha Mercante, levou-os a bordo do seu caíque. Depois de desembarcar no velho porto veneziano de Canéia, Nancy Durrell mencionou a alguns soldados australianos que não tinha leite para o bebê. Com alegre vandalismo, eles quebraram as sujas janelas verdes das lojas próximas com a coronha dos fuzis e presentearam-na com latas de leite condensado em quantidade suficiente para seis meses. Os problemas dos Durrell ainda não tinham terminado. Depois de passar dez dias em Canéia, partiram para o Egito, onde os civis que não podiam comprovar sua identidade ficavam presos num campo cercado de arame farpado. Durrell, incapaz de mandar um telegrama à Inglaterra para contar à mãe que fugira, avistou um repórter do *Daily Mail* pelo arame do cercado. Chamou-o e contou-lhe a história das suas aventuras.

Os refugiados de alta posição, principalmente a família real grega, não sofreram nenhuma dificuldade desse tipo. Ao chegar a Heráclion de hidroavião, o rei ficou primeiro na Vila Ariadne, em Cnossos, onde foi recebido pelo curador R. W. Hutchinson, sempre conhecido como "o Escudeiro". Esta mansão do início do século XX, com jardins sombreados de palmeiras e plumbagos, foi construída por Sir Arthur Evans depois que o tio do rei, o príncipe Jorge, concedeu-lhe, em 1900, o direito de comprar a concessão do principal sítio minóico. Quando Evans passou a participar menos ativamente, transformou-a na sede da arqueologia britânica em Creta. De 1930 a 1934, anos que se seguiram à aposentadoria de Evans, John Pendlebury morou ali como curador, com a presença da esposa quebrando a tradição monástica.

Juntaram-se ao rei Jorge em Cnossos a princesa Catarina, a Sra. Britten-Jones e o primeiro-ministro Tsouderos. Mas depois de alguns dias em Cnossos o rei e seus assessores decidiram mudar-se para a outra ponta da ilha, já que agora Canéia era, oficialmente, a sede do governo grego.

A princesa Catarina, embora relutasse em abandonar o irmão, foi convencida a partir para o Cairo num hidroavião. O príncipe herdeiro Paulo e a princesa Frederica, com os filhos Constantino e Sofia (ambos sofrendo com o ataque dos percevejos cretenses) e a Sra. Britten-Jones em seu discretíssimo disfarce de dama de companhia, voaram para Alexandria e dali para o Cairo em 2 de maio, no mesmo hidroavião Sunderland que o general Wilson.

Maniadakis, ainda ministro de Segurança Nacional, que chegara a Creta com grande número dos seus odiados policiais secretos, juntou-se ao rei e a Tsouderos em Canéia. Pelos cretenses isso foi considerado provocação tão grande que o ex-vice-cônsul britânico em Atenas e o seu colega de Canéia procuraram Tsouderos e o rei para alertá-los. Maniadakis foi mandado para o Egito, onde os seus cinqüenta policiais secretos logo semearam ódio e medo na comunidade grega de lá, em boa parte venizelista. Os dois vice-cônsules britânicos acreditavam que o rei e o seu governo tinham perdido muito prestígio durante a curta estada na ilha. Em termos gerais, os diplomatas britânicos tendiam a ficar cegos ao desagrado provocado pelo rei, talvez porque ele fosse capaz de relaxar em sua companhia como raramente conseguia com os seus próprios conterrâneos. Certa vez ele observou a Charles Mott-Radclyffe, com simplicidade encantadora, que "o equipamento mais essencial para o rei da Grécia era uma mala Revelation" (tipo de mala de couro cara e apreciada na Grã-Bretanha).

Não era muito propícia a presença do rei num bastião tão republicano quanto Creta, leal à memória liberal de Venizelos, seu filho mais famoso. Tsouderos, como cretense e monarquista, era um pássaro relativamente raro, mas como banqueiro e político tinha praticamente se transformado, aos olhos cretenses, num ateniense de profissão.

Os cretenses, mais que todos os outros gregos, jamais perdoaram o rei Jorge por ter concedido duvidosa legitimidade à ditadura de Ioannis Metaxas em 4 de agosto de 1936. A tradicional afinidade venizelista foi afrontada e, no segundo aniversário do Decreto de Agosto, os cretenses se revoltaram. Depois as suas armas, agentes e símbolos da resistência à opressão estrangeira foram confiscadas. Isso provocou mais do que desgosto quando a população cretense viu-se praticamente desarmada diante da invasão alemã. Depois da guerra, no plebiscito sobre a monarquia em 5 de setembro de 1946, Creta teve maioria absoluta contra o rei. Ainda assim, os comunistas de Creta, ao contrário dos seus camaradas no continente, nunca tiveram possibilidade de conquistar o poder.

O caráter cretense, belicoso, orgulhoso, de generosidade compulsiva diante de um amigo ou estranho em necessidade, ferozmente incapaz de perdoar inimigo ou traidor, frugal no cotidiano mas pródigo nas comemorações, era, naturalmente, muito influenciado pela paisagem de contrastes dramáticos em que viviam os ilhéus. As ricas faixas costeiras do litoral norte, os olivais intermináveis no sopé dos morros, os vales férteis e as pequenas planícies escondidas aqui e ali nas terras altas, tudo era sombreado pela massa da coluna vertebral da ilha, formada por cordilheiras de pedra calcária: as Montanhas Brancas, a serra de Kedros, o Monte Ida ou serra de Psiloriti e, finalmente, as montanhas Lasithi ou Dikti a leste. Partindo da vegetação subtropical, com bananeiras, alfarrobeiras e laranjais, uma aldeia de montanha, a apenas 15 quilômetros de distância em linha reta mas provavelmente a sessenta quilômetros de caminhada, parecia existir num mundo diferente e em outro clima.

As aldeias de montanha nas regiões de criação (e roubo) de ovelhas, no centro, eram pouco mais que um aglomerado de casas caiadas de branco em volta de uma igreja ortodoxa simples. Muitas vezes tinham apenas um andar de terra batida e alguns móveis feitos em casa, inclusive um grande baú de roupas e lençóis. A dieta de queijo de cabra e ovelha, batatas e às vezes carne cozida era tão dura e monótona quanto a vida, mas o ar era revigorante e tão limpo que as feridas se curavam com rapidez espantosa.*

*Até na costa de Retimno, um pára-quedista alemão atingido por uma bala que entrou de lado por uma narina durante a batalha descobriu que conseguia assoar o nariz normalmente uma semana depois.

Nas terras altas, o homem era conhecido pelo número de ovelhas que possuía; nas terras baixas, pelo número de oliveiras, das quais dizia-se que havia vinte milhões em Creta. As aldeias dos vales e terras baixas tinham amoreiras podadas dos dois lados da rua, os troncos caiados contra os insetos. As casas tinham plantas e vasos de flores, cerejeiras no quintal e caramanchões cobertos de videiras. A vida era menos dura, mas o povo igualmente generoso. Somente nas grandes cidades de Heráclion e Canéia era mais provável que os habitantes tivessem perdido algumas qualidades cretenses que sobreviveram e até floresceram no decorrer de séculos de ocupação estrangeira, com o seu ciclo de repressão e revolta.

Fazer de Canéia a nova capital da Grécia pareceu aos cretenses uma idéia bem pouco convincente. Mantiveram o ar de normalidade enquanto o aluguel de mansões atingia valores antes inimagináveis. Este dinheiro não parecia seguir o caminho das lojinhas de estoque pequeno e janelas sujas. E os cretenses não abandonaram a sua rotina nos bares, com jornais e xícaras de café turco.

Os homens, em sua maioria de meia-idade, já que os mais jovens tinham sido encurralados no Épiro com a Divisão Cretense, constituíam um contraste curioso para o recém-chegado. Os citadinos vestiam ternos sem forma enquanto os montanheses usavam bigodes de cultivada ferocidade e trajes cretenses tradicionais, que consistiam de um lenço preto enrolado na cabeça — o *sariki* —, jaqueta e colete bordados, uma faixa larga cor de amora sobre calções largos e escuros — os soldados britânicos chamavam-nos de "latas de lixo" — e botas altas, que completavam uma imagem meio de pirata, meio de cavalaria irregular.

Os cretenses receberam os soldados britânicos como parentes distantes que chegassem, inesperados, de outro país. Stephanides viu um grupo de cretenses que dançava o *pentozali*, dança muito enérgica, parar e convidar os soldados a se unirem a eles. Os britânicos, envergonhados e desconfortáveis em suas fardas incômodas, tentaram aprender os movimentos e logo riam-se, junto com os dançarinos, da sua própria falta de jeito.

Para os que tinham escapado da luta na Grécia, a ilha de Creta era um porto glorioso, um lugar de grande beleza e muita amizade onde os copos se levantavam constantemente em homenagem à causa comum. Os cretenses, embora bebedores robustos, espantaram-se com a compulsão dos anglo-saxões para se embebedar. De acordo com o grau de embriaguez, os soldados bêbados perambulavam mugindo canções indecentes ou sentimentais. Se a BBC tocava canções populares, como "The Banks of Loch Lomond" ou "There is a Tavern in the Town", os soldados saudosos de casa imediatamente se juntavam em volta do rádio.

Os efeitos da bebida também podiam despertar certa tensão subjacente entre os soldados da Commonwealth e os símbolos britânicos de autoridade, quer fossem oficiais ou policiais do exército. Os neozelandeses e australianos em Creta não eram soldados regulares nem conscritos e sim voluntários enquanto durasse a luta. A sua falta de reverência, quase questão de honra nos antípodas, fazia os oficiais britânicos se afastarem deles sempre que possível. Ao chegar ao Egito, um neozelandês saudou assim um oficial britânico bastante lânguido que usava um espantador de moscas de rabo-de-cavalo:

— Ei! O que foi que você fez com o resto do cavalo?

Os neozelandeses, com certeza, tinham o seu quinhão de "wife-dodgers" (os que se alistavam para fugir de obrigações com esposa e filhos) e "one-jumpers" (voluntários sempre um pulo à frente da polícia), mas ao contrário dos soldados australianos não assustavam os oficiais britânicos.

Um capitão da cavalaria que já enfrentara australianos na Grécia observou, meio de brincadeira, sobre a 6ª Divisão Australiana: "Acho que devem ter sido recrutados nas prisões." Em Canéia, um oficial britânico, ao ver um australiano encher os bolsos de frutas da barraquinha de uma velha e recusar-se a pagar, repreendeu-o e viu o cano de uma pistola alemã roubada apontar para o seu rosto. E um cretense contou que, quando um coronel britânico (provavelmente Jasper Blunt) que acompanhava o rei da Grécia foi abafar uma confusão perto da janela onde conversavam, o australiano responsável pela briga prontamente o pegou pela garganta e quase o estrangulou.

À noite, as precauções australianas contra ataques aéreos consistiam em atirar em toda luz que vissem, fosse o fósforo aceso do cigarro ou os faróis corretamente baixos de um veículo. Harold Caccia lembrou a passagem perto de uma das suas áreas à noite como "um dos momentos mais angustiantes da minha vida". Pouco tempo depois, esta ralé indisciplinada combateu os pára-quedistas alemães em Retimno com selvagem exuberância.

Um regime bem mais ordeiro logo se estabeleceu na região de Canéia. Sob as oliveiras, armaram-se barracas de pólo central e EPIP ("European Personnel, Indian Pattern", ou "pessoal europeu, padrão indiano" — grandes barracas de pólo central com duas camadas de tecido para proteger de insetos) para os escalões da retaguarda. A maior parte dos soldados perdidos na Grécia foi transportada para o Egito e as unidades regulares foram transferidas para as posições de defesa a elas designadas. Tiveram pouca oportunidade de experimentar os prazeres dos 37 bordéis de Canéia — "36 deles gerenciados pelas proprietárias", segundo o comandante da polícia do exército da Divisão da Nova Zelândia.

O grosso dos soldados australianos foi transferido para leste, para Georgiópolis, Retimno e Heráclion. Já os neozelandeses marcharam para oeste e tomaram posição ao longo do litoral entre Canéia e o campo de pouso de Maleme, onde estavam agora os Blenheim da 30ª Esquadrilha para patrulhar o Egeu e caçar Stukas.

O batalhão maori impôs um passo rápido que alguns oficiais acharam difícil acompanhar. Na aldeia de Platanias, o prefeito e suas filhas os receberam com mesas postas com pão, queijo branco de cabra e vinho tinto. Uma jovem com uma criança no colo começou a chorar ao ver os soldados. Um subalterno da Nova Zelândia perguntou a um cretense por que ela chorava. O marido e os irmãos tinham sido da 5ª Divisão Cretense em Épiro.

Poucos dos que marchavam para as suas posições tinham ficado impressionados com os preparativos que viram desde que desembarcaram. As docas, em Suda, estavam em escombros. Somente dois navios pequenos podiam descarregar ao mesmo tempo e, assim, o resto tinha de esperar ancorado na baía, alvos fáceis para ataques aéreos, como testemunhavam os restos de embarcações semi-afundadas. O apelo de Churchill, em novembro, para transformar a Baía de Suda numa "segunda Scapa" não fora levado a sério pelo Quartel-General do Oriente Médio numa época de necessidades mais urgentes em outras frentes.

A expressão de Churchill não fora mera figura de retórica. Ele acreditava profundamente na importância de transformar Suda na "cidadela anfíbia da qual toda a Creta é fortaleza" e não esquecera a tarefa durante o inverno. Mas a ênfase em Suda permitira que Wavell acreditasse que, com todos os seus outros compromissos, pudesse cuidar apenas de reforçar a região do porto.

O comandante mais recente da ilha, general-de-brigada E. C. Weston, chegara a Creta no final de março. A tropa que comandava, que fazia parte de uma formação do Real Corpo de Fuzileiros conhecida como Organização de Defesa de Bases Navais Móveis, consistia principalmente de holofotes e baterias antiaéreas. Antes da invasão alemã da Grécia, os ataques eram realizados por bombardeiros italianos carregados de torpedos. Quase todos os canhões de todos os navios no porto atiravam contra eles, os artilheiros civis dos navios mercantes e os Auxiliares da Frota Real talvez com mais entusiasmo que a Marinha Real britânica. Mas o grito dos Stukas, depois que a Luftwaffe tomou o lugar dos italianos, anunciou uma atividade bem mais freqüente e menos desportiva.

As tropas palestinas de engenharia e a mal batizada Companhia de Operação das Docas, que consistia de escriturários navais fardados e não de estivadores, ficaram com a pior parte do trabalho: descarregar munição e combustível dos navios da Baía de Suda sob constantes ataques aéreos. A bandeira vermelha de alerta içada no quartel-general naval do cais não podia ser vista do porão dos navios e, assim, era freqüente não haver aviso de um ataque até que os canhões Bofors abriam fogo. A falta de aviso deixava nervosos os grupos de trabalho nas docas, o que não ajudava a aumentar a produtividade. E o oficial encarregado do descarregamento recusava-se totalmente a permitir que se abrigassem, dizendo que deviam considerar-se soldados da linha de frente. Não surpreende que proporção altíssima deles começou a ficar doente.

Harold Caccia, tendo chegado a Heráclion com os outros sobreviventes do *Kalanthe*, seguiu para juntar-se a uma versão bem reduzida da Legação Britânica transferida para Halepa, perto de Canéia. A caminho, viu o que parecia ser um grupo de soldados repintando uma ponte e outro preparando-se para demoli-la. Para ele, foi um exemplo da desanimadora falta de planejamento. "Estamos aqui há seis meses. O que andamos fazendo?" A força do seu sentimento brotava do fato de que os britânicos não conseguiriam honrar a garantia de que cuidariam de Creta, que ele dera ao governo grego quando a Divisão Cretense fora enviada para o continente.

Enquanto a antiga cidade de Canéia tinha ruas estreitas e altas casas venezianas, todas encimadas por um *haiáti* turco (um acréscimo de madeira com janelas de venezianas), Halepa, que se estendia pelo lado leste rumo ao Akrotiri, tinha mansões espaçosas com jardins de palmeiras, lilases, buganvíleas e espirradeiras. A Legação Britânica foi instalada não muito longe da antiga residência do pai do príncipe Pedro, quando fora governador-geral. E ao lado da residência ficava a casa da família Venizelos.

Caccia, cujas roupas tinham afundado com o *Kalanthe*, recebeu trajes sobressalentes quando Peter Wilkinson, da SOE, chegou a Creta. Este, responsável principalmente pela Polônia e pela Tchecoslováquia, viera ver se ainda era possível uma "ferrovia subterrânea" para a Europa central passando pelos Bálcãs. Também estava na ilha para observar a invasão de pára-quedistas, cuja iminência fora confirmada pelo Ultra, e mandar relatórios ao coronel Colin Gubbins, no quartel-general da SOE na Baker Street. Naquele estágio a SOE ponderava a idéia maluca de lançar de pára-quedas grandes formações de tropas polonesas e tchecas de volta aos seus países sem esperança de poder lhes dar apoio.

Da Baía de Suda, Wilkinson arranjou carona até Canéia e procurou a Legação Britânica. Para sua surpresa, encontrou Harold Caccia aparando a cerca. Ainda mais surpreendente era o seu traje: sapatos de couro envernizado com sola de borracha, calças listradas de fraque, uma jaqueta preta de ciclista e um chapéu Panamá com fita do time de críquete Eton Ramblers. Foram almoçar num bom restaurante e depois Caccia propôs um passeio até o local de nascimento de Venizelos — uma distância respeitável. Logo cruzaram com "alguns soldados australianos extremamente bolcheviques". Wilkinson, fardado, ficou um pouco apreensivo com a recepção que teria "este inglês tão improvável" ao seu lado, mas Caccia não ligou para as zombarias e passaram direto em vez de aceitar o desafio verbal.

Além de calças para Harold Caccia, Wilkinson também trouxera um aparelho de rádio para Ian Pirie, a face menos respeitável da diplomacia britânica. Pirie e Barbrook tinham se estabelecido noutra mansão ainda mais grandiosa não muito distante, numa rua orlada de lilases que floriam luxuriantes. Pirie, como observou Nicholas Hammond, era "ótimo para encontrar boas acomodações". Este centro de operações secretas, apelidado de Fernleaf House (Casa das Avencas), estava cheio de aparelhos de rádio, fardas alemãs trazidas de Atenas no caíque e caixotes de metralhadoras amontoados por gregos, fardados ou não. A guarnição pirática de Pirie e Barbrook incluía um ex-contrabandista de rum e um subtenente de bigode encerado, com uma pistola Mauser no cinto e uma Browning no coldre de ombro. O equipamento totalmente irregular completava-se com a loura Nicki que, embora recém-casada e altiva nas valetas com os pilotos da RAF, não perdera nada da sua sexualidade sem pudores. Isso deixava as mulheres cretenses locais, fossem jovens ou velhas, "sem fala de espanto".

Uniram-se a eles, na Fernleaf House, primeiro Wilkinson e depois Geoffrey Cox, correspondente estrangeiro transformado em oficial subalterno da Divisão da Nova Zelândia que recebera ordens de criar um jornal diário para os soldados chamado *Crete News*. O interesse de Wilkinson na rota secreta para os Bálcãs murchou logo que ficou claro que a frota de caíques clandestinos de Pirie, organizada por um personagem obscuro chamado Black Michael, devia mais ao otimismo imaginativo do que à realidade. Assim, enquanto esperava para estudar em primeira mão a invasão de pára-quedistas, Wilkinson decidiu que o serviço mais útil e divertido à sua disposição era sentar-se no terraço com um sortimento de fuzis do arsenal que enchia a casa e, confortavelmente instalado com um carregador, dar uns tirinhos nos Stukas quando subiam, com a barriga visível, depois dos ataques de mergulho na Baía Suda, do outro lado do morro. Certa ocasião, o comentário constante de Wilkinson durante o exercício de tiro — "anda, dá a viradinha" — foi acompanhado pelo suspiro bastante desejoso, na varanda de cima, da destemida Nicki, a observar o bombardeio que não sofria oposição.

— Sem boa RAF. Venham, Hurricanos!

Nick Hammond, depois de deixar Ian Pirie e Bill Barbrook em Canéia, juntara-se a um personagem cujas façanhas logo ficariam lendárias no Mediterrâneo oriental: Mike Cumberlege. Oficial da Marinha, barbado, com uma argola de ouro na orelha, Cumberlege comandava um caíque de Haifa rebatizado de HMS *Dolphin* e equipado com um canhão de duas libras e um par de Oerlikons para a defesa antiaérea. O restante da tripulação era formado por Cle, primo de Cumberlege e major da Real Artilharia que se rebaixara a artilheiro nesta embarcação extraordinária, um soldado sul-africano do Black Watch chamado Jumbo Steele e o marinheiro de primeira classe Saunders. O *Dolphin* seguiu para Heráclion, onde Hammond encontrou-se com John Pendlebury pela primeira vez desde a separação em Atenas no verão anterior.

Encontrou Pendlebury no seu ambiente predileto. Além da bengala de estoque, aprendera no Egito, na escavação arqueológica de Tell el-Amarna, um tipo de luta com bastões. Ele imaginava ser um tipo de Lawrence da Arábia cretense, mas faltava-lhe a incrível tenacidade do seu modelo.

Depois da invasão italiana e com os soldados britânicos bem recebidos em Creta pelo governo de Atenas, Pendlebury não desempenhava mais o papel de vice-cônsul. Despiu a farda de capitão da cavalaria e tornou-se oficial de ligação entre as tropas britânicas e as autoridades militares gregas. O seu verdadeiro interesse era a criação de uma tropa cretense para substituir a 5ª Divisão mandada para a frente albanesa. Na época, havia menos de quatro mil soldados gregos ainda na ilha e menos de um em cada cinco deles estava armado.* Portanto, em novembro de 1940, Pendlebury requisitou, ao Quartel-General do Oriente Médio no Cairo, 10 mil fuzis. Parece que não percebeu que estava repetindo o primeiro-ministro.

Recentemente, Churchill dissera ao CIGS (chefe do Estado-Maior Geral Imperial britânico): "Devem-se envidar todos os esforços para remeter armas e equipamento que permitam a formação de uma divisão de reserva em Creta. Fuzis e metralhadores são suficientes neste caso. Manter uma divisão grega fora da frente de batalha do Épiro seria muito ruim e perder Creta porque não temos tropas suficientes seria crime." Esta ordem não foi ignorada nem afundou no pântano burocrático do quartel-general do Oriente Médio, como muitos pareceram pensar. Embora o regime de Metaxas, tendo em mente a revolta cretense de 1938, dificilmente quisesse rearmar a população da qual há pouco tempo confiscara todas as armas, parece que a idéia foi aceita. "O Estado-Maior Geral grego", escreveu o coronel Salisbury-Jones em seu relatório subseqüente sobre a Batalha de Creta, "concordou em formar uma divisão de reserva, pedindo-nos que fornecêssemos o equipamento. É claro que seria impossível entregar equipamento completo, mas ficou combinado que seriam fornecidos 10 mil fuzis." Só chegaram 3.500 fuzis automáticos leves norte-americanos porque os ataques aéreos alemães nas Midlands tinham destruído pequenas fábricas de armas e a produção só se recuperou mais tarde, em 1941. Tais considerações práticas pouco fizeram para moderar o entusiasmo justificado de Pendlebury.

Este não confinara suas atividades a Creta. Trabalhara intimamente com o 50º Comando do Oriente Médio, enviado à ilha em dezembro para refor-

*Em 1946 os comunistas, durante a Guerra Civil, tentaram retratar o envio da Divisão Cretense para o continente, em novembro de 1940, como trama do regime de "Quatro de Agosto" do general Metaxas para esmagar os cretenses (*Voice of the People*, Canéia, junho de 1946).

çar a guarnição depois da partida da Divisão Cretense e realizar ataques a ilhas mantidas pelos italianos no Dodecaneso, primeiro Kasos e depois Castelorizzo. No início do ano, a SOE Cairo mandara dois oficiais mais jovens ajudá-lo: Terence Bruce-Mitford e Jack Hamson, que, por curiosa coincidência, tinha um olho de vidro, como Pendlebury. Bruce-Mitford, professor de literatura clássica na Universidade de Saint Andrews, de ar acadêmico e cabelo ruivo alourado cada vez mais escasso, era austero e duríssimo. A sua idéia de diversão no Cairo era ir para o deserto passar a noite nas dunas. Hamson, que mais tarde se tornou professor de Direito Comparado no Trinity College, em Cambridge, era muito diferente, mesmo que fosse só pelo seu histórico exótico. Vinha de uma família inglesa levantina, joalheiros de Constantinopla que viviam principescamente na ilha de Prinkipo. O seu catolicismo das altas esferas valeu a Hamson um belo par de botas depois da captura de Creta: a mãe conseguira enviá-los pelo cardeal Roncalli, futuro Papa João XXIII.

Ambos participaram de um dos ataques ao Dodecaneso. Hamson descreveu a cena do embarque numa noite de luar: "passando pelo forte veneziano e descendo até a água (...) enquanto seguíamos em silêncio com equipamento, fuzis, bombas, facões, pelas ruínas de outras guerras: cena de um livro de histórias infantis." Mas depois prosseguia, demolindo a "confusão, incompetência, inépcia e baderna". A debacle não foi culpa apenas do 50º Comando do Oriente Médio, mas logo foram mandados de volta ao Egito.

Prosseguia a vida de agradáveis contrastes de Pendlebury. Depois de organizar um jantar de ex-alunos do Winchester College em Heráclion, ele partiu para as montanhas, acompanhado pelo seu fiel tropeiro e guarda-costas Kronis Vardakis, usando ombreiras pretas e deixando o olho de vidro na mesa do quarto para avisar aos amigos que aparecessem que tinha partido a serviço da guerrilha.

O quarto propriamente dito era realmente caótico: fuzis e não vassouras caíam dos armários e havia documentos secretos espalhados pelo chão. Depois da sua execução por pára-quedistas, um relatório alemão, que insistia em chamá-lo de "Pendleburg", afirmou: "Em sua casa em Heráclion encontraram-se documentos relativos à sua entidade, ao seu financiamento e armamento, assim como os nomes dos seus assistentes. Encontraram-se ali armas, munição e explosivos em quantidade considerável." Mas John Pendlebury aceitara a morte com antecedência; de modo algum como suicídio, mas com o coração voltado para um final exultante de sacrifício pessoal. Em 17 de março, mais de três semanas antes da invasão alemã da Grécia e dois meses antes da invasão de Creta, escrevera as últimas palavras à esposa: "amor e *adieu*."

7

"A ponta da lança alemã"

Para os planejadores, quer britânicos, quer alemães, o estudo do mapa do Mediterrâneo oriental, no outono de 1940, levaria a duas conclusões: Creta era uma base aérea e naval importantíssima para a região; e o Eixo só conseguiria capturá-la com tropas aerotransportadas. O poderio da Marinha Real britânica tornava perigoso demais o ataque por mar.

Assim que os planos de invasão da Grã-Bretanha foram postos de lado, o general Halder indicou, em 25 de outubro, que "o domínio do Mediterrâneo oriental dependia da captura de Creta e que seria melhor consegui-lo por desembarque aéreo".

O general Jodl, arquiteto da "estratégia periférica" para sufocar a Grã-Bretanha no Mediterrâneo, recomendou então que, se os italianos invadissem a Grécia, eles, alemães, deveriam tomar Creta para prevenir a ocupação britânica da ilha. E em 28 de outubro de 1940, dia tanto da invasão da Grécia pela Itália quanto da reunião dos líderes do Eixo em Florença, Hitler disse a Mussolini que "a Alemanha pode ceder uma divisão de soldados aerotransportados e uma divisão de pára-quedistas", caso ele desejasse invadir Creta.

A estratégia era tão óbvia que o brigadier Tidbury, nomeado comandante dos soldados britânicos em Creta em 3 de novembro, identificou corretamente todos os objetivos alemães e as suas quatro zonas de pouso na ilha seis meses e meio antes do início do ataque. A possibilidade de que os próprios britânicos pudessem aproveitar essa solução não parece ter ocorrido aos alemães.

*

A proposta de invasão alemã de Creta por via aérea foi apresentada a Goering pelo general Kurt Student, arquiteto da divisão pára-quedista e comandante do XI Corpo Aéreo. Student vinha de uma família de proprietários de terra brandenburgueses empobrecidos, parte daquela classe prussiana de "barões de trincheira" que formava a coluna vertebral do corpo de oficiais guilherminos. Do regimento de infantaria leve ele se transferiu para missões de vôo e quando veio a Primeira Guerra Mundial pilotou um avião de reconhecimento sobre os russos antes da Batalha de Tannenberg. Um dos poucos pilotos alemães a sobreviver à guerra, mais tarde Student fez parte daquele quadro secreto de oficiais do Escritório Central de Vôo que criou as bases da Luftwaffe, violando o Tratado de Versalhes.

Student, conhecido pelo seu "bom humor brusco", pela ironia e pela voz arrastada, era um trabalhador incansável; não era homem de partido nem político de corredores. As promoções vieram devagar. Hans Jeschonnek, seu assistente na Central de Vôo, logo o ultrapassou e tornou-se chefe do Estado-Maior da Luftwaffe. Mas isso foi uma vantagem, porque o general Jeschonnek apoiou a nomeação de Student para formar regimentos de pára-quedistas e ajudá-lo a desenvolver as suas idéias mais ousadas, tais como o uso de planadores, empregados mais tarde com efeito espetacular na captura do forte belga de Eben Emael em maio de 1940.

Student acreditava com paixão na criação de uma nova arma estratégica, mais que na idéia original de grupos de sabotagem que seriam lançados na esteira de um bombardeio da Luftwaffe. A façanha de Goering de construir um império que permitiu a criação de uma divisão da Luftwaffe provocou muito ciúme na Wehrmacht. A ortodoxia militar menosprezava os esquemas ambiciosos de Student e os recursos que exigiam. Mas é claro que uma forma de guerra tão revolucionária falaria ao gosto de Hitler pela surpresa militar e pelas imagens simbólicas. Antes mesmo que os homens de Student pudessem provar o seu valor, ele escolheu o 1º Regimento de Pára-quedistas do coronel Bruno Bräuer para comandar o desfile organizado no seu aniversário em 1939.

Pouco mais de um ano depois, os críticos da Wehrmacht tiveram de calar-se quando os planadores do capitão Witzig pousaram dentro das defesas de Eben Emael e os pára-quedistas de Student paralisaram o exército holandês. Mas a operação contra Roterdã quase custou a vida de Student quando a bala de um franco-atirador penetrou do lado do seu cérebro. Um cirurgião holandês salvou-o da morte e da paralisia.

Student, embora enfraquecido durante os meses de inatividade no hospital, estava totalmente recuperado quando Goering o levou para ver Hitler no quartel-general de Mönichkirchen, ao sul de Viena. Chegaram em 21 de abril de 1941, dia seguinte ao 52º aniversário do Führer e à oferta de rendição do general Tsolacoglou ao general Sepp Dietrich, na Grécia. Hitler mostrou-se claramente cético acerca do plano visionário de usar Creta e depois Chipre como pedrinhas para cruzar o Mediterrâneo, com um ataque de pára-quedistas ao Canal de Suez assim que Rommel chegasse aos arredores de Alexandria. Era, até então, a expressão mais radical da estratégia periférica de Jodl que Hitler abandonara em dezembro para concentrar-se na invasão da Rússia. O Führer perguntou, de modo bem pertinente, se os pára-quedistas não seriam usados com mais eficácia para capturar Malta. Student repetiu os mesmos argumentos com que convencera Keitel e Jodl: que o tamanho e o formato de Malta faziam com que a guarnição pudesse mobilizar-se rapidamente para contra-atacar as áreas de pouso. Creta, por outro lado, era comprida e estreita, com poucos meios de comunicação. Hitler, menos fácil de convencer que os seus generais, previu pesadas baixas. Quando não estava obcecado com um projeto, a sua intuição militar e psicológica costumava ser muito exata.

Mas dali a alguns dias Hitler cedeu aos vários pedidos de Goering para aprovar a operação que seria batizada de Merkur, ou Mercúrio. Martin Van Creveld assim descreveu as circunstâncias: "Portanto, longe de fazer parte de uma estratégia coerente, Merkur foi pouco mais que uma concessão para apaziguar Goering, cuja força aérea destinava-se a ter papel subordinado na vindoura campanha russa." Mas neste contexto o professor Van Creveld superestima a defesa da campanha balcânica e o seu efeito sobre a Operação Barbarossa. Hitler, ao contrário dos seus generais, que ainda se agarravam à estratégia periférica, na verdade não se interessava por Creta como apoio intermediário para o Oriente Médio, mas a sua preocupação constante com os campos petrolíferos romenos e o seu medo austríaco atávico de invasão pelo sudeste faziam-no ver a ilha como bastião útil em alto-mar.

A Diretiva nº 28 do Führer, de 25 de abril, começava assim: "A ocupação da ilha de Creta (Operação Merkur) será preparada para ter uma base para a guerra aérea contra a Inglaterra no Mediterrâneo oriental." Havia uma restrição: "Os movimentos de transporte não devem levar a atrasos na concentração estratégica para Barbarossa."

Student já voara de volta para o quartel-general do transporte aéreo em Berlim-Tempelhof para dar início à transferência da 7ª Divisão de Pára-quedistas de 11 campos diferentes na Prússia para a Grécia. Para o major conde von Uxküll, chefe do Estado-Maior da divisão, as complicações administrativas lhe davam pouco tempo para pensar na operação, cujo objetivo lhe fora informado na mais estrita confiança. O segredo só estimulou mais ainda os boatos quando a ordem de preparar-se para a mudança chegou aos quartéis.

A Divisão de Pára-quedistas, como parte da Força Aérea e não do Exército, conhecia muito bem os ciúmes e o ceticismo do corpo de oficiais do Reichswehr. "A nossa formação é jovem", disse o capitão Freiherr von de Heydte aos seus homens do 1º Batalhão do 3º Regimento de Pára-quedistas ao presentear-lhes o emblema da divisão com uma águia mergulhando com uma suástica nas patas.* "Criaremos a tradição com as nossas ações no futuro. Depende de nós se o símbolo da águia em mergulho, emblema que nos une, entrará para a história como símbolo de honra e valor militares."

Eram todos voluntários, alguns deles rapazes de 17 anos que tinham lido artigos de revista sobre os regimentos *Fallschirmjäger* e sonhavam em pertencer a esta nova elite. Heydte disse que os seus homens tinham-se engajado por "idealismo, ambição ou desejo de aventuras". Os idealistas, ex-integrantes da Juventude Hitlerista "saturados de lemas nacionais", eram os que tinham maior probabilidade de sofrer colapso nervoso. De acordo com Heydte, os aventureiros eram os melhores soldados.

Um voluntário chamado Martin Pöppel era, ao mesmo tempo, ex-integrante da Juventude Hitlerista e aventureiro. Estava sempre metido em problemas durante o treinamento "duríssimo" em que o Hauptfeldwebel Zierach "reinava supremo com o seu gordo livro de punições, que mantinha enfiado entre o primeiro e o segundo botões do peito". A pena era sempre punição física até que o culpado caísse: "correr no mesmo lugar, marchar e se jogar no chão, rotinas de marcha e punição com música." Mas "um pouco de ardor, algo fora do comum, era o que os pára-quedistas queriam". A aprova-

*Cada regimento, com três batalhões de 550 homens, equivalia a uma pequena brigada de infantaria. O Regimento Tempestade tinha quatro batalhões, com efetivo de 600 homens cada um.

ção no curso e o sucesso no primeiro salto eram comemorados com lingüiça e cerveja e flertes com as moças impressionadas com a farda de pára-quedista e a fama de corpo de elite.

A idéia persistente de que a Divisão de Pára-quedistas representava apenas a fina flor da juventude nazista é enganosa. Vários cabos e soldados profissionais vinham de antigas famílias prussianas; no Exército britânico, em que os praças desconfiavam instintivamente dos "postos de cavalheiros", isso seria impensável. Os irmãos e condes Wolfgang, Leberecht e Hans-Joachim von Blücher foram o exemplo mais notável. Wolfgang, de 24 anos, era tenente; os outros dois, com 19 e 17 anos, sargento e soldado. Os três morreriam em Creta combatendo o Black Watch no terreno cor de ferrugem perto do campo de pouso de Heráclion.

Os oficiais pára-quedistas apresentavam em seu histórico um contraste também marcante. Heydte descreveu um colega comandante de batalhão como homem que fora "ótimo praça, mas mesmo como oficial continuava a ser um praça". Entre os combatentes experientes que subiram das fileiras inferiores o mais espantoso foi o coronel Hermann Ramcke, que começara como grumete. Durante a Primeira Guerra Mundial lutara nas trincheiras e, depois do Armistício, uniu-se a um dos Freikorps mais violentos, a Divisão de Ferro do general von der Goltz, que aterrorizou os Estados bálticos em 1919 na fímbria da Guerra Civil russa. Finalmente, tornou-se oficial do Reichswehr durante os anos entre as guerras.

Já o general-de-brigada Wilhelm Süssmann, o major Conde von Uxküll (de uma família de proprietários de terra bálticos) e o capitão barão von der Heydte pertenciam todos à facção antinazista das forças armadas. Uxküll, que recrutou Heydte, era primo em segundo grau do coronel conde Claus von Stauffenberg.

Einer von der Heydte, que fora amigo de Patrick Leigh Fermor em Viena em 1934, "tornara-se oficial da cavalaria regular", escreveu Leigh Fermor, "como os franceses do *ancien régime*, que seguiam a profissão das armas apesar do seu ódio ao governo". Depois do plano de assassinar Hitler em julho de 1944, Heydte, que conhecera vários conspiradores, só escapou porque o seu nome "estava escrito errado nos documentos que a Gestapo encontrou. Em vez dele foi preso um major chamado von der Heyde, libertado mais tarde pelos russos".

Aos olhos dos homens, parece que a origem dos oficiais era mais ou menos irrelevante; os que tinham merecida fama de bravura eram idolatrados. O capitão Gericke, comandante de batalhão, era visto como "verdadeiro deus da guerra" depois das façanhas na Holanda. E o Blücher mais velho era mais admirado pela Cruz de Cavaleiro,* também conquistada na Holanda, do que pelo título da família.

O 2º Regimento de Pára-quedistas e o Estado-Maior da divisão comandado pelo general Süssmann partiram para a Bulgária em 26 de março, antes da invasão da Grécia. Embora nenhuma unidade de pára-quedistas tenha sido convocada para capturar a ilha de Lemnos, como planejado, foram usados como força de emergência para tomar o istmo de Corinto em 26 de abril.

Em 2 de maio, o restante dos pára-quedistas fez de trem a viagem de 1.600 quilômetros e trinta dias, partindo do seu campo de treinamento pantanoso no norte da Alemanha, passando pela Áustria, pela Hungria e pela Romênia até chegar à fronteira búlgara e daí para Salônica e, de caminhão, descendo pelo litoral do Egeu. Sentiam-se "mais de férias do que em viagem rumo à batalha". Ao chegarem à Grécia viram sinais da guerra: blindados derrubados, veículos destruídos e os túmulos recentes de soldados.

Os seus caminhões levaram-nos a áreas para acampamento perto de campos de pouso na Ática: Dadion, Elêusis, Mégara, Tanagra, Topolia e Corinto, onde o 2º Regimento de Pára-quedistas permanecera depois da sua ação. O batalhão do 3º Regimento de Pára-quedistas de Heydte armou as suas barracas em Topolia. No início de 15 de maio, manhã seguinte à chegada, veio a ordem para os comandantes de regimentos e batalhões comparecerem ao Hotel Grande Bretagne, em Atenas, às onze horas. O general Student ocupara o hotel como seu quartel-general uma semana depois de ter sido abandonado pelo alto-comando grego e pela Missão Militar britânica.

Como operação da Luftwaffe, Mercúrio estava sob o comando da 4ª Frota Aérea do general Löhr, não do quartel-general do XII Exército do marechal-de-campo List. Os oficiais superiores do Exército alemão opunham-se à operação. Tinham certeza de que os britânicos defenderiam até o fim uma ilha com tamanha importância estratégica e temiam o desvio de mais soldados pouco antes da Operação Barbarossa. O tratamento privilegiado da Divisão de Pára-quedistas e o plano sem precedentes de Student de capturar pelo ar uma ilha importante com pouca esperança de receber o costu-

*Condecoração nazista concedida àqueles que demonstraram bravura em batalha ou grande liderança militar (*N. da E.*)

meiro apoio em terra prometiam alguma *schadenfreude* entre as armas caso a operação enfrentasse dificuldades.

A 22ª Divisão fora a formação aerotransportada designada para o XI Corpo Aéreo, mas o quartel-general do marechal-de-campo List decidira que trazê-la da Romênia, onde guardava os campos de petróleo, era complicado demais. Em seu lugar, o Estado-Maior de List sugeriu a 5ª Divisão de Caçadores de Montanha, que consistia de regimentos alpinos bávaros e austríacos. Esta formação, que sofrera pesadas baixas no Passo Rupel, descansava em Chalkis. A 5ª Divisão de Caçadores de Montanha não gostava dos prussianos da divisão de pára-quedistas e chamava-os de *Saupreussen*, "porcos prussianos".* O general-de-brigada Julius Ringel, seu comandante e nazista austríaco desde antes do *Anschluss*, era um galante cavalheiro da Estíria, de bigode escuro e barba imperial.

Student também sofreu oposição dentro da Luftwaffe. Ressentiu-se de não receber o comando único da operação, inclusive o controle do VIII Corpo Aéreo que daria apoio constante aos pára-quedistas com cerca de 570 aeronaves — Stukas, Junkers 88, Dorniers, Heinkels, Messerschmitts 109 e Messerschmitts 110. O VIII Corpo Aéreo era comandado pelo general Freiherr Wolfram von Richthofen, rival de Student e primo do "Barão Vermelho". A fama deste Richthofen era menos romântica. Começou a atrair a atenção internacional quando comandou a Legião Condor na Espanha. As suas infames honras na batalha — Guernica e, mais recentemente, Belgrado — não pressagiavam boa coisa para as antigas cidades de Creta.

A concentração de aviões de transporte, a maior jamais vista, chegou ao apogeu em 14 de maio. Pouco mais de quinhentos Junkers 52, trimotores sólidos e lentos de metal corrugado, reuniram-se em sete campos de pouso da Ática e da Beócia prontos para levar ondas de pára-quedista trezentos quilômetros para o sul por sobre o Egeu e largá-los sobre objetivos considerados mal defendidos. Mas então Student foi obrigado a adiar a Operação Mercúrio, marcada para 17 de maio, para a terça-feira, dia 20. Foi necessário mais tempo para trazer pelo Adriático o navio-tanque *Rondine*, com 5 mil toneladas de combustível de aviação.

Todas as dúvidas dos oficiais alemães quanto à identidade do seu objetivo sumiram assim que entraram no salão de baile do Hotel Grande Bretagne. Um imenso mapa de Creta estava preso à parede oposta. Sentaram-se e olha-

*A lista completa de unidades participantes está no Apêndice B.

ram em volta. A luz do dia fora excluída. Os postigos e janelas da parede externa tinham sido pregados e a luz dos candelabros refletia-se nas portas espelhadas do lado oposto.

"Com voz tranqüila e clara, mas um tanto vibrante", escreveu Heydte mais tarde, "o general Student explicou o plano de ataque. Era o seu próprio plano pessoal. Ele o imaginara, lutara contra oposição ferrenha para que fosse aceito e elaborara todos os detalhes. Podia-se perceber que este plano tornara-se parte dele, parte da sua vida." Student recusara os conselhos de concentrar as tropas num só objetivo; em vez disso, preferira distribuir as suas apostas e atacar os três campos de pouso do litoral norte, todos com portos vizinhos para receber novos suprimentos caso o ataque fosse bem sucedido. Mas esta dispersão do esforço deixava-o com pára-quedistas de reserva insuficientes para reforçar rapidamente algum setor específico.

A maior formação, o Regimento Tempestade, saltaria no campo de pouso de Maleme e em volta dele, no lado oeste da ilha. Não longe dali, o 3º Regimento e o batalhão de engenharia pulariam no vale que corria a nordeste na direção de Canéia, para atacar Suda e deter quaisquer tropas aliadas de reserva. Cinqüenta quilômetros a leste, a maior parte do 2º Regimento saltaria sobre o campo de pouso próximo a Retimno e, mais 65 quilômetros a leste, o 1º Regimento tomaria Heráclion e o seu campo de pouso. Antes soldados pousariam de planador perto de Maleme e Canéia para atacar as principais baterias antiaéreas. Assim que os campos de pouso fossem tomados pelas tropas de pára-quedistas nos dias 1 e 2, os aviões de transporte trariam a 5ª Divisão de Caçadores de Montanha; depois se seguiriam motociclistas, artilharia de montanha e unidades de engenharia.

No segundo dia, dois *Leichten Schiffsstaffeln*, ou grupamentos de embarcações leves — no total, sete pequenos navios de carga e 63 caíques motorizados — trariam reforços, suprimentos e animais de carga para os regimentos de caçadores. Os reforços consistiam de dois batalhões de caçadores de montanha e baterias antiaéreas. A primeira flotilha zarparia com um batalhão para Maleme ou para a Baía de Suda, caso esta fosse tomada no primeiro dia, e a segunda flotilha para Heráclion com o outro batalhão. Alguns blindados leves e veículos motorizados de transporte viriam depois como parte do "acompanhamento" depois que se estabelecessem "comunicações navais entre Creta e o continente". A parte aerotransportada do plano só fora acrescentada como política de segurança por insistência de Hitler.

O Estado-Maior de informações do general Student, comandado pelo major Reinhardt, apresentou um dos relatórios mais incorretos de toda a guerra. As suas "linhas superpostas" de reconhecimento fotográfico do litoral, que recriaram uma imagem aérea de cada objetivo e zona de lançamento, deixaram de identificar a grande maioria das posições bem camufladas. Depois da guerra, o general Student afirmou que os pilotos dos Dorniers tinham dito que "a ilha parecia sem vida".

Os alemães, durante o período de conquistas em que pareciam irrefreáveis, deram relativamente pouca atenção à ciência da coleta de informações. Este excesso de confiança revelava-se na linguagem dos seus relatórios, que apresentavam meras suposições com a confiança férrea das verdades inegáveis. O relatório de 19 de maio, às vésperas da batalha, afirmava categórico que o efetivo da guarnição britânica em Creta não ultrapassava 5 mil homens, com apenas 400 deles em Heráclion e nenhum em Retimno. Todos os neozelandeses e australianos vindos da Grécia teriam sido evacuados diretamente para o Egito e não havia soldados gregos na ilha.

O mais espantoso de tudo foi que o relatório de Reinhardt previa uma recepção entusiasmada da população civil e até o surgimento de uma quinta-coluna pró-Alemanha; em resposta à senha "Oberst!", a população responderia com a contra-senha "Bock!". Ele e o seu Estado-Maior tinham menosprezado ou deixado de ler o documento geral de informações terminado em 31 de março para a invasão da Grécia. Lá, o trecho concernente dizia: "Os cretenses são considerados inteligentes, de sangue quente, valorosos, fáceis de entusiasmar, além de obstinados e difíceis de governar. A população agrícola está acostumada a usar armas, mesmo na vida cotidiana. A *vendetta* e o rapto ainda são costumeiros e a criminalidade é alta. Em caso de invasão, deve-se tomar cuidado com a resistência obstinada da população civil."

Depois de mandados embora da reunião, que continuara com instruções de embarque e outros detalhes administrativos, os comandantes de batalhão perambularam até a luz brilhante do meio da tarde. Ainda não conseguiam digerir por inteiro a importância da operação que os esperava. Talvez esta fosse a sua única oportunidade de conhecer Atenas, mas restava pouquíssimo tempo para o almoço tardio numa taberna antes de voltar aos comandantes de regimento para outra sessão de transmissão de ordens.

Embora pouco impressionados com as "carroças sobrecarregadas puxadas a burro e os velhos bondes superlotados que tentavam abrir caminho pela multidão com os sinos tocando e as laterais enfeitadas com cachos negros de magros e ágeis meninos de rua", os oficiais queriam fazer um passeio senhorial pela Acrópole, onde uma imensa bandeira escarlate e negra com a suástica pendia no calor sem vento. Muitos deles exultavam com a conquista da Grécia como se a sua Nova Ordem tivesse absorvido a antiga civilização com o seu triunfo marcial. Alguns escreveram em termos líricos sobre a sombra das aeronaves passando sobre o Partenon.

Outras providências vitais foram tomadas no último instante, só para preservar o segredo. Em 17 de maio, dois dias depois da reunião no Hotel Grande Bretagne, membros do Estado-Maior de Student mandaram a gráfica Aspiotis imprimir mapas de Creta usando papel e chapas trazidas da Alemanha. Tudo estava pronto, exceto o combustível de aviação. Mesmo com o adiamento de três dias até 20 de maio que Student concedera à operação, o tempo quase não foi suficiente. O navio-tanque *Rondine*, que trazia o combustível, descera o Adriático até Patras mas, ao chegar ao Canal de Corinto, o comandante recusou-se a prosseguir a menos que o fundo do canal fosse vasculhado para localizar bombas e obstáculos submarinos. Engenheiros e mergulhadores de unidades da Wehrmacht e da Luftwaffe foram convocados apressadamente e a tarefa realizada em menos de um dia. O combustível só chegou aos campos de pouso algumas horas antes da decolagem.

Por razões de segurança, os comandantes de batalhões receberam ordens de só avisar os homens às vésperas da operação. Mas na noite anterior, quando o pessoal da intendência distribuiu cerveja e aguardente, os pára-quedistas souberam que o momento da ação estava próximo. As bazófias e piadas foram amortecidas pela reflexão. Até os rapazes de 17 e 18 anos ainda sem experiência de combate sentaram-se em torno das fogueiras tocando gaita-de-boca e entoando canções saudosas de casa em vez de canções guerreiras.

Às dez da manhã de 19 de maio, houve a última reunião de oficiais comandantes de unidades da força aérea no aeródromo de Elêusis. Não tinham idéia de que uma mensagem interceptada pelo Ultra sobre esta reunião, seguida de um aviso de que "hoje segunda-feira pode ser dia menos um", partira de Londres nas primeiras horas para o general Freyberg.

No calor do dia, usando apenas calções de ginástica e botas, os pára-quedistas limparam as suas submetralhadoras, fuzis e metralhadoras Spandau de bipé para uma inspeção rigorosíssima. Depois, curvados sobre estojos de pára-quedas com marcações coloridas, embalaram as armas com quase o mesmo carinho com que reembalaram os seus pára-quedas. A última tarefa era colocar os pertences pessoais em caixotinhos e preencher formulários para que tais pertences pudessem ser enviados ao parente mais próximo em caso de morte.

Perto do crepúsculo, os comandantes das companhias reuniram os homens para lhes passar as ordens. O objetivo foi descrito como a primeira de uma série de ilhas mediterrâneas a serem tomadas. "Estamos quase bobos de entusiasmo", escreveu um jovem cabo em seu diário.

8

"Fontes secretíssimas"

O general-de-brigada Bernard Freyberg, portador da Victoria Cross e comandante da Divisão da Nova Zelândia, só chegou a Creta em 29 de abril. Com a determinação de sempre, recusara-se a sair da Grécia até o último instante para assegurar a evacuação do maior número possível dos seus homens. Esperava reunir no Egito, como formação única, a Força Expedicionária da Nova Zelândia. A 6ª Brigada fora para Alexandria e ele supôs que as outras unidades neozelandesas evacuadas para Creta seguiriam o mesmo caminho nos próximos dias. Nunca lhe ocorreu a possibilidade de lhe pedirem para comandar a defesa da ilha. Para Churchill, porém, Freyberg era a opção óbvia. E Wavell foi instado a nomeá-lo, o que, naquelas circunstâncias, foi quase uma ordem.

A carreira de Freyberg tinha a moralidade vigorosa do herói eduardiano. Na escola, na Nova Zelândia, fora campeão de natação, mas o seu desempenho acadêmico não indicava uma mente reflexiva nem inquisitiva. Estudou para ser dentista mas, com a possibilidade de guerra em 1914, seguiu para Londres e apresentou-se como voluntário. Não tinha experiência militar além do período como subalterno local na Nova Zelândia. A história de que Freyberg, a caminho da Europa, unira-se ao exército de Pancho Villa no México e "chegou ao posto de general" foi um exagero grotesco que Churchill ajudou a divulgar. Esta invencionice, que lhe dava "uma certa notoriedade", durou até depois da Segunda Guerra Mundial. "A verdade", disse

Freyberg em 1948, quando governador-geral da Nova Zelândia, "é que nunca me dei ao trabalho de negá-la."

Churchill, como Primeiro Lorde do Almirantado, conseguiu para Freyberg uma vaga na Real Divisão Naval e orgulhava-se de suas façanhas de coragem fria, como nadar à noite até uma praia inimiga perto de Galípoli com foguetes para confundir os turcos e ganhar a Victoria Cross depois de comandar o Batalhão Hood da Real Divisão Naval para capturar Beaucourt, em Flandres.

Freyberg, camarada meio incongruente de estetas da geração perdida como Rupert Brooke, Patrick Shaw-Stewart e Charles Lister, foi tratado como celebridade por anfitriãs importantes depois do Armistício. Fascinado pela sua falta de medo, Churchill descreve, num parágrafo singular, como, durante o fim de semana numa casa de campo, pedira a Freyberg que se despisse para contar os seus 27 ferimentos. Freyberg, modesto, explicou antes de tirar a roupa que "a gente quase recebe dois ferimentos de cada bala ou estilhaço, porque a maioria tem de sair depois de entrar".

Durante os anos do entre-guerras Freyberg se acalmou. Desposou uma mulher notável, com muitos amigos e bons contatos, e deixou para trás a bravura ostentatória da juventude, quando declarara francamente a ambição de ganhar medalhas. Foi para a reserva do Exército em 1934. Cinco anos depois, no início da guerra, Churchill fez campanha a seu favor quando foi discutido o futuro comando da força expedicionária da Nova Zelândia. Mas a intervenção de Churchill fez pouca diferença nas deliberações; na época, as tropas da Nova Zelândia não tinham outro candidato óbvio.

Nos primeiros dias, Freyberg não foi benquisto, principalmente junto aos oficiais do seu Estado-Maior. Adquirira o formalismo do exército britânico da época e perdera o contato com a Nova Zelândia da juventude. Ocupava-se com detalhes que deveria deixar por conta dos seus oficiais, o que os irritava. Mas, com o avanço da guerra, passaram a admirar os seus pontos fortes: além da bravura, tinha interesse genuíno pelo bem-estar dos homens e era excelente treinador de soldados. E desenvolveram um afeto bem-humorado, embora às vezes exasperado, pelos seus pontos fracos.

Estes últimos — principalmente obstinação, pensamento confuso e relutância extrema a criticar subordinados — tornaram-se importantíssimos nas circunstâncias de Creta. Freyberg era famoso pela incapacidade de se livrar de um oficial inútil, mesmo depois de prometer ao seu Estado-Maior que o faria. "Ele não suportava ser rude", escreveu um deles mais tarde. Em várias ocasiões, envidou todos os esforços para fugir a este dever tão angustiante. Talvez a causa fosse aquele coração mole tão comum de encontrar em homens grandes de prodigiosa coragem física.

Bernard Freyberg era mesmo grande e desta vez a descrição "peito de barril" se ajustava com perfeição. Churchill chamava-o de "grande São Bernardo", o que também indica o seu entusiasmo infantil e enternecedor. Quando usava o seu chapéu de "espremedor de limão", parecia mesmo "um imenso chefe de escoteiros", como observou outro oficial do seu Estado-Maior.

Freyberg é mais um exemplo de como raramente os heróis dos livros de histórias são bons generais. Um integrante do Gabinete de Guerra achava que Churchill impressionava-se demasiadamente com homens de ação. "Winston era um mau juiz de caráter. Não parecia capaz de ligar a tarefa ao homem necessário para cumpri-la. Procurava automaticamente homens que tinham sido tremendos comedores de fogo quando jovens, quase pensando 'quem é mais parecido com o que eu era?'"

Em 30 de abril, dia seguinte à sua chegada a Creta a bordo do HMS *Ajax*, Freyberg foi convocado para uma reunião com os seus dois superiores imediatos, o general Wilson e o general Wavell. A reunião realizou-se em Ay Marina, numa grande mansão à beira-mar com um terraço no telhado coberto por um toldo que batia com a brisa.

O comandante-em-chefe veio de carro do campo de pouso de Maleme, onde aterrissara depois da viagem desconfortável num Blenheim desde o Egito. Churchill enviara a seguinte mensagem dois dias antes: "Parece claro, pelas nossas informações, que logo haverá um pesado ataque de soldados aerotransportados e bombardeiros alemães a Creta. Preciso saber que tropas o senhor tem na ilha e quais são seus planos. Será uma ótima oportunidade para matar pára-quedistas. A ilha deve ser defendida com teimosia."

Depois de conceder a Creta a menor prioridade possível nos últimos seis meses, apesar das instruções de Churchill, Wavell ficou deprimido com esta nova pugnacidade. "Winston sempre espera que saiam coelhos de chapéus vazios", disse ele a Chips Channon. A perda desastrosa de aeronaves durante a queda da Grécia fizera com que não houvesse Hurricanes suficientes para permitir a adequada cobertura de caças. Em conseqüência, tanto a

Marinha Real quanto a RAF tinham perdido o interesse pela ilha como base avançada. Neste estágio, a possibilidade de criar aeródromos para o bombardeio a longa distância dos campos petrolíferos de Ploesti parecia ter-se esvaído do raciocínio estratégico. Enquanto isso, o Exército precisava de todos os batalhões e blindados disponíveis para cuidar do avanço de Rommel no norte da África e agora Wavell tinha de reunir uma tropa para libertar as bases britânicas no Iraque sitiadas num levante que os alemães tinham prometido apoiar.

Antes de tudo, Wavell chamou Jumbo Wilson de lado e disse-lhe: "Quero que vá a Jerusalém e liberte Bagdá." Depois chamou Freyberg e, após cumprimentá-lo pelo desempenho da Divisão da Nova Zelândia na Grécia, disse que queria que comandasse a Creforce.

Freyberg não ocultou o seu desencanto. "Eu lhe disse", escreveu mais tarde num relatório para o governo da Nova Zelândia, "que queria voltar ao Egito para concentrar a Divisão, treiná-la e reequipá-la e acrescentei que o meu governo jamais concordaria com o fracionamento permanente da Divisão. Então ele disse que considerava meu dever ficar e assumir o cargo. Nada pude fazer senão aceitar (...) Não havia muito mais a discutir. Disseram-nos que Creta seria mantida. A escala prevista do ataque era de cinco ou seis mil soldados aerotransportados mais um possível ataque por mar. Os principais objetivos deste ataque seriam os aeródromos de Heráclion e Maleme."

Freyberg foi o sétimo comandante das tropas britânicas na ilha desde a chegada delas em novembro. Fora nomeado em vez do general-de-brigada Weston, do Real Corpo de Fuzileiros Navais, que chegara recentemente para comandar os vários elementos da Organização de Defesa da Base Naval Móvel. Weston, que demonstrara considerável energia durante os seus quatro dias no cargo, achava que a nomeação de Oficial Comandante Geral lhe fora oferecida e ficou ofendido com a mudança repentina. Este oficial superior dos Fuzileiros Navais era uma mistura curiosa. Tinha raciocínio analítico e visão muito mais clara da estratégia inimiga do que o seu sucessor, mas era prepotente e tendia a comportar-se com certa insensatez em incidentes de menor importância.

Naquela tarde, o quartel-general da Creforce instalou-se numa pedreira acima de Canéia, do lado oeste da península que protegia a Baía de Suda. O lugar era perfeito. Tinha vista para o litoral até Maleme e, virando-se alguns graus para a esquerda, para o vale que levava a Canéia, que o brigadier Tidbury identificara corretamente, há seis meses, como segunda zona de pouso do inimigo naquela área.

Weston, enciumado, segurou o seu pessoal, de modo que Freyberg viu-se sem ninguém no quartel-general. "Não havia sequer escriturários e mensageiros", escreveu mais tarde, "somente uma confusão de oficiais." Freyberg, muito embora não fosse nenhuma prima-dona, no fundo deve ter-se irritado com o comportamento de Weston; mas parece que o atrito entre os dois teve pouca influência sobre os acontecimentos, talvez porque Freyberg não se permitisse comportamentos desagradáveis.

É claro que se perguntava aonde é que fora parar. Apesar da ordem de Churchill de novembro de 1940 e de pedidos insistentes, não se tinham tomado providências básicas para a defesa da ilha. Embora verdadeira, a desculpa posterior do Quartel-General do Oriente Médio de que não havia recursos suficientes para tudo era também pouco sincera. Não houve nenhum esforço de reflexão; aquele fatal vício britânico da acomodação, de dividir o bolo em tantas fatias que não sobrava nada para ninguém, estava evidente demais. O estoque de energia e boa vontade, necessário para as decisões difíceis, estava ainda mais reduzido que o de material bélico.

Peter Wilkinson, oficial da SOE que fora a Creta observar a invasão de pára-quedistas, escreveu em seu relatório ao coronel Colin Gubbins, no quartel-general da SOE em Londres: "O nosso pessoal parece sofrer de inércia total. Não se tomaram sequer as providências mais elementares. Embora já estejamos em Creta há mais de seis meses, não há uma única estrada entre Canéia e o litoral sul que se possa usar no transporte militar, embora quando chegaram aqui só faltassem seis quilômetros para terminá-la."

Creta, com as suas cadeias de montanhas como contrafortes virados para a África, só podia receber suprimentos pelos portos do litoral norte. Com os campos de pouso alemães na Grécia, este era um gravíssimo ponto fraco, como demonstrava o pálio constante de fumaça preta sobre a Baía de Suda: dez navios mercantes, num total de cinqüenta mil toneladas, foram afundados por ataques aéreos em menos de um mês.

Só a forte proteção aérea protegeria os navios e o comando do Oriente Médio não tinha esquadrilhas de Hurricanes suficientes para permitir que fossem destruídos em campos de pouso absurdamente vulneráveis. Ninguém duvidava da bravura dos pilotos da RAF. Os soldados observavam angustiados as dificuldades que enfrentavam. Um dos últimos Hurricanes de Maleme subiu ao céu sozinho contra um enxame de Messerschmitts que caiu sobre ele, nas palavras de um artilheiro de canhão Bofors, "como uma horda de falcões sobre um único pardal". Mas a tentativa tardia e morna de construir hangares para caças e campos de pouso satélites protegidos pelas montanhas provocou críticas ferozes. "A atitude da RAF desafia descrições", continuou Wilkinson em seu relatório para Gubbins. "As suas desculpas não se baseiam em fatos e, se os alemães conseguem improvisar aeródromos de onde Junkers podem decolar seis horas depois do pouso, dá para sentir que seria possível ter feito alguma coisa em seis meses de ocupação pacífica. Afinal, seja qual for o resultado da Campanha Grega, seria óbvio até para uma criança que Creta era o posto intermediário natural."

Do mesmo modo, a força de vontade administrativa em terra não se igualava à coragem dos tripulantes da Marinha Real e da marinha mercante. "Não havia extintores de espuma para combater o fogo na Baía de Suda", prosseguiu Wilkinson, "embora supostamente ela já fosse uma base naval há seis meses."

Freyberg, compreensivelmente preocupado ao descobrir o verdadeiro estado de coisas, mandou uma mensagem a Wavell, no Cairo. "As forças à minha disposição são totalmente inadequadas para enfrentar o ataque previsto. A menos que se aumente muito a quantidade de aeronaves de combate e as forças navais disponíveis para enfrentar um ataque por mar, não posso ter esperanças de manter-me apenas com tropas terrestres que, em conseqüência da campanha na Grécia, estão agora desprovidas de artilharia, têm ferramentas insuficientes para cavar, pouquíssimos meios de transporte e reservas bélicas inadequadas de equipamento e munição. A tropa aqui pode e vai lutar, mas sem apoio completo da Marinha e da Força Aérea não há esperança de repelir a invasão." No mesmo dia, mandou ao seu governo mensagem parecida: "Não há indícios de forças navais capazes de nos garantir contra invasão por mar e a força aérea na ilha consiste de seis Hurricanes e 17 aeronaves obsoletas."

O uso de expressões como "invasão por mar" pressupunha que o inimigo pretendia montar uma operação de desembarque, em vez de reforçar por mar os soldados aerotransportados num trecho de litoral já capturado. É claro que eram questões muito diferentes. E tão diferentes no contexto da Batalha de Creta que este mal-entendido distorceu por completo a visão que o general Freyberg tinha das intenções inimigas, a ponto de tê-lo feito compreender erradamente uma mensagem do Ultra, no segundo dia da batalha, com conseqüências desastrosas e, quase com certeza, decisivas.

Wavell, com garantia do almirante Cunningham, respondeu que a Marinha poderia dar-lhe apoio e que, mesmo se a decisão de manter Creta fosse revertida, restava pouco tempo para evacuar a ilha. A julgar pela sua mensagem a Londres de 1º de maio — "nossas informações indicam que insuficiente transporte marítimo partiu do Egeu para operações marítimas em grande escala" — era claro que Wavell não tinha a mesma preocupação que Freyberg com o mar. A visão que Churchill tinha da ameaça também era diferente da de Freyberg, como mostra sua mensagem ao primeiro-ministro da Nova Zelândia em 3 de maio: "As nossas informações indicam um ataque aerotransportado a acontecer em futuro próximo com possível tentativa de ataque por mar. Com certeza a Marinha fará o máximo para impedir este último e é improvável que tenha sucesso em grande escala. Quanto ao ataque aerotransportado isso pode ser bom para os neozelandeses em terra, que serão capazes de travar combate corpo a corpo com o inimigo, que não terá a vantagem dos blindados e da artilharia em que tanto confia."

Como observou Peter Coats, ajudante-de-ordens de Wavell, Freyberg era "homem de humor muito instável, que se deprimia e se entusiasmava com facilidade". Somente quatro dias depois das mensagens tão pessimistas a Wavell e ao governo da Nova Zelândia, Freyberg disse a Londres: "Não posso entender o nervosismo; não estou nada ansioso quanto ao ataque aerotransportado; tomei as minhas providências e acho que posso cuidar de tudo com os soldados à minha disposição. A combinação de ataque por ar e por mar é diferente. Se vier antes que eu possa conseguir canhões e transporte aqui a situação ficará difícil. Ainda assim, se a Marinha puder ajudar, confio que tudo vai dar certo."

Parece que os chefes do Estado-Maior em Londres ficaram desconcertados com a análise invertida que Freyberg fez da ameaça inimiga. No dia seguinte, esta mensagem foi enviada ao Cairo: "Favor indagar ao general Freyberg se ele vem recebendo do Cairo informações de Orange Leonard [Ultra], caso contrário favor passar informações concernentes de OL mantendo a máxima segurança."*

*

*O texto das mensagens pertinentes do Ultra encontra-se no Apêndice C.

Como nunca se investigou inteiramente o fato de Freyberg ter entendido errado as mensagens do Ultra no momento mais importante da batalha, é importante examinar com atenção o que aconteceu.

A invasão de Creta foi o primeiro grande teste do Ultra em condições operacionais. A possibilidade de que os alemães pensassem numa ilha do Mediterrâneo como alvo de um ataque com pára-quedistas foi percebida em mensagens interceptadas em meados de abril, durante a retirada dos aliados na Grécia. A indicação de que o alvo era Creta surgiu em 25 de abril, algumas horas antes que o quartel-general de Hitler divulgasse a Diretiva do Führer para a Operação Mercúrio. Nos dias seguintes, a intenção do inimigo de invadir pelo ar ficou cada vez mais clara: Mercúrio era uma operação da Luftwaffe e a disciplina frouxa na codificação de mensagens desta última muito ajudou a Cabana 3 de Bletchley Park. Em 28 de abril, Londres conseguiu mandar um resumo das mensagens importantes interceptadas pelo Ultra ao coronel George Beamish, oficial superior da RAF na ilha, e depois a Freyberg, quando assumiu o comando da Creforce dois dias depois.

Durante a reunião de 30 de abril, Wavell falou a Freyberg sobre "fontes secretíssimas" e "fontes muitíssimo confiáveis", eufemismos para as informações do Ultra, mas não revelou exatamente que fonte era essa. Deu a Freyberg a impressão de que as informações vinham de um bem plantado espião do Serviço Secreto. (O atual Lord Freyberg, filho e biógrafo do general, afirma que o pai sabia desde o começo qual era a fonte verdadeira, mas a sua versão não convence. Seja o que for que o general Freyberg achava de OL ou "Orange Leonard", aqui sempre será chamado de material do Ultra.)

As regras que controlavam o uso do material do Ultra não eram claras. Jumbo Wilson, presume-se que com a bênção de Wavell, usou o Ultra para evitar o cerco durante o avanço alemão no continente. Assim, é dificílimo imaginar que Wavell proibisse Freyberg de usá-lo em Creta, ainda mais depois que os chefes do Estado-Maior advertiram em 9 de maio: "são tão completas nossas informações que hoje parece a oportunidade perfeita para enfrentar pesado golpe inimigo." E por ordem de Churchill um oficial superior do Estado-Maior, brigadier Eric Dorman-Smith, foi de avião para Creta em 11 de maio para transmitir a Freyberg as informações acumuladas. Dorman-Smith ficou impressionado com a coragem de Freyberg mas desalentado com o seu senso tático; "com tristeza, colocou-o na categoria 'Portador de Cérebro Pequeno'". Dorman-Smith levou de volta ao Cairo uma carta de Freyberg a Wavell que dizia: "Se vierem num ataque aerotransportado contra os nossos aeródromos tenho certeza de que seremos capazes de detê-los se atacarem depois do dia 16. Se, entretanto, fizerem uma operação combinada com um desembarque com blindados, não estaremos em boa posição."

A confusão de Freyberg quanto ao efetivo relativo das forças aerotransportadas e das vindas pelo mar começara naquela primeira reunião com Wavell em 30 de abril. O número de "5 ou 6 mil soldados aerotransportados mais um possível ataque por mar" parece ter sido uma leitura bastante conservadora do relatório de 27 de abril do Comitê Conjunto de Informações, que afirmava: "Os alemães podem transportar até 3 mil pára-quedistas ou soldados aerotransportados na primeira sortida ou talvez 4 mil se usarem planadores. Podem ser feitas duas ou talvez três sortidas por dia partindo da Grécia." Nem Wavell nem Freyberg perceberam que esta estimativa da capacidade alemã de transporte aéreo era do primeiro dia apenas. Wavell deveria ter uma idéia mais clara, já que o primeiro relatório sobre as tropas aerotransportadas designadas a princípio para a operação — a 7ª Divisão de Pára-quedistas e a 22ª Divisão Aerotransportada — chegou ao Cairo em 26 de abril.

A primeira estimativa formal veio de Londres na mensagem OL 2167 do Ultra, em 6 de maio (ver o Apêndice C). Citava 17 de maio como data proposta para a invasão e um efetivo de desembarque inimigo de duas divisões mais soldados de unidades táticas e elementos acessórios. Foi uma previsão bem exata. Então surgiu a confusão com a decisão do XII Exército de manter a 22ª Divisão na Romênia e mandar no seu lugar a 5ª Divisão de Caçadores de Montanha do general-de-brigada Ringel. E devido às pesadas baixas sofridas na luta do Passo Rupel, acrescentou-se parte de um regimento de caçadores de montanha de outra divisão aos dois regimentos de Ringel. Mais tarde, naquele mesmo dia, uma mensagem de correção, OL 2168, foi mandada para Cairo e Creta. "Mais soldados de unidades antiaéreas e suprimentos mencionados em 2167 seguem por mar para Creta. Também três regimentos de montanha mais prováveis que terceiro regimento de montanha."

Não se sabe como, esta mensagem deu à Diretoria de Informações Militares duas idéias erradas: em primeiro lugar, que agora viriam três regimentos de caçadores de montanha além da 7ª Divisão de Pára-quedistas e da

22ª Divisão Aerotransportada; em segundo lugar, que três regimentos de montanha viriam por mar. Parece que mensagem de Wavell duvidando da capacidade do inimigo de reunir navios suficientes não teve muito efeito. E não parece ter sido considerada a possibilidade de uma ponte aérea de Junkers 52, como a que levara do Marrocos para Sevilha, em 1936, o Exército da África do general Franco.

Uma mensagem muito mais detalhada enviada no dia seguinte, uma análise exata do Ministério do Ar (OL 2170), indicou com clareza que o contingente transportado por mar representava um elemento muito secundário da operação como um todo. Mas o dano renasceu numa mensagem subseqüente, OL 2/302, de 13 de maio, na qual o compilador novamente supôs que a 22ª Divisão Aerotransportada e a 5ª Divisão de Caçadores de Montanha participariam. Em conseqüência, avisaram a Freyberg que a "força invasora (...) consistirá de cerca de 30 a 35 mil homens, dos quais uns 12 mil serão o contingente lançado de pára-quedas e 10 mil transportados por mar". Como mostrará a comparação entre as mensagens (no Apêndice C), este foi um exemplo de rearrumação dos números para caber na hipótese. Não se fez muita distinção entre especulações e informações concretas.

Freyberg, comandante em terra, não percebeu que havia algo errado. Embora tivesse excelente memória (talento útil, já que as mensagens deviam ser queimadas depois de lidas), faltava-lhe o intelecto analítico e o ceticismo necessários para identificar incoerências. A idéia de uma invasão por mar fixou-se em sua mente, muito embora as informações que recebia só indicassem o transporte de reforços. A sua preocupação foi tamanha que ele passou a ver a operação marítima como ameaça maior do que todos os soldados aerotransportados que, mesmo na quantidade do relatório errado, seriam ameaça muito maior e bem mais imediata.

Fora a confusão quanto à 22ª Divisão Aerotransportada, poucos comandantes da história tiveram informações tão exatas sobre as intenções, prazos e objetivos do adversário. O comentário de Churchill depois da guerra, embora magnânimo, é claro: "Freyberg foi corajoso. Não acreditou logo que a escala do ataque aéreo seria tão gigantesca. O seu medo era de uma grande invasão organizada por mar. Isso, esperávamos que a Marinha pudesse impedir, apesar da nossa fraqueza aérea." E o próprio Freyberg mais tarde admitiu: "Da nossa parte, estávamos preocupados principalmente com desembarques por mar, não com a ameaça de desembarques aéreos."

Depois de ter avançado tanto na direção errada, Freyberg foi incapaz de ver as coisas nas devidas proporções. Agarrou com firmeza o bastão pelo lado errado e, como mostraram os acontecimentos posteriores, não conseguiu largá-lo. A sua obstinação e falta de compreensão quase viraram piada entre os colegas generais. O general Sir Brian Horrocks, mais tarde comandante do corpo de Freyberg no deserto, contou a um amigo que costumava colocar em suas ordens um ou dois pontos óbvios mas sem importância que sabia que Freyberg contestaria e dos quais poderia abrir mão.

É difícil aceitar a teoria revisionista dos fatos disseminada pelo atual Lord Freyberg — de que o pai ficou chocadíssimo ao descobrir a verdadeira natureza da ameaça aerotransportada em 7 de maio mas não podia transferir nenhum soldado para reforçar o campo de pouso de Maleme sob pena de que isso traísse o segredo do Ultra —, no mínimo porque a carta do general Freyberg a Wavell em 13 de maio e o seu comportamento posterior a contradizem. A sua preocupação constante com a invasão por mar, a calamitosa interpretação errada da mensagem que acabou sendo a mais importante da batalha e a relativa falta de interesse em Maleme até a manhã de 22 de maio (dois dias depois da invasão, quando então os alemães já tinham capturado o campo de pouso e desembarcado reforços) não mostram um homem que tivesse admitido a intenção do inimigo mas que se visse frustrado por precauções de segurança.

O mais irônico é que Freyberg parece ter ajudado mais a manter o segredo do Ultra por ter entendido errado o conteúdo das mensagens do que por esforçar-se para preservar o sigilo. O relatório alemão sobre a Batalha de Creta, *Gefechtbericht XI Fl.Korps — Einsatz Kreta*, registrou mais tarde: "Uma coisa se destaca de todas as informações colhidas do inimigo (declarações de prisioneiros, diários e documentos capturados): em geral, estavam muito bem informados das intenções alemãs, graças a uma excelente rede de espionagem, mas esperavam que o grosso das forças invasoras viesse por mar."

Inevitavelmente, a interpretação errada da ameaça pelo general Freyberg produziu um ajuste prejudicial na disposição dos soldados e nas ordens operacionais, com prioridades confusas. O plano do brigadier Tidbury — combater os ataques aerotransportados aos três campos de pouso do norte, Heráclion, Retimno e Maleme, e no vale do Ayia a sudoeste de Canéia — foi adaptado, nos setores de Maleme e Canéia, para enfrentar o ataque por mar.

Os setores de Maleme e Suda antes da invasão
0 1 2 3 4 5 10
km
N
Ay Theodhoroi
Campo de pouso de Maleme
Pirgos
Eng NZ
Platanias
Ay Marina
CANÉIA
Halepa
Huss North
AKROTIRI
Khorafkia
Sternes
Morro São João
Suda
Ilha Suda
Ponta Suda
Kalives
Para Retimno
Megala Khorafia
Beritiana
Stylos
Armenoi
Neo Khorion
Babali Hani
Para Sfakia
MONTANHAS BRANCAS
ESCARPA DE MALAXA
Reais Fuz
Rua 42
RANGERS
I GALÊS
Mournes
Perivolia
2ºRG
2/8
RP
18
20
Daratsos
Galatas
19
Campo Bo
6ºRG
Prisão
AYIA OU VALE DA PRISÃO
Reservatório
Ayia
8ºRG
Stalos
28
Modhion
23
22
21
Kondomari
Tavronites
Alikianou
Fournes
Meskla
Lakkoi
Legenda
Bateria de defesa da costa
Bateria antiaérea
8ºRG 8º Regimento Grego
22 22º Batalhão da Nova Zelândia
P Quartel-General da Creforce
Hospital Geral

Em Heráclion, Freyberg reforçou a 14ª Brigada de Infantaria do brigadier Chappel com batalhões regulares do Black Watch e com o Regimento de York e Lancaster reforçado com um batalhão australiano e um regimento grego de três batalhões. Uniram-se a eles, no último momento, o 2º Batalhão do Regimento do Leicestershire (conhecido como "Leicesters") e, finalmente, um batalhão dos Highlanders de Argyll e Sutherland, desembarcados no litoral sul, em Timbaki (ver no Apêndice B a lista completa de unidades designadas).

Em Retimno havia dois batalhões australianos e dois batalhões gregos guardando o campo de pouso e, na cidade, uma tropa muito eficaz de bem armados policiais cretenses. Organizaram-se dois grupos de reserva principais: mais dois batalhões australianos com a maior parte dos meios de transporte motorizado em Georgiópolis, entre Suda e Retimno, e a 4ª Brigada da Nova Zelândia, assim como o 1º Batalhão do Regimento Galês, perto de Canéia e do quartel-general da Creforce.*

Ao longo do importantíssimo setor entre Canéia e Maleme, a Divisão da Nova Zelândia foi desdobrada para defender o litoral assim como o campo de pouso e o vale. Isso deu pouca profundidade à defesa. Além disso, o 20º Batalhão, reserva da divisão, e a reserva da força principal foram ambos posicionados perto de Canéia e não perto do campo de pouso de Maleme, principal objetivo designado pelo inimigo.

Freyberg apressara-se a chegar à conclusão de que enfrentava "um desembarque por mar com blindados", mas não pedira nenhum estudo das praias prováveis. O exame rápido das cartas navais mostraria que nos setores de Suda, Akrotiri, Canéia e Maleme somente a praia entre Maleme e Platanias seria considerada possível para um desembarque de alguma importância e, mesmo assim, somente se os alemães tivessem navios de ataque e lanchas de desembarque, o que não tinham.**

Vários oficiais de regimento notaram esta falha em suas ordens. O Regimento Galês, instalado naquele trecho do litoral desde fevereiro, considerou a "invasão por mar" uma "possibilidade meio improvável". Mas o único

*De oeste a leste pela estrada, a distância entre Maleme e Canéia era de 18 quilômetros, de Canéia a Suda, 6 quilômetros, de Suda a Georgiópolis, 31 quilômetros, de Georgiópolis a Retimno, 36 quilômetros e de Retimno a Heráclion, 75 quilômetros.

**Sou muito grato ao capitão R. G. Evans, da Marinha Real britânica em Atenas, por obter e analisar os mapas concernentes.

oficial superior da Divisão da Nova Zelândia a percebê-lo foi o coronel Howard Kippenberger, que comandava a improvisada 10ª Brigada, a oeste de Canéia, e na época não chamou atenção para o problema; apenas reduziu o número de soldados que vigiavam o mar.

O mais espantoso de tudo foi que a extensa linha de defesa de Freyberg interrompia-se na extremidade mais distante do campo de pouso de Maleme, que o general Wavell e os relatórios de informações tinham identificado desde o princípio como um dos principais objetivos do inimigo. Cinco meses antes, em 25 de novembro, o brigadier Tidbury ressaltara que o lugar do campo de pouso fora mal escolhido por ser extremamente vulnerável a ataques. O brigadier Puttick, que ocupara o lugar de Freyberg como comandante divisional, logo tomou consciência da ameaça ao seu flanco. Pediu reforços para cobrir o leito do rio Tavronitis no lado oeste do campo de pouso, já que era a área ideal para a reunião de pára-quedistas inimigos.

Parece que o quartel-general da Creforce pediu às autoridades gregas que transferissem o 1º Regimento Grego de Kastelli Kissamou, mas a permissão só foi recebida em 13 de maio. (Isso parece estranho porque Freyberg já recebera o comando integral de todas as tropas gregas.) Freyberg disse então que o ataque aerotransportado era iminente, de modo que não haveria tempo para que marchassem até o Tavronitis e cavassem trincheiras. É possível, mas não provável, que tivesse atrapalhado esta transferência na crença de que ela pudesse trair as "fontes secretíssimas", temor talvez exagerado, porque já tinha um batalhão em volta do campo de pouso e dois no lado leste.

Freyberg dedicou pouco tempo ao estudo do terreno de Maleme. O coronel Jasper Blunt insistiu com ele que transferisse mais soldados para lá, mas Freyberg recusou, fosse para salvaguardar a fonte secreta das suas informações, fosse porque não queria reduzir as defesas costeiras. De qualquer modo, considerava Heráclion objetivo mais importante para o inimigo e faltava-lhe confiança na capacidade do comandante de lá, brigadier Chappel, da 14ª Brigada de Infantaria. Os seus reconhecimentos também foram limitados, "devido a várias providências que me retiveram no quartel-general".

Uma das distrações foi a questão do rei: deveria permanecer em Creta ou partir antes que começasse a invasão alemã? Wavell, o Foreign Office e o Gabinete de Guerra, em Londres, acreditavam que deveria ficar, como exemplo para os países neutros. O general Heywood, por outro lado, defendia que a indignidade e o perigo de ter de fugir no momento em que o inimigo desembarcasse deviam ser evitados com a sua remoção imediata para o Egito. Parece que o rei tinha pouco controle sobre o seu próprio destino.

Era compreensível que Freyberg tivesse dúvidas quanto à permanência do rei na ilha, já que defender um grupo de civis contra pára-quedistas seria o cálculo mais difícil de todos. Sentia que estavam vulneráveis demais em Perivolia, onde se hospedavam na antiga casa de campo veneziana chamada Belakapina (corruptela de Bella Campagna, Campo Belo), e convidou-os a mudar-se para o perímetro do quartel-general da Creforce. Mas em 17 de maio, durante a visita ao prédio a eles destinado, um violento ataque aéreo obrigou o rei e os seus companheiros a se abrigarem em valetas. O rei Jorge decidiu recusar as acomodações oferecidas. Dois dias depois, às vésperas da invasão, mudou-se com o seu séquito para outra casa perto de Perivolia, mais próxima do sopé das Montanhas Brancas, pelas quais teriam de fugir.

A responsabilidade de Freyberg por todas as tropas gregas na ilha incluía alimentá-las e armá-las. As armas do quartel-general do exército grego em Canéia foram distribuídas de forma aleatória: Steyers, Mausers, Mannlichers, Lee Enfields e algumas metralhadoras Saint Etienne antiquadas; um punhado de cartuchos, muitas vezes do calibre errado, foi entregue ao mesmo tempo. Poucos homens receberam mais do que três tiros por peça.

Freyberg não tinha os mesmos preconceitos de alguns oficiais seus, que desdenhavam o valor dessas unidades gregas, em sua maioria transferidas do continente e suplementadas por recrutas mal treinados. Kippenberger descreveu os que foram incorporados à sua brigada como "camaradinhas da Macedônia infestados de malária com quatro semanas de experiência". Freyberg nomeou o coronel Guy Salisbury-Jones, da Missão Militar na Grécia, para responsabilizar-se pela tarefa de organização e ligação. Formaram-se oito regimentos gregos com 9 mil homens. Alguns batalhões seus desmoronaram com o choque da batalha, quer devido ao mau comando, quer devido a treinamento e armamento inadequados para enfrentar ataques resolutos de pára-quedistas alemães. Mas outros surpreenderam os detratores com a sua firmeza e lealdade. Numa defesa feroz, perto do final da batalha, o 8º Regimento Grego, reforçado por guerrilheiros cretenses, salvou do cerco as forças da Comunidade Britânica na fase mais difícil da retirada.

Conta muito para o crédito de Freyberg que ele tenha reconhecido logo que "toda a população de Creta desejava lutar". Alguns oficiais britânicos agarravam-se ao pressuposto de que os seus soldados regulares ainda teriam desempenho melhor numa batalha irregular do que os cretenses lutando em defesa da sua terra natal com conhecimento imbatível do terreno e gerações de guerrilheiros em sua história. O seu desserviço mais imperdoável aos cretenses foi não darem aos voluntários nenhum tipo de farda e assim não lhes conceder nenhum status oficial que os protegesse do fuzilamento sumário como franco-atiradores quando da sua captura. Ainda que achassem haver armas para distribuir — em Canéia, 400 fuzis Lee Enfield ficaram trancados nos antigos armazéns venezianos junto ao porto —, parece que a idéia de distribuir armas inimigas capturadas só ocorreu a muitos oficiais depois que viram do que os cretenses eram capazes com armas bem rudimentares e bravura praticamente suicida.

A falta de confiança de Freyberg no brigadier Chappel em Heráclion nunca foi satisfatoriamente explicada. Chappel, oficial regular do Regimento Galês, com grande experiência, talvez não fosse um personagem muito carismático, mas não era, de modo algum, inferior à maioria dos seus colegas neozelandeses.

A distância, a escassez de transporte e o mau estado da estrada litorânea entre Heráclion e Canéia tornaram praticamente independente a unidade comandada por Chappel. Instalados numa pedreira, assim como a própria Creforce, o quartel-general da 14ª Brigada de Infantaria vinha principalmente do Black Watch, que também forneceu o pelotão de defesa, o chefe do seu Estado-Maior, Richard Fleming, e o tenente Gordon Hope-Morley, um dos dois oficiais de informações.

O outro oficial de informações era Patrick Leigh Fermor, que falava grego e alemão. Depois das aventuras semipiráticas na ilha de Anticítera, Leigh Fermor chegara a Kastelli Kissamou. Pouco depois, reuniu-se com o príncipe Pedro da Grécia e Michael Forrester, colega seu na Missão Militar britânica. Os três passaram vários dias juntos na casa do príncipe Pedro no litoral norte de Gálatas. Em seguida, quando Leigh Fermor seguiu para leste até Heráclion, Forrester atuou como oficial de ligação do coronel Salisbury-Jones, verificando as necessidades dos regimentos gregos. Os dois se encontraram para jantar em Heráclion na noite de 18 de maio, quando Forrester visitou os dois regimentos gregos agrupados dentro e fora dos enormes contrafortes de pedra da cidade.

Outro visitante rápido ao quartel-general britânico em Heráclion foi John Pendlebury, ainda em busca de armas sobressalentes para os capitães da guerrilha. Leigh Fermor descreveu como o seu "rosto simpático, o olho único e faiscante, o fuzil de guerrilheiro pendurado na bandoleira e a famosa bengala de estoque trouxeram um estimulante relâmpago de romance e diversão àquele desânimo cáqui".

Até os oficiais regulares mais céticos da 14ª Brigada de Infantaria logo perceberam o potencial de combate dos "jagunços de Pendlebury". Havia três *kapitans* principais da guerrilha com quem ele trabalhava na região de Heráclion: Manoli Bandouvas, rico camponês patriarcal muito influente de bigodes grandes como chifres de búfalo; Petrakageorgis, proprietário de uma empresa que prensava azeite, de rosto magro, olhos profundos e um apavorante nariz em bico; e Antonis Grigorakis, de cabeça branca, mais conhecido como Satanás, o maior de todos os *kapitans*.

"Satanás", escreveu Monty Woodhouse, "devia o nome à crença generalizada de que ninguém, a não ser o diabo em pessoa, sobreviveria ao número de balas que havia em seu corpo. Mas, de acordo com outra versão, o nome datava do dia do seu batizado. Parece que o padre ia dizer 'eu te batizo' quando o neném agarrou-lhe a barba, fazendo-o exclamar: 'Seu diabinho!'" Outra característica famosa de Satanás era a mão mutilada. Furioso consigo mesmo por ter perdido muito nos dados depois de prometer não jogar mais, deu um tiro no dedo que os lançava. No calor do momento, esqueceu que o dedo criminoso era também o dedo que puxava o gatilho.

A questão dos últimos dias da vida de Pendlebury ainda atrai enorme interesse. Muitos planos foram discutidos e parece que ele ficou em movimento constante, embora sempre voltasse a Heráclion. Mandou Jack Hamson, com cem voluntários cretenses, até a Planície de Nida, no flanco ocidental do Monte Ida, para o caso de pára-quedistas alemães ali pousarem e, com esforços hercúleos, rolaram enormes pedregulhos até as áreas mais limpas para impedir o pouso de aeronaves.

Mike Cumberlege recebeu ordens de levar o HMS *Dolphin*, o seu caíque armado, até Hierapetra para ver se era possível resgatar um carregamento de armas e munições de um navio afundado no porto dali. Ele encontrou um mergulhador e pescador de esponjas do litoral leste da ilha e conseguiu-lhe uma licença temporária do exército grego. Na véspera da partida, Pendlebury deu um jantar no clube dos oficiais que dava para o porto de Heráclion. Ignorando o protocolo hierárquico do clube, insistiu que o marinheiro de primeira classe Saunders, seu tripulante também comparecesse.

Na refeição, que consistia em peixes mortos pelo choque das bombas alemãs naquela manhã, discutiram um ataque à ilha de Kasos, ocupada pelos italianos, na noite de 20 de maio, depois da volta do *Dolphin*. Cumberlege e a sua tripulação levariam Pendlebury e os seus cretenses até lá para fazer alguns prisioneiros para interrogatório. Esses guerrilheiros, conhecidos na Grécia como *andartes*, eram um grupo assustador. Hammond recordou como "respiravam sangue, morte e alho no melhor estilo cretense".

Se os alemães dominassem Creta, Pendlebury estava decidido a ficar para trás para organizar a guerrilha. Considerava-se praticamente cretense. Para ele, nessa época, a vida consistia de esconderijos secretos de armas, grupos guerrilheiros, lugares para emboscada e alvos para demolição. O seu projeto predileto, de grande antevisão, como mostraram os fatos, era convencer a 14ª Brigada de Infantaria da necessidade de franco-atiradores para proteger fontes e poços. A água seria a primeira necessidade vital de que os pára-quedistas precisariam se reabastecer. Mas parece que os britânicos não seguiram o seu conselho. Para Cumberlege e Hammond, aquela noite no clube dos oficiais foi a última vez em que viram Pendlebury. Partiram para Hierapetra a bordo do *Dolphin* na manhã seguinte.

Nos últimos dias antes da invasão alemã, Freyberg mostrou-se uma perfeita figura de proa: as suas viagens de inspeção pouco antes da batalha foram na realidade um exercício de estímulo ao moral. Transmitia robusta confiança e a sua fama de bravura fazia dele uma presença influente aos olhos dos soldados, que se referiam a ele, com admiração afetuosa, como "Tiny" ("miúdo"). Com voz rascante, ele lhes dizia: "Usem as baionetas e caiam sobre eles com a maior força possível."

Mas alguns oficiais suspeitavam que as suas palavras estimulantes não se confirmavam nas ordens de operações da Creforce. As várias incoerências os preocupavam. O próprio Freyberg também aconselhara os soldados a "não saírem correndo quando os pára-quedistas descerem" e dera muita ênfase ao arame farpado como defesa. Como a maioria dos soldados e comandantes de posto mais baixo reconheceu instintivamente, a única maneira de enfrentar um ataque aerotransportado era contra-atacar na mesma hora. Muito também se falara das tropas de reserva na ordem operacional, mas a sua mobilização na hora certa dependia de vários elementos: informações exatas; boa comunicação; proximidade do objetivo; transporte motorizado, que era escasso; e a capacidade de seguir para o setor ameaçado sem expor-se desnecessariamente a ataques aéreos. De fato, a superioridade da Luftwaffe restringia o movimento das reservas às horas de escuridão e todos os ataques tinham de terminar às primeiras luzes. Bastava isso para lançar dúvidas a respeito da estratégia de manter na retaguarda grande proporção da força total numa batalha destinada a decidir-se com rapidez. Mas os olhos de Freyberg estavam fixos no mar, não no céu.

O elo mais fraco da Creforce eram os meios de comunicação frágeis. Os telefones de campanha dependiam de fios que passavam frouxos por postes de telégrafo existentes; eram vulneráveis a bombardeio e a pára-quedistas que caíssem entre quartéis-generais. Os transmissores de rádio disponíveis, em sua maioria trazidos da Grécia, eram poucos e não confiáveis. Nada se fizera para trazer substitutos suficientes nas três semanas antes da invasão. Freyberg sequer mencionou os rádios na sua lista de necessidades urgentes enviada ao Cairo em 7 de maio. As lâmpadas de sinalização não tinham pilhas e as que podiam funcionar ligadas à rede elétrica tinham a voltagem errada. Parece que sequer se pensou na possibilidade de usar heliógrafos entre o setor de Maleme e o quartel-general da Creforce.

Os últimos caças da RAF tinham sido retirados, mas o quartel-general da Creforce rejeitou as recomendações de minar ou bloquear as pistas de pouso, principalmente porque o Ministério da Aeronáutica exigira que fossem mantidas operacionais para a vinda súbita de tropas do Egito. O historiador Ian Stewart (oficial médico do Regimento Galês) também sugeriu que, como Freyberg acreditava que os aviões de transporte de tropas conseguiriam pousar de emergência quase em qualquer lugar, "não dava muita importância aos campos de pouso propriamente ditos". No entanto, é difícil julgar a validade deste argumento. Freyberg deveria ter percebido a importância dos campos de pouso para os alemães, no mínimo porque a mensagem OL 2167 do Ultra advertia que queriam usar as pistas de Maleme e Heráclion para os seus caças e bombardeiros de mergulho. Fosse qual fosse o caso, parece ter relutado demais antes de tomar alguma iniciativa.

Freyberg, como observou Churchill, não ficou deprimido com o iminente ataque aerotransportado. A sua mensagem secreta a Wavell de 16 de maio não tem o tom de alguém preso a uma decisão que sabia estar errada — a de não defender o terreno a oeste do campo de pouso de Maleme — para evitar que tal movimentação traísse a fonte das suas informações.

> Terminei o plano da defesa de Creta e acabo de voltar da inspeção final das defesas. Sinto-me muito encorajado pela visita. Por toda parte todas as fileiras estão prontas e o moral é elevado. Todas as defesas foram ampliadas e as posições cercadas o mais possível de arame farpado. Colocamos 45 canhões de campanha com munição suficiente e adequada. Há dois blindados da infantaria em cada aeródromo. Meios de transporte ainda sendo descarregados e entregues. O 2º de Leicesters chegou e deixará Heráclion mais forte. Não quero ter excesso de confiança mas sinto que pelo menos teremos excelente desempenho. Com a ajuda da Marinha Real, confio que Creta será mantida.

Maleme, embora oficialmente ocupada pela RAF, era uma base do Braço Aéreo da Esquadra, com uma coleção de caças Fulmar imprestáveis e Brewsters presos em terra por falta de peças sobressalentes. Os dois serviços coexistiam bastante bem. Um sino de navio servia de alarme antiaéreo, pendurado fora da tenda de dispersão, e as cadeiras de convés pertenciam a oficiais da RAF ali instalados depois da queda da Grécia, quando Maleme tornou-se base dos Blenheims da 30ª Esquadrilha que patrulhavam o Egeu. Uma despreocupação levemente antimilitar do pessoal de terra da RAF — parece que tinham pouco interesse pelo treinamento de tiro — tendia a exasperar os neozelandeses do 22º Batalhão, ainda mais depois que os Blenheims e Hurricanes sobreviventes partiram para o Egito.

No setor de Maleme, como em toda parte, os soldados cavavam suas trincheiras o mais fundo possível, dentro do que o solo permitia. Não passavam a noite nelas, para evitar que lagartos caíssem em seu rosto. Em vez disso, enrolavam-se em cobertores e dormiam em grupos em volta do tronco da árvore mais próxima. Durante o dia, os homens sob maior risco eram os artilheiros dos Bofors em torno do campo de pouso e os que dirigiam o caminhão de rações, já que a nuvem de poeira levantada nas estradas de terra logo atraía um ou dois Messerschmitts.

Churchill acertara ao dizer em seu telegrama ao governo da Nova Zelândia que os homens da sua divisão dispunham-se a "travar combate corpo a corpo" com o inimigo. Bem descansados à sombra idílica dos olivais e revigorados pelo sol de primavera e pelos banhos freqüentes nas águas jade e azul-cobalto do Egeu, tinham se recuperado inteiramente dos efeitos da campanha grega.

Os principais comandantes da batalha iminente não se recuperaram com tanta facilidade. Veteranos da Primeira Guerra Mundial, eram muito mais velhos: tenente-coronel Leslie Andrew, condecorado com a Victoria Cross, oficial comandante do 22º Batalhão no campo de pouso de Maleme e um dos pouquíssimos oficiais regulares da Nova Zelândia; brigadier James Hargest, da 5ª Brigada, político de rosto redondo com bigode escovinha e corpo gorducho que costumava vestir-se de pulôver e shorts largos; brigadier Puttick, novo comandante divisional, loquaz e facílimo de reconhecer pelo cabelo vermelho e sobrancelhas pretas e grossas; e, finalmente, o próprio Freyberg. Todos eram homens corajosos, mas todos já tinham perdido a ousadia. Vários eram capazes de preocupar-se com detalhes irrelevantes. A sua noção de guerra formara-se no duro bombardeio das trincheiras de Flandres. Mas a Batalha de Creta, evolução revolucionária da guerra, seria uma luta em que o que mais contaria seriam as reações rápidas, o pensamento límpido e as decisões implacáveis. A mentalidade da defesa linear e da manutenção do terreno, que permanecia em algumas mentes da Primeira Guerra Mundial, seria uma grave desvantagem. De todos os comandantes de formações, somente o coronel Kippenberger, da 10ª Brigada da Nova Zelândia, e o brigadier Inglis, da 4ª Brigada da Nova Zelândia, ambos advogados, demonstraram alguma compreensão dos pontos essenciais.

Durante a evacuação da Grécia, o tenente Geoffrey Cox surpreendera-se ao ver Hargest, "homem que se apresentava como fazendeiro objetivo e prático", lendo *Guerra e paz*. Mas o interesse de Hargest pelo livro não era à toa. "Estava lendo sobre esse tal Kutuzov", disse ele. "É o tipo de general bom de estudar. Sabia que na guerra a firmeza e a resistência são mais importantes do que todo o brilho estratégico."

Pouco depois do anoitecer de 19 de maio, véspera da batalha, quando as chamas de um blindado que ardia na Baía de Suda iluminavam uma área bem além das escarpas de Malaxa, Hargest confidenciou mais uma vez a Cox: "Não sei o que nos espera", disse. "Só sei que estou com uma sensação que nunca tive na guerra passada. Não é medo. É uma coisa bem diferente, uma coisa que só consigo descrever como pavor."

9

"Uma ótima oportunidade para matar"

20 de maio

À uma hora da madrugada de 20 de maio, o coronel von Trettner, oficial de operações do Estado-Maior, correu até o quarto do general Student, no hotel Grande Bretagne, para acordá-lo. Trettner, visivelmente preocupado, contou-lhe que tinham sido avistadas grandes forças navais britânicas ao sul de Creta.* Será que isso significava que os britânicos conheciam seus planos e estavam levando navios de guerra como plataformas para canhões antiaéreos para derrubar os lentos Junkers 52 de transporte de tropas? Era preciso tomar uma decisão rápida. A primeira aeronave deveria decolar dali a três horas. Student, meio tonto a princípio, pensou por um instante e respondeu:

— Essa não é razão suficiente para mudar os nossos planos nem para me acordar. Boa noite.

Os 13 batalhões de pára-quedistas acampados perto dos diversos campos de pouso na Ática, com o seu equipamento, já tinham sido levados por colunas de caminhões até os aviões que aguardavam. Em pouco menos de quatro semanas, as autoridades militares alemãs tinham limpado, amplia-

*O almirante Cunningham desdobrara um total de dois encouraçados, cinco cruzadores e 16 contratorpedeiros para atacar qualquer comboio de transporte de tropas e bloquear a esquadra italiana.

do e, em alguns casos, construído pistas de pouso inteiramente novas com o uso impiedoso de mão-de-obra forçada.

A noite estava quente e pesada e os pára-quedistas suavam em seus macacões de camuflagem cinzenta, o mesmo tipo de roupa usado no salto sobre Narvik no ano anterior. A confusão era inevitável com tantos homens dando voltas no escuro por ali. Alguns estojos de armas caíram e se abriram; era difícil ouvir as ordens em meio ao rugido dos motores em teste — o combustível acabara de chegar; e nuvens de pó obscureciam parcialmente as tochas com filtro verde usadas para guiar pelotões e companhias aos pontos de reunião para embarque. O caos foi superado principalmente com o esforço e os gritos dos sargenteantes.

Quando já em fila para embarcar, os oficiais do grupo de planadores do Regimento Tempestade receberam um relatório inquietante: "Ao contrário da suposição anterior sobre o efetivo inimigo na ilha, será preciso enfrentar não 12 mil, mas 48 mil homens."

A primeira aeronave taxiou em posição e aguardou. Quando esses trimotores Junkers finalmente avançavam, sacolejavam com força na pista de terra batida, os motores esforçando-se ao máximo para levantar cargas de até 12 pára-quedistas com os seus estojos.

A poeira levantada pelas hélices obscurecia a visão dos pilotos da onda seguinte; tinham de esperar até que a nuvem baixasse. Ainda assim, uma camada fina de pó avermelhado permanecia nas janelas da carlinga. Esta imprevista complicação — um descuido surpreendente — desorganizou o ritmo da decolagem.

Depois que cada avião de transporte elevava-se do chão num último sacolejo, a linha da aurora no horizonte a leste ia ficando mais visível para o piloto e os passageiros. Nas aeronaves que voaram sobre Atenas, cabeças jovens espicharam-se pelas janelas para dar uma olhada na pálida Acrópole que se elevava rumo à luz acima de uma cidade cinzenta e enevoada.

Dentro da fuselagem corrugada dos Junkers, os pára-quedistas nos seus salva-vidas, coletes duplos de gola alta que pareciam feitos de salsichas de lona costuradas, agradeceram pela queda na temperatura. Depois, lutando contra o barulho dos motores, uma voz, quase instantaneamente seguida por outras, começou a cantar a marcha dos *Fallschirmjäger* (pára-quedistas), "*Rot scheint die Sonne*".

Vermelho brilha o sol, aprontem-se!
Quem sabe se brilhará pra nós amanhã?
Voem hoje contra o inimigo!
Embarquem, embarquem!
Camarada, não há como voltar!

Para os cerca de setenta planadores, cada um deles com dez homens do Regimento Tempestade, com certeza não haveria volta. Foram a primeira leva e decolaram pouco depois das quatro da manhã, antes dos transportes de pára-quedistas. Uma companhia, comandada pelo tenente Genz, deveria atacar os canhões antiaéreos e uma estação de rádio ao sul de Canéia; outra, comandada pelo capitão Altmann, deveria cuidar da bateria da península de Akrotiri, atrás da Baía de Suda; e três companhias deveriam desembarcar defronte do campo de pouso de Maleme, do outro lado do Tavronitis.

Dentro dos claustrofóbicos planadores, que se alternavam a subir e despencar no cabo do avião que os rebocava, o estranho movimento produzia uma sensação que dificilmente encorajaria o ardor marcial. Parte do quartel-general da Divisão de Pára-quedistas também decolou assim, mas o cabo que prendia o planador onde estava o comandante general Süssmann com membros do Estado-Maior rompeu-se bem acima da ilha de Egina. Süssmann morreu na queda, destino inevitavelmente comparado ao de Ícaro.

A principal frota de transporte de tropas, em ondas sucessivas de Junkers 52, voou baixo sobre o Egeu, a superfície do mar faiscando na luz oblíqua do início da manhã. Finalmente, os que estavam na carlinga avistaram os picos das Montanhas Brancas acima do horizonte. A sua silhueta, a princípio suavizada pela distância, aumentou em tamanho e definição. Depois foi possível distinguir a linha da costa. A notícia foi passada para trás.

A pulsação trovejante dos motores, ao mesmo tempo hipnótica e perturbadora, foi alterada pela rajada de vento quando o organizador do salto abriu a porta na lateral da fuselagem. Com a ordem de preparar, os pára-quedistas ficaram de pé, repetindo o treinamento que tanto tinham praticado.

Enquanto fechavam as correias dos capacetes — versões justas e sem abas do "balde de carvão" da Wehrmacht — seguravam com os dentes a corda trançada branca com o gancho de segurança a ser preso na barra acima da cabeça. Todos os homens ajustaram as joelheiras e correias e verificaram as submetralhadoras Schmeisser, único meio de defesa depois do pouso até que encontrassem um estojo de armas.

Alguns fecharam os olhos para recompor-se enquanto esperavam a ordem de preparar para saltar, outros trocavam piadas nervosas e não conseguiam resistir a curvar-se ou virar-se para ter um vislumbre da encosta pelas janelas laterais ou pelo vidro da carlinga. Todos podiam sentir a aeronave vibrar enquanto ganhava altitude e depois adernar na curva para aproximar-se da zona de lançamento.

Os 12 pára-quedistas, depois de prender os cabos à barra metálica, fizeram fila dentro da fuselagem. A buzina soou e o organizador gritou: "Vai!" A fila de homens avançou, um bem junto do outro, enquanto, em rápida sucessão, agarravam-se às alças verticais dos dois lados da porta para lançar-se num mergulho de braços abertos — a posição "em cruz" —, o rosto do homem de trás momentaneamente junto à sola das botas do que ia à frente até que a força do ar o lançava para trás, rumo à cauda do aeroplano.

Para a companhia de infantaria da Nova Zelândia e para o pessoal da RAF e do Braço Aéreo da Esquadra isolados no campo de pouso de Maleme, a vigília da madrugada de 20 de maio não fora muito diferente dos dias anteriores. O início da manhã foi tranqüilo, com a sua brisa suave. As mãos em concha protegiam os cigarros sob o parapeito das trincheiras.

A invasão aerotransportada, prevista para 17 de maio, não se materializara; assim, muitos se convenceram de que não aconteceria. Mas nos últimos dias a rotineira visita das oito da manhã do *shufti-plane* — o Dornier de reconhecimento conhecido como "lápis voador" devido à fuselagem comprida e fina — fora seguida por ondas intensas de ataque aéreo.

Stukas e Messerschmitts tinham se concentrado nas posições antiaéreas. Os canhões mais pesados da Colina 107, logo ao sul da estrada litorânea, eram guarnecidos pelos Fuzileiros Navais do general Weston, enquanto a guarnição de dez Bofors perto do campo de pouso era composta de artilheiros de uma bateria leve da Artilharia Real e de australianos que implicavam com o desanimado pessoal de terra da RAF.

— Onde está a droga da Força Aérea, Poms? — gritavam do outro lado da pista.

Weston insistira em controlar todo o fogo antiaéreo num centro do lado norte da Baía de Suda. Ao contrário de Heráclion, as guarnições mal escondidas dos Bofors não podiam fingir que dormiam e esperar o alvo mais importante e mais fácil de todos: os aviões de transporte de tropas. Em conseqüência, os incansáveis ataques aéreos deram-lhes tamanha surra que nenhum dos sobreviventes tinha condições de dar combate ao inimigo no momento mais importante.

Na terça-feira, 20 de maio, os ataques ao longo da planície costeira a oeste da Baía de Suda começaram pouco depois das seis horas, mais cedo do que de costume. Logo antes da sua chegada, o diário de guerra do 22º Batalhão registrava: "Dia de verão comum no Mediterrâneo. Céu sem nuvens, sem vento, visibilidade extrema, com detalhes nas montanhas 20 milhas a sudeste facilmente perceptíveis."

O primeiro ataque aéreo foi parecido com o dos dias anteriores; depois houve uma trégua por volta das sete e meia da manhã e os defensores foram avisados de que podiam descansar. Freyberg, para proteger as suas informações secretas, não contou a ninguém que os alemães tinham adiado a operação marcada para 17 de maio; portanto, pouca gente considerou importantes os fatos daquela manhã.

"Tão acostumados estavam os soldados", continuava o diário de guerra do 22º Batalhão, "com o 'ódio' diário que assim que os aviões desapareceram no mar os homens começaram a seguir para o desjejum, preparado durante o ataque." Muitos mecânicos da RAF em Maleme sequer se deram ao trabalho de levar consigo os seus fuzis.

De qualquer modo, os neozelandeses responsáveis por transformá-los em infantes temporários tiveram pouco sucesso; o único ponto em que os dois grupos concordavam é que deviam ter sido evacuados quando a última aeronave foi mandada de volta ao Egito alguns dias antes.

Pouco antes das oito horas, ouviu-se o som de motores pesados: "uma pulsação zangada." A comunicação era tão ineficaz que o aviso desta força inimiga, percebida com bastante antecedência na estação de radar num morro a poucos quilômetros dali, na retaguarda de Maleme, não chegou do centro de defesa aérea de Weston, na Baía de Suda. O sino de navio que pendia do lado de fora da barraca na área de dispersão foi, então, tocado com força outra vez para dar o alarme.

Esta segunda onda do VIII Corpo Aéreo de Richthofen consistia de bombardeiros bimotores, Dorniers 17 e Junkers 88, seguidos de caças com metralhadoras. Houve uma corrida louca para as trincheiras sob as tamarineiras e oliveiras na borda do campo de pouso. Mais uma vez as instalações dos canhões Bofors eram o alvo principal. A sua guarnição ficou tão abalada com esses ataques que um único canhão respondeu ao fogo e, mesmo assim, sem precisão. Com visível bravura, uma equipe médica seguiu de ambulância pela pista no ponto máximo do ataque para auxiliar um grupo muito ferido.

Podiam-se sentir as ondas de choque de cada bomba que explodia como golpes abafados no estômago e a cabeça doía com a percussão incansável. Muito se escreveu sobre o efeito do bombardeiro de mergulho Stuka, cuja sirene foi projetada para aumentar o medo das vítimas. Mas para muitos em Creta o grito de gelar o coração dos caças Messerschmitt, que surgiam do nada no nível das árvores, era muito mais aterrorizante.

Assim que o ataque acabou — um sargento descreveu o breve silêncio como "assustador, amargo e agourento" — aeronaves de forma estranha, com longas asas em cunha, voaram baixo sobre o campo de pouso. Os neozelandeses do 22º Batalhão que as viram através da nuvem de fumaça e pó gritaram "Planadores!" praticamente em uníssono.

Quando esses planadores cruzaram o campo de visão, a maioria deles seguindo em curva para pousar no leito pedregoso do rio Tavronitis, os infantes, em suas trincheiras, dispararam com todo tipo de arma pequena. Isso produziu um barulho parecido com uma massa de foguetes lançados ao mesmo tempo. Vários planadores se espatifaram nas pedras do leito largo e quase seco do rio, ferindo muitos ocupantes. Um ricocheteou na própria ponte. Em alguns casos, os neozelandeses conseguiram atingir o piloto. Um planador cujo piloto foi alvejado caiu de nariz para cima, com a barriga atingindo uma pedra. Isso quebrou a fuselagem ao meio. O único homem a sobreviver foi Franz-Peter Weixler, correspondente de guerra e veterano da Frente Ocidental, que estava na parte da cauda.

No total, uns quarenta planadores pousaram na embocadura do Tavronitis e no leito do rio. Continham o resto do I Batalhão, o Regimento Tempestade, comandado pelo major Koch que liderara o ataque a Eben Emael no ano anterior; o quartel-general do regimento; e parte do III Batalhão.

Logo veio um pulsar de motores, mais alto e quase lento demais para ser de aeronave. Eram os Junkers 52, apelidados de "bondes" durante os ataques de bombardeio inexoráveis em Madri há cinco anos.

*

Na mansão do general Freyberg o clima, como sempre, era de trabalho, quando, antes das oito horas, Monty Woodhouse chegou para entregar uma mensagem. O general convidou-o a ficar e comer.

"Não foi um desjejum de luxo", recordou Woodhouse, "mas foi o melhor que tive durante um bom tempo." A meio caminho, conta ele, "olhei para cima e vi o céu azul cheio de aviões alemães (...) O general continuou a tomar tranqüilamente o seu café da manhã. O que deveria fazer? Parecia mal-educado, para não dizer insubordinado, interromper."

Quando Woodhouse finalmente tomou coragem de falar, Freyberg levantou a cabeça e grunhiu, depois olhou o relógio. "Bem na hora!", disse ele. "Pareceu um pouco surpreso com a pontualidade alemã e depois voltou ao desjejum."

O sangue-frio de Freyberg ao ver a armada inimiga seguia a melhor tradição britânica. "A sua atitude", escreveu Woodhouse, "era a de quem já tomara todas as providências necessárias com base em suas informações e agora nada mais lhe restava senão deixar aos subordinados travar a batalha."

Esta impassibilidade fora admirável durante o pânico súbito da retirada da Grécia, mas os modos relaxados na manhã de uma invasão aerotransportada talvez não passassem a sensação adequada de urgência numa batalha cujo resultado seria decidido pela rapidez da reação de cada lado aos fatos. Por alguma razão, a notícia do tão esperado ataque não foi transmitida às tropas em Heráclion, onde a 14ª Brigada de Infantaria ficaria, até as duas da tarde, na total ignorância da luta perto de Canéia.

Os oficiais do Estado-Maior no quartel-general da Creforce foram mais expansivos do que o seu chefe ao perceberem parte da frota de planadores, liberada em elevada altitude sobre o mar, fazer círculos sobre o litoral. Uma dúzia voou baixo sobre a pedreira da Creforce, com um sibilo das asas, e pousou no terreno rochoso do Akrotiri, menos de um quilômetro e meio ao norte. Seis deles pousaram junto ao túmulo de Venizelos, em Profitilias, e do quartel-general do Regimento de Hussardos de Northumberland. Outros quatro pousaram perto de uma bateria falsa de canhões antiaéreos, a apenas quatrocentos metros da pedreira.

Embora com efetivo pequeníssimo e mal equipado, o Esquadrão B de infantes dos Hussardos de Northumberland atacou sem demora a companhia do capitão Altmann. Um planador pegou fogo no ar e caiu; os três homens que por milagre saíram das chamas foram derrubados imediatamente.

Outro planador explodiu quando um tiro bem dado atingiu, lá dentro, um caixote de granadas. Uma tripulação de dez homens rendeu-se depois de um ataque rápido liderado pelo mecânico de um corpo da intendência. Outro grupo também foi fuzilado sem mercê quando um dos alemães levantou uma bandeira branca mas os outros abriram fogo. O corpo de Altmann nunca foi identificado.

Alguns pára-quedistas sobreviventes fugiram para um olival atrás do túmulo de Venizelos e mais tarde, na mesma manhã, tiveram de ser forçados a sair por incursões muito cautelosas. Antes de cruzar um muro de pedra, o major David Barnett, segundo no comando, levantou o capacete numa varinha, por precaução, antes de aparecer. Não houve reação. Quando se levantou para espiar do outro lado do muro, uma bala atingiu-o na testa e ele morreu instantaneamente.

Os pára-quedistas mais próximos do quartel-general da Creforce pousaram nas posições cercadas de sacos de areia e arame farpado da falsa bateria antiaérea. Os Hussardos de Northumberland perderam vários homens tentando atacar; sem granadas de mão, não tinham como desalojar os alemães bem armados. Os seus outros esquadrões estavam espalhados pela península, principalmente como guardas de outras posições de artilharia, e assim foi preciso pedir ajuda ao Regimento Galês, do outro lado do quartel-general da Creforce.

Enquanto a ação contra os soldados dos planadores começava no alto do morro acima da pedreira da Creforce, os oficiais do Estado-Maior de Freyberg observavam a vista panorâmica da planície costeira com uma mistura de espanto, temor e fascínio profissional. A frota aérea aproximava-se por mar e "os céus tremiam com o rugido dos motores". Quando viram pela primeira vez a série de formas negras que saía atrás dos aviões de transporte de tropas, vários observadores pensaram, por um instante, que a aeronave soltava fumaça depois de atingida, mas as formas se separaram e, com um sacolejo, fizeram brotar cúpulas — brancas para os pára-quedistas, vermelhas, verdes ou amarelas para os estojos de armas, equipamento ou suprimentos. David Hunt, junto ao coronel Beamish, ouviu-o murmurar: "Que visão incrível! Parece o fim do mundo."

Em questão de minutos, a explosão de fogo pela faixa litorânea transformou a tranqüila paisagem mediterrânea num campo de batalha de perturbadora indefinição. Pelo binóculo, Hunt e Beamish podiam ver rolos de fumaça a se elevar acima dos olivais e uma ou outra mancha branca onde um pára-quedas se prendera numa árvore ou se agarrara a um poste de telégrafo.

Enquanto os oficiais superiores pensavam em H. G. Wells e temiam o caos da guerra sem linhas, os soldados e oficiais mais jovens mostraram-se bem menos espantados. Recuperaram a confiança e puseram-se a matar pára-quedistas como se fosse uma caçada perigosa e revigorante.

Os oficiais da Nova Zelândia disseram aos homens que mirassem nas botas dos pára-quedistas, já que a sua descida era enganosamente rápida. Isso parece ter funcionado, a julgar pelo número dos que se sacudiam, pendiam moles e depois desmoronavam ao chegar ao chão. Eram cobertos pelos próprios pára-quedas, como mortalhas instantâneas.

Parece que o projeto das correias dos pára-quedas alemães não ajudou. Os cabos ficavam presos pelo centro numa pala de rede que passava pelas omoplatas do soldado, de modo que cada um deles ficava suspenso "como um gatinho seguro pela pele da nuca". E embora as mãos ficassem livres para disparar as Schmeissers — ou, em certo caso, para tocar a corneta —, tinham pouco controle sobre a descida. Mas o seu destino dependia, mais que tudo, do lugar onde pousavam: em terreno não defendido ou no nariz da infantaria da Nova Zelândia, que aguardava nos setores de Maleme e Galatas.

Para a maioria dos pára-quedistas, a idéia de pular no ar e descer flutuando para atacar o inimigo dava-lhes uma sensação de invencibilidade. Ver-se, ao contrário, tão vulneráveis era o mais desorientador dos choques. O fato de os defensores atirarem neles quando estavam impotentes pareceu a muitos uma violação ultrajante das leis da guerra.

Em Maleme, a aeronave atacante evitou a pista de propósito. A barraca na dispersão, com as cadeiras dobráveis do lado de fora, estava cortada e picotada pelas balas das metralhadoras dos caças e o perímetro fora bombardeado, deixando grandes nuvens de poeira pendentes no ar parado. Isso impediu que muitos neozelandeses nas trincheiras em torno do campo de pouso vissem os planadores descerem até o solo perto do leito do Tavronitis.

Alguns membros do pessoal de terra da RAF, ainda abrigados do ataque aéreo, sequer levantaram os olhos quando os aviões de transporte de tropas trovejaram lá em cima de três em três, lançando a sua carga. Os que levantaram a cabeça viram os *brollies*, como diziam, abrir-se a cerca de noventa metros de altura. Vários pára-quedas se abriam assim que passavam pela cauda do avião e, em alguns casos, os soldados que pulavam da aeronave à frente da formação em V foram atingidos pelo aparelho que vinha logo atrás.

Nos primeiros minutos da batalha, a Companhia C do 22º Batalhão da Nova Zelândia, com os seus três pelotões ao norte, a oeste e ao sul da pista, atacaram todos os alvos que surgiram pelo caminho. O pelotão na borda oeste, perto do leito do Tavronitis, teve de dirigir o seu fogo para os grupos que avançavam dos planadores pousados perto da margem. No decorrer da próxima hora, mataram o comandante da companhia, tenente von Plessen, e uma dúzia dos seus homens.

O plano alemão já estava claro: tentavam lançar as suas tropas além do Tavronitis e depois usar o terreno neutro do leito do rio como linha de partida para os ataques ao campo de pouso. O II Batalhão do major Stentzler e o IV Batalhão do capitão Gericke caíram de pára-quedas bem além e fora da vista do posto de comando do coronel Andrews, na Colina 107.

O Generalmajor* Eugen Meindl, comandante do Regimento Tempestade, pulou logo atrás de Gericke. Meindl recusara-se a acompanhar o seu próprio Estado-Maior no planador. Insistira em pular para mostrar que estava em tão boa forma quanto os jovens subalternos.

Os neozelandeses da Companhia D, do lado oeste da Colina 107 que dava para o leito do rio, mantiveram o fogo rápido e preciso que causou matança considerável dos soldados do planador do major Koch. A sugestão do comandante da companhia de que os dois canhões de defesa costeira de 4 polegadas da Colina 107 fossem usados contra a zona de pouso dos planadores, perto da ponte do Tavronitis, foi descartada porque esta bateria estava "postada para alvos no mar".

As outras peças de artilharia a leste da colina — a maior parte dos 49 canhões levados do Egito à ilha era de 75 italianos sem mira — não podiam ajudar, já que a sua visão limitava-se a pouco além da praia.

Logo o major Braun, do Estado-Maior do quartel-general do Regimento Tempestade, conseguiu infiltrar homens pelo leito do rio dos dois lados da

*O posto alemão de Generalmajor corresponde ao posto britânico de brigadier e, como tal, não tem equivalente no Exército brasileiro (fica entre o posto de Oberst [coronel] e o de Generalleutnant [general-de-brigada ou brigadeiro]). (*N. da T.*)

ponte. O pelotão da Nova Zelândia responsável por aquele setor tinha campo de fogo limitado e o caos do acampamento da RAF logo atrás dele não ajudou. O Generalmajor Meindl entendeu a situação com rapidez impressionante. Deduziu que quaisquer que fossem os relatórios do reconhecimento aéreo, o grosso da força inesperada do inimigo estava entre Maleme e Canéia. Por alguma razão extraordinária, não tinham reforçado a linha do Tavronitis. O campo de pouso era a chave dos reforços e da sobrevivência dos alemães e a Colina 107 era a chave do campo de pouso. Assim, enquanto os homens de Braun continuavam a forçar o flanco do campo de pouso, ele enviou o II Batalhão de Stentzler para dar a volta, num movimento pelo flanco direito, para tomar por trás a Colina 107.

Mas Meindl, uma hora depois do pouso, foi ferido duas vezes, de leve da primeira vez e depois no peito. E mais ou menos ao mesmo tempo o major Koch foi derrubado com um ferimento grave na cabeça na tentativa malsucedida de atacar a Colina 107 pelo leito do Tavronitis. O Regimento Tempestade começava a perder a maior parte dos seus comandantes. O batalhão de Koch, sozinho, perderia 16 oficiais mortos e sete feridos. Mas logo se viu que estava errada a teoria confortadora dos oficiais britânicos de que os soldados alemães desmoronavam quando as coisas não funcionavam de acordo com os planos.

Embora os soldados do Regimento Tempestade que pousaram a oeste da Colina 107 pudessem abrigar-se do fogo mais perigoso no leito do rio, o III Batalhão do major Scherber, que caiu mais ou menos a dois quilômetros do campo de pouso, no lado que dava para Canéia, sofreu um massacre desde que pularam.

A maioria dos homens de Scherber pousou nas posições bem escondidas do Destacamento de Engenharia e do 23º Batalhão da Divisão da Nova Zelândia. Um grupo caiu no quartel-general do batalhão. O coronel Leckie matou cinco e o seu ajudante-de-ordens, sentado numa mala que lhe servia de escrivaninha, matou dois sem se levantar.

Gritos exultantes de "Peguem os canalhas!" podiam ser ouvidos por todo lado. Em lugar nenhum foi ouvido com mais alegria que entre os ex-prisioneiros do Centro de Punição de Campanha em Modhion, um pouco mais para o interior do Destacamento de Engenharia. Os soldados ali presos tinham recebido fuzis e a promessa de perdão caso lutassem bem e depois foram soltos para caçar os pára-quedistas espalhados em sua área. Sessenta prisioneiros mataram 110 deles em menos de uma hora.

Os alemães que sobreviveram à descida sob fogo cruzado pousaram duplamente desorientados com a resistência inesperada. Alguns caíram em telhados, outros em galhos de oliveiras. Ali foram alvejados antes de terem tempo de soltar as correias. Os corpos suspensos giravam suavemente, como nas forcas de outro século.

Até aqueles que pousaram sem ferimentos e sem serem vistos numa vinha ou campo de cevada não poderiam responder ao fogo com eficácia antes de encontrar as suas armas. E se um estojo caía em campo aberto, recuperá-lo seria um jogo de pique assassino. Scherber, o seu ajudante-de-ordens e três dos quatro comandantes da companhia foram mortos, juntamente com quase quatrocentos homens. O tenente Horst Trebes foi o único oficial importante a sobreviver incólume.

O outro principal objetivo alemão nos setores de Maleme e Suda era o vale do Ayia, a sudoeste de Canéia, conhecido durante a batalha como Vale da Prisão devido aos prédios brancos e baixos da cadeia de Ayia. A prisão era visível dos morros de Galatas, um quilômetro ao norte, que faziam parte de uma serra de montes redondos e secos que separavam do mar o vale cultivado.

Galatas era a posição central da improvisada 10ª Brigada da Divisão da Nova Zelândia, que só possuía um único caminhão. O seu comandante, coronel Kippenberger, sequer tinha rádio no quartel-general. A maior unidade desta formação muito heterogênea era o Batalhão Misto, que reunia os remanescentes de dois regimentos de artilharia de campanha da Nova Zelândia, a Companhia de Combustíveis da Divisão e uma companhia de transporte, todos transformados em infantes: os artilheiros eram chamados de "infantilharia".

Kippenberger também tinha dois regimentos gregos, ambos mal armados e mal comandados. O 6º Regimento Grego, com somente três tiros por homem devido a um mal-entendido, percorria o vale que levava a Canéia, enquanto o 8º Regimento Grego, armado com fuzis Steyer capturados do exército austro-húngaro na Primeira Guerra Mundial, foi colocado numa posição perigosamente isolada ao sul do Lago Ayia. Quando Kippenberger visitou o oficial de ligação mandado para aconselhar o coronel grego, não lhe disse "que eu já declarara que o 8º Regimento Grego era apenas um círculo no mapa e que era assassinato deixar aqueles soldados naquele lugar". (Este regimento grego provou, com a sua espantosa resistência, que esse pessimismo estava errado.)

Também no alto do vale, mas do lado norte, estava a Cavalaria da Divisão, com efetivo de quase duzentos homens, agindo como infantaria. O batalhão de Kippenberger na Grécia, o 20º, compreendia parte de mais outra reserva contra a invasão por mar, "onde", lamentou mais tarde, "nada fez durante todo o importantíssimo primeiro dia".

Kippenberger, embora fosse um dos oficiais mais capazes da Nova Zelândia, cometeu um erro gravíssimo. Não colocou tropas de defesa na prisão propriamente dita: "retângulo sólido de prédios, impenetrável para os nossos canhõezinhos. Suspeitava-se que o seu diretor fosse pró-germânico e assim se mostrou. Não tenho lembrança de termos sequer pensado em guarnecê-la."

Depois dos ataques de metralha e bombardeio no início da manhã, Kippenberger barbeou-se e em seguida, sob as árvores, começou a comer um prato de mingau muito insatisfatório perto da casinha que servia de quartel-general em Galatas. De repente, ouviu pragas e exclamações; levantou a cabeça e viu quatro planadores: "em seu silêncio, inexpressivamente ameaçadores". Gritou "Às armas!" e subiu correndo para buscar o seu fuzil.

Esses planadores, que traziam o quartel-general do general Süssmann, agora sem comando, pousaram entre a prisão e o Lago Ayia. Foram seguidos quase de imediato pelas ondas de aviões de transporte que lançaram os três batalhões do 3º Regimento de Pára-quedistas e o Batalhão de Engenharia.

Assim como o Generalmajor Meindl, chefe do Estado-Maior da divisão, o major conde von Uxküll recusou-se a seguir de planador e insistiu em saltar de pára-quedas. Com grande estilo, fixou o monóculo com firmeza no lugar antes de lançar-se do aeroplano e mais tarde afirmou que ele permaneceu firme, até mesmo no pouso.

Mas para muitos do 3º Regimento de Pára-quedistas, a queda não foi nem um pouco jocosa. Grande parte do seu III Batalhão pousou nas posições bem camufladas do 18º e do 19º Batalhões da Nova Zelândia e sofreram destino semelhante ao dos homens de Scherber a leste de Maleme. As trincheiras do 19º Batalhão estavam tão bem escondidas que o cabo Fletcher e o seu pelotão observaram com entusiasmo crescente um dos primeiros pára-quedistas a pousar esgueirar-se na direção deles por um campinho, achando que estava oculto pelas moitas. Seguraram o fogo até que ele levantou a cabeça, a três metros de distância. O primeiro tiro só o feriu. "Ele gritou e guinchou como um porco com a garganta cortada e implorou misericórdia — nós lhe demos mesmo misericórdia — um tiro direto no coco." A maior parte das descrições desta ação, como as de combates noutros pontos, gaba-se dos escores e compara a matança à caça de patos e coelhos. Kippenberger registra: "o 19º Batalhão nos disse que mataram 155 pára-quedistas e, à guisa de desculpa, que fizeram nove prisioneiros."

O 6º Regimento Grego, cuja posição ia de Galatas até o vale, viu o inimigo cair por toda parte. Mas como o seu coronel não distribuíra a munição recebida no dia anterior, não admira que os soldados mal treinados se espalhassem.

O capitão Bassett, chefe do Estado-Maior da brigada de Kippenberger, tentou reunir o máximo possível de homens. Na manhã seguinte, duzentos dos que sobravam foram entregues a um "herói louro", o capitão Michael Forrester do Regimento da Rainha e da Missão Militar Britânica. A história oficial da Nova Zelândia e muitas outras obras afirmam, incorretamente, que Forrester assumiu o comando naquela manhã e liderou um ataque. Na verdade, ele voltara de Heráclion na noite anterior para a casa do príncipe Pedro, que dava para a baía ao norte de Daratsos. Ali só encontrou Marcos, o cozinheiro.

Ao barbear-se antes do desjejum, vira os pára-quedistas começando a cair e, pegando um fuzil, participou primeiro da batalha contra um grupo de pára-quedistas que atacara o 7º Hospital Geral de Campanha do outro lado da baía e depois uniu-se ao flanco costeiro do Batalhão Misto, formado principalmente de motoristas.

Somente uma tropa leve da Real Artilharia continuava no vale abaixo do Daratsos, totalmente exposta. Um grupo de homens do capitão von der Heydte atacou-a pelo flanco e, como os seus soldados não tinham armas pessoais, foi derrotada e perdeu vários soldados e um canhão de campanha, que os pára-quedistas levaram alegremente para uma casa de fazenda próxima mantida por soldados britânicos.

Quase cinco quilômetros mais acima do vale, o Batalhão de Engenharia do major Liebach pousou a oeste do Lago Ayia, tendo alguns destacamentos caído sobre o 8º Regimento Grego, cujos homens, em sua maioria, mantiveram o terreno com bravura e eficácia jamais sonhada por Kippenberger. O resto do I Batalhão de Heydte e o II Batalhão do major Derpa pousaram praticamente sem oposição entre o Lago Ayia e a prisão, que prontamente ocuparam. Incapazes de acreditar na boa sorte, tinham uma base segura, um posto médico e uma fonte d'água.

Da "Colina Rosa", logo em frente de Galatas, parecia que "o vale todo estava coberto de pára-quedas descartados, como enormes cogumelos". Kippenberger e os homens da Companhia de Combustíveis da Divisão podiam ver os pára-quedistas correndo para reunir-se e recolher as armas dos estojos. Estavam fora do alcance das armas. Somente um ou outro pára-quedista pousara perto o bastante para ser combatido. Nos primeiros momentos da batalha, Kippenberger avistara um franco-atirador na borda da aldeia e alvejou-o com um tiro direto.

A menos de dois quilômetros a nordeste de Galatas estava acampada parte de um esquadrão do 3º Regimento de Hussardos. Estes cavalarianos recém-chegados ainda não estavam totalmente acostumados aos ataques aéreos matutinos conhecidos como "ódio diário".

Cada momento livre fora gasto em serviços muito necessários de manutenção e reparos nos seus blindados leves Whippet. Os veículos, descritos por um dos oficiais como "carrinhos de bebê blindados", já estavam em estado deplorável ao embarcarem em Alexandria: constituíam uma seleção apressada dos que tinham voltado do deserto para reparos nas oficinas da base perto do Cairo. Para piorar as coisas, o navio que os levava fora bombardeado ao chegar à Baía de Suda e os blindados tiveram de ser guinchados do porão do navio semi-afundado.

O quartel-general do esquadrão e dois grupos (cada um com três ou quatro blindados) tinham se escondido num olival. Os oficiais e praças estavam sentados em torno de uma mesa, debaixo de uma árvore, tomando o café da manhã quando a segunda onda de caças e bombardeiros atacou a faixa litorânea. Os Messerschmitts passaram voando baixo, metralhando ao acaso, as balas cortando a cobertura de folhas. Todos correram para se abrigar atrás dos troncos das árvores.

Alguns minutos depois, com os corpos empilhados desconfortáveis uns em cima dos outros, alguém gritou: "Os canalhas estão pousando!" Olharam para cima pelos galhos e viram os pára-quedistas. O comandante do esquadrão berrou: "Guarnições de blindados!" Seguiu-se outra correria desabalada e as guarnições se misturaram em sua pressa.

O tenente Roy Farran comandou a sua tropa num ataque pela estrada de Galatas acima. Passaram por um grupo de soldados gregos que lhes imploraram munição. Farran jogou-lhes um cinturão da sua Vickers, mas depois percebeu que era o calibre errado para os seus fuzis. Os cavalarianos tiveram um surto de exaltação quando os neozelandeses gritaram-lhes encorajamentos e fizeram-lhes sinais com o polegar para cima.

Além de Galatas, o blindado da frente caiu sob o fogo de uma submetralhadora Schmeisser. Saindo da torreta, Farran avistou um personagem cinzento atacando-os estrada acima. Gritou a ordem de fogo e o artilheiro obedeceu, mas o alvo era uma camponesa de vestido comprido. Uma bala atingiu-a no ombro, outra na cabeça, mas ela passou correndo pelo tanque aos gritos. Farran ficou paralisado de horror até os pára-quedistas alemães começarem a disparar de novo.

Passando pela aldeia, o blindado parou quando um cretense escondido numa valeta acenou-lhes com um lenço. Pôs o dedo sobre os lábios e apontou a valeta oposta. Esticando-se de cima da torreta, Farran viu um pára-quedista alemão todo equipado caído com o rosto para baixo. Mandou que se rendesse, mas o homem não se mexeu; então atirou nele com a sua pesada pistola de serviço. Errou o tiro, mas o alemão não se controlou e tensionou-se visivelmente. Farran girou a torreta e despejou sobre ele as metralhadoras Vickers.

Alguns metros adiante na estrada mataram mais dois alemães e, então, de repente, surgiram mais cinco das árvores, vindos de outra direção, com as mãos levantadas. Temendo uma armadilha, Farran deu ordem de atirar e três foram derrubados. Os outros dois, embora atingidos, conseguiram fugir de volta para as árvores. "Acho que eu não adotaria a prática de fuzilar prisioneiros", escreveu ele em suas memórias, "mas Creta foi diferente e no calor do momento não tive tempo de pensar."

Creta foi mesmo diferente. Na rapidez, na incerteza e no medo da batalha, nenhum dos lados demonstrou dar muita atenção à Convenção de Genebra. Houve numerosos incidentes em que soldados e oficiais dos dois lados mataram prisioneiros. Mas quando os soldados do III Batalhão do 3º Regimento de Pára-quedistas atacaram o hospital de campanha no promontório, a dois quilômetros para o norte de Daratsos, e, supostamente, obrigaram os pacientes aprisionados a caminhar na frente deles como proteção, Farran ficou surpreso com a "insensibilidade alemã para com a Cruz Vermelha nesse período da guerra, pois em geral eram muito meticulosos na obediência às regras".

A maior diferença de Creta, para horror dos alemães, foi o papel desempenhado por "civis não recrutados". A resistência cretense, ao contrário dos movimentos secretos do resto da Europa que só começaram a desenvolver-se mais ou menos um ano depois da ocupação alemã, começou literalmente nas primeiras horas da invasão.

Meninos, velhos e mulheres demonstraram bravura espetacular na defesa da sua ilha. Os soldados alemães ficaram duplamente escandalizados com a idéia de mulheres a combatê-los. Rasgavam o ombro do vestido das suspeitas. Quando elas estavam machucadas pelo coice do fuzil ou se eram pegas de faca na mão, fuzilavam-nas ao lado dos homens.

Os pára-quedistas isolados que caíram perto de Perivolia, nas palavras da história oficial da Nova Zelândia, foram "mortos por civis com pás e machados". Um dos primeiros exemplos de mobilização espontânea foi um ataque de civis cretenses, que avançaram da grande aldeia de Alikianu, à retaguarda do Batalhão de Engenharia de Pára-quedistas, que pousara perto do Lago Ayia.

Em pouco tempo, segundo um relatório alemão, a 16ª Companhia do Regimento Tempestade, "que recebera ordens de proteger o sul do aeródromo de Malemes [*sic*], teve de lutar continuamente contra *francs-tireurs*".

Embora os cretenses tivessem orgulho da sua tradição de resistência aos turcos, a ferocidade e a bravura impiedosa que mostraram em 1941 mais lembraram o Levante de Dois de Maio, em Madri, contra as tropas de Napoleão, a *guerra al cuchillo*: a guerra de faca.

Alguns padres comandaram na batalha os seus paroquianos. O padre Stilianos Frantzeskakis, ao saber da invasão aerotransportada, correu para tocar o sino da igreja. Tomando um fuzil, levou os seus voluntários para o norte de Paleókora e mais tarde combateu os destacamentos de motociclistas alemães que chegaram a Kandanos.

Um oficial de informações do quartel-general da 14ª Brigada de Infantaria recordou vários padres, bons caçadores de patos e portanto "bons de mira", que quase com certeza participaram da luta. Na época da batalha, andava-se com o fuzil dentro das calças, à espera da oportunidade de derrubar pára-quedistas alemães. E, em Retimno, Ray Sandover, um dos comandantes de batalhão australianos, viu, no segundo dia da batalha, um monge armado de fuzil com um machado no cinto. No terceiro dia, o monge apareceu acompanhado de um garotinho que lhe servia de carregador, com uma submetralhadora Schmeisser e outros troféus que conquistara na batalha contra os pára-quedistas.

Também naquela primeira manhã, uma das companhias do II Batalhão do Regimento Tempestade, que pousou vários quilômetros a sudoeste de Maleme, foi surpreendida por civis cretenses quando enviada para guardar o desfiladeiro perto de Koukouli. Mas o episódio mais controvertido de toda a batalha aconteceu com o destacamento do tenente Mürbe. Este grupo, com efetivo de 72 homens, que pousou na orla de Kastelli Kissamou para capturar o porto, foi ferozmente combatido pelo 1º Regimento Grego e por civis cretenses. Mürbe e 53 homens seus foram mortos e o restante aprisionado. Vários cadáveres alemães foram saqueados por civis, mas há poucos indícios que sustentem as acusações, feitas depois por Göring e Goebbels, de que muitos pára-quedistas feridos foram torturados e mutilados enquanto ainda estavam vivos.

Os alemães, em parte acalmados pela previsão do serviço de informações de que seriam bem-vindos pelos cretenses, foram pegos inteiramente de surpresa. E o nível das baixas enraiveceu-os. Só no primeiro dia, 1.856 pára-quedistas foram mortos. Esse número deve ter inchado para mais de 2 mil quando os mortalmente feridos faleceram. É impossível avaliar quantos os cretenses mataram, mas o choque para os alemães foi inconfundível. Tinham esperanças de que o inimigo escolhido se encolhesse com a chegada do que gostavam de chamar de *der Furor Teutonicus*, imitando a *furia española* da infantaria da Espanha no século XV. A resistência civil, embora tradição antiga em Creta, ofendeu tão profundamente o gosto prussiano pela ordem militar que houve represálias violentíssimas contra a população local.

10

Maleme e o Vale da Prisão

20 de maio

O general Freyberg fizera todo o possível para tirar da ilha quem não fosse essencial antes que a batalha começasse. O coronel James Roosevelt, filho do presidente norte-americano, fora convencido a partir num hidroavião Sunderland a apenas 36 horas da invasão. Mas o rei da Grécia ainda estava em Creta.

A família real saíra da Belakapina e mudara-se para outra mansão perto de Perivolia em 19 de maio. O príncipe Pedro juntara-se a eles naquela noite, vindo de sua casa no litoral norte de Galatas, a apenas alguns quilômetros. Na manhã seguinte, o coronel Jasper Blunt, que conhecia o plano inimigo por ter servido como oficial comandante de informações depois de chegar da Grécia, começou a telefonar para o quartel-general da Creforce atrás de notícias desde as sete horas, quando começaram os primeiros ataques aéreos ao longo do litoral. De binóculos, observando ansioso o céu, avistou a primeira onda de aviões de transporte Junkers e os primeiros lançamentos de pára-quedistas. Blunt girou a manivela do telefone de campanha na tentativa urgente de chamar mais uma vez o quartel-general da Creforce, mas sem sucesso. Uma bomba já rompera o fio.

Um grupo de pára-quedistas pousou a menos de um quilômetro dali. Blunt ordenou que o pelotão de neozelandeses da escolta pegasse em armas e deixasse os sacos de dormir e cobertores. Não houve tempo nem de embalar o rádio. Ele incomodou os que estavam aos seus cuidados, entre eles o rei, o príncipe Pedro, o coronel Levidis, chefe de gabinete da corte, velho amigo com quem o rei brigava como se fossem "um casal de velhos", e o primeiro-ministro Sr. Tsouderos.

Tiveram de subir correndo o morro atrás da casa deixando lá a maior parte dos seus pertences. O pelotão comandado pelo tenente Ryan dividiu-se em torno do grupo, com seções cuidando da vanguarda, da retaguarda e dos flancos.* Outro lançamento de pára-quedistas obrigou-os a desviar-se para a esquerda e, ao escalar o morro atrás de Perivolia, caíram sob o fogo de um destacamento isolado do 2º Regimento Grego. O rei e o príncipe Pedro avançaram para provar a sua identidade aos soldados desconfiados.

Mais tarde, quando o grupo parou para descansar, o rei estava visivelmente preocupado. Deixara para trás alguns documentos e medalhas importantes, como a inglesa Ordem da Liga. (É curioso que o esquecimento lembre um incidente de 1620. Ao fugir dos soldados imperiais depois da Batalha da Montanha Branca, na Guerra dos Trinta Anos, Frederico, rei da Boêmia e marido da Rainha de Inverno — apelido dado ao casal real devido à curta duração do reinado —, deixou sobre a cama a Ordem da Liga que o seu sogro Jaime I da Inglaterra lhe conferira.) Um grupo de neozelandeses comandado pelo sargento do pelotão foi mandado de volta para buscar as condecorações do rei Jorge e descobriu que os pára-quedistas alemães já tinham ocupado a casa.

Blunt preocupou-se. Com um grupo tão grande e vulnerável, a escolta mal servia para enfrentar um punhado de pára-quedistas; mas o seu número era bastante grande para atrair a atenção de aeronaves alemãs. E a partida rápida sem o rádio fizera com que não houvesse como entrar em contato com o quartel-general da Creforce para se informar de planos de evacuação pelo litoral sul. Ele precisava de informações sobre os lançamentos de pára-quedistas, mas a ignorância dos fatos pela Creforce era quase tão grande quanto a do grupo que perambulava pela encosta.

*

*A história contada pelo príncipe Pedro sobre pára-quedistas que pousaram com mapas especiais que mostravam Belakapina, de onde o grupo saíra no dia anterior, marcada com uma seta e "*Koenig hier!*" ("Rei aqui") é um tanto fantasiosa, considerando-se a escassez de informações alemãs. A febre da quinta-coluna contagiou vários oficiais britânicos e gregos na Grécia e em Creta, mas muito menos do que na França, onde circularam boatos de pára-quedistas vestidos de freiras.

Em Maleme, o posto de comando do 22º Batalhão não podia mais falar pelo telefone de campanha com o quartel-general da brigada e o coronel Andrew nada sabia do que estava acontecendo com as suas duas companhias de vanguarda, C e D, no campo de pouso e na lateral da Colina 107 que dava para o Tavronitis. Não podiam ser vistos nem do seu posto de comando nem de posições vizinhas da companhia e não tinham rádio. Assim, não havia relatórios sobre o avanço do inimigo contra o campo de pouso, um dos seus principais objetivos.

Campo de pouso de Maleme, 20 de maio de 1941

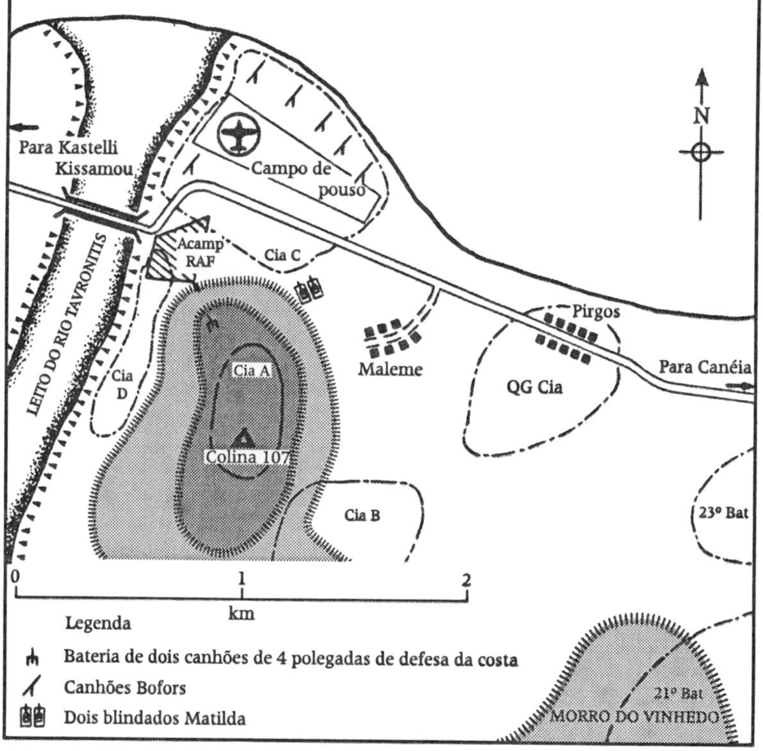

A área sob responsabilidade do coronel Andrew, em volta do campo de pouso e da Colina 107, principais objetivos do ataque inimigo, tinha cerca de cinco quilômetros quadrados de terreno muito irregular com áreas fora do alcance de tiro. A visibilidade era ainda mais prejudicada por moitas de bambu, vinhedos e oliveiras. Para piorar as coisas, ainda não se tinha idéia da quantidade de tropas de pára-quedistas que pousara além do Tavronitis. Não se ouvira nada nos postos de observação que, por também não terem rádio, não podiam mandar avisos. O ataque aéreo inimigo era forte e constante demais para que um mensageiro a pé tivesse boa probabilidade de chegar.

O pelotão no campo de pouso que estava mais próximo do mar conseguiu repelir os ataques ao longo da praia desde a embocadura do Tavronitis. Mas o 15º Pelotão, que defendia a extremidade oeste do campo de pouso, foi muito pressionado. Com efetivo de apenas 22 homens, sem metralhadoras e responsável por uma frente com mais de um quilômetro de largura, agüentou-se com grande tenacidade.

Às dez horas, quando os pára-quedistas de Braun começaram a sondar a orla do campo de pouso, o capitão Johnson, comandante da companhia, pediu a ajuda dos dois blindados Matilda do 7º Real Regimento Blindado. Um par deles fora escondido junto de cada campo de pouso. Mas o coronel Andrew negou o auxílio; não queria jogar o seu trunfo cedo demais.

Logo, os pára-quedistas alemães que sondavam a ponte do Tavronitis romperam entre as duas companhias da Nova Zelândia e invadiram o acampamento. Um oficial da RAF, num esquecimento imperdoável, deixou de destruir os livros de códigos que, junto com a ordem de batalha da Creforce, caíram em mãos inimigas.

Pára-quedistas tensos, quase por reflexo instintivo, mataram aeronautas que saíam de trincheiras escondidas para render-se. No entanto, um grupo enfileirou oito homens da RAF que acharam na superfície. O aeronauta comandante Lawrence gritou-lhes que não tinham o direito de matar prisioneiros sem ordem expressa de um oficial.

Os pára-quedistas alemães ficaram tão espantados com a idéia de prisioneiros que se recusavam a ser mortos que mandaram chamar um oficial — e eles foram poupados. Mas os aprisionados não estavam em segurança. Seus captores forçaram-nos a marchar à frente como proteção rumo à Colina 107. Esta manobra terminou em matança quando um grupo da Nova Zelândia tentou pegar os pára-quedistas alemães pelo flanco e os prisioneiros, tanto o pessoal da RAF quanto do Braço Aéreo da Esquadra, saíram correndo, com vários graus de êxito.

Outros mecânicos e alguns oficiais já tinham se retirado do campo de pouso para as touceiras de bambu que ocultavam o campo de pouso das posições na colina atrás. Uniram-se às companhias da Nova Zelândia e alguns deles lutaram eficazmente como infantes pelo resto do dia.

Esta confusão não ajudou em nada o coronel Andrew a avaliar sua posição. O 22º Batalhão começara o dia com efetivo de 600 homens. Matara claramente muitos inimigos, mas ainda assim estes ainda forcejavam contra o campo de pouso. Sem relatórios dos postos de observação, não tinha idéia do seu verdadeiro efetivo. Andrew, como registra a história oficial, prejudicado pela péssima comunicação, achou ainda mais difícil fazer o seu batalhão funcionar como uma unidade.

As dificuldades do batalhão seriam ainda maiores se o major Stentzler e as suas duas companhias, que tentavam atacar a Colina 107 pela retaguarda, não tivessem se chocado com um pelotão que por acaso estava ali posicionado. Isso obrigou os seus homens exaustos e desidratados a dar uma volta ainda maior no calor do dia. O macacão cinzento de pára-quedista que usavam fora projetado para o norte da Europa e a carga de armas, munição e estojo de emergência de cada homem pesava ainda mais sob o sol quente. Muitos tinham tomado quase toda a água que levavam, suando quase sem parar desde a noite anterior.

O coronel Andrew, sem saber da manobra de Stentzler, estava muito mais preocupado com o destino das suas duas companhias de vanguarda. Começou a suspeitar que tinham sido derrotadas e os seus pedidos de apoio tornaram-se mais insistentes. Às 10h55, avisou ao quartel-general da brigada — o rádio funcionava intermitentemente — que perdera o contato com as companhias C e D.

Por volta do meio-dia, os alemães puseram para funcionar os seus morteiros e uma peça leve de campanha, que tinham sido lançados junto com eles. As baterias de artilharia britânicas não puderam ser usadas porque as linhas do telefone de campanha dos seus oficiais de observação na vanguarda, na Colina 107, tinham sido cortadas. Assim, estes oficiais artilheiros assumiram o comando do pessoal da RAF e do Braço Aéreo da Esquadra.

O coronel Andrew, mais uma vez sem contato pelo rádio, começou a mandar foguetes brancos e verdes, sinal de emergência, para o 23º Batalhão, designado especialmente como força de contra-ataque. Mas os observadores posicionados para ver os foguetes não os enxergaram. O semáforo também foi tentado. No entanto, uma mensagem chegou ao quartel-general de Hargest, inexplicavelmente situado a seis quilômetros e meio seguindo a costa, no ponto mais distante de Maleme dentro da área da brigada, às 15h50. Não houve reação.

Andrew ficou cada vez mais preocupado. Fora ferido de leve, mas isso não bastava para afetá-lo. Com granadas de morteiro caindo em volta do posto de comando e sem notícias das companhias de vanguarda, começou a supor o pior.

Às 5 horas, ainda sem sinal de apoio do 23º Batalhão do coronel Leckie, conseguiu entrar em contato com o posto de comando de Hargest pelo rádio. Mas a resposta de Hargest ao seu pedido urgente de ajuda afirmava que o 23º Batalhão combatia pára-quedistas inimigos, afirmativa inexata e inverídica.

É difícil imaginar o estado de espírito de Hargest. Ou estava inapelavelmente confuso e desinformado ou, refletindo as prioridades de Freyberg, ainda considerava de importância secundária os ataques a Maleme diante da ameaça vinda do mar.

Com a recusa de Hargest, o coronel Andrew decidiu que tinha de usar o seu trunfo. Os dois blindados Matilda do 7º Real Regimento Blindado, apoiados pelo pelotão de reserva cujo efetivo fora reforçado com alguns artilheiros voluntários, receberam ordem de entrar em ação. Enquanto os desajeitados Matildas manobravam para ir do seu esconderijo para a estrada litorânea, as lagartas de aço guincharam e gemeram, barulho que inspirou pavor nos pára-quedistas alemães. Mas esta vantagem psicológica não durou muito.

Com extraordinária precipitação, os dois blindados ignoraram o inimigo no campo de pouso e no acampamento da RAF. Em vez disso, seguiram diretamente para o leito do Tavronitis. A caminho, a guarnição do blindado que ia atrás descobriu que estavam com a munição errada e que a sua torreta não girava direito, descoberta bastante tardia, e voltou, deixando o outro Matilda seguir sozinho.

O blindado da frente avançou troando rumo à ponte, depois inclinou-se e desceu para o leito do rio. Este Matilda virou-se para atacar os pára-quedistas alemães pelo flanco, mas quase imediatamente sua barriga blindada prendeu-se numa pedra; agora o blindado mais parecia uma tartaruga virada. Então a tripulação descobriu que também não conseguiam girar a torreta e abandonaram o veículo. A escolta de infantaria, exposta ao perigo, foi derrotada com várias baixas.

Às 18 horas, Andrew entrou em contato com Hargest pelo rádio para contar-lhe o fracasso e que, sem apoio do 23º Batalhão, teria de recuar. Hargest respondeu: "Se for preciso, é preciso." Mas disse também que ia mandar duas companhias em seu auxílio. Andrew supôs que chegariam "quase imediatamente". Mas quando a noite caiu sem sinal de auxílio, com a munição chegando ao fim e ainda nenhuma mensagem das companhias de vanguarda, começou a pensar numa retirada completa.

É fácil solidarizar-se com o estado de espírito do coronel Andrew, mas fica mais difícil entender por que não saiu do seu posto do comando, escondido na encosta atrás da colina, e tentou estudar o cenário com binóculos. A encosta fronteiriça, picotada pelo fogo das metralhadoras, bombardeada e praticamente despida de vegetação, era, com toda certeza, um lugar perigoso, mas não se põe em dúvida a bravura de Andrew. Assim como os seus oficiais superiores na cadeia de comando — Hargest, Puttick e Freyberg —, a sua imaginação e os seus instintos parecem ter ficado algemados ao posto de comando. Isso não significa que Andrew se comportasse como uma avestruz; ele não tentou amesquinhar a ameaça; mas o seu processo de raciocínio se embaralhou.

Se o coronel Andrew tivesse se adiantado antes do anoitecer para observar a faixa costeira e a encosta oeste da Colina 107, teria visto que o capitão Johnson e seus homens da Companhia C ainda resistiam vigorosamente no campo de pouso, assim como a Companhia D de Campbell acima do Tavronitis. Sofreram baixas consideráveis, mas, por ter causado ao inimigo baixas ainda maiores, não pensavam em recuar.

Na área do Vale da Prisão, a situação era muito mais clara, em parte porque Kippenberger, comandante da brigada em Galatas, observava a batalha em pessoa.

Só existiu confusão na orla. O grupo do planador de Genz, que pousou ao sul de Canéia para atacar a estação de rádio e as baterias antiaéreas, logo foi paralisado; a queda catastrófica de grande parte do III Batalhão do 3º Regimento de Pára-quedistas em cima de fortes posições da Nova Zelândia criara outra ótima oportunidade para matar; e os pára-quedistas que atacaram o 7º Hospital Geral na costa tinham sido todos mortos ou aprisionados. Mas no Vale da Prisão propriamente dito, o restante do regimento estava bem firme e começara a fazer fortes ataques de sondagem ao longo dos cumes do Galatas e do Daratsos.

A decisão rápida do general Weston de trazer de Georgiópolis um batalhão australiano da reserva para fortalecer a linha em que o Vale da Prisão se abria numa pequena planície atrás de Canéia foi corretíssima. Ele o colocou entre a força mista do campo de triagem ao norte de Perivolia (foram apelidados de Perivólios Reais por terem, supostamente, salvado o rei) e o 2º Regimento Grego no sopé das Montanhas Brancas.

O 8º Regimento Grego, aquele "círculo no mapa" sujeito ao perigo, como dizia Kippenberger, manteve extraordinariamente bem o terreno contra o Batalhão de Engenharia alemão, apesar do armamento escasso, e logo tomou as armas dos pára-quedistas mortos. Os moradores locais, em sua maioria aldeões com velhas espingardas de caça, lutaram ferozmente para repelir um ataque a Alikianou. "Os civis", registrou um relatório alemão, "inclusive mulheres e meninos num número total de aproximadamente 100, participaram da defesa."

Do lado norte do vale, os neozelandeses da Companhia de Combustíveis na "Colina Rosa", diante da aldeia de Galatas, foram forçados a recuar por um ataque impetuoso pouco depois das dez horas. Mas este ataque, comandado pelo tenente Neuhoff, terminou com a destruição quase total da sua companhia.

A Colina Rosa recebera este nome devido à cor da terra em que cresciam grama, ervas e filas de iúcas como abrolhos enormes, para manter os bodes longe dos vinhedos. As trincheiras ali tinham sido cavadas havia seis meses pelo Black Watch, naquele período enérgico sob o comando do brigadier Tidbury. Mas embora a Colina Rosa fosse um centro forte para a defesa da 10ª Brigada, todos os oficiais da Companhia de Combustíveis já tinham virado baixas. Kippenberger percebeu que não se poderia esperar que os motoristas e mecânicos deste batalhão misto fizessem mais do que se agüentar diante do inimigo; não tinham treinamento para realizar um contra-ataque.

Duas horas depois, o coronel Heidrich, comandante do 3º Regimento de Pára-quedistas que instalara o seu quartel-general na prisão, enviou uma força improvisada de três companhias, com o quartel-general do batalhão do major Derpa, contra o flanco esquerdo da Companhia de Combustíveis e da Colina do Cemitério, que ficava entre Galatas e Daratsos. Também foram repelidos, embora com maior dificuldade.

Houve uma trégua por volta da hora do almoço, quase como se os soldados anglo-saxões e alemães tivessem sido contaminados pelo ritmo mediterrâneo. Neste momento, uma das preocupações de Kippenberger era o destino do destacamento da Cavalaria da Divisão que ele posicionara subindo o vale, além do Lago Ayia. Mas depois que enviara uma patrulha para trazê-los daquele isolamento, apareceram por conta própria à tarde, tendo seguido uma trilha comprida e sinuosa pelos morros costeiros. Pouco tinham conseguido fazer onde estavam. Imediatamente, Kippenberger os pôs na linha para substituir os gregos entre a Companhia de Combustíveis em Galatas e o 19º Batalhão em Daratsos.

Naquela tarde, no vale, pelotões do batalhão de Heydte atacaram o lado direito do 2º Regimento Grego. Tomaram uma colina com um antigo forte turco no alto, mas logo atraíram fogo de artilharia de exatidão imprevisível. Os canhões 75 italianos, dispostos em volta de Perivolia, não tinham mira a não ser um remendo de madeira e chiclete que surpreenderia até o cartunista inglês Heath-Robinson. Também não tinham meios mecânicos de elevação. Segundo um artilheiro: "A gente procurava uma pedra maior para pôr debaixo quando queria aumentar o alcance."

Mais homens de Heydte avançaram rumo a Canéia, mas enfrentaram o recém-chegado batalhão australiano, assim como os Perivólios Reais do campo de triagem. A maioria desses artilheiros e soldados dos escalões de retaguarda, como mecânicos e motoristas, nunca tinha recebido treinamento de infantaria. Alguns deles sequer sabiam manejar o fuzil. Mas vários demonstraram instinto notável para esta guerra de gato e rato nas sombras enganosas dos olivais.

Depois da trégua do início da tarde, os caças de Richthofen de súbito reapareceram, metralhando indiscriminadamente. O imenso gasto de munição e bombas da força aérea alemã provocou muito mais barulho do que baixas. Theodore Stefanides, com curiosidade médica e humana, observou o fenômeno de um homem levado ao pânico pelo ataque aéreo correr literalmente em círculo, ou elipses, para ser mais exato. Naquela noite, muitos homens estavam cansados demais para comer. Caíram no sono assim que as aeronaves inimigas partiram.

Também do lado alemão os pára-quedistas, depois de cavar trincheiras rasas, deitaram-se enrolados nos pára-quedas. Os que estavam isolados atrás das linhas britânicas aproveitaram-se da escuridão para escapulir, prontos a sussurrar "*Reichsmarschall*", senha escolhida pelo general Student em homenagem a Goering.

O tenente Genz, cujo grupo do Regimento Tempestade que viera em seu planador mantivera fora de ação os canhões antiaéreos ao sul de Canéia durante a maior parte do dia, levou os seus sobreviventes, depois do anoitecer, pelas unidades britânicas ao norte de Perivolia. Marcharam abertamente numa unidade formada, mas sem capacetes para não serem reconhecidos pela silhueta. Na manhã seguinte, depois de cobrir um amplo setor, fizeram contato com elementos do batalhão de Heydte no Vale da Prisão.

Quando a noite caiu em 20 de maio, os poucos comandantes alemães que tinham sobrevivido no setor Maleme-Galatas acharam que tinham perdido. Não tinham tomado nem o campo de pouso de Maleme nem o porto de Canéia; sequer tinham tomado o pequeno porto de Kastelli Kissamou. As suas baixas tinham sido tão desastrosas que acreditavam que o forte contra-ataque esperado a qualquer momento os destruiria completamente. O general Student, em Atenas, era o único a querer continuar. Richthofen, comandante do VIII Corpo Aéreo, Löhr, comandante da 4ª Frota Aérea, e List, comandante do XII Exército, estavam convencidos de que a invasão aerotransportada fora um fracasso e que a operação teria de ser abortada.

O fato de Freyberg não ter lançado um contra-ataque vigoroso naquela noite é uma das questões mais discutidas da batalha. Uma das razões é que teria sido mal informado pelo brigadier Hargest, cuja recusa persistente a levar a sério os avisos do coronel Andrew ainda não pode ser satisfatoriamente explicada. Parece que Freyberg tinha pouco interesse em Maleme, dizem alguns porque se convencera de que os alemães pretendiam fazer pousos de emergência com os seus aviões de transporte e que, portanto, a posse de um campo de pouso seria irrelevante. Pensar que os alemães poderiam dar-se ao luxo de ser tão pródigos — toda a sua frota de transporte se destruiria em dois dias — era realmente uma idéia esquisita.

Foi tentado somente um contra-ataque. Ocorreu no crepúsculo, por ordem de Puttick, depois de um relatório incorreto que dizia que os pára-quedistas tentavam construir uma pista de pouso no Vale da Prisão. Em meio a muita confusão, duas companhias e três blindados leves, força absurdamente inadequada, foram mandados contra os batalhões de pára-quedistas de Heidrich, que somavam quase 1.300 homens. As tentativas de cancelar a operação falharam no último instante e as patrulhas passaram a noite perambulando para tentar achar os comandantes das companhias e avisá-los. No escuro, os pelotões perderam o contato entre si e o resultado foram vários choques caóticos e ao acaso, felizmente com o inimigo, em vez de uns contra os outros.

11

À queima-roupa em Retimno e Heráclion

20 de maio

Em Heráclion, naquela primeira manhã, o "ódio diário" não foi o prelúdio do lançamento de pára-quedistas, como em Canéia. As companhias tinham parado para o café-da-manhã e o céu estava limpo de aeronaves. Como a manhã avançou sem que nada acontecesse, a 14ª Brigada de Infantaria relaxou. O general Freyberg não ousara passar aos comandantes da sua brigada as informações recebidas do Ultra de que os alemães tinham finalmente marcado a operação para 20 de maio. De qualquer modo, supôs-se que a invasão aerotransportada viria logo depois das primeiras luzes e, do quartel-general da Creforce, não chegara nenhuma notícia do pouso de planadores nem do lançamento de pára-quedistas naquela ponta da ilha.

Os membros do Estado-Maior do quartel-general de Chappel que não estavam de serviço tiveram permissão de sair da pedreira. Um dos oficiais de informações, Gordon Hope-Morley, botânico entusiasmado, partiu em busca de flores selvagens. Levou a câmera fotográfica, que mais tarde foi útil, mas não o fuzil nem o capacete de aço, que seriam mais apropriados. Os oficiais dos três batalhões de infantaria britânicos também saíram, alguns para fazer visitas puramente sociais a amigos de outras companhias, outros com o objetivo mais sério de explorar a região circundante. O batalhão do Leicestershire, que chegara no último instante, precisava muito "reconhecer a pista". Já o seu oficial comandante decidiu que seria a oportunidade ideal para escapulir até Heráclion e tomar um banho no principal hotel.

No continente, os comandantes do 1º e do 2º Regimentos de Pára-quedistas ficavam cada vez mais impacientes enquanto aguardavam junto dos campos de pouso. O coronel Bruno Bräuer, encarregado do ataque a Heráclion, não escondia o seu desagrado com o atraso. Bräuer, mais baixo que a maioria dos pára-quedistas, era conhecido pelo leve gaguejar, pela cigarreira e pela bravura. Durante a captura de Dordrecht, na Holanda, ignorara os conselhos para abrigar-se do fogo inimigo com a estranha declaração: "pára-quedistas nunca ficam sob fogo!"

O coronel Alfred Sturm, homem mais velho que tendia a valorizar sua dignidade, ressentiu-se da pouca prioridade dada ao seu ataque a Retimno e à pista de pouso da cidade. O seu 2º Regimento de Pára-quedistas capturara o istmo de Corinto, mas agora tivera de ceder um batalhão a Bräuer.

Os atrasos no início da manhã da partida para Maleme e para o vale do Ayia acumularam-se no decorrer do dia. E quando os Junkers voltaram da missão, com buracos de bala na fuselagem, nas asas e na cauda, não foi apenas uma pena olhá-los; também exigiram tempo para os consertos.

Como não havia bombas de combustível, os trimotores tinham de ser reabastecidos à mão. Para apressar a operação, os pára-quedistas receberam ordens de ajudar o pessoal de terra. Essa ordem provocou descrença irritada, mas os soldados despiram-se, ficando só com os calções de ginástica, e lançaram-se suados ao trabalho sob temperatura de quarenta graus à sombra. O sol ficara tão quente e a evaporação era tão rápida que foram inúteis as tentativas de molhar a pista e as áreas de dispersão para baixar a poeira vermelha. Para os pára-quedistas ainda vestidos com os macacões completos, o desconforto foi considerável. E os aviões, quando acabou chegando a hora de embarcar, pareciam fornos.

Às duas da tarde, hora em que deveriam estar acima das zonas de lançamento de Heráclion e Retimno, a maior parte dos pára-quedistas sequer embarcara. E quando a primeira onda decolou, as nuvens de pó provocaram ainda mais atrasos que na noite anterior. Em dois casos, aeronaves colidiram na pista. Do outro lado, o intervalo entre as decolagens tornou-se importantíssimo, já que cada minuto a mais dava aos defensores mais tempo para cuidar de um lançamento antes que a onda seguinte caísse sobre eles. Depois de transportados, poucos pára-quedistas do Grupo Leste tiveram vontade de cantar *"Rot scheint die Sonne"*. Bräuer estava na última onda de 15 aeronaves. Sentia-se furioso. Devido à escassez de aeroplanos, 600 soldados tiveram de ficar para trás. Agora, o Grupo Leste tinha apenas 2.300 homens.

O coronel Sturm, embora ressentido por perder um dos seus batalhões para Bräuer, enfrentou dificuldades menos assustadoras em Retimno. Ele decidiu manter uma companhia reforçada sob o seu comando pessoal e dividiu o resto da tropa em dois grupos de combate, um comandado pelo major Kroh, o outro pelo capitão Wiedemann. Ambos tinham como base os batalhões que capturaram o istmo de Corinto no mês anterior. O grupo de combate de Kroh deveria pousar a leste do campo de pouso e depois tomá-lo. A tropa um pouquinho maior de Wiedemann deveria cair entre o campo de pouso e Retimno para capturar a cidade e o porto, dominado por uma inexpugnável fortaleza veneziana.

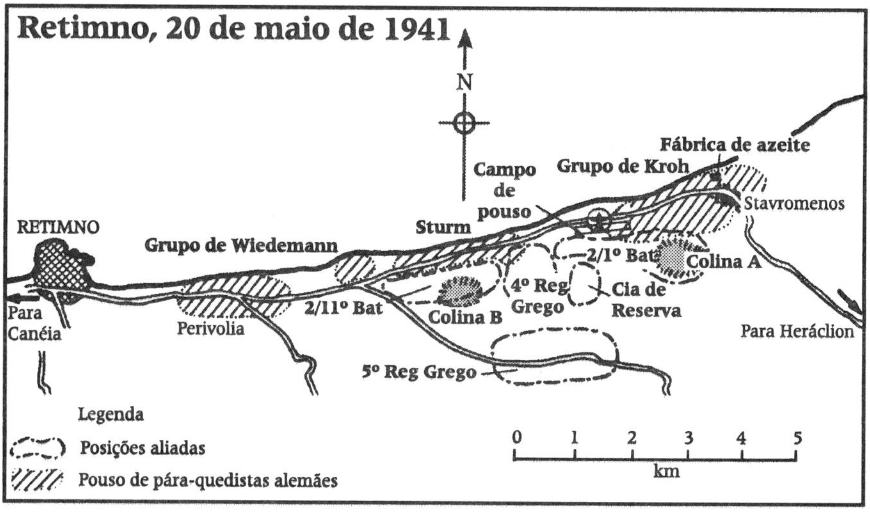

A defesa da área de Retimno estava sob a responsabilidade de um jovem soldado australiano recentemente promovido: o tenente-coronel Ian Campbell. Ele deixou a defesa da cidade propriamente dita com 800 homens da gendarmeria cretense, tropa disciplinada e muito eficiente. A defesa era comandada pelo major Christos Tsiphakis, oficial cretense que teria papel importante na organização da resistência durante a ocupação. Para defender a pista, que ficava oito quilômetros a leste da cidade, entre a estrada costeira e uma linha de morros, Campbell tinha dois batalhões australianos e dois pelotões de metralhadores — cerca de 1.300 homens — além de 2.300 soldados gregos, tão mal armados e inexperientes quanto seus outros colegas.

O batalhão do próprio Campbell, o 2/1º, e meia dúzia de canhões de campanha, bem escondidos nos vinhedos em terraços pelas encostas, podiam, mantendo-se ocultos, cobrir a pista de pouso. O reconhecimento aéreo só percebeu uma das suas posições e esta foi mudada. O outro batalhão, o 2/11º, comandado pelo major Ray Sandover, estava instalado noutra colina costeira, três quilômetros mais perto da cidade. Um regimento grego cobria a lacuna. O resto dos gregos e dois blindados Matilda estavam escondidos em olivais na encosta atrás da escarpa.

Para dar descanso aos soldados nos dias de espera antes da invasão, Campbell e Sandover mandavam-nos nadar em grupos de menos de vinte de cada vez, para evitar o reconhecimento aéreo. Na volta, com os pelotões de vanguarda já a postos, tiveram de esgueirar-se de volta sem serem vistos. Isso permitiu aos defensores identificar com antecedência bolsões de terreno fora do alcance das armas e prováveis rotas de ataque. As muitas gargantas da encosta, que depois da experiência no deserto os australianos chamavam de *wadis*, eram inúmeras e perigosas.

Com pouca diversão para ocupar o tempo, Campbell e Sandover tiveram de aumentar o controle sobre os seus homens beberrões e briguentos. A cidade de Retimno, onde houve várias brigas em bares, foi considerada proibida e criaram-se patrulhas de policiamento.

Em 20 de maio, o ataque aéreo começou às quatro da tarde. Com apenas vinte caças e bombardeiros leves, foi um tanto irregular. Alguns recrutas gregos entraram em pânico, mas um punhado de praças australianos enviado por Campbell trouxe-os logo de volta à linha. Às 16h15 os aviões de transporte de tropas surgiram sobre o mar. Deram então a volta pelo lado de Heráclion e começaram a lançar seus pára-quedistas entre 90 e 120 metros de altura.

Os Junkers seguiram a estrada costeira rumo a Retimno. Isso fez com que passassem perto das encostas cheias de posições escondidas. Dos cerca de 160 aviões, sete foram derrubados ao longo da praia e outros afastaram-se em chamas sobre o mar. O comandante de um pelotão foi morto na porta da aeronave, na hora de saltar. Os seus homens ficaram tão nervosos que se recusaram a pular. O piloto então fez a volta para passar de novo sobre a zona de lançamento, mas um dos motores foi atingido e pegou fogo. Logo a asa toda estava em chamas; ele, então, fez um pouso de emergência no mar, perto da praia. Os pára-quedistas e a tripulação subiram num bote de borracha, mas os tiros não pararam. No final, só dois escaparam.

A operação já desorganizada tornara-se caótica. Alguns pára-quedistas caíram no mar, onde, com o peso do equipamento e sufocados pelos seus próprios toldos de seda, logo se afogaram. Muitos que caíram em terra feriram-se ao descer nos terraços rochosos. O destino mais terrível foi o de uma dúzia de homens que caiu numa grande touceira de bambu, onde ficaram empalados.

Da tropa toda, somente duas companhias foram lançadas no lugar certo. Eram parte do grupo de combate de Kroh destinado ao campo de pouso e assim pousaram bem diante das posições de Campbell. Os sobreviventes deste desastre esgueiraram-se para as moitas e ficaram deitados. Um tenente quis dar a ordem de rendição, mas um sargento respondeu, curto e grosso: "Fora de questão." Mais tarde os sobreviventes foram reunidos pelo tenente von Roon, que os levou numa viagem sinuosa pelo interior para se unirem aos homens do major Kroh.

A parte principal da tropa de Kroh caiu em volta da fábrica de azeite de Stavromenos, dois quilômetros a leste. Kroh, que pousara ainda mais além na costa, reuniu os seus homens o mais depressa que pôde e marchou para atacar o morro principal, chamado de Colina A, que formava o flanco de Campbell. A caminho, encontrou o tenente von Roon, que reunira mais homens apesar de escaramuças com irregulares cretenses. Os pára-quedistas de Kroh, com superioridade local e armas melhores, venceram os defensores e mataram a maior parte das guarnições das metralhadoras e dos canhões de campanha. Os vinhedos davam boa cobertura tanto aos atacantes quanto aos defensores.

Não faltou a Campbell capacidade de decisão. Ele desdobrou metade da sua companhia de reserva e os dois Matildas num rápido contra-ataque. Os blindados, surgindo noutro anticlímax, mostraram-se tão inúteis em terreno acidentado quanto em Maleme, mas o desdobramento rápido da infantaria conseguiu impedir que os alemães avançassem. Naquela noite, ele entrou em contato pelo rádio com o quartel-general da Creforce para pedir ajuda, mas Freyberg não queria comprometer o batalhão australiano que restava em Georgiópolis. Campbell, sabendo que tudo dependeria da manhã seguinte, preparou-se para usar todos os homens que pudesse num contra-ataque para expulsar os alemães da Colina A.

O grupo de quase duzentos homens do coronel Sturm caíra diante do batalhão de Sandover e sofreu destino parecido com o dos que desceram no campo de pouso. Todos os 12 membros de um grupo que pulou do mesmo avião já estavam mortos ao tocarem o chão. Sturm e o Estado-Maior do seu quartel-general só se salvaram por terem caído num pedacinho de terreno fora do alcance das armas. Pouco antes do anoitecer, Sandover avançou com toda a sua linha de soldados para limpar a área. Foram feitos 88 prisioneiros e recolhida grande quantidade de armas. O próprio Sturm foi capturado na manhã seguinte.

Na mesma manhã de 21 de maio, Campbell iniciou o seu contra-ataque na Colina A usando todas as reservas, com os dois regimentos gregos dando apoio aos flancos. Logo antes do ataque, o piloto de um bombardeiro alemão atirou por engano sobre um grupo de pára-quedistas e matou 16 deles. A cena encorajou os australianos de Campbell, que logo investiram com feroz determinação. Os pára-quedistas de Kroh foram forçados a recuar e retirar-se para a fábrica de azeite de Stavromenos, que usaram como forte.

Os dois batalhões australianos realizaram, então, uma operação de limpeza e conseguiram capturar a maioria dos sobreviventes. Só restaram alguns grupos pequenos. O major Sandover, caminhando mais tarde por uma trilha, encontrou uma mensagem rabiscada a giz na estrada, em alemão: "Precisa-se de médico com urgência." O companheiro de Sandover avistou uma pequena caverna e, ao descobrir que continha seis pára-quedistas feridos, puxou uma granada para acabar com eles. Sandover impediu-o e mandou que fossem levados para o posto médico do regimento. A unidade médica dos pára-quedistas também fora capturada e dali a poucos dias criou-se um hospital conjunto de campanha para tratar de várias centenas de pacientes, alemães, australianos e gregos.

O coronel Sturm, "abaladíssimo" na hora da captura, ficou ainda mais desalentado quando, durante o interrogatório em alemão do major Sandover, descobriu que os australianos tinham encontrado um conjunto completo de ordens operacionais no corpo de um dos oficiais. Sandover viu-o tentar olhar sobre o ombro para descobrir quem teria cometido tamanha falha. Por outro oficial, Sandover descobriu que não haveria reservas vindas de pára-quedas. "Não reforçamos fracassos", disse o alemão.

Enquanto isso, o grupo de combate de Wiedemann, que pousara um ou dois quilômetros mais perto de Retimno, não caiu numa armadilha como os outros, mas logo partiu contra a gendarmeria cretense e "civis não recrutados" no lado sul da cidade. Incapaz de avançar sem baixas excessivas, Wiedemann ordenou que os seus homens preparassem defesas de arame farpado em volta da aldeia costeira de Perivolia.

Finalmente, às 14h30, a notícia dos lançamentos de pára-quedistas em Maleme e no Vale da Prisão chegou ao quartel-general do brigadier Chappel, perto de Heráclion. Os Leicesters conseguiram recuperar o seu oficial comandante que fora tomar banho na cidade, mas muitos outros oficiais ausentes das suas unidades continuaram fora de contato.

Às quatro da tarde, os bombardeiros alemães chegaram em grande número e dali a poucos minutos o alerta "supervermelho" chegou da estação de radar na serra, dois quilômetros a sudeste do campo de pouso. Bombardeiros de mergulho Stuka começaram a atacar às 16h12 e, às 16h34, de acordo com o diário de guerra do Black Watch, os bimotores Messerschmitt 110 passaram a metralhar.

As baixas foram poucas. As posições estavam bem camufladas, como provaram mais tarde mapas e fotografias de reconhecimento aéreo capturados. E os soldados, numa providência que visava principalmente a poupar munição, foram proibidos de abrir fogo com armas pequenas contra as aeronaves. (Mais tarde, durante a batalha, esta ordem foi rescindida "em prol do moral".) O mais importante foi que os canhões antiaéreos no perímetro do campo de pouso — uma dúzia de Bofors guarnecidos por artilheiros australianos e britânicos e uma bateria de canhões de 3 polegadas e "pompons" da Marinha Real — ficaram em silêncio, ao contrário de Maleme. O truque de Chappel conseguiu convencer os alemães de que os seus ataques anteriores às posições dos canhões tinham-nos tirado de ação.

Em menos de meia hora, os Stukas voltaram à base na ilha de Scarpanto, a leste de Creta, e os Messerschmitts voltaram por sobre o Egeu; nenhum pôde esperar os tão atrasados aviões de transporte.

Os oficiais britânicos que estavam longe das suas unidades, em missões oficiais ou não, soltaram um suspiro de alívio por este ter sido apenas mais um ataque aéreo. Mas, pouco antes das 17h30, o comandante da companhia de Leicesters que estava afastado com os seus comandantes de pelotão

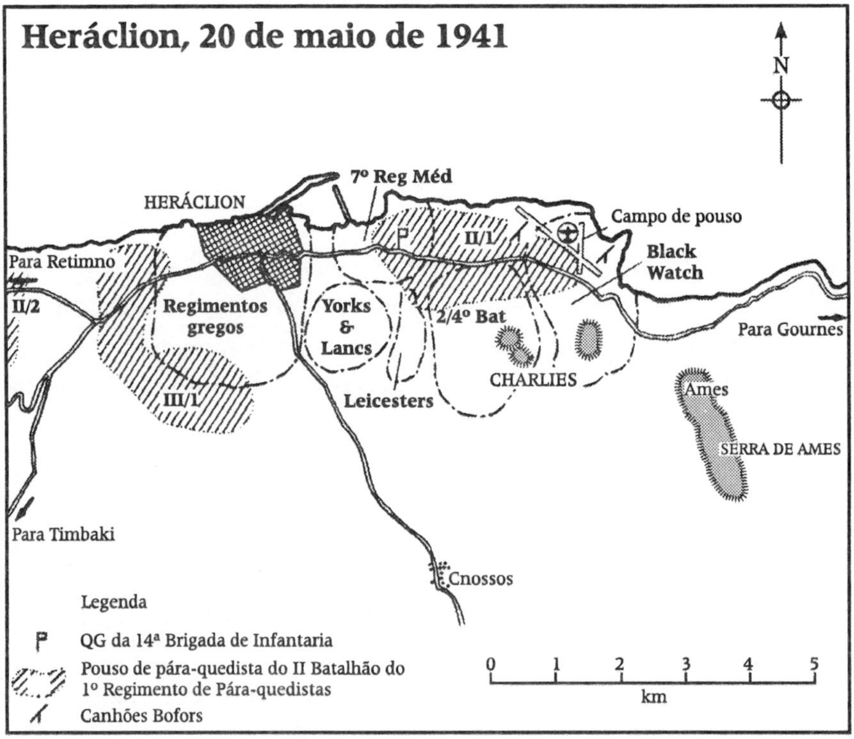

ficou horrorizado ao ouvir soar à distância o toque de "alarme geral". Era o sinal de um ataque iminente de pára-quedistas; pelo rádio ou pelo telefone de campanha, o código era "Ataque Aéreo Roxo". A sua consternação aumentou muitíssimo pelo fato de que o brigadier Chappel dera aos Leicesters a missão de realizar o contra-ataque imediato quando necessário.

O lento trovejar da onda de Junkers que se aproximava aumentou até um troar opressivo quando as manchinhas sobre o mar cresceram até formar silhuetas reconhecíveis. Em suas formações em "V", os aviões de transporte, de três em três, inclinaram-se para dar a volta e passar sobre a costa, cuspindo longas linhas escuras que, com um sacolejo súbito, floriam em cúpulas. As exclamações de espanto com aquela visão não foram diferentes das surgidas perto de Canéia no início do dia.

O fogo dos fuzis explodiu de todas as posições ocultas ao longo de vários quilômetros de litoral. A leste de Heráclion, junto do campo de pouso, o II Batalhão do capitão Burckhardt caiu mais ou menos na linha da estrada costeira. Pularam mais ou menos do mesmo nível da pedreira onde ficava o quartel-general da brigada. A sua zona de pouso se espalhava por quase todos os regimentos da guarnição, britânicos ou da Commonwealth: parte do 7º Regimento Médio, parte dos Leicesters, parte do 2/4º Batalhão Australiano; o grosso caiu sobre o Black Watch, o maior batalhão, responsável pelo campo de pouso.

De repente, os canhões antiaéreos abriram fogo sobre os alvos lentos. Os pára-quedistas tentaram pular de um Junkers 52 que pegara fogo, mas as suas cúpulas não se abriram. Os infantes australianos que estavam nos "Charlies" — dois picos de rochas escarpadas, supostamente com forma de seios, que davam para o lado leste do campo de pouso — disparavam quase na horizontal sobre os trimotores que passavam. Era fácil ver o rosto branco da tripulação. "Pareciam tão próximos, era como se a gente quase pudesse tocá-los" foi depois uma observação comum. Os australianos tinham estendido um pedaço de arame farpado entre os picos dos dois morros e, embora vários aviões tenham se aproximado, nenhum ficou preso.

Nesta fuzilaria extraordinária, muitos a princípio abriram fogo loucamente, mas depois, com febril autocontrole, os soldados escolheram os alvos, cuja oscilação suave camuflava a velocidade da descida. Disparavam, recarregavam e disparavam de novo em pára-quedistas que talvez já estivessem mortos. Ao contrário do terreno em volta de Maleme e do Vale da Prisão, havia poucas árvores ou postes de telégrafo para prender pára-quedas, mas também havia pouca proteção. Os alemães viraram peneira enquanto lutavam para se livrar das correias.

É claro que a batalha não se restringiu às seções e pelotões da linha de frente. Os pára-quedistas também podiam cair sobre o quartel-general de uma companhia ou batalhão, onde os oficiais usaram fuzis e pistolas. Tanto para oficiais quanto para soldados, foi a oportunidade perfeita para o humor lacônico do calor da luta. Quando um posto de comando do Black Watch finalmente recebeu o aviso oficial do ataque de pára-quedistas, o mensageiro disse solenemente ao capitão Barry (que acabara de dividir três alemães com o tenente Cochrane): "Aviso de ataque aéreo roxo, senhor."

Devido aos atrasos que desorganizaram a decolagem no continente, o lançamento continuou durante duas horas. Sem Messerschmitts e Stukas para preocupá-las, as guarnições dos canhões Bofors lançaram-se contra os vagarosos Junkers 52 com macabra animação. O diário de guerra do Black Watch registrou, às 19h07, que oito deles puderam ser vistos caindo em chamas ao mesmo tempo; mas como os alemães perderam um total de 15 aeronaves em duas horas, provavelmente este número é obra do entusiasmo e não muito digno de confiança. Mas até mesmo 15 aeronaves perdidas pelo fogo de terra numa única ação deve ter sido um recorde. Era mais do dobro do total derrubado em Maleme, Suda e Galatas.

Os pára-quedistas de Burckhardt que caíram em áreas abertas em volta do aeródromo, como uma plantação de nabos, tiveram de correr em plena vista atrás dos estojos de armas. Os que caíram em lugares com cobertura baixa, como o campo de cevada perto da pista, sobreviveram um pouco mais. Os movimentos na plantação e a correria frenética dos bichos indicavam a sua posição e bombas incendiárias logo foram usadas para expulsá-los como coelhos na época da colheita. Uma companhia com uma metralhadora Bren num rebocador foi caçar num vinhedo, mas os alemães que ali estavam conseguiram transformá-la em caça e lançar-lhe granadas.

Às 18h15 o brigadier Chappel disse aos Leicesters que mandassem patrulhas limpar o "Campo de Ranúnculos" a leste da pedreira. Da companhia reforçada do capitão Dunz, somente cinco sobreviventes conseguiram escapar. Jogaram-se no mar, largaram o seu kit e nadaram de volta para unir-se ao I Batalhão do major Walther, lançado oito quilômetros mais para leste, seguindo a costa, em Gournes, para capturar uma estação de rádio.

Mas a luta rumo ao campo de pouso não foi um simples passeio. Chappel cometera erro semelhante ao de Kippenberger ao não ocupar a prisão do vale de Ayia. Não colocara soldados nos prédios dos dois lados da estrada litorânea, como um quartel abandonado e um matadouro. Não demorou para que esses dois se transformassem em abrigo e defesa para alguns grupos de sobreviventes que, mais tarde, teriam de ser desalojados. Já as tropas de Chappel não perderam tempo para contra-atacar. Os dois Matildas do Real Regimento Blindado e os seis Whippets do 3º Regimento de Hussardos foram lançados à luta quase de imediato; os alemães não tiveram a menor possibilidade de se recuperar. O tenente G. D. Petherick, comandante de pelotão do 3º Regimento de Hussardos em Heráclion, afirmou que pelo menos trinta pára-quedistas foram eliminados à queima-roupa "pelas pistolas dos comandantes dos blindados, e muitos outros morreram atropelados".

Nem os australianos de Campbell em Retimno nem a 14ª Brigada de Infantaria em Heráclion sofreram aquela indecisão fatídica de mandar ou não as reservas, tão desastrosa em Maleme e em Galatas. Chappel viu que o resultado da batalha seria decidido nas primeiras horas e mandou para a luta o seu batalhão de reserva 75 minutos depois de avistados os primeiros aviões de transporte de soldados.

O Black Watch, os australianos e os Leicesters ocuparam-se com tamanho sucesso da destruição do batalhão de Burckhardt — mais de 300 mortos, mais de 100 feridos e várias dezenas de prisioneiros — que não tiveram oportunidade de observar os outros pousos fora da sua área.

Em Gournes, Bräuer pulou para unir-se ao batalhão do major Walther, já reduzido pelo efetivo que ficara para trás no continente. Descobriu que não houvera contato pelo rádio com os outros grupos: nem com Burckhardt, no campo de pouso, nem com o meio batalhão do 2º Regimento, lançado num único grupo bem a oeste, nem com o III Batalhão do major Karl-Lothar Schulz, que pousara a oeste e ao sul de Heráclion com o objetivo de tomar tanto a cidade quanto o porto.

Bräuer percebeu, então, que enviar batalhões isolados em tais missões fora ambicioso demais. Embora ainda lhe faltassem notícias definidas, sentiu que a operação enfrentava graves dificuldades. Mal informado sobre o efetivo inimigo, o general Student dispersara perigosamente as suas forças. E o setor do Grupo Leste era o mais espalhado de todos, com as quatro zonas de lançamento ao longo de quase vinte quilômetros de litoral.

Ao anoitecer, o coronel Bräuer decidiu seguir para oeste para encontrar Burckhardt e ver com os próprios olhos a batalha em torno da cidade de Heráclion. Como escolta, Walther deu-lhe o pelotão comandado pelo tenente conde Wolfgang von Blücher, que conquistara a Cruz de Cavaleiro da Cruz de Ferro no lançamento de pára-quedistas da Holanda. Por volta da meia-noite, depois de uma marcha rápida, a vanguarda de Blücher avistou soldados adiante, na colina a sudeste do campo de pouso. Otimista, convencido de que encontrara piquetes do II Batalhão do seu regimento, gritaram a senha "*Reichsmarschall*" e receberam de volta uma rajada. O pelotão de Blücher, que ultrapassara o coronel Bräuer, estava bem dentro do perímetro do Black Watch. Ao cair sob o fogo de outras posições, não tiveram alternativa senão jogar-se no chão.

Os oficiais do Black Watch ficaram contentíssimos com o seu placar, que continuou a subir depois de escurecer. De acordo com um relatório do regimento, "Mungo Stirling, ajudante-de-ordens, e Andrew Campbell, oficial de informações, desceram para visitar uma das companhias e dar uns tiros pelo caminho". Expressões ligadas à caça foram uma piada constante que ficava cada vez mais desgastada e sem graça. A manhã seguinte à "caçada" foi chamada de "recolha". Oficiais de companhias diferentes discutiam os seus troféus pelo telefone de campanha. Um deles registrou o seguinte trecho de conversa: "Quase fui junto e me ofereci como carregador adicional. Quanto você pegou, vinte parelhas? E depois arrumou todos na estrada? E vieram todos direitinho? E mandou o guarda-caça atrás das aves fujonas?"

Para os sobreviventes do batalhão de Burckhardt, muitos deles feridos e quase todos loucos de sede, foi uma noite horrível. Os britânicos ouviram-nos assoviar e gritar uns para os outros para fazer contato. Em troca, foram obrigados a ouvir as gaitas-de-fole do major gaiteiro Roy. A julgar pelos relatos alemães, as gaitas parecem ter sido uma forma muito eficaz de guerra psicológica.

O batalhão do major Schulz pousou perto dos lados oeste e sul de Heráclion, em milharais e vinhedos perto dos imensos contrafortes venezianos. A insistência habitual de Schulz de pular na frente dos seus homens salvou-lhe a vida. Assim que se lançou na posição em cruz, o avião explodiu em chamas atrás dele, depois que um tanque de combustível foi atingido por um canhão antiaéreo.

As suas companhias, muito espalhadas, enfrentaram grande dificuldade para reunir-se. Vários soldados foram mortos ao pousar por soldados gregos da guarnição de três regimentos, grandes mas mal armados, e por civis cretenses, alguns dos quais esfaquearam pára-quedistas presos nas árvores, assim como os galeses de Henrique V cortaram a garganta dos cavaleiros franceses derrubados dos seus cavalos em Agincourt. O batalhão do Regimento de York e Lancaster estava posicionado mais abaixo, do lado sudeste da cidade, e o 64º Regimento Médio — artilheiros servindo de infantaria — entre eles e o porto.

O papel desempenhado nesta batalha pelos "civis não recrutados" de Creta foi tão grande quanto na província de Canéia. Um relatório alemão afirmou que "ao sul e a oeste da cidade, ocorreram combates consideráveis contra *francs-tireurs*; estes lutavam em grupos de sete ou oito homens, um dos quais comandado por um papa [*sic*] que mais tarde foi alvejado". Talvez fosse o padre com fuzil dentro das calças que Gordon Hope-Morley encontrara pouco antes da batalha.

Schulz, depois de reunir o máximo possível dos seus homens, dividiu a tropa em duas. Levou metade contra o Portão de Canéia enquanto o capitão Conde von der Schulenburg dava a volta pela esquerda com a outra metade para encontrar alguma passagem menos óbvia. A tropa de Schulz logo se envolveu num tipo de combate que, depois, muitos participantes compararam a guerras de um passado distante. Houve uma batalha furiosa no Portão de Canéia na qual civis, soldados gregos e policiais cretenses comandados pelo capitão Kalafotakis cobriram as maciças muralhas venezianas da cidade. Tanto o grupo de Schulz quanto o de Schulenburg conseguiram entrar, mas ao longo das ruas estreitas a guerrilha, igualmente feroz, molestou-os a cada esquina.

John Pendlebury, já oficial superior da SOE em Heráclion, fora avisado da invasão com tão pouca antecedência quanto o oficial comandante dos Leicesters. Na hora do almoço, tomara um drinque com amigos no seu ponto de encontro preferido, o bar do subsolo do Hotel Cnossos, junto à esquina onde uma bomba alemã atingira um caminhão de rações britânico, que levava milhares de ovos e fizera "a maior omelete da Europa".

Por várias razões é surpreendente que ele tenha ficado na cidade com o lançamento dos pára-quedistas aguardado a qualquer momento, mas, segundo Jack Hamson, Pendlebury recebera ordens de ficar e mandara para as montanhas, em 16 de maio, os seus dois tenentes, Hamson e Bruce-Mitford, para guarnecer pontos estratégicos com voluntários cretenses. Talvez também achasse que a batalha mais urgente seria em Heráclion: naquele dia, Satanás estava na cidade com alguns dos seus *andartes*.

Sem dúvida, Pendlebury e Satanás estavam com os defensores naquela batalha do Portão de Canéia, que fez lembrar um cerco do Renascimento, e participaram da luta nas ruas contra o III Batalhão de Schulz. Os pára-quedistas lutaram com denodo para abrir caminho na cidade e, naquela noite, por volta das 22h30, alguns chegaram até ao cais do antigo porto veneziano.

Quando se juntam os vários relatos dos últimos movimentos de Pendlebury (tendo muitas vezes de tirar a média dos que não combinam), parece que, na manhã seguinte, ele escapuliu da luta e foi até o seu escritório. Embora a batalha na cidade ainda não tivesse terminado, queria partir de Heráclion para coordenar os bandos de *andartes* nos morros circundantes.

O major Schulz, que recebera mais cedo a rendição da cidade de um major grego e do prefeito, homem idoso de terno de linho e chapéu de palheta, ficou furioso ao ver-se novamente atacado quando chegaram reforços oriundos dos Leicesters e do Regimento de York e Lancaster. Como os seus homens tinham pouquíssima munição, teria de recuar. Chamou o prefeito para avisar-lhe que assim que os seus homens saíssem da cidade chamaria a Luftwaffe para destruí-la. Então os dois grupos de pára-quedistas, agora misturados, travaram uma luta de retaguarda bem além dos contrafortes e ficaram mais ou menos escondidos ao sul e a oeste.

Armado de fuzil e, segundo a maioria das versões, fardado, Pendlebury partiu pelo Portão de Canéia à tarde, não muito atrás dos homens de Schulz. Estava acompanhado do motorista e de um pequeno grupo comandado por Satanás, o *kapitan* guerrilheiro de Kroussonas, no flanco leste do Monte Ida. Fora da cidade, despediu-se de Satanás e combinou juntar forças mais tarde. Partiu de carro com o motorista pela estrada de Canéia, ato de inexplicável temeridade, já que sabia que havia pára-quedistas por toda a região. Quase imediatamente encontraram um grupo de alemães, em Kamínia, a menos de um quilômetro das muralhas da cidade. Na luta que se seguiu, dizem que Pendlebury matou três inimigos antes de ser ferido no alto do peito. Os alemães o levaram, sangrando profusamente, para uma casa ao lado da estrada e lá o deixaram aos cuidados de duas mulheres. À noite, apareceu um médico alemão, que cuidou do ferimento.

No dia seguinte, 22 de maio, outro grupo de pára-quedistas chegou à casa. Dizem que reconheceram Pendlebury pelo olho de vidro. (Isso é improvável. É preciso sopesar a pobreza de informações dos militares alemães e a falta de discrição de Pendlebury.) As duas mulheres foram levadas para um campo de prisioneiros temporário e Pendlebury arrastado para fora e fuzilado contra a parede da casa. Outra versão diz que o segundo grupo de pára-quedistas o fuzilou na mesma hora como franco-atirador porque o encontraram com uma camisa civil, provavelmente dada a ele pelas mulheres porque a sua farda estava encharcada de sangue.

Para confundir ainda mais as coisas, a parte do relatório alemão de dezembro de 1942 que trata do "capitão Pendleburg" [*sic*] dizia: "Gravemente ferido na luta de 20 de maio perto de HERÁCLION, morreu dois dias depois e foi ali enterrado." Para Pendlebury, teria sido mais lógico que tentasse partir da cidade logo depois do lançamento dos pára-quedistas, na tarde de 20 de maio, e antes que o batalhão de Schulz atacasse a cidade, mas este curso de ação conflita com o depoimento das testemunhas.

Pendlebury admitiu nos seus diários, encontrados mais tarde pelos alemães, que a preparação da resistência armada da população civil era, possivelmente, contrária à lei internacional. E Hamson escreveu, pouco depois do fato: "Ele sabia que, para ele, não havia opção senão o sucesso ou a morte." Quer os pára-quedistas que mataram Pendlebury soubessem ou não quem era, mais tarde as autoridades militares alemãs esforçaram-se ao máximo para identificar o cadáver com segurança. Dizem que o seu corpo foi exumado umas duas vezes para verificar o olho de vidro e uma vez para cortar uma amostra do tecido da camisa, talvez para provar que não estava fardado.

O número de cretenses que afirmaram ser a última pessoa a ver Pendlebury vivo é absurdamente assombroso. Tom Dunbabin, arqueólogo, amigo e, desde 1942, o mais importante oficial de ligação britânico com a resistência cretense, escreveu depois da guerra: "Muitas narrativas malucas circularam, na época e mais tarde, e, inevitavelmente, a história dos seus últimos dias transformou-se, no imaginário cretense, quase numa saga." O mito Pendlebury era tão forte que o brigadier Shearer, chefe de informações militares do Cairo, informou a Churchill em 28 de agosto, três meses depois de terminada a batalha: "Tentamos também lançar de pára-quedas um rádio para Pendlebury, que no momento dedica-se principalmente a controlar as atividades guerrilheiras nas montanhas de Creta."

Em 21 de maio, enquanto a luta ainda prosseguia na cidade, Mike Cumberlege e Nick Hammond chegaram a Heráclion no *Dolphin*, voltando de Hierapetra. Em Sitia, tentaram telefonar para Pendlebury — em seu último jantar conjunto, tinham planejado atacar Kasos na noite de 20 de maio —, mas não conseguiram.

Ao serem alvejados das docas, Cumberlege entrou pela ponta mais distante do quebra-mar que formava o novo porto, por fora do porto veneziano. O seu primo Cle e Nick Hammond pularam para terra, armados com pistolas Mauser. Aproximaram-se até que a imagem da suástica adejando na central elétrica deu a impressão de que o inimigo controlava a maior parte da cidade. Era claro que o *Dolphin* e a sua tripulação pouco podiam fazer para ajudar — todos os caminhos pareciam protegidos pelo fogo das metralhadoras — e assim Cumberlege saiu de novo com o navio e seguiu para nordeste, para a ilha de Dia.

Na manhã seguinte, preocupado com o destino de Pendlebury e de outros amigos na luta, seguiram pelo litoral norte, acenando para todos os aviões alemães que se aproximavam para investigar. Na entrada da Baía de Suda, Cumberlege ancorou perto da ilha em que ficavam as ruínas de um castelo veneziano. Dali, atacaram os Stukas que subiam depois de mergulhar para atacar os navios do porto. Era uma boa posição. O *Dolphin* afirmou ter derrubado cinco aeronaves e mais várias outras "prováveis". Cumberlege e a sua tripulação não souberam que os seus canhões teriam sido muito mais úteis em Heráclion quando os bombardeiros do VIII Corpo Aéreo de Richthofen voltaram para destruir a cidade.

12

Primeira noite e segundo dia

20 e 21 de maio

A noite pareceu cair mais depressa do que de costume. As colunas de fumaça dos navios bombardeados na Baía de Suda davam a impressão de nuvens de tempestade a negrejar o céu da noite. Mas a exaustão, tanto quanto a falta de visibilidade, deram fim à luta. Os homens da linha de tiro jogaram-se no chão ou no fundo das trincheiras num alívio dormente, a pele retesada de poeira e suor seco. Outros, fossem defensores isolados ou pára-quedistas lançados sobre posições bem guardadas, esgueiraram-se dos seus esconderijos para voltar ao seu próprio lado.

No escuro, o perigo deixava a audição apurada. De vez em quando, um foguete de sinalização subia com um estalo abafado e depois um chiado ao retardar-se em sua parábola trêmula e ofuscante de magnésio branco ou verde, deixando um brilho fantasmagórico sobre o campo. Houve surtos de tiros iniciados por sentinelas nervosas e às vezes surgia na distância a curva elegante de uma rajada, seguida pela matraca da metralhadora que a disparara.

Os que estavam na terra de ninguém não mapeada cruzavam-se rapidamente, evitando a luta por consenso instintivo, como espécies diferentes de animais depois de um incêndio ou uma enchente. Também eram reminiscentes da vida selvagem os curiosos ruídos da mata, o farfalhar dos arbustos e os assovios, uivos e chamados com que pára-quedistas isolados tentavam fazer contato.

Para os feridos, a escuridão trouxe pouco alívio, a não ser do sol. Todos sofriam sede sufocante, deitados no chão duro e ainda quente. Um grupo de soldados gregos feridos, torturados pela dor e pela sede numa casa isolada atingida por uma bomba, só foi descoberto por acaso dali a três dias. O comandante de um esquadrão da RAF, perto de Maleme, com ambos os antebraços estilhaçados, tentou se matar com a pistola, mas os dedos não tinham força sequer para puxar o gatilho e assim libertá-lo da sua agonia. Para os alemães, o medo aumentou quando os irregulares cretenses percorreram o campo de batalha atrás de armas. Tudo o que podiam fazer era arrastar-se para debaixo das moitas e esconder-se.

No calor constante daquela primeira noite, o ar que cheirava a tomilho ainda estava puro; nos dias subseqüentes foi cada vez mais corrompido pelo fedor da carne em decomposição.

Às dez horas, Freyberg avisou ao Cairo: "Hoje foi um dia difícil. Fomos muito pressionados. Até agora, acredito que mantemos os aeródromos de Retimo [Retimno], Heráclion e Maleme e os dois portos. A margem pela qual os mantemos é estreitíssima e eu estaria errado se pintasse um quadro otimista. A luta foi dura e matamos grande número de alemães. A comunicação é dificílima."

Então, acrescentou à mensagem: "Uma ordem operacional alemã com objetivos dos mais ambiciosos, todos os quais falharam, acaba de ser capturada." Geoffrey Cox, um dos seus oficiais de informações, encontrara este documento enquanto folheava os papéis recolhidos de membros mortos e capturados do 3º Regimento de Pára-quedistas. A tradução rápida de Cox mostrou que os alemães tinham esperanças de tomar os campos de pouso e os portos no decorrer da luta do primeiro dia. Freyberg ficou felicíssimo com a notícia. Não sabia que a margem pela qual mantinham Maleme estava desaparecendo bem naquele instante.

Naquela noite, a maioria dos alemães acreditava que tinha sido derrotada porque os britânicos lançariam um contra-ataque. Tantos deles tinham morrido que, de acordo com Weixler, correspondente de guerra que estava com eles, só restavam 57 homens capazes de lutar na área da ponte e do campo de pouso do Tavronitis. O mais desastroso fora a perda dos comandantes de pelotões e companhias. O major Stentzler e o capitão Gericke eram os únicos comandantes de batalhão do Regimento Tempestade ainda de pé.

A teia de desentendimentos que levou à perda de Maleme e, em última instância, da ilha toda, deveu-se em parte à comunicação "dificílima": os defensores do campo de pouso não tinham rádio e do posto de comando do coronel Andrew, onde havia rádio, não se via o campo de pouso. Mas o raciocínio confuso de antes da invasão, somado à fadiga e à confusão depois de começada a batalha, atrapalhou ainda mais.

O coronel Andrew dissera ao brigadier Hargest, pouco antes do anoitecer, que depois do fracasso do ataque com blindados seria preciso recuar. A resposta de Hargest — "Se for preciso, é preciso" — foi acompanhada da promessa de mandar duas companhias para reforçá-lo. Foi inevitável que a consternação quando elas não apareceram, junto com a reação bem pouco prestativa de Hargest numa situação de risco, deixasse o coronel Andrew desorientado. Seus oficiais superiores enfatizaram a importância de contra-atacar o inimigo, mas, agora, inexplicavelmente, relutavam para agir. Isso, combinado à ordem do quartel-general da Creforce, antes da batalha, de que a pista deveria ficar intacta e que não se explodissem as minas plantadas no campo de pouso, faria qualquer oficial comandante se perguntar se alguma mudança fundamental de prioridade fora decidida sem o seu conhecimento.

Sem contato com as companhias de vanguarda, convencido de que os alemães tinham vindo da ponte, invadido o campo de pouso e vencido os pelotões do lado oeste da Colina 107 e, finalmente, ameaçado pelos ataques de sondagem das companhias de Stentzler que tinham dado a volta para atacar a sua retaguarda, Andrew sentiu que, sem apoio, precisava tirar dali os seus homens antes que a aurora trouxesse a volta dos Messerschmitts. Pouco depois das nove horas, avisou Hargest pelo rádio que ia recuar para a escarpa secundária a sudeste da Colina 107. Parece que Hargest não achou necessário reagir a esta notícia, embora ela significasse o fim de todo e qualquer controle efetivo do campo de pouso de Maleme. Hargest chegou a informar ao quartel-general da divisão que a situação era "bastante satisfatória".

Andrew enviou mensageiros às suas companhias para avisá-las do movimento, mas os mensageiros mandados para a Companhia C, a oeste do campo de pouso, para a Companhia D, na encosta da Colina 107 que dava para o Tavronitis, e para a Companhia HQ, na aldeia de Pirgos, não conseguiram chegar. Enquanto isso, as duas companhias que Hargest finalmente enviou para reforçar os defensores, uma do 28º Batalhão (Maori) e outra do adjacente 23º Batalhão, não tinham contato uma com a outra. Os maoris chegaram ao campo de pouso no escuro e prosseguiram com cuidado ao ouvirem vozes alemãs. Mais tarde, estimou-se que estavam a uns duzentos metros do posto de comando da Companhia C quando decidiram que os defensores deviam ter sido derrotados e voltaram.

A outra companhia, do 23º Batalhão, acabou encontrando a nova posição do coronel Andrew, mas depois de certa confusão e indecisão Andrew concluiu que esta encosta traseira também era isolada demais e corria muito risco de ser tomada. Levou as suas companhias sobreviventes mais um quilômetro para leste, para unir-se aos 23º e 21º batalhões. Mal se tentou fingir que era um recuo para permitir um melhor avanço; de qualquer modo, seria a pior estratégia possível para enfrentar a tentativa de capturar o campo de pouso com pára-quedistas. Seguindo esta linha, a única esperança de impedir que os alemães trouxessem reforços para o campo de pouso de Maleme seria um contra-ataque à noite, aventura arriscada até para os soldados mais bem treinados, ou uma investida em plena luz do dia, correndo o risco muito maior da superioridade aérea inimiga. Mas o aspecto mais cruel da decisão de Andrew só ficou visível depois da guerra, quando confessou que um único pelotão, até mesmo uma única metralhadora deixada em seu lugar no campo de pouso, teria mudado o rumo de toda a batalha.

As companhias de vanguarda, não alcançadas pelos mensageiros, não tinham idéia da ordem de recuar de Andrew. A situação variava conforme o pelotão. Alguns tinham sofrido muito e estavam com pouca munição; outros continuavam praticamente intactos. Desgastados mas não vencidos, com o moral sustentado pelas baixas muito mais pesadas que infligiram ao inimigo, em sua maioria ficaram consternados com a demora da 5ª Brigada para iniciar o contra-ataque e varrer os remanescentes do Regimento Tempestade para além do Tavronitis.

Antes da meia-noite, o capitão Campbell, da Companhia D, na encosta da Colina 107 que dava para o Tavronitis, soube por um artilheiro naval perdido que o resto do batalhão recuara; recusou-se a acreditar. A sede era o principal problema e, assim, Campbell e o primeiro-sargento da companhia se esgueiraram pela noite com cantis revestidos de feltro pendurados pelo corpo. Ficaram chocados ao descobrir que o artilheiro tinha razão. O quartel-general do batalhão tinha partido da Colina 107. Não surpreende que o moral tenha despencado assim que a notícia se espalhou pela companhia. Campbell sentiu que não tinha alternativa senão recuar também.

Deste recuo da Colina 107 nasceu um mito da propaganda alemã que transformou em herói nacional o Dr. Heinrich Neumann, oficial superior médico do Regimento Tempestade. Neumann, disciplinador famoso, com os seus óculos de aro de aço, era um guerreiro frustrado de intensa seriedade. Realizara vinte missões na Espanha como artilheiro de cauda dos biplanos Heinkel da Legião Condor, até que lhe ordenaram que se ativesse aos seus deveres de médico. Depois da chacina dos oficiais do Regimento Tempestade, Neumann decidiu que chegara a sua hora no campo de batalha. Disse aos seus assistentes no posto médico do regimento que continuassem sem ele, reuniu uma tropa de uns vinte pára-quedistas e, para espanto dos oficiais combatentes, deixou um bilhete dramático anunciando a sua intenção de capturar a Colina 107.

O grupo de Neumann partiu e acabou encontrando uma companhia comandada pelo tenente Horst Trebes. Algumas escaramuças acidentais no escuro, que resultaram na morte de um sargento alemão, foram mais tarde entretecidas numa história de batalha selvagem e vitória heróica de um líder nada convencional, condecorado depois com a Cruz de Cavaleiro da Cruz de Ferro. Por mais que este episódio tivesse o seu lado ridículo, ao amanhecer os alemães estavam de posse da Colina 107.

No campo de pouso, a Companhia C ficou atenta nas trincheiras, na escuta de vozes alemãs na escuridão circundante. Felizmente para eles, a falta de entusiasmo dos pára-quedistas pelo combate noturno ficou bem clara; em sua maioria, estavam tão exaustos que caíram no sono assim que o tiroteio parou. O capitão Johnson, comandante da companhia, só soube da decisão de Andrew de recuar nas primeiras horas da manhã. Uma das patrulhas que mandara voltou com a notícia de que os alemães agora ocupavam o posto de comando do batalhão na encosta traseira da Colina 107.

Não era nada invejável o dilema de Johnson. Sabia que, se os seus homens ficassem no campo de pouso, o seu fogo poderia impedir que aviões de transporte de tropas pousassem. Mas logo após o amanhecer seriam alvo do ataque do resto do Regimento Tempestade e da massa de Stukas e Messerschmitts, agora que as suas posições tinham sido identificadas.

Ele não tinha idéia das razões da retirada do coronel Andrew e duvidava que houvesse um contra-ataque do resto da brigada à luz do dia. Os seus homens não conseguiriam sobreviver mais 24 horas, a menos que recebessem reforços e suprimentos. Às 4h20 da manhã, disse-lhes que tirassem as botas, amarrassem os cadarços para pendurá-las no pescoço e se movessem com a máxima cautela e todo o silêncio possível, circunavegando os grupos de pára-quedistas alemães que roncavam no campo de pouso. Finalmente, depois de se abrigarem nas árvores durante a *blitz* do início da manhã, uniram-se ao 21º Batalhão. No amanhecer de 21 de maio, não restava mais nenhum soldado da Nova Zelândia no perímetro do campo de pouso. Das suas novas posições, só seria possível fogo direto na extremidade leste da pista. Perdeu-se o campo de pouso de Maleme antes que o segundo dia da batalha começasse.

Tanto Puttick quanto Freyberg foram seriamente enganados pela mensagem de Hargest de que a situação em Maleme era "bastante satisfatória". Mas considerando a sua relutância em ceder tropas suficientes para retomar Maleme, mesmo depois que os aviões alemães de transporte de tropas começaram a pousar, é improvável que a falha de Hargest tenha feito muita diferença. Quase com certeza, Hargest não quis deslocar o 23º Batalhão, previsto para contra-atacar o campo de pouso, devido à responsabilidade pela defesa costeira. Isso só aumenta ainda mais a impressão de que o plano operacional como um todo fora mortalmente atrapalhado pelo mal-entendido de Freyberg sobre o transporte por mar dos reforços inimigos.

Por outro lado, a poucas horas do primeiro lançamento de pára-quedistas, Kippenberger começara a pedir que o 20º Batalhão, reserva da divisão, iniciasse um contra-ataque ao Vale da Prisão. O brigadier Inglis estava igualmente decepcionado. A sua 4ª Brigada, que pertencia à Força Reserva e Freyberg cedera a Puttick, esperara ansiosa sem nada para fazer depois da luta inicial depois do desjejum. Inglis queria usar toda a sua brigada para atacar o Vale da Prisão e limpá-lo do 3º Regimento de Pára-quedistas de Heidrich e depois investir sobre Maleme, a nordeste.

O coronel Stewart, do Estado-Maior geral da brigada de Freyberg, e o coronel Gentry, chefe do Estado-Maior do próprio Puttick, somaram as suas vozes ao clamor por ação. Mas Puttick, apoiado por Freyberg, recusou-se a ouvir todos os apelos para contra-atacar, apesar da ênfase dada nas ordens operacionais a esta linha de ação. Depois da guerra, Puttick argumentou que o ataque ao Vale da Prisão deixaria os soldados à mercê dos aviões inimigos ao amanhecer, mas na verdade só se consegue concluir que ele e Freyberg estavam tão preocupados com os reforços trazidos por mar que não queriam afastar nenhuma unidade das suas posições no litoral.

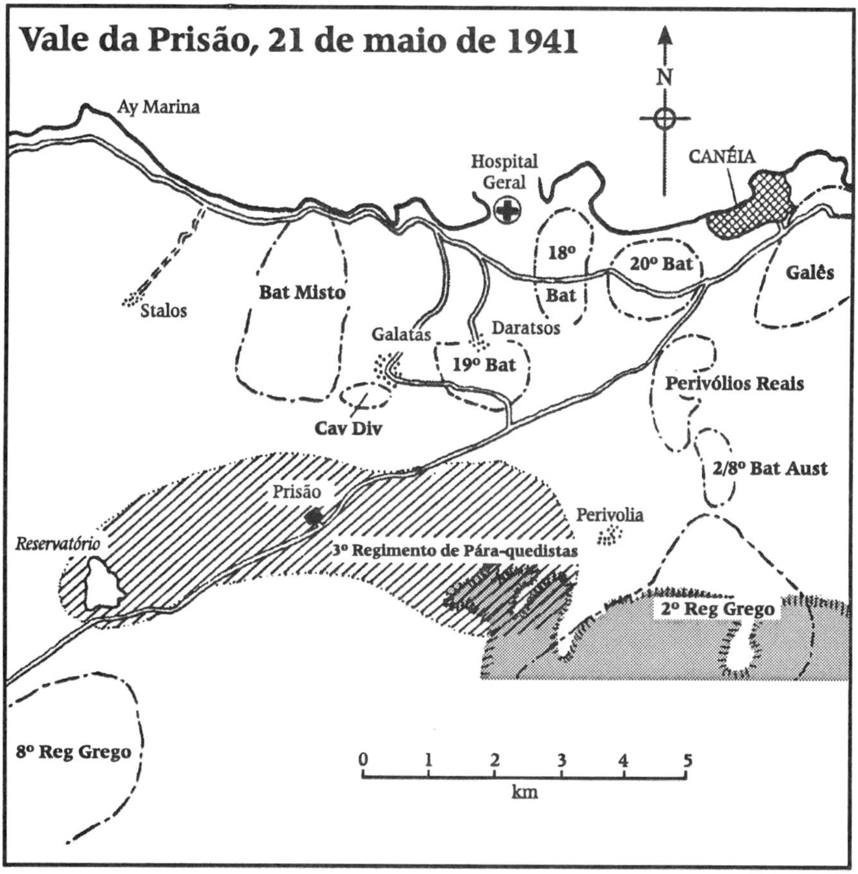

O coronel Stewart também ressaltou, depois da guerra, que "uma característica notável da batalha foi a tendência dos oficiais superiores de ficar em seus quartéis-generais. Em campanhas posteriores, a prática aceita na Divisão foi que os comandantes ficassem bem avançados (...) Em Creta, onde a comunicação sempre foi ruim e, com freqüência, inexistente, seria mais importante do que nunca que os comandantes tivessem avançado".

Mesmo que discordasse da decisão de Puttick, Freyberg detestaria passar por cima dela. Temia pisar nos calos dos seus oficiais superiores, ainda mais porque sentia que os oficiais da Nova Zelândia ainda não o tinham aceitado de volta como um dos seus. No entanto, havia mais coisa em jogo do que a suscetibilidade de um punhado de oficiais e a falta de pulso firme só se justificaria caso os comandantes das formações estivessem muitíssimo bem informados sobre as prioridades e fossem capazes de tomar a iniciativa.

Durante toda aquela primeira noite da batalha, os oficiais do XI Corpo Aéreo, no Hotel Grande Bretagne, ficaram sob tensão tão grande que não puderam dormir. O general Student, o seu segundo no comando, Generalmajor Schlemm, e o oficial de operações do Estado-Maior, coronel von Trettner, pouco saíram do salão de baile. "Na parede, na semi-escuridão", escreveu o capitão von der Heydte, baseando a sua descrição em relatos de colegas oficiais, "estava o grande mapa de Creta salpicado de bandeirinhas de papel (...) Na grande mesa no meio da sala, iluminada com excesso desnecessário, havia três telefones de campanha em meio a uma confusão de fios, uma pilha de papel, dois arquivos pretos e, no centro, um grande cinzeiro com uma pilha enorme de pontas de cigarro e cigarros meio fumados (...) Os ordenanças vêm e vão (...) telefones tocam, teletipos matraqueiam."

A notícia de um desastre em Creta logo se espalhou, tanto na Wehrmacht, a partir do quartel-general do XII Exército do marechal-de-campo von List, e no Alto-Comando, na Alemanha, quanto na Luftwaffe, por meio do VIII Corpo Aéreo de Richthofen.

As baixas tinham sido tão grandes e os ganhos tão pequenos que Student sofreu forte pressão para abortar a operação como um todo. Embora ainda não se conhecesse o número de baixas, ele tinha uma idéia bem exata da escala da matança. O total, nos quatro setores, de 1.863 mortos do primeiro dia igualava-se ao número de homens lançados na área Maleme-Tavronitis.

No anoitecer de 20 de maio, nenhum dos objetivos da Operação Mercúrio tinha sido atingido. A tropa do coronel Sturm, em Retimno, estava sem contato pelo rádio, e agora a de Bräuer parecia fraca demais para vencer os batalhões entrincheirados da 14ª Brigada de Infantaria. O 3º Regimento de Pára-quedistas de Heidrich, no Vale da Prisão, fora frustrado pela defesa de Galatas. Somente o Regimento Tempestade, em Maleme, estava prestes a tomar o campo de pouso, mas a sua situação não era suficientemente forte para guarnecer o perímetro e proteger o pouso da 5ª Divisão de Caçadores de Montanha. Faltava-lhe, acima de tudo, munição e comando.

O general-de-brigada Süssmann fora morto, o Generalmajor Meindl estava gravemente ferido, o major Scherber morto e o major Koch ferido. As baixas de comandantes de companhias também tinham sido desastrosas. Student decidiu enviar imediatamente, com reforços, o coronel Ramcke, aquele líder duro e vigoroso, veterano do Freikorps, para reorganizar o Regimento Tempestade como unidade de combate. Para reunir homens suficientes — desde o princípio, o seu nível de reservas era perigosamente baixo — mandaria todos os elementos da tropa do coronel Bräuer que não tinham seguido para Heráclion devido à escassez de aviões. Parece que Student, temendo que a operação fosse suspensa nas próximas horas, não contou ao seu superior, general Löhr, esta última jogada.

Mesmo com Ramcke e os reforços, o general Student sabia que perderia, a não ser que conseguisse pousar e desdobrar os soldados descansados da Divisão de Caçadores de Montanha até a segunda noite da batalha; a tropa transportada por mar, que Freyberg tanto temia, se atrasara. O estudo atento dos contornos do mapa, combinado com os relatórios aéreos sobre as posições neozelandesas, indicou que, com a Colina 107 em mãos alemãs, a extremidade do campo de pouso perto do Tavronitis ficaria fora da linha de fogo direto. Dois Junkers tinham tentado pousar no aeródromo na tarde de 20 de maio, mas o fogo vigoroso da companhia da Nova Zelândia obrigara-os a se afastar de volta para o mar. Assim, tudo dependia de saber se os defensores originais ainda estavam escondidos no perímetro ocidental. Só havia um jeito de descobrir.

Student convocou o capitão Kleye, intrépido aviador do seu Estado-Maior, ao salão de baile do Hotel Grande Bretagne. Explicou o problema e pediu a Kleye que, nas primeiras luzes, tentasse pousar e decolar na extremidade ocidental do campo de pouso. O capitão Kleye decolou de madrugada e realizou o seu pouso de teste. Embora a artilharia leve atirasse em seu aeroplano, ele pôde confirmar que a extremidade ocidental, pelo menos, não estava ao alcance do fogo direto. Os últimos defensores tinham se retirado do campo de pouso e da Colina 107.

Outro Junkers 52 também decolou sozinho no início daquela manhã. Depois de receber uma mensagem de rádio do Tavronitis dizendo que os sobreviventes do Regimento Tempestade estavam praticamente sem munição e que o Generalmajor Meindl morreria sem tratamento hospitalar, dois pilotos, Koenitz e Steinweg, carregaram o avião e, sem pedir permissão, voaram para o sul, cruzando o Egeu. Conseguiram pousar na praia, a oeste do leito do rio. Os pára-quedistas correram até o aeroplano e descarregaram a munição. Então, assim que o já delirante Generalmajor Meindl e mais sete feridos foram postos a bordo em macas e os voluntários limparam as pedras da improvisadíssima pista, Koenitz conseguiu decolar outra vez.

Ao receber as encorajadoras notícias de Kleye, o general Student enviou ordens à 5ª Divisão de Caçadores de Montanha do general Ringel. O primeiro batalhão de caçadores deveria aprontar-se para voar para Creta a qualquer momento, partindo do campo de pouso de Tanagra. Em primeiro lugar, outra onda de aviões de transporte decolaria com o coronel Ramcke e as reservas de pára-quedistas. Mas, no plano marcado para o meio da tarde, Student cometeu um erro grave. Enquanto Ramcke e duas companhias e meia seriam lançados a oeste do Tavronitis, onde o pouso seria protegido pelos sobreviventes do Regimento Tempestade, outras duas companhias do 2º Regimento de Pára-quedistas seriam lançadas a leste do campo de pouso. É curioso que ele não tenha imaginado que poderiam ser massacradas, como acontecera na véspera com o batalhão do major Scherber.

A 5ª Brigada da Nova Zelândia passou a manhã de 21 de maio se organizando. Os sobreviventes do coronel Andrew foram redivididos em duas companhias, uma designada para o 21º Batalhão e outra para o 23º. Hargest permitiu que os três oficiais comandantes fizessem o que achassem melhor. Não tentou avançar do seu quartel-general em Platanias para ver com os próprios olhos e não insistiu para que fizessem um contra-ataque ao campo de pouso.

Os neozelandeses da linha de frente, agora atrás da estrada que ia do litoral à aldeia de Xamudohori e à estação de radar destruída, não puderam ver, a princípio, o avanço cauteloso do Regimento Tempestade rumo à aldeia de Maleme.

Por volta das três da tarde, a Luftwaffe começou a bombardear e metralhar. Foi um prelúdio para o ataque do Regimento Tempestade, que deveria coincidir com o lançamento dos pára-quedistas. Assim que cessou o ataque aéreo, destacamentos do Regimento Tempestade avançaram rumo a Pirgos, mas foram repelidos depois de luta feroz em que os neozelandeses usaram, com grande efeito, algumas metralhadoras Spandau capturadas.

Três quilômetros atrás das linhas neozelandesas, surgiram 24 aviões de transporte de tropas, em seus trios agora bem conhecidos, lançando as duas companhias de pára-quedistas. Mas a área que Student escolhera ficava perto das posições do Destacamento de Engenharia da Nova Zelândia e do 28º Batalhão Maori. Os que não foram mortos no ar tinham a mesma probabilidade de serem atingidos antes de se soltarem das correias. "Em certo momento", recordou um capitão, "parei um instante para ver como iam as coisas e um huno caiu a menos de três metros. Eu estava com a minha pistola e sem nem saber direito o que fazia atirei com ele ainda no chão. Mal passara o choque quando desceu outro quase em cima de mim e atirei nele também enquanto se desembaraçava. Sei que não foi muito justo, mas foi assim."

Os maoris calaram as baionetas e seguiram direto para os pára-quedistas que caíram em sua área. Um dos seus oficiais descreveu a cena. "Quando chegamos nele [um alemão que se fingia de morto] mandei o maori furá-lo com a baioneta. Quando obedeceu, virou a cabeça para o outro lado, não agüentando olhar. Corremos entre os alemães, espalhados a cada 15 ou 20 metros. Um deles, a uns 15 metros, em vez de disparar a submetralhadora, tentou deitar-se para atirar. Atirei nele com uma Mauser alemã. Passou de raspão pelo seu traseiro e por pouco não o pega entre as pernas. A minha nuca se eriçou, mas o maori o pegou (eu não tinha baioneta). Corremos (...) Alguns tentaram fugir de rastros. Um homem gigantesco pulou com as mãos pra cima como um gorila, berrando 'Mons ao Alto!' Eu disse: 'Mate o canalha' e o maori o matou. Isso porque muitos outros atiravam em nós." Todos os oficiais, sargentos e cabos daquela companhia foram mortos. Das duas companhias de pára-quedistas, só sobreviveram oitenta homens, um terço da tropa toda, a maioria escondendo-se e mais tarde se esgueirando para oeste, ao longo da praia, depois do crepúsculo.

Embora ambos os ataques tenham fracassado, o perímetro do campo de pouso de Maleme permaneceu em mãos alemãs e, por volta das cinco da tarde, chegaram de Tanagra os primeiros aviões de transporte com o II Batalhão do 100º Regimento de Caçadores de Montanha do coronel Utz. Eles pousaram, pararam para descarregar com os motores ainda ligados e decolaram imediatamente. Mas muitos aviões não sobreviveram. O campo de pouso de Maleme caiu sob o fogo de artilharia aleatório dos invisíveis canhões de 75 mm da área da 5ª Brigada. Os nove canhões de campanha, em sua maioria peças italianas sem mira capturadas na Líbia, abriram fogo com algum sucesso sobre a pista — o "sonho do artilheiro" —, mas isso não foi o bastante para impedir a série de Junkers 52 que vinha pelo Cabo de Spata, no horizonte ocidental.

Para os caçadores de montanha que sentiam as ondas de choque da explosão das granadas ainda dentro da fuselagem dos Junkers, foi um pesadelo desorientador. Antes mesmo que o avião parasse, pulavam para a pista vermelha e poeirenta — o general Student comparou-a a uma quadra de tênis de saibro — agarrados aos fuzis Mauser e ao capacete de aço. Em geral, preferiam os quepes com o emblema prateado de uma edelvais do lado, e só usavam o capacete de balde de carvão quando sob bombardeio.

Os pelotões e seções se misturaram na corrida para os lados para fugir do fogo de granadas. Uma companhia recebeu ordens de avançar imediatamente para reforçar o Regimento Tempestade. Os outros, depois de reunidos, seguiram para ocupar posições e defender o campo de pouso de qualquer contra-ataque pelos flancos sul e sudoeste.

Cerca de vinte aviões de transporte foram atingidos ou caíram. Mas, com obstinação e energia impiedosas que os britânicos nunca tinham contemplado, os alemães mantiveram a pista limpa. Usaram rebocadores de metralhadoras para retirar do caminho os destroços de aviões e formaram grupos de trabalho com prisioneiros de guerra sob a mira das armas para encher os buracos; dizem que vários foram mortos sumariamente por se recusar a obedecer a este desrespeito flagrante da Convenção de Genebra.

Do lado alemão, conta-se que o sobrinho do general von Richthofen, um ás dos Stukas, também pousou na extremidade ocidental do aeródromo, examinou a Colina 107 com bons binóculos, identificou as baterias de artilharia que atiravam sobre Maleme e decolou de novo para liderar contra elas o seu grupo de caças. Os pára-quedistas de Ramcke também enfrentaram baterias britânicas com as metralhadoras Bofors móveis que capturaram em Maleme, usando-as como canhões alemães de 88 mm contra alvos em terra.

Naquela tarde, uma bomba alemã atingiu um depósito de combustível e munição. Um imenso pálio de fumaça obliterou o céu e o olival circundante começou a pegar fogo. O ritmo constante dos pousos e decolagens das aeronaves alarmou e impressionou os oficiais de Estado-Maior que, na pedreira da Creforce, observavam de binóculo. O coronel australiano que comandava a artilharia de Freyberg mediu o seu ritmo. "Setenta segundos para pousar e descarregar homens e equipamento", observou.

A necessidade do contra-ataque a Maleme foi finalmente admitida pelos oficiais superiores que tanto relutaram em reagir. Primeiro, pela manhã, Hargest discutira o assunto com Puttick pelo telefone de campanha. Recomendara vigorosamente que o ataque fosse feito à noite, para evitar ataques aéreos. Puttick concordou. Mas o efetivo inadequado que se dispunham a dedicar à operação condenou-a antes do seu início. Aquela receita — pouco demais, tarde demais — foi seguida mais uma vez, com resultado desastroso. Queriam que dois batalhões, o de maoris e o 20º, com os três "carrinhos de bebê blindados" do tenente Farran, derrotassem em poucas horas, após uma longa marcha noturna, um batalhão recém-chegado de caçadores de montanha e o Regimento Tempestade reorganizado e bem armado.

Hargest, Puttick e Freyberg aceitavam, todos, a idéia do contra-ataque, mas mostraram pouco entusiasmo pela iniciativa. É difícil imaginar estado de espírito mais desastroso em comandantes que preparam uma operação como essa. Sem nenhuma ação que impedisse a concentração dos alemães e o ataque a partir de Maleme, a vitória alemã se tornaria inevitável. Mas a história oficial da Nova Zelândia ressalta que, para Puttick e Freyberg, "predominava a impressão de que o ataque marítimo era o que mais se devia temer". Mesmo assim, Freyberg tinha cerca de 6 mil soldados na área Canéia-Suda, além da Divisão da Nova Zelândia nos setores de Maleme e Galatas.

Não só a força destinada ao contra-ataque em Maleme era perigosamente pequena como também lhe foi imposta uma condição fatídica. As reservas australianas remanescentes em Georgiópolis teriam de vir ocupar o lugar do 20º Batalhão antes que o avanço começasse.

13

"A invasão por mar"

Noite de 21 de maio

"A nossa atenção na pedreira", escreveu um dos oficiais do Estado-Maior de Freyberg, "foi obscurecida, neste contra-ataque, por um acontecimento iminente e mais próximo. A invasão por mar estava a caminho."

A *idée fixe* de Freyberg mantivera-se a tal ponto que ele entendeu errado uma mensagem importantíssima do Ultra na tarde de 21 de maio e acreditou que a frota inimiga dirigia-se diretamente para Canéia. Esta mensagem, como todas as outras interceptadas, era apenas para os seus olhos e, assim, ele não podia discuti-la com ninguém. Seja como for, parece que ele não estava mesmo disposto a ouvir ninguém. Freyberg não aceitaria as afirmativas do capitão Morse, oficial da Marinha Real encarregado da Baía de Suda, de que a Esquadra do Mediterrâneo era realmente capaz de cuidar de qualquer ameaça vinda por mar.

A única descrição desta ameaça nas mensagens do Ultra — "Quarto. Chegada do contingente por mar consistindo de baterias antiaéreas assim como de mais soldados e suprimentos" — não indica uma operação de ataque às praias com blindados. E além da confusão descrita no Capítulo 8 sobre o número de soldados envolvidos, não houve nenhuma alusão a frotas invasoras nas mensagens do Ultra; a única referência específica foi a "transporte marítimo". Finalmente, não houve indicação de nenhuma fonte de informação de que os alemães ou os italianos possuíssem navios de assalto ou lanchas de desembarque. Wavell, como já se ressaltou, informou ao War

Office em 1º de maio: "Nossas informações indicam insuficiente transporte marítimo partiu do Egeu para operações marítimas em grande escala." Pondo de lado a questão do litoral inadequado perto de Canéia, seria difícil imaginar que o inimigo se arriscaria a um desembarque sob combate se podia levar para terra reforços e equipamento por trás das suas próprias linhas.

Na primeira noite da batalha, Freyberg ficara animadíssimo quando Geoffrey Cox descobriu, em meio a uma massa de papéis tirados de inimigos mortos, a ordem operacional do 3º Regimento de Pára-quedistas. Ela revelou os seus objetivos e acrescentou que o Grupo de Embarcações Leves desembarcaria a oeste de Maleme. Mas deve ter se esquecido disso quando chegou a Creta, em 21 de maio, a seguinte mensagem OL 15/389:*

> Pessoal para general Freyberg — Urgentíssimo
>
> Em seguida a ataque Colorado [Creta], notícia assegurada que entre operações planejadas para 21 de maio está desembarque aéreo dois batalhões de montanha e ataque Canéia. Desembarque de flotilha de barcos pequenos depende de situação no mar.

Parece que Freyberg confundiu as duas frases. Só se pode supor que não lhe ocorreu que "ataque Canéia" podia referir-se à proposta de ataque pelo sudoeste por pára-quedistas no Vale da Prisão ou a um ataque aéreo. Em sua fixação com o ataque por mar, parece ter se apegado às palavras "Canéia" e "desembarque", esquecendo o ponto final que estava entre elas. A idéia de que uma "flotilha de barcos pequenos" pretendia desembarcar uma grande tropa com blindados num litoral hostil ou atacar o porto de Canéia mostrou ser um grave erro. Foi, claramente, o principal elemento da série de fatos desastrosos que atingiu o contra-ataque planejado para aquela noite em Maleme. Logo depois de receber a mensagem do Ultra, Freyberg deu a seguinte ordem:

*Embora despachada às 9h, horário de Greenwich, Freyberg só a recebeu mais tarde "devido a interrupção temporária da comunicação" avisada ao Cairo em OL 389. A julgar pela história oficial da Nova Zelândia (Davin, pp. 195-6), a mensagem chegou naquela tarde, durante a reunião de Freyberg com Puttick, Inglis e Vasey.

> Informação confiável. Provável ataque iminente por mar na área de Canéia. Divisão da Nova Zelândia continua responsável litoral oeste até rio Kladiso. Batalhão galês passa a reforçar defesas existentes de Kladiso a Halepa.

Não só Freyberg manteve em Canéia, para guarnecer a costa, o Regimento Galês, o seu maior e mais bem equipado batalhão, como não permitiu que nenhuma unidade, além do 20º Batalhão da 4ª Brigada de Inglis, participasse do contra-ataque em Maleme e, mesmo assim, só depois que fosse substituído por um batalhão australiano de Georgiópolis. A tropa contra-atacante era pequena demais e estava atrasada demais; na verdade, Freyberg poderia ter usado cinco batalhões com tempo suficiente para esmagar o inimigo em Maleme.

Mesmo depois da guerra, Freyberg nunca percebeu que a flotilha alemã se dirigia para Maleme, não para Canéia. "Não poderia deixar desguarnecida esta posição protetora perto de Canéia", escreveu ele sobre a liberação tardia do 20º Batalhão, "porque se os alemães desembarcassem como planejado perderíamos todos os nossos suprimentos e munições; além disso, se o inimigo conquistasse aquela posição, isolaria da Baía de Suda toda a tropa da Nova Zelândia. Eu dei a ordem; nem Puttick nem Inglis foram responsáveis pela demora."

Longe de ser uma frota invasora, o Primeiro Grupo de Embarcações Leves era uma coletânea de dezenove caíques e dois pequenos vapores enferrujados escoltados por um contratorpedeiro italiano leve, o *Lupo*. Transportava apenas o III Batalhão do 100º Regimento de Caçadores de Montanha (Reichenhall), com suprimentos pesados, principalmente munição, e baterias antiaéreas. Também se reunira um segundo Schiffsstaffel, escoltado por outro contratorpedeiro leve, o *Sagittario*, para transportar até Heráclion o II Batalhão do 85º Regimento de Caçadores de Montanha.

Essas duas flotilhas tinham sido formadas como alternativa para a invasão aérea, na suposição de que os defensores tornariam imprestáveis os campos de pouso. O general Ringel, para enfatizar a pouca prioridade da expedição, afirmou que, para navegar, os caíques só tinham "um mapa na escala 1/500.000 e uma bússola portátil". Mais tarde os soldados afirmaram ter considerado os caíques "armadilhas fatais" antes mesmo de zarpar. Mas talvez isso se devesse a saberem o que aconteceu, pois durante a travessia a maioria deles cantou "Marchar contra a Inglaterra" com bastante animação, tocando gaita e acenando entusiasmados quando aviões alemães, a caminho de atacar a ilha, voaram baixo sobre a água para saudá-los.

Depois de zarpar do Pireu, esta improvável armada seguira para sudoeste rumo à ilha de Milos, a maior das Cícladas, a meio caminho de Creta. O plano era cruzar o último trecho do Egeu durante 21 de maio, sob a proteção do VIII Corpo Aéreo, que atacaria qualquer navio da Marinha Real britânica que aparecesse, e chegar ao litoral de Creta ao anoitecer; os caíques usariam as velas e os motores.

A escolta do navio italiano era necessária porque a esquadra de superfície alemã não podia passar pelos canhões de Gibraltar. Mussolini declarara o Mediterrâneo como *Mare Nostrum*, ponto no qual Hitler teve de ceder, mas quando a Operação Mercúrio foi preparada o almirantado italiano em Roma recusara os pedidos alemães de lançar ao mar os seus navios de linha. A Batalha do Cabo Matapan estava bem viva na lembrança.

Os problemas do almirante Cunningham eram opostos. A Esquadra britânica do Mediterrâneo tinha supremacia na superfície, mas sem porta-aviões — o HMS *Formidable* perdera a maior parte dos seus caças Fulmar — os navios eram vulneráveis aos ataques de bombardeio vindos de bases no continente e nas ilhas gregas. A única solução era varrer o Egeu à noite com "forças leves", em geral grupos mistos de contratorpedeiros e cruzadores, e recolhê-los ao amanhecer em águas menos perigosas além do estreito de Kaso, a leste de Creta, e do estreito de Anticítera, a oeste.

Cunningham, decidido a fazer a Marinha Real cumprir o seu papel de defesa marítima, despachara primeiro três forças-tarefa para varrer o Egeu na noite de 16 de maio. Outra força, com os encouraçados *Queen Elizabeth* e *Barham* e cinco contratorpedeiros, ficou a oeste de Creta para o caso de a esquadra italiana aparecer. Nos dias seguintes, criou-se um revezamento, com navios voltando a Alexandria para reabastecer enquanto outros ocupavam o seu lugar.

Em 20 de maio, assim que a notícia da invasão pelo ar chegou a Alexandria, Cunningham ordenou que as suas forças-tarefa se preparassem para varrer o Egeu mais uma vez naquela noite. O grupo mais pesado, centrado agora no encouraçado *Warspite*, permaneceu a oeste de Creta. A leste da ilha, os contratorpedeiros *Jervis*, *Nizam* e *Ilex* foram bombardear o campo de pouso de Scarpanto, que o VIII Corpo Aéreo usava como base dos Dorniers 17 e de uns cinqüenta Stukas.

Durante a manhã de 21 de maio, os grupos de navios que buscavam águas mais seguras depois da varredura noturna do Egeu foram violentamente atacados. O contra-almirante Glennie, com os cruzadores *Dido, Orion* e *Ajax* e quatro contratorpedeiros, enfrentou ataques de bombardeio durante mais de quatro horas. Foram afortunadíssimos por escapar com poucas avarias. A força do almirante King, a leste, perdeu o contratorpedeiro *Juno*, atingido por três bombas de uma só vez. O navio adernou e rompeu-se ao meio. A proa subiu na vertical e depois afundou, tudo em menos de dois minutos. Um oficial subalterno sofreu queimaduras terríveis ao nadar num trecho de óleo quente para salvar um marinheiro. O contratorpedeiro *Nubian* recolheu a maior parte dos sobreviventes.

No crepúsculo, três forças-tarefa de Cunningham voltaram ao Egeu. O sistema de informações identificara o comboio e a sua rota de Milos para Maleme. Seguindo a regra de proteger as "fontes secretíssimas", o almirante Cunningham enviara um único avião Maryland para dar "uma olhada por acaso" na flotilha, devidamente avistada à tarde. Os dois esquadrões de cruzadores foram muito auxiliados por uma versão em menor grau da interceptação de mensagens do Ultra e cada nau capitânia tinha a bordo um "oficial Y". Mais tarde, o contra-almirante Glennie afirmou que a melhor maneira de acompanhar os outros esquadrões britânicos era pelos relatórios de navios avistados captados do rádio alemão.

A Força D de Glennie, usando o radar, concentrou-se no Primeiro Grupo de Embarcações Leves, uns 29 quilômetros ao norte de Canéia. Glennie, no HMS *Dido*, tinha mais dois cruzadores, *Orion* e *Ajax*, e quatro contratorpedeiros, *Janus, Kimberley, Hasty* e *Hereward*. Às 23h30, o *Janus* enviou um alerta à nau capitânia. O comandante H. W. McCall, do HMS *Dido*, deu a ordem "Ligar holofotes!" Os raios de luz revelaram o contratorpedeiro leve italiano *Lupo*, recém-pintado e com a bandeira italiana. O *Lupo* não abandonou as embarcações a seu cargo e passou com grande bravura pelos cruzadores, que lhe disparavam torpedos. Imediatamente os cruzadores viraram para estibordo "para seguir a esteira, alcançar e engajar" o *Lupo*. O *Dido* acertou duas vezes e depois o *Ajax* explodiu o *Lupo* à queima-roupa com os canhões laterais.

Para os caçadores de montanha nos caíques, o som dos pesados motores navais, depois os holofotes sobre o *Lupo*, seguidos pela luta rápida e devastadora foram uma experiência aterrorizante. Alguns soldados tiveram a presença de espírito de ferrar as velas para reduzir-lhes o perfil. (Ainda estavam no mar durante as horas perigosas da escuridão porque faltara vento durante o dia.) Os homens, irracionalmente, esconderam-se no fundo das baleeiras, como se as tábuas pudessem protegê-los dos canhões dos navios de guerra. Mas foram os raios de luz cegante e branca que mais temor inspiraram.

Os holofotes de 20 polegadas dos cruzadores logo localizaram os caíques. Os soldados alemães levantaram-se e começaram a acenar lenços e toalhas brancas em rendição. O comandante do *Dido* deu ordem de atirar. Segundo uma testemunha (oficial-sinaleiro na ponte de comando), o mestre protestou que abrir fogo sobre caíques desarmados era assassinato, mas o comandante empurrou-o para o lado e gritou a ordem pessoalmente pelo tubo. "Canhões, abrir fogo!" Talvez recordasse o bombardeio alemão de um navio-hospital em cuja ajuda o *Dido* correra, durante a evacuação da Grécia. Todo o armamento leve do navio — canhões Oerlikon, pompons e Hotchkiss — abriu fogo.

Usando o radar, os contratorpedeiros caçaram todos os caíques que tentaram fugir dos holofotes. Enquanto os contratorpedeiros giravam e regiravam atrás da presa, como cães de caça entre coelhos ofuscados e indefesos, a confusão quase provocou colisões. O tempo todo os oficiais artilheiros ficavam roucos de tanto gritar ordens de fogo ao armamento principal. As metralhadoras e pompons disparavam sem cessar sobre qualquer alvo que se apresentasse, fosse caíque, salva-vidas, bote de borracha ou até, de acordo com fontes alemãs, grupos de homens de colete salva-vidas nadando na água ou agarrados a vergas. O relatório de Cunningham afirma que o engajamento durou duas horas e meia. Não se fez menção das cargas de profundidade que, segundo boatos britânicos mas sem acusações alemãs, foram usadas para matar soldados na água com ondas de choque. Apesar de todo esse fogo, só morreram 327 homens; o restante foi recolhido pela manhã por embarcações alemãs e hidroaviões Arado, bem depois que os navios de Glennie tinham deixado a área.

Um único caíque chegou ileso a Creta. No início da viagem, a tripulação grega abandonara o barco e os soldados assumiram o comando. Este caíque separou-se do restante e chegou ao Cabo Spata, a oeste de Maleme, com todo o seu carregamento de três oficiais e 110 homens. Além desses, os únicos soldados do comboio a chegar ao litoral de Creta desembarcaram num bote, na costa pouco amistosa do Akrotiri, onde uma patrulha de combate dos Hussardos de Northumberland logo os encurralou.

No quartel-general da Creforce, a tensão que antecede a batalha foi intensa. Pouco antes das 23h30, chegou um mensageiro do capitão Micky Sandford, oficial de informações australiano que decifrava as mensagens do Ultra, mostrava-as a Freyberg e depois as destruía. Naquela noite, o grupo de mensageiros de Sandford, acima da pedreira, escutava o rádio no mar. A Marinha Real localizara o comboio e estava prestes a dar-lhe combate. As baterias de defesa costeira também estavam prontas para atirar. As mais pesadas eram a Bateria B, dois pares de canhões de 6 polegadas guarnecidos pela Cavalaria dos Rangers de Sherwood em Kelevis, na entrada da Baía de Suda, e a Bateria Y, no alto do Morro de São João, atrás de Canéia. A sua contribuição não foi necessária.

"De repente", escreveu Geoffrey Cox, "ao norte, no horizonte distante, veio o relâmpago e o trovão dos canhões e o brilho fosco e vermelho dos navios em chamas." Freyberg e os oficiais do seu Estado-Maior observaram com grande entusiasmo. David Hunt lembra-se de Freyberg "dando pulinhos" com a destruição dos caíques, com animação infantil, chamando-o depois pelo nome de batismo pela primeira vez.

Por acaso, Cox percebeu que o coronel Stewart fazia "alguma observação a Freyberg que não escutei. Mas ouvi a resposta. 'Foi uma grande responsabilidade. Uma grande responsabilidade.' O seu tom de voz transmitia a profunda gratidão de um homem que desempenhou bem uma tarefa difícil, digna de pesadelo. Acredito que o seu comentário indicou que sentia que agora a ilha estava razoavelmente em segurança".

Então, Freyberg e a maior parte do seu Estado-Maior foram dormir. "Quanto a mim", acrescentou Cox, "entrei no meu saco de dormir com um sentimento de gratidão profunda; na verdade, quase de desapontamento por ter sido tudo tão rápido." Antes de adormecer, Freyberg nem pediu notícias do progresso dos preparativos para o contra-ataque em Maleme. Pensava, claramente, que a batalha estava praticamente ganha.

O comportamento do general Freyberg naquela noite contradiz por completo a teoria revisionista de que, embora soubesse que Maleme era o ponto-chave da batalha, foi prejudicado pelas regras de segredo que cercavam o Ultra. Freyberg era um homem muito apreciado e corajoso, mas sem imaginação. Depois de agarrar-se à idéia errada de "invasão por mar", não conseguiu mais largá-la.

Este fundamental mal-entendido permeou as ordens de defesa mesmo depois que a realidade da situação ficou bem clara na manhã seguinte. Os oficiais e soldados dos Rangers de Sherwood, que guarneciam os canhões de 6 polegadas do Morro São João, classificaram de "tortura observar o grupo gordo de alemães no aeródromo de Maleme gozar de relativa paz" nos próximos dois dias. O comandante da bateria pediu permissão para virar os canhões e atacar o campo de pouso, mas isso lhe foi recusado porque a artilharia de costa era estritamente para a defesa contra a invasão por mar. Só nas primeiras horas de 24 de maio, dois dias depois da destruição do comboio, disseram-lhes que poderiam atacar as concentrações inimigas a oeste. Mas nisso Maleme estava bem atrás das linhas inimigas e os alemães a cinco quilômetros de Canéia.

14

Desastre em terra e mar

22 de maio

À uma hora da manhã de 22 de maio, quando o contra-ataque em Maleme deveria cruzar a linha de largada, ninguém no quartel-general da Creforce parecia saber que o cronograma do movimento de tropas já desmoronara.

A princípio, o plano deste contra-ataque fora discutido pelo telefone de campanha perto do fim da manhã de 21 de maio, antes que os primeiros aviões de transporte pousassem no aeródromo. Havia sinais de que os alemães pretendiam investir para o norte, partindo do Lago Ayia, no Vale da Prisão, para isolar a 5ª Brigada de Hargest, perto de Platanias, da 10ª Brigada de Kippenberger, em Galatas.

Pouco mais se fez até o meio da tarde, quando Freyberg convocou uma reunião no quartel-general da Creforce para assegurar que o 2/7º Batalhão australiano de Georgiópolis substituíra o 20º batalhão que guardava o litoral. Ele também se comunicou com o Cairo para pedir um bombardeio do campo de pouso de Maleme aquela noite, mas o pedido deve ter chegado tarde demais. Em vez disso, uma missão bem ineficaz decolou na noite seguinte.

A decisão final sobre o contra-ataque foi tomada por volta das seis da tarde. Parece que ninguém argumentou que agora dois batalhões seriam insuficientes contra um inimigo reforçado com aviões de transporte de tropas que pousavam com poucos minutos de intervalo. E ninguém questionou o cronograma nem a insistência de Freyberg de que o 20º Batalhão só avançaria depois que todo o batalhão australiano chegasse.

Vasey, comandante da brigada australiana de Georgiópolis, ficou perplexo, já que planejara usar o batalhão para limpar a estrada de Retimno e unir-se ali à tropa de Campbell. No entanto, sentiu que não tinha alternativa senão obedecer à ordem e nada disse sobre a dificuldade de reunir caminhões suficientes à luz do dia, sob os olhos dos pilotos inimigos, nem sobre os riscos da movimentação noturna. Depois da reunião, o oficial comandante do 2/7º Batalhão exprimiu a sua preocupação, mas o brigadier Inglis descartou-a com a observação impensada de que "um batalhão bem treinado consegue realizar esta operação em uma hora".

O general Puttick voltou ao quartel-general da divisão e, decidindo que ali devia ficar, à espera do ataque por mar a Canéia, mandou o seu chefe do Estado-Maior, coronel Gentry, informar Hargest em seu quartel-general. No caminho, Gentry recolheu o major Peck, que comandava o esquadrão do 3º Regimento de Hussardos, e o tenente Roy Farran, cuja tropa também participaria da ação.

Chegaram ao quartel-general da 5ª Brigada, uma casa de camponeses na orla de Platanias. Mais tarde Farran descreveu Hargest como "homem franco, de rosto vermelho, que parecia um fazendeiro do interior; era óbvio que sofria de fadiga aguda. Pediu-nos que esperássemos meia hora enquanto tirava um cochilo. Irritados, intolerantes, sentamo-nos nos degraus enquanto ele se aprontava".

Mais tarde Gentry registrou que "ninguém exprimiu dúvidas sobre o plano (...) Foi claramente admitido que o sucesso dependia da realização do ataque sob o manto da escuridão". Mas, embora o quartel-general da Creforce tivesse marcado o início do avanço para uma hora da manhã, o ataque só começou às quatro. Isso deixou menos de três horas de escuridão para derrotar uma força inimiga superior. Se os australianos chegassem atrasados para substituir o 20º Batalhão, o manto da escuridão seria mesmo bem curtinho.

Enquanto isso, os postos de observação do quartel-general da 4ª Brigada continuavam a vigiar o mar e destacamentos do 18º e do 20º batalhões continuavam a patrulhar as praias a oeste de Canéia. O oficial comandante do 20º Batalhão, compreensivelmente ansioso com a demora do contra-ataque e tendo visto o comboio enfrentado pela Marinha Real no mar, ligou duas vezes para ver se precisava esperar mais, mas lhe disseram com firmeza que esperasse até que todo o batalhão australiano estivesse em posição antes de movimentar os seus homens.

Os australianos fizeram um grande esforço: a sua principal companhia seguiu o mais depressa possível pela estrada sinuosa e maltratada de Geórgiópolis, tentando ignorar os Messerschmitts. No entanto, as companhias subseqüentes tiveram de esperar mais tempo para que seus veículos se reunissem e parece que tinham motoristas menos aventurosos. A confusão quando tentaram atravessar Canéia causou um grande atraso. O resultado foi que o 20º Batalhão só foi liberado depois das 23h30, quando começou a batalha no mar. Em conseqüência, só começou a unir-se aos maoris na linha de largada, pouco além de Platanias, quase às três horas da manhã. O avanço a partir de Platanias finalmente começou às 3h30, duas horas e meia atrasado. O ataque a Pirgos e ao campo de pouso só pôde se iniciar depois do amanhecer. Isso não só deixou os soldados expostos ao ataque aéreo como também lhes roubou outra vantagem: durante a batalha, os alemães tinham mostrado que detestavam operações noturnas.

Com o 20º Batalhão espalhado entre a estrada costeira e o mar, os blindados de Farran na estrada propriamente dita e o 28º Batalhão Maori à esquerda da estrada, o ataque principal consistia de uma investida pela faixa litorânea rumo ao campo de pouso. (Mais tarde Farran comentou que o plano de Hargest tinha "pelo menos o mérito da simplicidade".) Ao mesmo tempo, o 21º Batalhão, a sudoeste de Kondomari, tentava contornar a Colina 107.

Por mais que o plano fosse simples, o avanço logo se deteve à direita, quando o 20º Batalhão encontrou, em vinhedos e casas isoladas, bolsões de pára-quedistas que sobravam do lançamento da véspera. Para poupar tempo e evitar mais confusão no escuro, os neozelandeses atacaram com toda a força. O tenente Charles Upham, que conquistou nesta batalha a primeira das suas duas Victoria Crosses, observou: "O volume de fogo das metralhadoras nunca foi igualado. Felizmente a maior parte era fogo alto e o rastro das balas nos permitia ver o caminho acima e jogar granadas. Tivemos pesadas baixas, mas as dos alemães foram ainda mais pesadas. Não estavam preparados. Alguns estavam sem as calças, outros descalços."

Os maoris, à esquerda, a princípio enfrentaram menos resistência, mas depois deram com posições fortemente defendidas. Logo dois blindados leves de Farran ficaram fora de ação, um atingido por um Bofors capturado, o outro com uma engrenagem quebrada. Farran recusou-se a deixar o terceiro prosseguir sozinho. Nisso já passava da aurora e os caças alemães já tinham aparecido para metralhar os atacantes. Exceto pelo lado direito, mais perto da praia, onde a Companhia D do 20º Batalhão avançava, o ataque foi detido com luta feroz perto de Pirgos, a dois quilômetros do campo de pouso.

A Companhia D, agora comandada pelo tenente Maxwell, único oficial subalterno ileso, chegou à extremidade leste do campo de pouso. Um soldado, frustrado por ter carregado um fuzil anticarro por tamanha distância sem oportunidade de usá-lo, atirou duas vezes num dos Junkers avariados amontoados no perímetro. Mas com os pára-quedistas do coronel Ramcke concentrando os seus morteiros e metralhadoras nos sobreviventes visíveis, Maxwell puxou-os para trás de uma das touceiras de bambu de quase cinco metros de altura que ondulavam com o vento dos Messerschmitts que passavam metralhando. No entanto, a cobertura limitada dava pouca proteção e, ao entender errado a mensagem entregue por um portador, Maxwell ordenou que os seus homens voltassem ao ponto de partida.

Enquanto o 20º Batalhão e o 28º Batalhão Maori eram bloqueados, mesmo depois de um combate de bravura magnífica, o 21º Batalhão, no extremo flanco sul, conseguiu avançar um pouco contra os caçadores de montanha no decorrer da manhã, mas não podia prosseguir sozinho. À tarde, o fracasso ficou claríssimo. Os neozelandeses estavam exaustos com tanto esforço.

Os alemães, retirando da pista, com energia frenética, os destroços de Junkers 52, conseguiram fazer pousar no aeródromo mais dois novos batalhões de caçadores de montanha, num ritmo de vinte aviões de transporte por hora.*

O brigadier Hargest demonstrou ter capacidade espantosa para se autoiludir quando noticiou ao quartel-general da divisão: "Fluxo constante de inimigos, aviões pousam e decolam. Talvez tentando retirar soldados. Sob investigação." Mais tarde, seguiu-se essa: "Pela quietude geral e como 11 fogueiras foram acesas no aeródromo parece que o inimigo pode estar preparando a evacuação." Estes relatórios extraordinários, exatamente o tipo

*A mensagem OL 20/424 do Ultra disse, no dia seguinte: "Ontem, quinta-feira, uma unidade perdeu 14 de 46 aeronaves. Outra ficou com pelo menos 37 de 46 aeronaves fora de serviço."

de boato em que os soldados gostam de acreditar depois de um combate violento, vazaram. Os neozelandeses iriam desiludir-se cruelmente.

O dia também trouxe desastres no mar para a Marinha Real. O almirante Cunningham, em Alexandria, ainda estava decidido a impedir que embarcações de transporte de tropas chegassem a Creta. Bem antes da aurora, a Força C do contra-almirante King penetrou nas águas perigosas do Egeu vindo do leste, pelo estreito de Kaso. Cunningham dispôs-se a correr este risco porque as mensagens interceptadas tinham revelado que a segunda flotilha partira de Milos, retardada pelo atraso do navio que a escoltaria, o *Sagittario*.

O esquadrão de três cruzadores e quatro contratorpedeiros de King seguiu primeiro para Heráclion e depois imbicou para Milos ao longo da rota provável da segunda flotilha. Pouco depois das 8h30 da manhã, foi avistado um caíque com soldados alemães a bordo. (Ainda não se sabe como ele se isolou inteiramente do restante do comboio.) O cruzador australiano *Perth* afundou o caíque, salvando-se temporariamente do ataque aéreo. Os pilotos dos Junkers 88 lá em cima não podiam arriscar-se a errar ou matariam soldados alemães nas águas com as ondas de choque. Em vez disso, o cruzador HMS *Naiad* atraiu a sua atenção, mas assim que o *Perth* se afastou dos nadadores os bombardeiros mudaram de alvo outra vez.

Meia hora mais tarde, o cruzador *Calcutta* avistou um pequeno navio mercante. Depois que os contratorpedeiros cuidaram dele, o esquadrão de King seguiu rumo a Milos. Pouco depois das dez horas e a menos de quarenta quilômetros da ilha, o *Sagittario* foi avistado com uma ninhada de caíques. Estes viraram-se para fugir e o *Sagittario* soltou uma cortina de fumaça. Mas neste momento King tomou a difícil decisão de recuar e não persegui-los. Os seus navios já estavam com pouca munição antiaérea, sofriam ataque constante do ar e o inimigo se assustara e talvez não tentasse desembarcar os soldados.

Cunningham, depois de correr o risco, ficou exasperado com a oportunidade perdida. Mais tarde ele insistiu que o lugar mais seguro durante o ataque aéreo seria no meio da flotilha de caíques. Mas esta segurança, como descobrira o *Perth*, seria apenas temporária. Um comandante apressado poderia muito bem ter levado ao desastre todo o esquadrão.

Apesar da cautela do almirante King, o esquadrão sofreu. O *Naiad* foi avariado por bombas e teve a sua velocidade reduzida a dezesseis nós; o cruzador *Carlisle* foi atingido. A Força Q, depois de três horas e meia de ataque, acabou encontrando a Força A1 do contra-almirante Rawling, com os encouraçados *Warspite* e *Valiant*, que vinha em seu auxílio pelo canal de Cítera. Esta tentativa de cumprir "um útil propósito atraindo os aviões inimigos" foi cavalheiresca, mas insensata. Uma bomba atingiu o *Warspite* e cinqüenta minutos depois o contratorpedeiro *Greyhound*, que acabara de afundar um grande caíque, naufragou após forte ataque aéreo. O almirante Icing, agora oficial superior na área, ordenou que o *Kandahar* e o *Kingston* recolhessem os sobreviventes. Enviou, então, os cruzadores *Gloucester* e *Fiji* para dar-lhes apoio antiaéreo, sem perceber que estavam com pouquíssima munição.

Tamanha concentração de navios praticamente estacionários trouxe ondas e ondas de bombardeiros e caças alemães, cujos pilotos não se negavam a metralhar sobreviventes em botes salva-vidas ou na água. King, avisado da escassez de munição, instruiu os dois cruzadores a se afastar. No caminho de volta, o *Gloucester* foi atingido por várias bombas, em plena vista do *Warspite*. Em chamas, com a superestrutura contorcida em formas grotescas, o *Gloucester* estava condenado. King e Rawlings, no *Warspite*, concordaram que a esquadra de guerra não devia mais correr riscos. O *Fiji* também foi obrigado a admitir que devia abandonar o *Gloucester*, que a Luftwaffe não deixou afundar em paz. A sua tripulação também foi metralhada e bombardeada na água. No total, 722 oficiais e tripulantes do navio perderam a vida.

Os ataques aéreos continuaram enquanto a Força C e a Força A1 recuavam para sudoeste. Duas bombas atingiram o encouraçado *Valiant*, no qual servia o subtenente príncipe Felipe da Grécia. Então, duas horas depois, às 18h45, um Messerschmitt 110 surgiu de uma nuvem, de repente, e jogou a sua bomba no *Fiji*. As avarias fizeram o cruzador parar. Trinta minutos mais tarde, às últimas luzes, outra aeronave apareceu, um Junkers 88 pilotado pelo tenente Gerhard Brenner em sua quarta missão naquele dia. Brenner participara do ataque ao *Perth* a sudeste de Milos e, depois de contornar o *Warspite*, num ataque malsucedido ao *Fiji*, partira sozinho em sua trilha mais uma vez. Soltou três bombas e o *Fiji* emborcou. Mais de quinhentos tripulantes, a maioria deles agarrados a flutuadores, passaram várias horas na água aquela noite. Finalmente, apareceram dois grandes vultos, o *Kandahar* e o *Kingston*, e os sobreviventes foram içados a bordo.

No decorrer de um único dia, a Esquadra do Mediterrâneo tivera dois cruzadores e um contratorpedeiro afundados e dois encouraçados, dois cruzadores e vários contratorpedeiros avariados. Pouco depois do escurecer, Rawlings recebeu ordem de despachar dois contratorpedeiros restantes, o *Decoy* e o *Hero*, para o litoral sul de Creta, numa missão especial.

A observação de Peter Coats, ajudante-de-ordens do general Wavell, de que o rei Jorge dos helenos fugira de Creta "como Jesus Cristo, num burrico, embora usasse chapéu de lata", não era totalmente correta. Com a farda de gala e fitas de condecorações, cinto com talabarte e botas de montaria engraxadíssimas, mas sem capacete de aço, fez a maior parte do caminho pelas montanhas montado numa mula. O mais embaraçoso foi que a sua mula atraiu o interesse amoroso de outra, o que provocou algum susto, já que a sua pelagem anormalmente clara corria o risco de atrair os olhos de algum piloto alemão.

Enquanto o grupo subia com esforço as Montanhas Brancas, sem saber dos fatos enquanto bombas e canhões ainda detonavam na distância, o alegre estoicismo do rei impressionou não só os neozelandeses que formavam a sua guarda como também o seu séquito: o príncipe Pedro, Tsuderos e Levidis, cujos sapatos citadinos não eram adequados à viagem.

Na primeira noite, 20 de maio, o grupo do rei dormira em Terisso, ironicamente quartel-general de Venizelos na revolta de 1905. O coronel Blunt encontrara um telefone funcionando, ligara para a Baía de Suda e soube, pelo Estado-Maior naval dali, que o comandante-em-chefe do Mediterrâneo arranjaria um contratorpedeiro para recolher o grupo do rei e membros importantes da Legação Britânica em Ay Rumeli. (O rei recebeu o codinome bastante óbvio de Timão.)

A noite de 21 de maio, a segunda passada nas montanhas, foi muito fria. Estavam acima da linha da neve quando caiu o crepúsculo e somente por pura sorte encontraram a cabana de um pastor. O pastor e a esposa mataram uma ovelha e ordenharam algumas cabras para eles, o bastante para sustentá-los durante a noite gelada que se seguiu. A descida para Samaria no dia seguinte, o terceiro da viagem, foi arriscada; chegaram à aldeia com alívio. Ali, um menino entregou-lhes um bilhete de Sir Michael Palairet, que esperava por eles oito quilômetros descendo a costa, em Ay Rumeli. O jovem mensageiro voltou correndo ao grupo da Legação, adorando visivelmente o seu papel no drama. "O rei está chegando! O rei está chegando!", gritava. Lady Palairet logo organizou uma refeição de batatas.

Depois da chegada do rei e da refeição, o grupo, aumentado, desceu até a beira d'água. Já anoitecia e, olhando para o norte, podiam ver relâmpagos no céu sobre as montanhas, causados pela batalha do outro lado da ilha.

Num ancoradouro rudimentar, pouco mais que algumas pedras amontoadas, o almirante Turle fazia sinais para o mar com uma tocha, com a máxima pompa. Com sublime mesquinhez, uma rivalidade de armas fervilhava entre ele e o general Heywood quanto ao comando apropriado do grupo da Legação no teatro de guerra. No fim das contas, Heywood manteve este comando puramente nominal até Sfakia, mas assim que embarcaram numa decrépita lancha de pesca para seguir até Ay Rumeli, a outra arma assumiu a precedência.

As tentativas do almirante Turle com a tocha mostraram-se infrutíferas. As luzes tantalizantes lá longe, no Mar da Líbia, ignoraram o seu código Morse e o humor piorou. Harold Caccia considerou a tocha um caso perdido, de tão inadequada que era para a tarefa. Finalmente, como mais jovem dentre os não combatentes, mandaram que embarcasse na lancha e fosse em busca do contratorpedeiro, mas a sua imunidade diplomática ficou bastante comprometida quando Heywood insistiu que um dos neozelandeses, armado com uma submetralhadora Thompson, o acompanhasse.

Quando deixaram a praia para trás, o dono do barco ficou cada vez mais alarmado. Avisou Caccia que ficariam sem combustível, mas enquanto insistia em voltar uma inconfundível voz de marinheiro berrou na escuridão: "Quem diabos são vocês?" O HMS *Decoy* os encontrara. O comandante não queria se aproximar mais porque os relatórios incertos da batalha o fizeram temer uma emboscada alemã. Dali a uma hora, o grupo e o pelotão de neozelandeses embarcaram e foram abrigados o mais confortavelmente possível no pouco espaço existente. O contratorpedeiro fez a volta para seguir para sudeste.

Na manhã seguinte, 23 de maio, os evacuados reais, com emoções vindas diretamente de um filme histórico, viram pelas vigias a esquadra de guerra, inclusive o *Valiant*, com o príncipe Felipe da Grécia a bordo. Todos voltavam juntos para Alexandria. Sem que soubessem, outro parente, o "Tio Dicky" do príncipe Felipe, vinha atrás nesta mesma hora, com os seus três contratorpedeiros sob pesado ataque.

A 5ª Flotilha de Contratorpedeiros, comandada pelo capitão Lord Louis Mountbatten no HMS *Kelly*, partira de Malta na noite de 21 de maio enquanto os navios de Glennie enfrentavam os caíques ao norte de Canéia. Cunningham percebera, pelas mensagens interceptadas, que o atraso do segundo grupo de caíques causaria muito mais pressão sobre as suas forças. Os contratorpedeiros de Mountbatten estavam bem abastecidos e a sua tripulação descansada, e Malta ficava um pouco mais distante das águas cretenses do que Alexandria.

Designada para unir-se à esquadra de combate, a flotilha de Mountbatten foi desviada primeiro para recolher sobreviventes do *Fiji* e do *Gloucester*. Mas ao se aproximarem das áreas de busca, Cunningham ordenou que os cinco contratorpedeiros fossem para a Baía de Canéia, onde enfrentaram dois caíques e bombardearam o campo de pouso de Maleme. O *Kipling* teve de voltar, com problemas no leme, e o *Kelvin* e o *Jackal* foram desviados em outra busca. Mountbatten, com três contratorpedeiros somente, voltou contornando o litoral oeste de Creta no início da manhã de 23 de maio. Cunningham, instado pela mensagem errada de que os encouraçados estavam sem munição antiaérea mas também tranqüilizado pelas mensagens interceptadas que diziam que não haveria nova tentativa de transportar soldados, ordenou a volta de todas as belonaves a Alexandria.

Pouco antes das oito horas, 24 Stukas atacaram em série. Os três contratorpedeiros de Mountbatten começaram a ziguezaguear com velocidade máxima. "O *Kashmir* foi atingido e afundou em dois minutos", dizia o despacho de Cunningham. O *Welly* fazia 30 nós, com o leme todo a estibordo quando foi atingido por uma grande bomba. O navio adernou cada vez mais para bombordo e finalmente virou de borco com velocidade considerável. Os bombardeiros de mergulho metralharam os sobreviventes na água e partiram. O *Kipling* começou o trabalho de resgate, mas chegaram bombardeiros bimotores e os seus ataques, embora malsucedidos, dificultaram a tarefa. Milagrosamente, o *Kipling* sobreviveu a 83 bombas e conseguiu recolher da água 279 homens e oficiais. A oitenta quilômetros de Alexandria, ficou sem combustível e teve de ser resgatado.

Apesar da aura heróica que cerca este combate, inspirada principalmente pelo filme *Nosso barco, nossa alma*, de Noël Coward, em termos gerais o desempenho de Mountbatten como comandante de contratorpedeiro foi considerado medíocre, embora mais tarde viesse a mostrar-se excelente comandante-em-chefe. De qualquer modo, parece que Mountbatten recuperou-se logo do seu sofrimento, a julgar pela carta que a princesa herdeira Frederica escreveu de Alexandria à tia, princesa herdeira da Suécia, depois que todos se reuniram: "Palo e eu encontramos Dicky aqui depois que foi afundado pela quarta vez nesta guerra. Parecia estar alegre e muito bem."

Embora 22 de maio fosse um dia desastroso para os defensores de Creta, houve em Galatas um episódio incomum e inspirador. Depois dos ataques furiosos contra a Colina Rosa no primeiro dia da batalha, o coronel Heidrich manteve o seu 3º Regimento de Pára-quedistas em posições defensivas ao longo do Vale da Prisão até serem reabastecidos pelo ar com um total de quase 300 caixotes. Ali descansaram e reorganizaram-se em 21 de maio. Um dos pelotões de Heydte, entrincheirado num morrinho do outro lado do vale, diante de Daratsos, tocou música de baile num gramofone capturado. E quando um dos tiroteios ocasionais com os australianos durou mais do que de costume, um dos pára-quedistas gritou da trincheira: "Esperem um instante enquanto troco o disco!"

O 3º Regimento de Pára-quedistas, fraco demais para realizar um ataque importante como quisera Student, aguardava um grande contra-ataque a qualquer momento; mais tarde, o coronel Heidrich disse que isso teria deixado a sua formação "em maus lençóis". Mas em 21 de maio houve apenas uma pequena investida dos neozelandeses para conquistar um posto avançado junto à Colina do Cemitério. Roy Farran, cuja tropa de blindados leves fora apoiar o 19º Batalhão nesta ação, apresentou-se ao oficial comandante e encontrou-o tentando pegar um franco-atirador. Depois de vários tiros o alemão caiu da árvore e o coronel entregou o fuzil ao ajudante-de-ordens. "Bem, isso é tudo", disse. "Aquele palhaço criou problemas a manhã toda." Deu as instruções a Farran: os blindados estavam ali para manter os pára-quedistas de cabeça baixa enquanto uma companhia de infantaria esgueirava-se por perto. O ataque começou depois do meio-dia mas, embora os pelotões de infantaria matassem vários alemães numa luta feroz e expulsassem outros do morro, ficaram expostos ao fogo de morteiro e metralhadora dos pára-quedistas que estavam no vale. A Colina do Cemitério virou terra de ninguém, o que foi bem apropriado.

Enquanto prosseguia a batalha pela Colina do Cemitério, Michael Forrester, em Galatas, treinava os seus duzentos gregos, remanescentes do 6º Regimento e reunidos pelo capitão Bassett, com a proteção da Cavalaria Divisional de John Russell. Como poucos tinham experiência de manobras militares, as instruções tinham de ser simples e, para evitar dificuldades lingüísticas, ele criou uma série de sinais com apitos: um toque, atenção; dois, andar; três, desdobrar; quatro, atacar. Sugeriu que, quando chegasse o momento do ataque, gritassem "Aiera!", grito de guerra que ouvira os *evzones* usarem na frente albanesa. Enquanto instruía os seus recrutas gregos, Forrester descobriu que os aldeões se aproximavam furtivamente para aprender o que fosse possível de táticas e técnicas básicas de campanha.

Na manhã de 22 de maio, o coronel Heidrich percebeu que os neozelandeses nas alturas de Galatas e Daratsos não iam lançar um ataque. Reorganizou em patrulhas de combate o seu reduzidíssimo III Batalhão e os pára-quedistas da unidade de engenharia e mandou-as para o norte, pelo litoral, para sondar por trás a 5ª Brigada de Hargest, em Platanias, como Hargest começara a temer na véspera.

Enquanto isso, para testar a teoria de Hargest de que os alemães traziam aviões de transporte para evacuar os soldados e não para reforçá-los, o general Puttick disse a Kippenberger que mandasse patrulhas de combate ao longo da frente. Kippenberger aproveitou-se disso como desculpa para mandar o 19º Batalhão avançar diretamente sobre o vale. A forte reação, que forçou as companhias de Kippenberger a recuar, desmentiu a fantasia de Hargest, mas a idéia ainda assim permaneceu.

O coronel Heidrich, em seu quartel-general na prisão, sentia agora que, com reforços a chegar em breve de Maleme, devia tentar mais uma vez expulsar os neozelandeses das alturas de Galatas. Mandou chamar o major Derpa, comandante do II Batalhão, e deu-lhe ordem de atacar.

Derpa previu a perda desnecessária de vidas e exprimiu as suas dúvidas. Isso levou Heidrich, "cujos nervos estavam tensos a ponto de romper", a um ataque de raiva. Acusou-o de covardia. Derpa era um homem "sensível e cavalheiresco", de acordo com o capitão von der Heydte. Empalideceu de tão ofendido, conteve-se e bateu continência. "A questão não é a minha própria vida, senhor", protestou Derpa. "Estou pensando na vida dos soldados, pela qual sou responsável. A minha própria vida darei alegremente."

Por volta das sete horas da noite, os pára-quedistas de Derpa atacaram o alto dos morros, da Colina do Cemitério à Colina Rosa. Um grupo de homens chegou ao pico da Colina Rosa e forçou a Companhia de Combustíveis a recuar. Como a Colina Rosa era fundamental para a posição da 10ª Brigada, aquela era uma situação perigosa. Mas antes que as reservas de Kippenberger pudessem ajudar, de repente ele ouviu "uma algazarra infernal". Um dos motoristas que estavam com ele descreveu a cena. Do olival da colina vizinha, "veio o capitão Forrester, vestido de calção, uma malha comprida e amarela do exército, polido como latão brilhante, cinto militar no lugar e brandindo o revólver na mão direita. Era alto, de rosto fino, cabelo louro, e estava sem capacete. Foi uma visão muito inspiradora. Forrester encabeçava uma multidão de gregos turbulentos, que incluía mulheres; um grego tinha, amarrada na espingarda, uma faca de pão serrilhada à guisa de baioneta".

As ordens de Forrester, sopradas em seu apito de serviço, inspiraram o chefe do Estado-Maior da brigada, capitão Bassett, a descrevê-lo como "trauteando um apito de lata como o flautista de Hamelin", imagem fantasiosa aproveitada mais tarde, literalmente, pelas histórias em quadrinhos sobre a guerra. "Num espaço aberto", continuou Kippenberger, "gregos e aldeões, inclusive mulheres e crianças, vieram correndo, pulando e berrando como peles-vermelhas, comandados por Michael Forrester 20 jardas à frente. Era demais para os alemães. Eles deram meia-volta e fugiram sem hesitação." Apesar das ordens de manter-se em posição, os soldados da Companhia de Combustíveis juntaram-se a este surto súbito e revigorante.

A liderança de Forrester causou grande admiração junto aos neozelandeses, que tendiam a retratar os oficiais britânicos como personagens saídos dos livros humorísticos de P. G. Wodehouse. O primeiro-sargento James, da Companhia de Combustíveis, disse: "ele foi um dos homens mais legais que conheci." E um capitão descreveu a imagem deste ataque como o momento mais emocionante da sua vida.

Também houve combate feroz diante da posição da Cavalaria da Divisão. Entre as baixas alemãs estava o major Derpa, mortalmente ferido. Na manhã seguinte, os seus homens cavaram-lhe uma sepultura junto a um pequeno cemitério grego, perto da prisão. Os pára-quedistas do regimento de Heidrich acreditavam que, se Derpa sobrevivesse, "teria sido levado à corte marcial".*

Naquela noite de 22 de maio, Freyberg acabou decidindo recuar para Galatas, da frente diante de Maleme, a 5ª Brigada de Hargest. Influenciado

*A guerra do coronel Heidrich terminou na Itália depois que uma patrulha do 3º Batalhão de Granadeiros da Guarda surpreendeu-o numa moita com as calças arriadas. No entanto, quase conseguiu virar a mesa contra os seus captores. Quando interrogado pelo tenente Nigel Nicolson, oficial de informações, iniciou uma discussão sobre os méritos relativos das armas britânicas e alemãs. Heidrich, aparentemente para ilustrar uma questão, pediu à sentinela que lhe passasse a submetralhadora Thompson. O soldado avançou para obedecer até que Nicolson gritou-lhe que parasse. Heidrich sorriu.

pela idéia deste último de que os alemães estavam evacuando os soldados e também pelos relatos injustificadamente otimistas do contra-ataque a Maleme, só à tarde avaliou por completo a gravidade da situação. Os temores de Hargest de que a sua brigada fosse isolada pelos ataques de sondagem do coronel Heidrich rumo à estrada costeira convenceram-no de que agora a retirada tornara-se inevitável.

Dezesseis horas antes, Freyberg fora dormir convencido de que vencera a batalha. Agora, mergulhou no pessimismo, levado pelo que parecia ser uma virada inesperada. Em conseqüência, parece que não sopesou adequadamente as suas opções. O recuo para Galatas significava ceder ao inimigo o campo de pouso de Maleme e, assim, a derrota final, com rendição precoce, luta prolongada com perda desnecessária de vidas ou retirada para as montanhas ao sul seguida por uma evacuação muito mais arriscada do que a da Grécia. Mesmo sem saber as baixas da Marinha Real naquele dia, o capitão Morse o teria avisado que havia soldados demais no setor Suda-Canéia para evacuar pelo litoral norte.

A sua única alternativa — e não havia nada a perder em termos estratégicos — era o ataque; mas um ataque total, com efetivo superior, não outro gesto pequeno demais, tarde demais e condenado ao fracasso. O comboio fora destruído. Ele tinha três batalhões não comprometidos perto de Canéia: o 18º Batalhão da Nova Zelândia, o 2/7º Batalhão Australiano e o Regimento Galês, o mais forte de todos. Se unisse o 23º Batalhão e os maoris aparentemente inesgotáveis da brigada de Hargest aos blindados restantes e atacasse sabendo que esta era a última possibilidade de manter Creta, o efeito poderia ter sido eletrizante. O fato de que seriam capazes de tamanha façanha foi demonstrado, com espantosa bravura, dali a três dias, em Galatas. Mas então os alemães já tinham desembarcado toda a 5ª Divisão de Caçadores de Montanha.

Em vez disso, o quartel-general da Creforce deu a ordem de retirada. Sob o exterior robusto e franco, Freyberg tinha o coração estranhamente mole e não era, de modo algum, aquele tipo general da Primeira Guerra Mundial que não se incomodava com a "conta do açougueiro". Não queria ser lembrado como o general que jogou fora a Divisão da Nova Zelândia. No dia seguinte, sexta-feira, 23 de maio, os caçadores de montanha que tinham desembarcado em Maleme fizeram contato com as patrulhas da tropa de Heidrich no vale do Ayia. A vitória alemã estava agora assegurada.

15

Impasse em Retimno e Heráclion

21 a 26 de maio

Se os fatos em Maleme tivessem seguido o padrão de Retimno e Heráclion, os alemães teriam perdido a batalha de Creta.

Em Retimno, onde Campbell e Sandover exibiram a necessária virtude do contra-ataque rápido, o 2º Regimento de Pára-quedistas nunca teve condições de se organizar. Para piorar as coisas, nem o grupo de Kroh, barricado na fábrica de azeite de Stavromenos, nem o de Wiedemann, entrincheirado perto de Perivolia, tinham rádio. Todas as tentativas de mandar-lhes um aparelho de pára-quedas ou desembarcá-lo numa aeronave leve Fieseler Storch fracassaram. Também tinham pouca comida. Um bode que cometeu a tolice de aparecer perto da fábrica de azeite logo foi morto e cozido com água do mar em caixas de munição num fogo rapidamente aceso.

Os australianos tinham passado a maior parte de 21 de maio fazendo faxina e reorganizando-se depois do sucesso do contra-ataque à Colina A. O 4º Regimento grego avançou pelo sul sobre a fábrica de azeite enquanto o 5º Regimento grego e o 2/11º Batalhão de Sandover investiam contra o grupo de Wiedemann em Perivolia.

Sandover não se beneficiara apenas da ordem operacional alemã que traduzira na presença do coronel Sturm; os seus homens também tinham capturado as instruções para comunicação terra-ar com boa quantidade dos necessários painéis e bandeiras. Assim, as suas companhias puderam dispor as bandeiras com a suástica e as fitas da maneira adequada para dirigir os ataques aéreos dos caças e bombardeiros alemães sobre os próprios soldados germânicos e pedir suprimentos de pára-quedas. Os pára-quedistas, sem nenhum contato pelo rádio com o continente e obrigados a escrever mensagens na areia, pouco puderam fazer para impedir.

A fábrica de azeite, com as suas paredes grossas, mostrou ser fortaleza mais segura do que Campbell imaginara a princípio. Um ataque coordenado, em 22 de maio, com o 2/1º Batalhão e o 4º Regimento grego, fracassou devido à confusão lingüística sobre o plano.

Naquela noite, o 2/11º Batalhão de Sandover começou a avançar sobre Perivolia, com ataques rápidos pela praia. Mas um desentendimento infeliz, que noutra ocasião levou a um choque entre soldados gregos e australianos, levou-o a deter as suas companhias a pouca distância do objetivo. Os gregos tinham dado a volta pelo sul e, com guerrilheiros cretenses, inclusive o monge bem armado, importunavam o flanco de Wiedemann.

Na prática o impasse continuou durante vários dias, tanto em Perivolia quanto em Stavromenos, até que, de repente, em 25 de maio, os homens de Campbell capturaram a fábrica de azeite depois de um bombardeio com as granadas que restavam nos canhões de campanha. Mas lá dentro só encontraram alemães feridos. O major Kroh e todos os homens capazes de andar tinham fugido.

Enquanto isso, os homens de Sandover enfrentavam luta sangrenta nos ataques a Perivolia. Capturaram algumas casas mais distantes, mas os alemães expulsaram-nos com armas leves anticarro. Os dois Matildas avariados no início da luta, perto do campo de pouso, foram consertados e, com guarnições improvisadas, levados de volta a Perivolia para mais um ataque noturno, mas foram atingidos. Sandover chegou à conclusão de que, sem armas pesadas, qualquer novo ataque só levaria ao desperdício de vidas. Seja como for, a força em Retimno mais do que cumprira as suas ordens de negar ao inimigo o campo de pouso e o porto.

Em Heráclion, muitos pára-quedistas do coronel Bräuer estavam em estado lamentável. A sede da primeira noite provocou disenteria, devido à ingestão da água estagnada das valetas de irrigação. Alguns mastigaram folhas de parreira na tentativa desesperada de conseguir líquido. Muitos perderam a vida quando procuravam água, encontrados por irregulares cretenses que, então, tomavam-lhes as armas. Nas primeiras 48 horas, o pior ficou reservado para os que estavam sozinhos, ainda feridos no lugar onde tinham caído, desidratados e à mercê de cretenses armados ou, em alguns casos, de soldados e oficiais britânicos.

Mas, para os britânicos e australianos, matar ficou menos impessoal depois do banho de sangue inicial. As silhuetas perigosas e sem rosto que tinham descido do céu começaram a assumir roupagem humana. Um rapaz de 17 anos, que gemia de medo com a perna esmagada, não era mais um soldado aéreo atacante e sim um menino crescido, mesmo que tivesse vindo para matar. Quando os soldados recebiam ordem de remover todos os documentos dos mortos, inclusive fotografias pungentes de namoradas e familiares, identificavam-se estranhamente com o inimigo, todos longe de casa num campo de batalha estrangeiro. Pela natureza da profissão, os soldados tendem a oscilar entre a violência e o sentimentalismo.

Criou-se, entre os lados adversários, um acordo tácito de que, durante o relativo silêncio da noite, rações, água e munição seriam distribuídas, os mortos enterrados e as baixas evacuadas. Mas para os cretenses aquele não era um campo de batalha estrangeiro; era a sua pátria, violada sem justificativa. Não tinham a mínima vontade de sentir compaixão nem de render-se.

Quando o major Walther recebeu do coronel Bräuer a ordem de reunir os seus homens e marchar, partindo do leste, para auxiliar os homens de Blücher, isolados no meio do Black Watch no morro ao sul do campo de pouso, descobriu que um dos seus pelotões, o do tenente Lindenberg, fora totalmente aniquilado por civis cretenses. No total, dizem que perdeu uns 200 homens nas mãos de irregulares cretenses perto de Gournes, onde caiu o seu batalhão.

O pelotão do tenente conde Wolfgang von Blücher iniciou a sua defesa final em 21 de maio, num drama que virou rica fonte de mitos. Para o resto do batalhão de Walther, salvar os camaradas no meio do Black Watch era mais do que uma questão de honra. Mas a infantaria escocesa estava bem entrincheirada, com campo de fogo irrestrito.

Em sua pequena depressão nesta paisagem rochosa ao sul do campo de pouso, o pelotão de Blücher tentara cavar trincheiras com capacetes e unhas para fugir do fogo das metralhadoras Vickers, de uma ou outra granada de morteiro e até de algumas granadas de um Bofors que disparava da sua posição protegida por sacos de areia além do final da pista. Blücher e muitos dos seus homens estavam feridos. O pelotão, logo reduzido a menos da metade do efetivo, ficou sem curativos de campanha e com pouquíssima munição.

Nesse ponto, segundo a história, avistou-se um cavaleiro a galope que vinha em sua direção com caixas de munição amarradas à sela. A princípio o espetáculo espantou as fileiras escocesas; depois, atraiu o seu fogo. Mas cavalo e cavaleiro só foram atingidos quando chegaram ao pelotão cercado.

Enquanto a munição era rapidamente distribuída, o tenente perguntou quem era o cavaleiro. Soube que era Leberecht, seu irmão de 19 anos que já estava morto. Na manhã seguinte, Wolfgang, o mais velho dos três irmãos, morreu junto com os sobreviventes do seu pelotão. O irmão mais novo, Hans-Joachim, também morreu, mas o seu corpo nunca foi encontrado.*

Es starben den Heldentod auf Kreta unsere geliebten Söhne Brüder Enkel und Neffen

der Ritterkreuzträger

Wolfgang Graf von Blücher
Oberleutnant in einem Fallschirmjägerregiment im Alter von 24 Jahren

Leberecht Graf von Blücher
Gefreiter in einem Fallschirmjägerregiment im Alter von 19 Jahren

Hans-Joachim Graf von Blücher
Jäger in einem Fallschirmjägerregiment im Alter von 17 Jahren.

Derze, Post Stuer, in Mecklenburg
Posen und Altengüttern, den 23. Juni 1941

Gertrud v. Nordheim, geb. Freiin Marschall verw. Gräfin Blücher
Ludwig v. Nordheim, Gaulandwirt im Luftgau II
Elisabeth Gräfin v. Blücher
Adolf Graf v. Blücher, Leutnant zur See
Gertrud Gräfin v. Blücher
Richenza v. Nordheim
Wilhelmine Freifrau Marschall, geb. Gräfin Rittberg
Charlotte Freiin Marschall

Anúncio dos três falecimentos publicado pela família Blücher.

Em Cnossos, oito quilômetros ao sul de Heráclion, Manolaki Akoumianakis, que fora assistente-chefe de Sir Arthur Evans nas escavações minóicas, jurou combater os pára-quedistas depois de saber que Miki, seu filho mais

*A parte mais curiosa da história é que durante muitos anos as famílias pobres que moravam em barracos e criavam bodes perto do local afirmaram ter visto o fantasma de um cavaleiro em seu cavalo, mas achavam que era um oficial britânico.

velho, tinha morrido enquanto servia em Épiro na Divisão Cretense. Mandou a esposa e os outros filhos para morar com parentes nas montanhas. Ao receber uma mensagem de John Pendlebury de que a serra diante de Cnossos era fundamental, Manolaki Akoumianakis levou para lá um grupo de cretenses e soldados gregos. A Vila Ariadne, que se transformara em hospital militar britânico, caiu sob o fogo de morteiros, mas houve poucos danos à casa e ao sítio de Cnossos propriamente dito.

Manolaki foi o primeiro a morrer neste ataque contra os pára-quedistas; estava uns duzentos metros à frente dos soldados gregos que guiara até lá. Mas Miki, o seu filho, estava vivo; a notícia estava errada. Miki Akoumianakis voltou a Creta pouco tempo depois e fez uma sepultura adequada para o pai, apesar do edito alemão que proibia o sepultamento de civis que morressem portando armas. Mais tarde, durante a ocupação, ele assumiu o comando da rede aliada de informações em Heráclion e tornou-se o principal agente britânico na região nos três últimos anos da guerra.

Jack Hamson, também por ordem de Pendlebury e sem saber do seu destino, continuou a guardar a pequena Planície de Nida no flanco leste do Monte Ida contra o pouso de planadores ou aviões de transporte inimigos. Os seus cem voluntários cretenses ficaram inquietos quando ouviram o combate distante perto de Heráclion. Queriam descer para participar da batalha, mas Hamson sentiu-se obrigado a exercer toda a autoridade que recebera de Pendlebury para fazê-los ficar em seus postos, caso os alemães, mais tarde na batalha, tentassem pousar ali. Faminto de informações, tanto quanto de comida, o próprio Hamson desceu para buscar suprimentos. Encontrou Satanás em Kroussonas, na noite de 24 de maio, e soube da morte de Pendlebury. Ao voltar à Planície de Nida, teve menos certeza ainda de que os alemães pousariam ali, mas ainda assim sentiu-se obrigado a ficar, nem que fosse apenas pela memória de Pendlebury.

O batalhão do major Schulz, depois de recuar das muralhas da cidade de Heráclion, ficou escondido ao sul e a oeste. Em 25 de maio, assistiram ao mais pesado ataque de bombardeio à cidade. A destruição foi terrível.

Schulz e os seus homens receberam de Atenas, pelo rádio, a ordem de fazer uma grande volta para sudeste naquela noite e unir-se ao coronel Bräuer. Os homens de Schulz moveram-se em grupos pequenos para não ser vistos, mas este movimento fragmentado para o interior arriscava-se a um ataque.

Vários grupos guerrilheiros pertencentes à rede informal de Pendlebury, principalmente os bandos de Petrakageorgis, Bandouvas e Satanás, infligiram-lhes pesadas baixas. Os cretenses eram muito melhores na luta noturna que os britânicos e os alemães.

Os britânicos e australianos de Heráclion também assistiram ao ataque. Os seus sentimentos dividiram-se entre tristeza pelos habitantes e alívio por estarem dispersos em segurança nas suas trincheiras. Tinham aprendido, como os colegas de Retimno, a causar confusão nos pilotos dos aviões de transporte e bombardeiros. Punham bandeiras capturadas com a suástica em suas posições, paravam de atirar e, quando os alemães disparavam foguetes de sinalização verdes, faziam a mesma coisa. Em várias ocasiões, faixas de reconhecimento capturadas trouxeram estojos com armas, munição, rações e medicamentos. Os conjuntos de instrumentos cirúrgicos eram lançados de pára-quedas, com genuína praticidade alemã, em estojos em forma de caixão que poderiam ser reutilizados. Dois exemplos espantosos deste maná militar dos céus foram um par de motocicletas com *sidecar*, uma lançada para a companhia do Black Watch do major Sir Keith Dick-Cunyngham e a outra para o batalhão australiano nos Charlies. Os australianos viram-se tão bem supridos de armas alemãs que puderam entregar grande quantidade delas aos menos afortunados soldados gregos.

O Black Watch acostumara-se a ver somente aeronaves alemãs no céu e espantou-se quando um Hurricane solitário pousou na pista, em meio a um ataque aéreo, em 23 de maio. Um historiador comparou a sua chegada à "pomba de Noé", mas o piloto não trazia promessas de salvação. Seis caças tinham decolado do Egito mas encontraram fogo pesado de navios da Marinha Real, desacostumados a ser sobrevoados por aeronaves amigas. Dois foram derrubados e outros três, muito avariados, tiveram de voltar. Outra onda de seis decolou com mais sucesso mas seus tanques de combustível de longa distância tornavam-nos mais lentos no combate. Apenas uma das 12 aeronaves sobreviveu. Essa tentativa atrasada de dar apoio aéreo foi um gesto absolutamente impensado. Os Hurricanes seriam necessários antes, operando a partir de um campo de pouso no litoral sul, adequadamente organizados, com esquadrilhas de caças. A idéia não faltara; faltara somente energia. Na véspera desta missão desperdiçada, o almirante Turle e o general Heywood, a caminho de Ay Rumeli, tinham encontrado o comandante de uma esquadrilha em busca de locais adequados; como afirmou Turle, ele estava seis meses atrasado.

Apesar da falta de apoio aéreo, o moral continuava altíssimo. No primeiro dia, tinham causado baixas inimigas equivalentes a quase três batalhões de pára-quedistas e, além de bravura, havia uma certa ousadia divertida. Durante um ataque aéreo ao amanhecer, o gaitista Macpherson, de Lochgelly, saiu da sua trincheira no campo de pouso para tocar a alvorada.

O brigadier Chappel foi criticado por não avançar contra o inimigo reduzidíssimo para esmagá-lo e depois marchar em auxílio da Divisão da Nova Zelândia, limpando Retimno no caminho. Chappel, embora decidido no primeiro dia, exibiu depois pouco da iniciativa que Campbell e Sandover demonstraram em Retimno. Mas a sua cautela é compreensível; a 14ª Brigada de Infantaria não tinha mais munição suficiente para um combate maior e Chappel não tivera o golpe de sorte de Sandover de descobrir como os alemães tinham poucas reservas.

Chappel também superestimara o efetivo da tropa de Bräuer, porque os batalhões de vanguarda fizeram relatórios sobre muitos reforços pousando de pára-quedas. Esses lançamentos, ocorridos a uma distância grande demais para que a sua carga fosse identificada, consistiram principalmente de suprimentos. Como as suas ordens tinham sido guardar Heráclion e o campo de pouso, relutou em correr riscos avançando além do seu perímetro.

O plano do quartel-general do Oriente Médio de transferir unidades pelo litoral era otimista. A idéia era que os escoceses do 1º Batalhão dos Highlanders de Argyll e Sutherland, conhecidos como Argylls, que estavam no litoral sul, em Timbaki, fossem para Heráclion; depois, um batalhão de Heráclion seguiria para Retimno; e assim por diante. Isso ficava muito bom num mapa, lá no Egito (ou no quartel-general da Creforce, pois Freyberg também era favorável ao plano), mas não levava em conta a situação das estradas, a possibilidade de que ataques importunos de pára-quedistas alemães pudessem atrasar o avanço dos Argylls para o norte — a sua principal companhia, com dois Matildas, só chegou ao destino ao meio-dia de 23 de maio — ou que a estrada litorânea fosse firmemente bloqueada em Retimno pelo batalhão de pára-quedistas bem entrincheirado em Perivolia. Freyberg mandara de Suda uma companhia de Rangers mas, com a falta de armas pesadas, não tiveram mais sucesso que os australianos de Sandover. Ninguém da tropa de Chappel conseguiria chegar a Canéia a tempo de influenciar o rumo dos acontecimentos em Maleme. Ele mandou para Suda, de balsa, dois Matildas recém-chegados, mais outro seu e alguns canhões de campanha, mas só chegaram a tempo de fortalecer a retaguarda durante a retirada.

Assim, o impasse instalou-se em Retimno e Heráclion. As suas guarnições, ignorantes da seqüência de desastres em Maleme, supuseram que só teriam de agüentar-se e a invasão alemã morreria sozinha. Mais uma vez, a falta de rádios provou ser um terrível ponto fraco.

16

A batalha de Galatas

23 a 25 de maio

Em 23 de maio, quando os homens da 5ª Brigada da Nova Zelândia foram acordados com sacudidelas pelos seus cabos e sargentos de manhã bem cedo e receberam ordem de preparar-se para a retirada, a maioria recusou-se a acreditar no que ouvia. Os que não ficaram de sentinela tinham se deitado na noite anterior certos de que tudo ainda ia bem. Mesmo que não acreditassem totalmente no boato de que os alemães estavam indo embora, os neozelandeses ainda achavam que tinham lhes dado tamanha surra que não conseguiriam triunfar.

"Todos sentiam a mesma coisa", escreveu Sandy Thomas, jovem comandante de pelotão do 23º Batalhão. "Tinham visto tantos inimigos mortos que o seu moral quase nem se abalava mais com os terríveis ataques aéreos durante o dia. Homem a homem, achavam que podiam derrotar os alemães apesar de suas armas e equipamento superiores."

Embora fossem menos de cinco quilômetros, foi difícil a retirada para Platanias das posições diante de Daskalania e Kondomari. Sem nenhuma ambulância, os feridos tinham de ser carregados por homens cansados que tropeçavam no terreno difícil. Alguns feridos foram carregados em portas ou escadas grosseiras, encontradas nas casas dos sítios, outros em macas improvisadas feitas com dois fuzis e duas gandolas. Os que não estavam sequer em condições de mover-se foram deixados para trás com o último oficial médico da brigada, capitão R. S. Stewart, e um capelão, para garantir que seriam tratados corretamente pelo inimigo. As caixas de munição e as granadas sobressalentes, devido à sua crescente escassez na ilha, também tiveram de ser levadas, assim como armas pessoais e suprimentos. Algumas companhias compraram um burro para carregar equipamento e armas pesadas, mas os soldados continuaram a ser as principais bestas de carga.

Os alemães não demoraram a perceber a retirada, protegida por uma companhia de maoris comandados pelo major H. G. Dyer. Não poderia haver melhor escolha que os maoris. A sua tática não convencional e assustadora de virar-se de repente para uma carga inesperada de baionetas fazia os pára-quedistas que os perseguiam fugir na correria. Principalmente graças a eles, a retirada completou-se naquela manhã com pouquíssimas baixas.

Quando o general-de-brigada Ringel chegou, foi-lhe passado o comando de todos os soldados alemães em campanha. Os pára-quedistas de Ramcke, do Regimento Tempestade reconstituído, avançaram pelo litoral usando, com grande efeito, os canhões Bofors móveis capturados em Maleme. Dois batalhões do 100º Regimento de Caçadores de Montanha avançaram pelo centro sobre as colinas litorâneas entre o vale do Ayia e o mar, enquanto um batalhão do 85º Regimento de Caçadores de Montanha dava a volta pela direita. Esta unidade de caçadores, comandada pelo major Treck, pretendia cercar a Divisão da Nova Zelândia pelo sul passando pelo sopé das Montanhas Brancas. Em vez disso, enfrentou resistência feroz do subestimado 8º Regimento Grego e dos irregulares cretenses, infatigavelmente corajosos. Talvez não seja exagero nenhum dizer que o seu sacrifício salvou a Divisão da Nova Zelândia.

Os alemães, no seu avanço pela costa e pelos morros litorâneos, encontraram paisagens e odores que jamais esqueceriam. Em boa parte do caminho, os terraços de vinhedos e olivais mantinham a sua clássica beleza mediterrânea, mas periodicamente os soldados, em seu avanço, encontravam bolsões conspurcados pelas trincheiras, latrinas, latas de ração e caixas de munição vazias da ocupação militar.

Quando o sol nasceu, fortaleceu-se o fedor dos cadáveres negros e inchados, cobertos de enxames de moscas-varejeiras. Corpos de colegas pára-quedistas do primeiro dia ainda pendiam das suas forcas de oliveira, chocantes e macabros à luz sarapintada sob as folhas. Alguns corpos, libertados das suas correias, mostraram, pela ferida única de bala na cabeça, ter sido fuzilados depois da rendição. Em quase todos os casos, os bolsos dos macacões tinham sido rasgados na busca de documentos ou de itens como caixinhas achatadas de metal com comprimidos energéticos de Dextrosan. Finalmente, algum passante cretense podia ter privado o corpo de vestimentas úteis, principalmente botas, já que o couro era escasso na ilha. Os pára-quedistas, ansiando pela vingança, apressaram-se.

Pouco depois que a 5ª Brigada de Hargest estabeleceu a nova linha a oeste de Platanias, começou um duelo de baterias entre o 95º Regimento de Artilharia de Montanha e os canhões de 75mm sobreviventes de várias tropas de campanha australianas, britânicas e neozelandesas. Ao mesmo tempo, houve algumas escaramuças ferozes de infantaria na área da ponte de Platanias e ao norte da estrada costeira, ao longo da praia, onde os pára-quedistas de Ramcke aproveitavam todas as oportunidades para investir.

Durante a tarde, quatro bombardeiros da RAF apareceram no céu; iam atacar o campo de pouso de Maleme. Isso elevou o moral, mas o ataque, segundo fontes alemãs, só causou avarias leves. Houve pouco contato com o inimigo ao sul da estrada costeira até o fim da tarde, quando ficou claro que o II Batalhão do 85º Regimento de Caçadores de Montanha flanqueara os reduzidíssimos batalhões da Nova Zelândia para isolá-los da posição de Galatas na retaguarda. Hargest e Puttick, que há muito esperavam que isso acontecesse, prepararam-se para levar a exausta 5ª Brigada de volta à reserva naquela noite, para além de Galatas e Daratsos.

Na manhã seguinte, depois de realizada a segunda noite consecutiva de retirada da 5ª Brigada, a linha de frente ia de Galatas até o mar. O Batalhão Misto de motoristas, artilheiros, cozinheiros e pessoal de serviço que vinha guarnecendo este setor desde o primeiro dia, cansado e desmoralizado, também teve de recuar para a reserva.

O 18º Batalhão da brigada de Inglis assumiu a linha de frente. Kippenberger sentiu-se encorajado "ao vê-los chegar, parecendo muito eficientes e valorosos na batalha, num contraste doloroso" com a sua "infeliz semi-infantaria". Mas o 18º, com efetivo de apenas quatrocentos homens, precisava cobrir uma frente de dois quilômetros. A Força Russell, formada por sobreviventes da Cavalaria da Divisão e um grupo da Companhia de Combustíveis e comandada pelo encantador John Russell, ainda mantinha a saída sul de Galatas, que dava para a prisão de Ayia.

O Vale da Prisão ficara relativamente pacífico em 23 de maio, mas estava claro que a trégua não duraria muito. Do lado neozelandês, Kippenberger achou a manhã de sábado, 24 de maio, "de uma tranqüilidade agourenta", enquanto do lado alemão Heydte achou-a "quase opressiva". Os homens do seu batalhão estavam praticamente sem munição, desidratados — muitos sofriam de disenteria — e com grave desnutrição. "O rosto de alguns tinha se esticado, quase encolhido, os olhos fundos nas órbitas e a barba, por fazer há cinco dias, acentuava o oco das faces." Os integrantes de um pelotão, que se pusera em armas quando o sentinela alertou para barulhos no mato à frente, viram-se face a face com um burro perdido. O pobre animal logo foi morto, como se fosse o inimigo; a sua carcaça foi arrastada, carneada e assada.

Enquanto isso, o general Freyberg soube, por uma mensagem do Ultra, que destacamentos de motociclistas alemães, ao sul de Maleme, tinham avançado pelo menos dois terços do caminho pela ilha. Esta tropa era o 55º Batalhão de Motociclistas, armado com metralhadoras Spandau montadas em seus *sidecars*, e investia sobre Paleókora, no litoral sul, para impedir que reforços vindos de Alexandria ali desembarcassem. Uma mensagem interceptada dizia que estavam 9,5 quilômetros ao norte de Kandanos na meia-noite de 23 de maio; no dia seguinte, o Ultra avisou que os mesmos destacamentos foram detidos pela "crescente resistência britânica". Como não havia soldados britânicos na área, a resistência era apenas cretense e, presumivelmente, incluía o padre Stilianos Frantzeskakis e os seus paroquianos que ainda estavam vivos depois de combate tão selvagem. Seguraram esta tropa alemã durante dois dias; mais tarde, o seu sucesso pôde ser tristemente medido pelo nível das represálias em Kandanos.

Outra coluna alemã, o 95º Batalhão de Engenharia de Montanha, reforçado por uma pequena companhia de pára-quedistas, foi mandada em 24 de maio para Kastelli Kissamou, onde no primeiro dia fora lançado o pobre destacamento de pára-quedistas comandado pelo tenente Mürbe. Os alemães não poderiam desembarcar os seus blindados leves, uma companhia da 5ª Divisão Panzer, em nenhum ponto do Golfo de Canéia e, assim, Kastelli Kissamou, que dificilmente seria o ideal devido à pouca profundidade da baía, era a única esperança.

Kastelli propriamente dita era defendida pelo 1º Regimento Grego, assessorado por um destacamento de praças e oficiais da Nova Zelândia. Eles tinham destruído os homens de Mürbe, com exceção de 28 sobreviventes aprisionados. Mas em 24 de maio um ataque de Stukas para amaciar a cidade durante a chegada dos engenheiros de montanha permitiu que vários desses prisioneiros fugissem e se rearmassem. Depois de algumas lutas confusas e sangrentas — os alemães estavam convencidos de que os homens de Mürbe tinham sido torturados e mutilados por civis — a cidade foi ocupada no dia seguinte. Mas a contínua resistência guerrilheira foi tão feroz que os blindados só começaram a desembarcar em 27 de maio. Este atraso de dois dias, conseguido com custo considerável de vidas cretenses, foi um auxílio inestimável para a tropa de Freyberg, que, na retirada subseqüente, mal dispunha de armas anticarro.*

Na tarde de 24 de maio, depois daquela manhã opressiva descrita por Kippenberger e Heydte, esquadrilhas do VIII Corpo Aéreo, em rotação incessante, cobriram Canéia com um tapete de bombas. Esta técnica de bombardeio em tapete fora desenvolvida pela Legião Condor sob o comando de Richthofen na Guerra Civil Espanhola, primeiro perto de Oviedo e depois para destruir Durango e Guernica. Tinha dois objetivos: aterrorizar soldados e civis e bloquear as estradas de algum centro de comunicação por trás da linha de frente com alvenaria e destroços. Em Canéia, somente a frente do porto foi deixada intacta, porque logo seria útil. Treze palácios venezianos dos séculos XV e XVI foram destruídos.

Stefanides viu os aldeões "reunidos em silêncio perplexo a assistir ao holocausto e pude sentir que, para eles, era como o fim do mundo. Canéia era a única cidade que muitos deles tinham conhecido". "Como o fim do mundo" foi a mesma comparação feita por testemunhas da destruição de Guernica. Embora ao bombardeio de Canéia faltasse o pesadelo dos animais de criação enlouquecidos representados na pintura de Picasso, ele teve as suas próprias imagens surrealistas. Contra o pano de fundo da cidade em chamas, Geoffrey Cox observou um cretense mergulhar na água do porto e levar a três mulheres peixes estonteados pelas bombas. Também viu um desertor australiano bêbado oferecer, com magnanimidade, as mercadorias que tinha saqueado das lojas.

*A mensagem OL 27/464 do Ultra, na manhã de 26 de maio, noticiava a intenção alemã de usar a cidade para o desembarque o dia seguinte.

O ataque a Canéia talvez tenha sido a despedida de Richthofen antes que o VIII Corpo Aéreo se retirasse para preparar as manobras da Operação Barbarossa. Se os cretenses precisassem de uma recordação para inflamar a raiva quando, mais tarde, as autoridades alemãs tentaram mostrar-se amistosas durante a ocupação, seria a daquela tarde. Os habitantes fugiram para as aldeias circundantes onde, com a genuína generosidade cretense, foram imediatamente abrigados e alimentados.

Algumas horas depois da partida dos bombardeiros, Freyberg e o seu Estado-Maior no quartel-general da Creforce abandonaram a pedreira e mudaram-se para o lado sul da Baía de Suda. Todos ajudaram. O Regimento Galês, ainda em ordem imaculada, orientou o tráfego e um coronel de artilharia australiano dirigiu um caminhão de quinze toneladas pelos arredores da cidade em chamas.

De manhã cedo, no domingo, 25 de maio, o general Student pousou em Maleme.* Os que o conheciam acharam-no envelhecido pela última semana; metade da Divisão de Pára-quedistas, criação sua, fora destruída.

Na mesma manhã, com o fedor dos prédios queimados de Canéia no ar, os homens do 3º Regimento de Pára-quedistas, no Vale da Prisão, finalmente ouviram a rádio Berlim anunciar a invasão alemã de Creta. Para os homens de Heydte, foi o primeiro sinal da confiança oficial na vitória. Como confirmação, no melhor estilo dos dramas históricos, chegou um mensageiro avisando que tinha havido contato com uma patrulha de caçadores de montanha que avançava vindo de Maleme. O tenente da patrulha possuía o título meio inacreditável de conde Bullion — "metal precioso", em inglês. Segundo Heydte, genealogista amador, descendia do "cavaleiro burgúndio que marchou para o Oriente como cruzado há uns oitocentos e cinqüenta anos e recebeu a coroa de Jerusalém".

Os caçadores de montanha estavam se concentrando para atacar Galatas pelo sul e pelo flanco oeste. Neste flanco oeste, entre Galatas e o mar, o 18º Batalhão da Nova Zelândia caiu sob o fogo de morteiros e os ataques de metralha dos Messerschmitts. Ao meio-dia, podiam-se ver soldados alemães manobrando para atacar e às quatro da tarde uma dúzia de Stukas começou

*Student chegou a Creta muito depois do esperado. Já na manhã de 22 de maio, o Ultra (OL 17/411) observava "quartel-general avançado 11º Corpo Aéreo" na ponte do Tavronitis.

os bombardeios de mergulho sobre Galatas. Pouco depois, os pára-quedistas de Ramcke e parte do 100º Regimento de Caçadores de Montanha do coronel Utz atacaram de repente o 18º Batalhão. O estalo dos tiros de fuzil "inchou num rugido". O fogo dos morteiros também aumentou, com até seis tiros por minuto caindo sobre uma companhia. A toda volta da aldeia, balas perdidas zuniam pelas folhas das oliveiras, derrubando brotos e galhos menores.

Kippenberger avançou para observar a batalha; parece que foi o único oficial superior em Creta a fazê-lo. "Num buraco quase coberto de mato", escreveu, "topei com um grupo de mulheres e crianças amontoadas como filhotes de passarinho. Fitaram-me em silêncio com olhos negros e aterrorizados." Galatas era ameaçada por ambos os lados. O ataque ao grupo de John Russell, no lado sul, também foi pesado, mas a linha do 18º Batalhão até a costa foi a primeira a romper-se. Por volta das seis da tarde, a companhia à direita foi vencida pelos homens do coronel Ramcke. Um contra-ataque com o batalhão de reserva — "capelães, escreventes, ordenanças, todo mundo que pudesse portar um fuzil" — foi liderado pelo oficial comandante, tenente-coronel Gray, mas fracassou.

Enquanto isso, em pânico, o Batalhão Misto tinha se desintegrado, embora na segunda linha. "Voltem! Voltem!", gritavam alguns dos seus integrantes. "Eles estão vindo aos milhares!" Mais uma vez, os feridos, desta vez duzentos deles, tiveram de ser carregados. O rompimento alemão na estrada costeira para Canéia foi impedido por parte do 20º Batalhão, felizmente mandado à frente por Inglis. Mas o colapso espalhou-se para a outra ponta da linha. Na Colina do Trigo, no canto do bolsão de Galatas, a companhia que ali estava cedeu depois que Kippenberger recusou-se a autorizar dois pedidos para recuar. A linha do 18º batalhão então desintegrou-se em toda a sua extensão. Kippenberger andou em volta, gritando "Agüentem, pela Nova Zelândia!", agarrando pela aldeia homens que recuavam, mas o seu esforço foi em vão. A única esperança de impedir a derrota total seria recuar para a colina entre Galatas e Daratsos.

O brigadier Inglis, adivinhando a situação mais pelo barulho do que por informações concretas, mandou os reforços avançarem. A banda da 4ª Brigada chegou primeiro, seguida por um pelotão de engenharia e a orquestra militar neozelandesa Kiwi Concert Party. Foram distribuídos junto a um longo muro de pedra insossa que corria de norte a sul.

Nem todos os defensores recuaram. A Força Russell continuou isolada no canto sudoeste de Galatas. Kippenberger, não querendo abandoná-la e convencido de que os neozelandeses tinham de atingir os alemães com força e surpresa para obter o respeito de que precisavam, decidiu montar um contra-ataque imediato. A tropa básica seria composta por duas companhias de neozelandeses do 23º Batalhão, "cansados, mas resolutos e em condições de lutar".

De cachimbo na boca, disse aos comandantes das duas companhias que o ataque tinha de fazer os alemães recuarem, senão a frente toda desmoronaria. As duas companhias calaram as baionetas e esperaram. O jovem subalterno Sandy Thomas deu uma olhada no seu pelotão. "Todos pareciam tensos e ferozes e me perguntei se estavam com tanto medo quanto eu, se a sua garganta estava tão seca quanto a minha, o estômago agora duro e depois mole. Ao sentir os olhares lançados em minha direção, esperei parecer tão frio quanto eles. De repente me ocorreu que esse seria o maior momento da minha vida."

"Lá estava Kip", recordou outro oficial presente, "andando de um lado para o outro, encorajando a todos." Nessa hora o crepúsculo caía veloz. Dois blindados leves do 3º Regimento de Hussardos vieram pela estrada. Roy Farran, o comandante, perguntou se podiam ajudar. Kippenberger saudou a sua chegada e disse-lhe que fosse a Galatas dar uma olhada. As duas máquinas, antiquadas e alquebradas, chacoalharam pela aldeia, espirrando o fogo das metralhadoras nas janelas dos dois lados da rua. Ao chegar à praça da aldeia, dominada por uma igreja alta demais, o segundo blindado foi atingido na torreta por um fuzil anticarro; o comandante e o motorista se feriram.

Os dois blindados voltaram a Kippenberger. A cabeça de Farran apareceu no alto da torreta. "O lugar está apinhado de alemães", berrou acima do barulho do motor. Kippenberger perguntou-lhe se voltaria lá comandando a infantaria. Farran concordou, mas antes teria de tirar o motorista e o cabo que tinham sido feridos no segundo blindado. Isso feito, dois neozelandeses apresentaram-se como voluntários para ocupar o seu lugar e Farran levou-os até a estrada para algumas instruções básicas.

O capitão Michael Forrester, cujos gregos, a essa hora, já estavam mortos ou perdidos, pegara um fuzil e uma baioneta e, fácil de reconhecer pelo cabelo louro — perdera o quepe de serviço na Colina Rosa — uniu-se às fileiras do 23º Batalhão. Notou como a força de Kippenberger continuava a aumentar. Os homens tinham começado a chegar de lugar nenhum assim que se espalhou a notícia deste ataque no estilo venha-como-estiver. Soldados perdidos de várias unidades, que tinham fugido há menos de uma hora, voltaram, provando que a bravura podia ser tão contagiosa quanto o medo. Feridos que conseguiam andar vieram mancando, pedindo permissão para participar também. E a tropa não estaria completa sem um grupo daqueles guerreiros incansáveis, os maoris.

Esta unidade, a mais mista das mistas, reuniu-se atrás da linha de largada, uma trilha que ia mais ou menos de norte a sul, com uma companhia de cada lado da estrada. Os dois blindados de Farran reapareceram, com a guarnição improvisada pronta a avançar. Kippenberger e Farran falaram juntos e depois Farran gritou para o segundo blindado segui-lo. Sumiu dentro da torreta e fechou a escotilha, enquanto o seu blindado avançava. "Os maoris", recordou Forrester, "começaram o *harka*, o seu canto de guerra, e todos cantaram juntos. O barulho era incrível." Os que ouviam à distância compararam o som a latidos de cães de caça. Os remanescentes do 18º Batalhão, comandados pelo tenente-coronel Gray, uniram-se prontamente, vindos de outra direção.

"O efeito foi terrífico", escreveu Thomas. "Sentíamos o sangue subindo, mais depressa que o medo e a incerteza, até só sobrar um êxtase inexplicável, impossível de descrever." Atacaram subindo o morro, uma ladeira com casas brancas de um e dois andares de cada lado, incapazes de acompanhar os blindados.

Quando desapareceram de vista, houve uma erupção de barulho. Kippenberger recordou "dezenas de automáticos e fuzis sendo disparados ao mesmo tempo, a explosão das granadas, gritos e berros — o clamor subiu e desceu, subiu de novo num crescendo apavorante". Mulheres e crianças, vendo que a sua aldeia virara campo de batalha outra vez, fugiram pela estrada.

Quase na mesma hora em que o blindado de Farran chegava à praça da aldeia, no alto do morro, uma granada anticarro atingiu-lhe a lateral. Depois de assegurar que os outros membros da guarnição tinham escapado, Farran, muito ferido, mal conseguiu arrastar-se para fora. A sotavento, gritou, encorajador: "Vamos lá, Nova Zelândia, acabem com eles!"

Segundo o relato de Sandy Thomas, depois que o blindado de Farran foi atingido o novo comandante do segundo tanque entrou em pânico e ordenou ao motorista que desse meia-volta e saísse da aldeia. Mas descendo um pouco a estrada a fuga foi bloqueada pelo pelotão de Thomas, que avançava para a praça da aldeia. O comandante gritou-lhes que o deixassem passar. Thomas negou-se e ordenou ao motorista que desse meia-volta outra vez, e ele obedeceu.

Sem que o ataque se retardasse, os neozelandeses investiram rumo à praça, as baionetas de 45 centímetros presas aos fuzis. Alguns jogaram granadas nas janelas das casas ocupadas pelos alemães. Outros atacavam qualquer defensor que surgisse. Na praça, o tiroteio ainda era frenético. As balas ricocheteavam no casco amassado e inútil do "carrinho de bebê blindado" de Farran. Para impedir o perigo da imobilidade em campo aberto, Thomas levou os seus homens a investir pela praça. Assustados pelas baionetas ou pelo desespero no rosto dos neozelandeses, a maioria dos alemães nas casas do outro lado entrou em pânico e fugiu. Só permaneceu um grupo resoluto.

Vários homens, Farran entre eles, deram o alerta quando a silhueta de um capacete alemão apareceu acima da linha de um telhado. O alemão jogou uma granada e, ao mesmo tempo, outro abriu fogo com uma Spandau. Thomas, as costas laceradas pelos estilhaços da granada, foi atingido na coxa. Um dos seus homens tentou pôr uma bandagem na ferida, mas o corte era grande demais para um curativo de campanha.

Logo chegou de Kippenberger a ordem de recuar. O ataque atingira a sua meta e ele não queria desperdiçar homens sem necessidade, pois assim que os alemães recuaram os seus morteiros começaram a bombardear a aldeia. Os feridos mais graves, Farran e Thomas entre eles, tiveram de ser deixados para trás. Um dos soldados de Thomas, também muito atingido na perna, conseguiu arrastá-lo para uma vala que oferecia alguma proteção. As explosões das granadas dos morteiros não detiveram as mulheres da aldeia. Elas se esgueiraram dos seus porões para levar água aos feridos. Uma menina de 12 anos apareceu ao lado de Sandy Thomas com uma jarra de leite de cabra fresco.

Kippenberger deu ordem de recuar até uma linha em Daratsos. Os sobreviventes da Cavalaria da Divisão de Russell e os últimos integrantes da Companhia de Combustíveis do capitão Rowe, na Colina Rosa, tinham conseguido escapulir. Eram tudo o que restava da 10ª Brigada de Kippenberger.

Os que participaram do contra-ataque de Galatas jamais esquecerão a espantosa reanimação de espírito que ele gerou. Talvez isso possa ser explicado como um gesto de raiva pela retirada — pela certeza, no fundo, de que deveriam ter vencido a batalha. Os neozelandeses mostraram, espetacularmente, o que poderiam ter feito se lhes tivessem dado a oportunidade e o comando no momento mais importante, há quatro dias.

Kippenberger, "mais cansado do que nunca se sentira na vida, nem antes nem depois", perambulou no escuro, tentando encontrar o posto de comando improvisado de Inglis, "um buraco no chão coberto de lona". A maioria dos comandantes de batalhão já estava ali reunida. Inglis levantou a questão de outro contra-ataque para avaliar a reação. Nisso, chegaram o coronel Gentry, chefe do Estado-Maior de Puttick, e o coronel Dittmer, oficial comandante do 28º Batalhão maori. Dittmer dispôs-se a atacar outra vez, mas depois da discussão Inglis chegou à conclusão de que era tarde demais e que o batalhão de Dittmer era uma das últimas unidades da Nova Zelândia a permanecer razoavelmente intacta. Não havia alternativa senão recuar para uma linha que se juntasse aos dois batalhões australianos de Vasey, na extremidade do Vale da Prisão. Embora ninguém proclamasse a inevitabilidade da derrota, todos sabiam que, mais uma vez, dependeriam da Marinha Real para escapar.

17

A tropa de choque de Laycock e a Força-Reserva

26 e 27 de maio

Depois que o último e enganador relâmpago de esperança se desfez em Galatas, o general Freyberg soube que precisava avisar Wavell de que Creta não podia mais ser defendida. Adiou a redação da mensagem até a manhã seguinte, 26 de maio. Começava assim: "Lamento ter de avisar." Este deve ter sido um dos deveres mais desagradáveis que enfrentou na vida.

A tarefa não pode ter sido facilitada pelas exortações animadoras que ainda chegavam de Churchill, em Londres, nem pela matemática simplista do serviço militar de informações, no Cairo, que estimava que ele ainda gozava de superioridade numérica. Mas a culpa, em parte, era dele mesmo: não dissera com clareza a Cairo nem a Londres com que rapidez Maleme caíra. A redação sinuosa dos relatórios dava a impressão de que o campo de pouso ainda era ferrenhamente disputado algum tempo depois que os alemães já tinham estabelecido a sua ponte aérea.

Houve então a tentativa do quartel-general do Oriente Médio de enviar aviões Blenheim e Wellington para bombardear a pista, mas foram poucos, tarde demais para fazer diferença. Apesar da pequena elevação do moral conseguida com um ataque em 25 de maio, a RAF, mais uma vez, tornara-se alvo de ofensas, com a sua sigla traduzida em duros epítetos.

Na segunda-feira, 26 de maio, a nova linha a oeste de Canéia agüentou-se, embora cambaleante e por muita sorte. Pouco depois das 13 horas, a Luftwaffe bombardeou e metralhou, por engano, durante cinqüenta minutos, um batalhão do 85º Regimento de Caçadores de Montanha; isso desmoralizou gravemente os soldados alemães em toda a frente e inspirou cautela aos seus comandantes. O batalhão sem sorte estava avançando pelo sopé dos morros rumo a Perivolia, onde o 2º Regimento Grego, segundo soube Freyberg, estava em processo de desintegração. Este foi um dos fatores que o convenceram que a Baía Suda logo estaria sob fogo.

Junto aos gregos e fechando a extremidade do Vale da Prisão estavam os dois batalhões australianos, o 2/8º e o 2/7º, de volta ao comando do brigadier Vasey como 19ª Brigada Australiana. A partir dali, estendendo-se até a costa e formando uma linha diante de Canéia, havia três batalhões neozelandeses reduzidos e semi-amalgamados, começando pelos maoris a oeste de Daratsos. Manter o inimigo nesta linha era importantíssimo para permitir que, naquela noite, os navios de guerra desembarcassem equipamento e reforços essenciais na Baía Suda.

Por trás desta força insegura e mal entrincheirada, os remanescentes de outros batalhões tentavam recuperar-se e reorganizar-se. Perto de Suda, o escalão desarmado da retaguarda, quase doze mil homens no início da batalha, espalhava-se em seus acampamentos improvisados: companhias de portuários, mecânicos de material bélico, pessoal de suprimentos — aquilo que os soldados combatentes chamavam de "*odds and sods*" ("achados e perdidos") e que para Churchill eram as "*bouches inutiles*" ("bocas inúteis").

Muitas vezes injustamente desdenhados e ainda mais desinformados do que o soldado médio, esses "batalhadores de base" tinham sofrido bombardeios constantes sem um *esprit de corps* que os sustentasse e sem capacidade de revidar contra o inimigo. Vários que conseguiram agarrar um fuzil para caçar pára-quedistas nos olivais demonstraram ser guerrilheiros natos, apesar da falta de treinamento formal de infantaria — ou talvez por isso mesmo. Mas os nervos da maioria ficaram em frangalhos com os ataques aéreos. Quando alguém deixou cair uma caneca de lata no posto de triagem de baixas de Stephanides, todo mundo se jogou no chão, inclusive quem largou a caneca.

Muitos homens do escalão de retaguarda tinham sido evacuados pouco antes da batalha em navios que traziam à ilha suprimentos e equipamento.

Mas agora nenhum navio mercante correria o risco de enfrentar os ataques de Stukas pelo estreito de Kaso. E depois dos desastres de 22 de maio no mar, o almirante Cunningham só permitiria aos navios de guerra mais velozes que fizessem a viagem de Alexandria a Creta, restringindo a sua presença nas águas perigosas do Egeu às horas de escuridão. Ao contrário das instruções do almirantado, ordenara que um comboio que levava um batalhão do Real Regimento da Rainha voltasse a Alexandria. E a tentativa de um contratorpedeiro de desembarcar reforços em Paleókora, no sudoeste, para atacar o flanco alemão teve de ser abortada devido ao mar encapelado. Se tivessem conseguido desembarcar, logo teriam de enfrentar o 55º Batalhão de Motociclistas alemão, que já começara a derrotar os bravos defensores cretenses perto de Kandanos.

No entanto, um grupo de duzentos homens desta tropa de choque chegara à Baía Suda na noite de 24 de maio, trazido pelo HMS *Abdiel*, veloz cruzador lança-minas. O grosso da tropa, depois que voltou a Alexandria por não conseguir desembarcar em Paleókora, chegou finalmente à Baía Suda dali a duas noites nos contratorpedeiros *Hero* e *Nizam* e na segunda viagem do *Abdiel*.

Esses dois batalhões de choque, com armas leves e efetivo de apenas quinhentos homens, eram comandados pelo coronel Robert Laycock, oficial dos Reais Guardas de Cavalaria com considerável talento para a liderança e cara de nobre boxeador. O chefe do seu Estado-Maior era Freddie Graham e o oficial de informações era o capitão Evelyn Waugh. O Batalhão "A" era comandado pelo tenente-coronel F. B. Colvin, que já chegara com o grupo de vanguarda, e o Batalhão "D" pelo tenente-coronel George Young, do Real Corpo de Engenharia, oficial sapador que fora levado pelo MI(R), em 1939, para sabotar os poços de petróleo de Ploesti.

Em Suda, naquela noite, Peter Wilkinson, da SOE, que fora até lá mais cedo para ver se chegara algum equipamento de sabotagem para Bill Barbrook, também estava no cais. "Estávamos ocupados", contou Wilkinson a Gubbins, "queimando 25 fardas alemãs que DH/A [Ian Pirie] trouxera consigo da Grécia numa época em que o pára-quedista mais próximo estava a apenas trezentos metros de distância. A ineficiência e a falta de preparo no escritório de DH/A não eram das melhores!" Mas uma surpresa o aguardava. O capitão Morse, oficial naval encarregado, recebera uma mensagem "Secretíssima — Decifre sozinho" do Almirantado ordenando-lhe que tirasse

Wilkinson da ilha. Alguém em Londres supusera erradamente que ele sabia de tudo sobre as "fontes secretíssimas" e a captura de qualquer um que estivesse a par do Ultra tinha de ser evitada a *todo* custo. "O senhor será embarcado no próximo navio de volta", disse-lhe Morse. Acontece que este navio foi o *Abdiel* e um dos primeiros integrantes da Layforce que Wilkinson avistou à luz de um navio-tanque em chamas foi George Young.

Evelyn Waugh comentou que Young tinha "aparência pouco impressionante mas mostrou ser um bom oficial". Era mesmo um bom oficial e o Batalhão D, amálgama dos dois Grupos de Choque do Oriente Médio, foi a melhor unidade graças ao seu treinamento. A descrição que Waugh faz da derrocada em Creta, tanto em seus diários quanto no romance *Oficiais e gentlemen*, é a coisa mais eloqüente que já se escreveu sobre aqueles últimos dias, mas o romance, principalmente, deve ser considerado uma projeção de sentimentos pessoais de desilusão, mais do que descrição objetiva dos fatos.

Os seus sentimentos pela tropa de choque que Laycock formara na Grã-Bretanha no ano anterior eram muito confusos. A unidade, à qual juntou-se em Largs, na Escócia, foi recrutada em regimentos da Cavalaria da Casa Real, dos Guardas de Infantaria e da cavalaria de linha, principalmente entre os Royal Scots Greys (regimento de dragões escoceses). Embora adorasse estar junto do "smart set", o "grupo dos espertos", que "bebiam muito, jogavam cartas com apostas altas, jantavam toda noite em Glasgow e telefonavam sem parar para os seus treinadores", desaprovava-os por não levarem a sério a sua responsabilidade de oficiais. "Vi poucos sintomas da sua decadência posterior", escreveu. "Mostravam alegria e independência, que achei que seriam valiosas em ação."

A Layforce, desde que chegara ao Oriente Médio, não tivera muita sorte. Tantas operações suas foram canceladas que ela ficou conhecida como "Belayforce" — a "força cancelada" — e na coberta do HMS *Glengyle*, o seu navio de assalto, alguém rabiscara: "Nunca, na história das realizações humanas, tantos importunaram tão poucos." Eles partiram para Creta na crença de que o seu objetivo era "atacar aeródromos e portos marítimos inimigos etc. dos quais partem bombardeiros para bombardear os nossos soldados na ilha". Também deram-lhes uma idéia completamente falsa do estado de coisas que encontrariam ao chegar. Randolph Churchill tinha lhes dito que a batalha estava praticamente ganha. E as suas ordens, recebidas em Alexandria, tinham "afirmado que a situação em Creta estava 'bem sob controle', só que 'a guarnição do aeródromo de Maleme está muito pressionada', dando a entender, erradamente, que o aeródromo estava em nossas mãos e era atacado de fora".

A sua chegada a uma situação que o chefe do Estado-Maior da brigada descreveu como "um pesadelo inesperado e irreal" desiludiu-os drasticamente da idéia de que as coisas estavam sob controle.

> Assim que o navio ancorou [escreveu Graham em 1948], barcos vindos da margem começaram a se aproximar e, enquanto o comandante da Brigada, eu e outros oficiais nos despedíamos do comandante do lança-minas, a porta da cabine deste último abriu-se de repente e um oficial da Marinha, encharcado e parecendo meio histérico, entrou. Com voz trêmula de emoção, disse:
>
> — O exército está em retirada. Tudo é um caos. Acabei de ver o meu melhor amigo morrer ao meu lado. Creta está sendo evacuada!
>
> Uma alegria, no mínimo, e meio que um choque para o grupinho de oficiais da unidade de choque, armados até os dentes e carregados como árvores de Natal, que fitavam boquiabertos o portador de más notícias.
>
> — Mas acabamos de chegar — gaguejei.
>
> — Meu Deus! — gritou ele. — Eu não sabia. Era melhor eu não ter dito nada.
>
> — Agora é tarde demais, meu velho — disse eu. — Pelo menos você podia nos dizer a senha.
>
> Mas ele a esquecera.

Do convés, eles viram as balsas vindo do ancoradouro, carregadas de feridos. A cena ficou caótica, com soldados empurrando e tentando desembarcar quando elas chegaram. Alguém deu ordem de jogar pela amurada todo o equipamento, com exceção de armas pessoais, munição e comida. Vários aparelhos de rádio, tão necessários uma semana antes, foram jogados na Baía Suda. Caixotes de alimentos e caixas de munição foram abertos. Os homens encheram os bolsos da farda com balas soltas de calibre .303 e enfiaram sob a camisa latas de carne em conserva. As caixas de munição para submetralhadoras Thompson e Bren foram empilhadas nas macas, que parelhas de homens levaram do cais. Uma vez em terra, na estrada Canéia-Georgiópolis, Laycock "notou que todos os soldados que encontramos pareciam ir no sentido errado".

Em sua maioria, os soldados que iam no sentido errado eram retardatários do escalão de retaguarda e elementos desalentados da segunda linha, perto de Canéia, que tinham desistido prematuramente. Não era possível esconder a derrota e, não se sabe como, tinha vazado a notícia da decisão de evacuar os soldados de Sfakia, no litoral sul. A confusão aumentara durante aquela noite de 26-27 de maio. Esperava-se o rompimento alemão a qualquer momento no sopé das montanhas próximas a Perivolia, onde o 2º Regimento grego se desintegrara. Para enfatizar o perigo, o rastro das balas das metralhadoras Spandau dos caçadores de montanha no flanco sul curvava-se sobre o quartel-general de Puttick.

Inglis fora designado para comandar a Força-Reserva de 1.200 homens — o 1º Regimento Galês, os Rangers e os Hussardos de Northumberland — que deveria substituir os neozelandeses exaustos na faixa litorânea a oeste de Canéia. Mas o general Weston manteve para si o controle e Inglis, para evitar confusão, não tentou intervir. Ninguém parecia saber que formações pertenciam a cada quartel-general. Os comandantes das brigadas, sem rádio nem telefones de campanha, tinham de perambular no escuro, em busca uns dos outros.*

A princípio, ninguém conseguia achar o general Weston, que instalara o seu quartel-general numa casa de camponeses perto da "rua 42", uma trilha escavada que seguia para o sul a partir da extremidade da Baía Suda, perto de Canéia. Batizada em homenagem ao 42º Esquadrão de Campanha do Real Corpo de Engenharia, que acampara ali antes da invasão, a rua 42 seria a próxima linha de defesa. Depois de ordenar que a Força-Reserva avançasse para substituir a 5ª Brigada da Nova Zelândia diante de Canéia, Weston adormeceu no chão de terra do seu "alpendre no olival", como Laycock o descreveu. Não dera aos neozelandeses ordem de retirar-se quando substituídos e parece que não sabia que a essa hora a brigada australiana ao sul já fora flanqueada e, assim, teria de recuar.

Puttick e Hargest ficaram exasperados com a falta de ordens. Durante o período mais importante da noite, Freyberg estava longe do quartel-general e não se podia encontrá-lo. Ele esteve por algum tempo no cais da Baía Suda,

*Freyberg tinha o melhor meio de transporte. Apesar do corpanzil *imenso*, seguia de carona atrás do segundo-tenente M. B. Payne, dos Hussardos de Northumberland, motociclista-acrobata amador que fizera espetáculos em Olímpia.

não para receber a Layforce, embora tenha falado com um dos seus oficiais, mas para verificar se uma embarcação de suprimentos e, o mais importante, uma mensagem avisando da evacuação iminente tinham chegado à tropa de Campbell em Retimno. Diz muito sobre a humanidade de Freyberg, mas não tanto sobre a sua capacidade de liderança, o fato de que, num momento tão arriscado da batalha, ele passasse tempo considerável andando de um lado para o outro com Jack Smith-Hughes, jovem tenente do RASC — Royal Army Service Corps, corpo do exército britânico responsável pelo transporte e pela intendência —, preocupado com a segurança do barco. Infelizmente, a mensagem já se perdera e o comandante da lancha de desembarque partira sem saber da sua existência.

Puttick mandou o capitão Robin Bell, um dos oficiais de informações de Freyberg, explicar pessoalmente a Weston a gravidade da situação, mas os oficiais do Estado-Maior de Weston impediram Bell de incomodar o seu chefe. Puttick, com capacidade de decisão pouco comum, contrariou a ordem de Freyberg para que os australianos se mantivessem firmes a qualquer custo e disse a Vasey e a Hargest que recuassem para a rua 42 enquanto ainda tinham a proteção do escuro. Assim, a Força-Reserva ficou sozinha para avançar sem apoio contra um inimigo imensamente superior.

Quando Weston foi acordado, por volta de uma da manhã (talvez pela chegada de Laycock e Waugh), soube finalmente do desastre prestes a cair sobre o Regimento Galês, os Rangers e os Hussardos de Northumberland. A ordem para recuar foi enviada, por dois mensageiros, ao coronel Duncan do Regimento Galês. Então Weston voltou para dormir no chão, mas foi acordado de novo, desta vez por Puttick que queria explicações do que estava acontecendo. Parece que Weston foi quase incoerente de tão exausto.

Enquanto isso, a Força-Reserva avançava rumo ao inimigo por uma Canéia deserta e devastada. Nas primeiras horas da manhã, espalhou-se mais além, no campo vazio e sinistro. Mais de um piadista galês observou: "Lá vamos nós para a última posição de Custer."* Um grupo que estava com o intendente encontrou um neozelandês profundamente adormecido. "Mandamos que pulasse de pé. O seu grupo fora embora há muito tempo." Tam-

*Referência à batalha de Little Bighorn, em 25-26 de julho de 1876, nos Estados Unidos. Ali, perto do rio Little Bighorn, no território de Montana, a 7ª Cavalaria do exército americano enfrentou os índios. Um destacamento da cavalaria, comandado pelo tenente-coronel George Armstrong Custer, foi aniquilado e o comandante morreu na luta. (*N. da T.*)

bém encontraram um jovem sapador deixado para trás para explodir uma ponte, coisa que nunca fizera antes. "Era um menino corajoso por ter ficado ali", observou um galês que o ajudou a detonar a carga com a bateria do caminhão de quinze toneladas.

Perto do amanhecer, mandaram patrulhas para o sul para fazer contato com os Perivólios Reais da recém-formada "Brigada Suda", mas tanto eles quanto os australianos do flanco esquerdo tinham recuado na noite anterior. As patrulhas nunca retornaram. Pouco depois da aurora de 27 de maio, a Força-Reserva ouviu disparos bem à sua retaguarda, na estrada de Suda. O significado era bem claro.

À sua frente desdobravam-se os pára-quedistas de Ramcke, ainda seguindo o litoral, e o 100º Regimento de Caçadores de Montanha, que avançava sobre os morros entre Galatas e Daratsos. A maioria dos morteiros e da artilharia alemã leve concentrava-se sobre eles. O 3º Regimento de Pára-quedistas de Heidrich, embora com o seu efetivo reduzido ao de um batalhão, conseguira finalmente avançar para fora do Vale da Prisão e cercá-los pelo sul, e os disparos na estrada Canéia-Suda, na retaguarda, vinham do avanço do 141º Regimento de Caçadores de Montanha.

Às 8h30, quando o ataque alemão começou com um pesado bombardeio de morteiros, a Força-Reserva já estava isolada. Parte dela conseguiu realizar uma ação desesperada de retaguarda rumo à foz do Akrotiri, mas a maioria ficou presa diante de Canéia e até o oficial comandante do Regimento Galês, coronel Duncan, guarneceu uma metralhadora Bren. A sua dura resistência continuou em bolsões até a tarde e, em determinado caso, até a manhã seguinte. Sete oficiais e cerca de 250 homens conseguiram abrir caminho lutando em pequenos grupos para reunir-se à tropa principal a leste; um grupo lançou-se, num caminhão, contra um bloqueio na estrada.

Este triste tropeço malbaratou quase mil dos melhores soldados que restavam. Talvez a maior tragédia da Força-Reserva tenha sido o retardamento da sua ação para aquela hora inútil, em vez de ter sido mandada para o contra-ataque cinco dias antes. O blablablá posterior dos oficiais superiores sobre quem seria o culpado lembra as querelas vergonhosas que se seguiram à Carga da Brigada Leve, na Batalha de Balaclava.* Puttick acreditava piamente

---

*Carga de cavalaria, de muita bravura mas resultado desastroso, comandada por Lord Cardigan durante a Batalha de Balaclava, em 25 de outubro de 1854, na Guerra da Criméia. Foi imortalizada por um poema de Alfred Tennyson. (*N. da T.*)

que o erro era de Weston, Weston considerou prepotência inacreditável que Puttick contrariasse as suas ordens e Freyberg convenceu-se de que Inglis fugira à responsabilidade de comandar a Força-Reserva. Mais uma vez, as ordens mal ponderadas, a péssima comunicação e, neste caso, as alterações complicadas da cadeia de comando tornaram o caos praticamente certo.

Os remanescentes do 3º Regimento de Pára-quedistas contornaram Canéia com ordens de avançar sobre o Akrotiri. Com os homens de Heydte à frente, passaram por trincheiras vazias detrás de arame farpado, postos de comando desertos, equipamento abandonado e canhões de campanha com os blocos da culatra removidos e ainda apontados para oeste. Avançaram por laranjais, vinhedos e olivais até a estrada Canéia-Suda.

Temendo que os seus homens estivessem cansados demais para cuidar de bolsões de resistência na península rochosa, Heydte desviou a sua linha de avanço para entrar em Canéia por Halepa, a leste. Ordenou que fossem hasteadas todas as bandeiras de reconhecimento que tinham, para evitar outro ataque acidental por aviões alemães. "Quem quer que nos observasse nesta marcha", escreveu ele sobre o seu grupo esfarrapado, com a barba por fazer, "poderia ter-nos tomado por um bando de mercenários medievais e não por uma formação militar moderna."

Nas ruas desertas e cobertas de escombros, ratos mergulhavam para esconder-se com a sua aproximação. Um ou outro incêndio ainda ardia e as traves fumegavam desde o ataque aéreo três dias antes. O cheiro do azeite derramado de tinas estilhaçadas e do vinho que escorrera de barris quebrados misturava-se ao da decomposição dos corpos. As fachadas venezianas nas ruas estreitas continuavam de pé, com as entranhas das casas destruídas e as janelas de cima mostrando apenas o céu azul.

Ao chegar a uma praça, os pára-quedistas foram recebidos por camaradas feridos, capturados no início da batalha e deixados para trás num hospital improvisado pelos britânicos em retirada. O prefeito de Canéia chegou, querendo entregar a cidade para garantir que não haveria mais baixas civis. O capitão von der Heydte achou muito divertido quando o prefeito recusou-se a acreditar que aquele espantalho imundo e barbado, tendo apenas um lenço amarrado à guisa de chapéu, era comandante de um batalhão do exército vencedor.

A bandeira da suástica foi içada no minarete da antiga mesquita turca, no centro de Canéia. Heydte, então, instalou o seu quartel-general no Consulado Britânico, no subúrbio de Halepa, além da muralha oriental da cidade. Enquanto isso, os caçadores de montanha do general Ringel seguiam marchando atrás da tropa de Freyberg em retirada.

Ringel supôs que Freyberg recuava pelo litoral, primeiro para Retimno e depois seguindo para unir-se à forte guarnição de Heráclion. Este foi um engano feliz para as tropas em retirada, pois se assim não fosse talvez ele tomasse uma iniciativa mais decidida sobre o flanco sul. Aliás, a tropa de Freyberg já se salvara do cerco quase certo e de uma rendição humilhante com aquele feito espantoso de resistência do 8º Regimento Grego e dos irregulares cretenses, perto de Alikianou.

Nas primeiras horas de 27 de maio, enquanto a Força-Reserva ainda avançava para o seu destino imerecido, Laycock e Waugh foram visitar primeiro o general Weston, depois o quartel-general do coronel Colvin, que comandava a guarda avançada, e finalmente o general Freyberg, que Waugh descreveu no seu diário como "calmo mas obtuso". Foi mais rude a respeito do general Weston, na noite seguinte: "O general Weston pulou de trás da sebe; parecia ter perdido o Estado-Maior e a cabeça." (Não se pode atribuir isso apenas à contrariedade de Waugh; o soldado Tanner, seu ordenança de 19 anos, ficou surpreso ao ver um general "falando sozinho".*) Nem o ataque aéreo escapou ao humor cáustico de Waugh: "foi como tudo o que é alemão: excessivo."

Enquanto Laycock e Waugh visitavam os generais em busca de instruções, Graham organizava um desdobramento rudimentar dos dois batalhões da força de choque. Estava horrorizado com a imagem da retirada com que foram recebidos: "a estrada estava engarrafada de soldados sem unidades formadas, que se arrastavam com pressa desesperada. Sujos, cansados e famintos — uma ralé, é só assim que se poderia chamá-los. Foi uma imagem com que eu ficaria familiarizado demais nos próximos dias e que jamais esquecerei."

Mas, como os alemães descobriram às próprias custas, nem todas as unidades tinham entrado em colapso. Por volta das onze da manhã de 27 de

*Tanner, que se descreveu como "carregador de almofadas" de Waugh, por levar-lhe o travesseiro durante a batalha, achou Waugh muito respeitoso. Os oficiais regulares, incomodados com a ironia de Waugh, parecem ter alimentado por ele forte desagrado.

maio, o 141º Regimento de Caçadores de Montanha, depois de ultrapassar a Força-Reserva, alcançou os australianos e maoris na linha da rua 42. Os caçadores avançaram, não esperando jamais um ataque dos soldados exaustos. Quando os australianos e maoris investiram, espalharam a maior parte do I Batalhão do regimento. Nesta ação, os alemães admitiram ter perdido 121 homens, mais da metade das baixas de um dia que teve um total de 220 mortos, 50 a mais que em 25 de maio, dia da Batalha de Galatas.

Naquela tarde, quase trinta horas depois da mensagem original que declarava a inevitabilidade da derrota, Freyberg finalmente recebeu de Wavell a permissão para a retirada pelas Montanhas Brancas até Sfakia, pequeno porto de pesca no litoral sul. Wavell quisera que ele recuasse para Retimno e se unisse à brigada de Heráclion, como o general Ringel esperara, mas Freyberg acertara em sua avaliação original e Wavell foi obrigado a concordar. Deu o seu consentimento sem esperar mais a confirmação do Gabinete de Guerra. Naquela noite, o quartel-general da Creforce partiu para o sul de carro e caminhão, pela estrada da montanha, rumo a Sfakia.

18

Ao sul da Baía Suda

28 a 30 de maio

Depois da partida de Freyberg para Sfakia, o comando da retirada passou para o general Weston. Mas a duvidosa capacidade de comando de Weston, em nada auxiliada pelos falsos boatos e pela má comunicação, levou Hargest e Vasey a formular as suas próprias ordens. Na noite de 27 de maio, depois de verem caçadores de montanha a contorná-los pelo sul bem além das escarpas de Malaxa, eles retiraram os neozelandeses e australianos da linha da rua 42. Durante a noite, marcharam para Stylos, a sudeste, no caminho para Sfakia. Felizmente, os caçadores de montanha pararam para passar a noite e só continuaram avançando para leste pouco antes da aurora.

Os homens de Hargest chegaram a Stylos bem na hora. No amanhecer de 28 de maio, duas companhias do 23º Batalhão foram acordadas onde tinham se deitado para dormir. Numa volta de inspeção antes de recolher-se, dois oficiais tinham avistado o novo avanço do 85º Regimento de Caçadores de Montanha. Os neozelandeses, exaustos, correram até um muro de pedra insossa que se curvava no alto de um morro. Os alemães da vanguarda, que avançavam pelo outro lado, estavam a vinte metros quando acima deles surgiram os capacetes neozelandeses. O sargento Hulme, que se sentou no muro atirando, ganhou uma Victoria Cross pela ação rápida mas muito bem-sucedida que se seguiu.

Ao norte deles, em Megala Khorion, acima da curva da estrada Canéia-Retimno, uma tropa de republicanos espanhóis, do batalhão de George

Young, engajou-se na primeira ação de retaguarda da Layforce. Laycock, com razão, objetara que era uma posição difícil de defender, mas a sua opinião foi rejeitada. Uniram-se a eles duas companhias de maoris. Logo uma impressionante procissão de veículos, encabeçada por soldados de motocicleta, foi avistada a avançar para leste, de Suda para Retimno. Somente pequena parte desta tropa desviou-se para o sul para atacar e, no terreno acidentado cheio de arbustos, os maoris conseguiram atrasá-los até o meio-dia.

A maior parte dos republicanos espanhóis, considerando sua missão desnecessariamente suicida quando todos recuavam, voltou para Babali Hani, para onde fora, mais cedo, o restante do batalhão de George Young para preparar outra linha de interrupção. Enquanto isso, o batalhão de choque do coronel Colvin, deixado para trás para retardar o inimigo em Suda, estava meio desorganizado depois de dois recontros confusos em que muitos homens foram capturados. Em seu memorando sobre a Layforce, Waugh descreve a conduta de Colvin em termos cáusticos; na verdade, ele perdera a tal ponto o controle que Laycock destituiu-o do comando e amalgamou os dois batalhões sob a liderança de George Young.

Laycock e Freddy Graham, chefe do Estado-Maior da brigada, quase foram capturados por caçadores de montanha que tinham bloqueado a estrada entre Stylos e Babali Hani. A chegada de dois blindados Matilda, trazidos de Heráclion, salvou-os. Esses blindados também ajudaram a enrijecer a resistência em Babali Hani, onde mais tarde, no mesmo dia, o batalhão de George Young, apoiado pelo que sobrara do 2/8º Batalhão Australiano, enfrentou dois batalhões de caçadores de montanha. Laycock instalou o quartel-general da sua brigada numa casa no limite da aldeia, de modo a ficar perto da luta.

A tática dos caçadores de montanha era avançar até fazer contato e então, assim que as posições inimigas fossem identificadas, enviar grupos com morteiros e metralhadoras para escalar acidentes importantes em cada flanco. Isso demandava tempo e esforço, mas a máxima do general Ringel era "suor poupa sangue".

O batalhão de Young e os australianos lutaram até escurecer, quando ficou óbvio que estavam sendo flanqueados a oeste. Os dois blindados ficaram sem combustível e foram destruídos. Um terceiro Matilda ficou numa cratera no meio da estrada, prematuramente explodida por um grupo de sapadores; o lubrificante e a água foram drenados e o motor posto a funcio-

1. Soldados gregos na frente albanesa, inverno de 1940

2. John Pendlebury mirando com o olho de vidro

3. A invasão alemã da Grécia, abril de 1941

4. Generais Blamey, Wilson e Freyberg na Grécia, abril de 1941

5. Capitão Michael Forrester, desenhado por Patrick Leigh Fermor quando ficaram com o Príncipe Pedro, da Grécia

6. Soldados da 5ª Divisão de Caçadores de Montanha embarcam na Grécia antes de voar para Maleme

7. Caçadores de montanha num caíque seguindo para Creta

8. Pára-quedistas alemães pousam num vinhedo cretense

13. Coronel Bruno Bräuer, com piteira, em Heráclion

14. QG da 14ª Brigada de Infantaria no último dia
(desenho de Patrick Leigh Fermor)

15. Neozelandeses capturados pelo Grupo Ramcke perto de Canéia

16. O General Student faz a revista de soldados italianos com o General Carta

17. Manoli Bandouvas e guarda-costas

18. Patrick Leigh Fermor no vale do Amari, primavera de 1943

19. Manoli Paterakis com a sua submetralhadora Marlin

20. Levando o General Kreipe (*segundo a contar da frente*) pelo alto do Monte Ida para evitar patrulhas alemãs

nar até fundir. Os soldados da tropa de choque e os australianos escapuliram depois do anoitecer, marchando o mais depressa possível para o sul, rumo à planície de Askifu, onde os australianos estabeleceram outra linha de defesa.

Enquanto isso, à frente da retaguarda, uma massa de soldados se arrastava avante, primeiro pelo sopé dos Apokoranas e em seguida, depois de Vrisses, subindo as Montanhas Brancas. Os olivais ficaram mais raros quando o solo se tornou mais rochoso, com azevinhos e azinheiras ou pinheiros e urzes, e a faina da escalada começou sob o sol forte. Ainda mais alto só havia moitinhas espinhosas a romper a vastidão estéril de camadas de xisto e pedra calcárea. Para soldados descansados, bem nutridos e bem calçados, a pior parte da viagem — os 24 quilômetros de Stylos até a planície de Askifu — não traria muita dificuldade. Mas, em sua maioria, os que faziam essa retirada já estavam exaustos antes de partir; tinham pouca comida e água; e seus coturnos estavam se desfazendo.

"Achei difícil entender", escreveu Theodore Stephanides sobre o primeiro estágio, "que participava de um fato que provavelmente viria a ser histórico. Aquilo mais parecia uma multidão saída de um jogo de futebol que descobrisse que os trens tinham parado do que uma retirada."

Durante esta retirada, houve várias cenas e encontros extraordinários. Um oficial da RAF que se recordava de Nicki Demertzi, da boate Argentina de Atenas, viu-a de repente de farda cáqui. Geoffrey Cox, que editara o jornal *Crete News* no posto da SOE na Fernleaf House, também. O seu cabelo louro e comprido parecia muito atraente nesta tentativa informal de camuflagem. Ian Pirie usava as coroas da divisa de major; parece que tinha o hábito de tirar do bolso insígnias de vários postos. Ao chegar ao Cairo, tornou-se assessor político da SOE. Bill Barbrook, colega de estratagemas, fugiu de Canéia com um jovem professor de inglês do Dodecaneso que o ajudava como intérprete. Barbrook disse-lhe que vestisse a farda para que os alemães não o tomassem por espião. Entre outros com farda emprestada e capacete de aço, havia duas enfermeiras gregas de um hospital, adotadas por uma companhia de neozelandeses: seguiam com eles fazendo piadas em inglês capenga.

Dois encontros que envolveram Bob Laycock, um à noite e outro durante o dia, pareceram bem típicos de britânicos no exterior em circunstâncias fora do comum. Myles Hildyard, oficial subalterno dos Rangers de Sherwood, ouviu a voz de Laycock no escuro e reconheceu-a de imediato; conhecia-o de festas em Nottinghamshire. O irmão de Laycock servia nos Rangers de Sherwood, regimento de cavalaria daquela região. Tiveram uma conversa rápida sobre ele e amigos comuns e, depois, cada um seguiu o seu caminho. Noutra ocasião, Monty Woodhouse e o coronel Guy Salisbury-Jones, descansando na beira da estrada, viram Laycock num carro do Estado-Maior. Laycock parou para conversar com Salisbury-Jones, que pertencera ao regimento dos Guardas de Coldstream. Depois que seguiu adiante, Salisbury-Jones virou-se para o companheiro:

— Engraçado — disse ele. — Da última vez que o vi ele cavalgava pelo Mall, encabeçando a Household Cavalry na escolta do soberano.*

Woodhouse concordou que era mesmo engraçado.

Momentos alegres como esses eram raros. Em Stylos, as filas de feridos em macas no posto de atendimento médico lembrou a um coronel da Nova Zelândia uma cena do filme *E o vento levou*. Havia sinais de tensão e desmoralização quase por toda parte. Kippenberger notou que um dos seus oficiais "andava muito depressa, com passos estranhos de autômato e tremendo sem parar".

Sempre que um Messerschmitt rugia lá em cima, metralhando em baixa altitude, as suas balas pondo fogo nos arbustos, havia alguns gritos histéricos de "Protejam-se!", além dos mais relaxados "Lá vem o *Jerry*!"** Todos ficavam imóveis, de rosto para baixo. O soldado Tanner, ordenança de Evelyn Waugh, lembrou-se de uma voz australiana a gritar: "Se alguém se mexer, eu mato!" Mas embora as sortidas de caças deixassem nervosos os mais pressionados pela exaustão e pelo choque da batalha, elas eram bem menos intensas do que no início da batalha. A terça-feira, 27 de maio, fora o último dia de ataques aéreos intensos antes que a maior parte do VIII Corpo Aéreo fosse transferida para preparar a Operação Barbarossa.

---

*O regimento dos Coldstream Guards é o mais antigo no serviço ativo do Exército britânico. Foi criado em 1650, em Coldstream, na fronteira escocesa. Já a parada militar em que Salisbury-Jones viu Laycock deve ter sido a famosa "Trooping the Colour", cerimônia realizada no aniversário do monarca em que os antigos regimentos do exército — a Household Division (Divisão da Casa Real), formada pelos Foot Guards (Guardas de Infantaria) e pela Household Cavalry (Cavalaria da Casa Real) — desfilam portando as suas cores e pagam tributo pessoal ao soberano com grande pompa e cerimônia. (*N. da T.*)

***Jerry*: nome jocoso que os britânicos davam aos alemães. (*N. da T.*)

Os que estavam na retaguarda sofreram mais do que os outros com a falta de comida, simplesmente porque chegaram por último. A Creforce recuava para longe dos seus depósitos e não houve tempo suficiente nem meios de transporte para preparar locais de armazenamento adequados ao longo do caminho. Os que foram criados foram atacados pelas *bouches inutiles*, que partiram para Sfakia bem antes dos combatentes. Essa mistura de soldados britânicos, cipriotas e palestinos tinha poucos oficiais e parca disciplina. Muitos viviam como foras-da-lei, abrigando-se em cavernas pelo caminho e atacando os estoques de alimentos atrás de cigarros e artigos de luxo como salmão e abacaxi em lata, tão diferentes da monotonia salgada da carne em conserva.

Em conseqüência, a ração diária logo caiu para um quarto de lata de carne com uma bolacha e meia para cada um. Na Layforce, os sortudos que conseguiam latas de trinta salsichas tinham de dividi-las com 27 homens. E, se receberam alguma coisa, foi principalmente graças aos esforços de Freddie Graham, chefe do Estado-Maior da brigada. No final do trecho mais duro da marcha, os soldados do sargento Stewart, do Batalhão A, encontraram Graham e dois homens à sua espera com latas de M&V (mistura de carne e legumes) e bolachas secas do Exército: "Depois de arranjar água com a ajuda de alguns oficiais do Estado-Maior, comemos a nossa ração com o mesmo silêncio de uma porca depois de amamentar o seu leitãozinho."

A única maneira de contornar a escassez era procurar comida por conta própria, habilidade em que os republicanos espanhóis demonstraram ser os mais experientes. Os preconceitos católicos de Waugh evaporaram-se quando ele e Laycock foram convidados para uma refeição de leitãozinho assado e arroz. Os cretenses mostraram notável boa vontade quando os milhares de soldados desesperados que passavam esvaziaram os seus poços e roubaram ovos, galinhas e até ovelhas. A sede levou a brigas terríveis em volta dos poços, onde os soldados baixavam cantis e capacetes de aço amarrados em correias. Os que não tinham nem um nem outro baixavam um curativo de campanha como se fosse uma esponja e sugavam-lhe a água. Alguns homens encontraram vinho pelo caminho e embebedaram-se para esquecer.

Os soldados britânicos eram pequenos e de peito estreito comparados aos australianos e neozelandeses. O melhor que se podia dizer deles é que eram uns magricelas e que não conseguiam manter o ritmo. Ao contrário da turba desgrenhada de barba por fazer, os batalhões de infantaria, embora com efetivo de companhias, seguiam juntos, abrindo caminho pela multidão e descansando os dez minutos regulamentares a cada hora de marcha.

Durante o dia, o lixo da retirada marcava o caminho: veículos abandonados e empurrados para o lado da estrada, máscaras de gás, fuzis, cordas e correias, mochilas, cobertores, caixas de cartuchos, até mesmo pastas de oficiais, o pouco conteúdo restante espalhado por passantes que procuravam algo de útil ou valioso. O instinto de procurar por procurar, observou Stephanides, tinha raízes espantosamente profundas.

À noite, a estrada poeirenta e pálida era fácil de ver à luz das estrelas e, dos dois lados, as pontas de cigarros brilhavam e amorteciam-se quando os homens fumavam em seu descanso. Noutros momentos, a cena era menos tranqüila. O coronel Kippenberger, que em certo ponto parou com os seus homens, pegou uma tocha para estudar o mapa. Isso provocou ameaças e pragas dos soldados perdidos, que temiam ataques aéreos. Um deles pulou sobre o coronel e chutou-lhe a tocha da mão. Kippenberger agarrou-o pela garganta e quase o estrangulou; depois, advertiu a platéia, na escuridão circundante, de que ia usar a tocha outra vez e que, se houvesse objeções, atiraria.

"Dava pena ver", escreveu o sargento Charles Stewart, da Layforce, "o estado e a marcha dos soldados britânicos, alguns sem fuzil nem equipamento; a disciplina parecia tê-los abandonado (não culpo inteiramente os homens) e tinham os pés feridos pelo suor e pela marcha, a pele a descascar dos ombros por carregar munição extra e os fuzis dos camaradas."

Até os soldados dos grupos de choque recém-chegados logo se cansaram, como descobriu Stewart. '"Vamos andando, rapazes, transfiram essas Brens e fiquem juntos', foram as ordens dadas. Mas a resistência física tem limite e, na hora seguinte, fui forçado, pelos apelos dos homens, a pedir ao meu capitão que lhes desse um descanso a cada vinte minutos. A ordem de parar foi passada ao longo da linha; alguns rapazes deitaram-se na estrada e adormeceram em instantes. Dali a vinte minutos foi praticamente impossível acordar alguns deles." Muitas vezes, durante as pausas noturnas, os homens caíam instantaneamente no sono ou num estado de inconsciência exausta, e não se conseguia acordá-los nem com cutucões e pontapés dos seus sargentos. Outros, que não foram vistos, acordaram várias horas depois e descobriram que os camaradas tinham partido.

Em 27 de maio, quando finalmente foi dada a ordem de retirada pelas montanhas até Sfakia, Kippenberger ficou "desavergonhadamente feliz", como mais tarde admitiu. A Divisão da Nova Zelândia, depois da retirada de Galatas, não tinha mais ilusões quanto ao resultado da batalha. Mas em Heráclion os soldados tinham pouca noção do estado de coisas a oeste. Ainda achavam que os alemães estavam praticamente derrotados.

Pouco depois do amanhecer de 28 de maio, os oficiais comandantes foram convocados ao quartel-general do brigadier Chappel. Lá souberam que uma flotilha da Marinha Real os levaria do porto de Heráclion naquela noite. O segredo tinha de ser preservado a todo custo. Ao meio-dia, as ordens foram passadas aos batalhões, mas os homens só deveriam ser informados no último instante, caso alguém, nas posições de vanguarda ou em patrulha, fosse aprisionado. Para o coronel Pitcairn do Black Watch, a notícia daquela manhã foi especialmente amarga. O major Alastair Hamilton, um dos mais apreciados dentre os comandantes das suas companhias, que prometera dramaticamente que "o Black Watch deixará Creta quando a neve deixar o Monte Ida", fora morto pela granada de um morteiro.

O sentimento do quartel-general da 14ª Brigada de Infantaria era que "o outro lado tinha deixado a peteca cair". Também não gostaram de ter de abandonar os cretenses, que tinham lutado com bravura tão admirável. Naquela última noite, Satanás, amigo de Pendlebury e *kapitan* guerrilheiro de Kroussonas, apareceu de repente na caverna enquanto os soldados destruíam o equipamento e os oficiais queimavam documentos. Não se sabe como a notícia da evacuação chegou aos guerrilheiros mas não às unidades do exército grego, para as quais, decidira-se em Alexandria, não haveria espaço suficiente nos navios de guerra.

Satanás, personagem dramático e impressionante com os seus cabelos brancos e as roupas cretenses, foi levado até o brigadier Chappel. Paddy Leigh Fermor descreveu a cena anos depois:

— Meu filho — disse ele, pondo a mão no ombro do brigadier —, sabemos que vão embora hoje a noite. Não importa! Vocês voltarão quando chegar a hora. Mas deixem-nos o máximo de armas que puderem, para continuarmos a luta até então. — Profundamente emocionado, o brigadier nos mandou entregar todas as armas que conseguíssemos reunir.

Os comandantes de pelotões do Regimento de York e Lancaster só informaram os homens às oito da noite, como ordenado. A notícia causou "um silêncio espantado, porque para eles toda a batalha dos últimos dez dias parecera muito bem-sucedida".

Havia pouco tempo para preparar a retirada. Nenhum equipamento pesado poderia ser levado nos navios. Os blocos de culatra dos canhões de campanha e a munição não utilizada tiveram de ser enterrados, os motores dos veículos foram destruídos fazendo-os funcionar à máxima velocidade depois de derramar areia no tanque de óleo, o equipamento de comunicação foi destruído e o combustível guardado em garrafas de aguardente. Como armadilha, esconderam-se granadas no resto do equipamento e deixaram-se cargas explosivas nos depósitos de combustível, para que detonassem no início da manhã.

Os oficiais dos Leicesters contribuíram com esta tática de negar estoques ao inimigo retirando-se com a sua despensa para uma caverna onde foi preparado um jantar de despedida. Tudo foi racionado — "um copo de xerez, um de uísque e um de licor" — e depois a louça e as garrafas restantes foram quebradas.

A retirada foi realizada com perfeição, em grande parte devido à experiência e à competência dos cabos e sargentos destes batalhões regulares. Os pára-quedistas do coronel Bräuer não tinham idéia do que estava acontecendo. Às 21h30, as duas companhias que estavam no campo de pouso deslocaram-se no escuro pela estrada até o porto. Os oficiais não conseguiam parar de pensar no sepultamento de Sir John Moore, em La Coruña. O grupo de cobertura do Black Watch, pelotão que vigiava a garganta além do campo de pouso, teria de correr para o ancoradouro quando finalmente chegasse a sua hora de partir, à uma da madrugada.

"Foi bem esquisito", registrou um relatório do regimento, "seguir na escuridão pelos marcos tão conhecidos: passar pelo campo de pouso, pelo quartel grego e pelo clube, onde tivemos tantas festas boas com o povo hospitaleiro de Heráclion." Mas a escuridão ocultava o estado da cidade. Depois dos ataques aéreos, partes de Heráclion estavam tão destruídas quanto Canéia. A canalização de esgotos tinha explodido e havia o fedor dos corpos insepultos, que atraíam a atenção de cães famintos.

Quando os soldados se alinharam no ancoradouro prontos para embarcar, Paddy Leigh Fermor notou um soldado bem pequeno numa farda grande demais, com o capacete de aço tombado para a frente. Deu uma olhada mais de perto. Um risinho nervoso revelou uma moça cretense que tentava acompanhar ilicitamente um cabo até o Egito. Ele não teve coragem de delatá-los e correu para onde tinham mandado que o quartel-general da brigada se reunisse. A mocinha não foi a única. Naquela noite, quatro mulheres conseguiram embarcar no HMS *Orion*, nau capitânia da flotilha de resgate, assim como doze soldados gregos e seis civis.

Às 23h30, a flotilha do contra-almirante Rawlings chegou a Heráclion com apenas dois cruzadores. Rawlings ordenara que o *Ajax* voltasse a Alexandria, depois de sofrer avarias durante um violento ataque aéreo. Enquanto os cruzadores *Orion* e *Dido* permaneciam ao largo, os seis contratorpedeiros que os acompanhavam, em pares, transportaram até eles os soldados que estavam no ancoradouro do Novo Porto. Um desses contratorpedeiros, o HMS *Imperial*, também quase fora atingido, mas a extensão dos danos à máquina do leme só foi percebida mais tarde.

Quando os cruzadores já tinham recebido mais de mil homens cada, os contratorpedeiros voltaram para buscar os seus passageiros. Finalmente, o brigadier Chappel, o seu quartel-general e a retaguarda embarcaram no HMS *Kimberley* e no HMS *Imperial*. Todos os homens reunidos, um total de 3.486, estavam a bordo quando o prazo expirou às 2h45 da madrugada de 29 de maio.

Em retrospecto, quase parece que a operação funcionou bem demais. Uma hora e meia depois que a flotilha zarpou, a máquina do leme do HMS *Imperial* engripou. O navio girou, quase abalroando um caíque com Mike Cumberlege e Nicholas Hammond a bordo; estavam fugindo na mesma direção.* O *Hotspur* voltou, por ordem do almirante Rawlings, para recolher a tripulação e os soldados, uma mistura principalmente do Black Watch com australianos. No *Imperial*, foi ordenado que todos fossem imediatamente para a amurada e pulassem de um navio para o outro assim que o *Hotspur* se aproximasse o bastante. Um grupo de soldados australianos, extremamente bêbados, teve de ficar para trás. Assim que todos os que puderam pular estavam a bordo, o *Hotspur* afastou-se e disparou torpedos no *Imperial*, fazendo-o naufragar. Os australianos que ficaram a bordo afundaram com ele.

---

*O motor do *Dolphin* parou por completo e Cumberlege e Hammond piratearam um substituto no porto de Canéia pouco antes que a cidade caísse em mãos alemãs; zarparam com ele para leste, rumo a Heráclion. Dali a dois dias, no Mar da Líbia, um Messerschmitt atacou-os. Cumberlege foi ferido; o seu primo Cle e o marinheiro Saunders morreram. Quando avistaram terra na Baía de Sollum, Hammond viu, pelas nuvens de fumaça, que estavam se dirigindo para a linha de frente e assim, desviando-se para leste, seguiram para Mersa Matruh, onde foram recebidos com festas pela Marinha.

Enquanto isso, o restante da flotilha reduzira a velocidade para 15 nós, à espera do sobrecarregado *Hotspur*. Nisso, os navios de Rawlings já estavam com mais de uma hora de atraso. Ainda estavam bem longe do estreito de Kaso e da ilha de Scarpanto, com o seu campo de pouso inimigo. "Foi assim", escreveu um oficial da nau capitânia, "que, quando surgiu a luz do dia, ainda estávamos no Egeu, seguindo para o sul, quando o sol nasceu às seis em ponto. Contra a aurora, via-se recortada a primeira onda de atacantes."

O bombardeio, que começou com cinco Stukas, continuou em ondas durante seis horas. O *Hereward* foi o primeiro a ser atingido. Teve de voltar para tentar varar em Creta. O *Orion* foi atacado duas vezes naquela manhã. Sofreu dois choques diretos e avarias submarinas de seis ou sete bombas próximas. As duas bombas que o atingiram penetraram três níveis de conveses, onde estava amontoada a maioria dos mil soldados, em condições semelhantes às do Buraco Negro de Calcutá.* A devastação foi um exemplo de inferno militar: 260 homens morreram e 280 ficaram gravemente feridos. Os sargentos e praças que tinham preferido ficar no convés, guarnecendo com coragem 18 canhões Bren para aumentar o fogo antiaéreo do navio, tiveram sorte. "Desde menino", escreveu o mesmo oficial do *Orion*, "sempre me perguntei como deve ter sido participar da Carga da Brigada Leve. Agora eu sei."

O *Dido* também foi escolhido como alvo. Duas bombas caíram em seqüência, uma destruindo a torreta de um canhão e a outra atravessando-o diretamente e explodindo na cantina lotada de soldados. Mais de cem deles morreram, pela explosão ou por queimaduras, ou se afogaram quando foi preciso bombear água para impedir que o fogo chegasse ao paiol.

Naquela noite, quando os navios, muito avariados, arrastaram-se para o porto de Alexandria, um gaitista do Black Watch, iluminado por um holofote, tocou um lamento na ponte. Os homens não tiveram vergonha de chorar. Mais de um quinto da tropa de Heráclion se perdera, a maioria no mar e não em combate com os pára-quedistas.

Pequenos grupos fora de contato, como as patrulhas fixas, assim como os feridos que estavam no hospital militar de Cnossos, tiveram de ser deixa-

---

*O Buraco Negro de Calcutá foi uma pequena masmorra onde, em 20 de junho de 1756, os soldados do Nababo de Bengala puseram os prisioneiros de guerra britânicos depois de tomarem o Forte William. Havia tantos presos ali que muitos morreram de sufocamento, esmagamento e calor. (*N. da T.*)

dos para trás. Alguns, ao saber da retirada pelos soldados cretenses irregulares, chegaram tarde demais. Outros cruzaram a ilha para unir-se ao grupo de retaguarda dos Argylls, no litoral sul.

Jack Hamson, com os seus cem homens no flanco do Monte Ida, soube da derrota quando soldados perdidos de uma milícia grega postada perto de Cnossos passaram pela sua posição. Não acreditou neles. Em 30 de maio, chegou à Planície de Nida um mensageiro, exausto devido à escalada: "Eles fugiram, os ingleses, de Heráclion. Foram embora. Vieram navios para buscá-los à noite, faz dois dias. A luta acabou. Vocês têm de partir agora." A notícia foi confirmada por Satanás, que também acrescentou que uma grande tropa italiana desembarcara na extremidade da ilha, perto de Sitéia, em 28 de maio. Mussolini, fiel aos seus hábitos, esperara até que os alemães vencessem a batalha para mandar soldados do Dodecaneso para a parte oriental da ilha, a menos ameaçada. Torpedeiros italianos tinham participado de alguns ataques, em geral malsucedidos, a navios de guerra britânicos na semana anterior e bombardeiros de longo alcance atacaram o porto de Hierapetra em 25 de maio.

Em Retimno, o coronel Campbell e os seus dois batalhões australianos não tinham idéia destes fatos. A pequena lancha de desembarque mandada de Suda com suprimentos chegou até eles no início da manhã de 28 de maio. O tenente Haig, jovem oficial naval que a comandava, não trouxera a mensagem de Freyberg com instruções para a evacuação, devido à confusão em Suda e no quartel-general da Creforce na noite em que a Layforce chegara. Tudo o que Haig pôde contar a Campbell é que tinham lhe dito que seguisse para Sfakia, no litoral sul. Campbell, sobrecarregado com a consciência da responsabilidade de um oficial regular, nem pensou em abandonar sua missão em Retimno se não fosse oficialmente liberado dela. Infelizmente, as várias tentativas de lançar mensagens de avião fracassaram.

Haig chegara algumas horas depois que os dois blindados australianos tinham sido finalmente destruídos num ataque a fortalezas alemãs perto de Perivólia. Finalmente, tanto Campbell quanto Sandover tiveram de admitir que não conseguiriam romper o domínio alemão sobre a estrada costeira. A idéia de investir rumo a Suda foi descartada e Campbell insistiu em continuar negando o campo de pouso ao inimigo, como ordenado.

Na mesma manhã, o general Ringel ordenou que o grosso da sua tropa seguisse naquela direção. O 95º Regimento de Artilharia de Montanha do tenente-coronel Wittmann, com os destacamentos de motociclistas, reconhecimento e anticarro da 5ª Divisão de Caçadores de Montanha, deveriam encabeçar o caminho, seguidos pelos 85º e 141º Regimentos de Caçadores. Os blindados do 31º Regimento Blindado, que tinham desembarcado naquele dia em Kastelli Kissamou depois de retardados pela ação da guerrilha, seriam logo enviados para apoiá-los. As ordens de Wittmann eram "perseguir o inimigo na direção leste, passando por Retimno até Heráclion, sem parar. Primeiro objetivo: Retimno e auxílio aos pára-quedistas que ali combatem". Embora desastroso para a tropa de Campbell, o engano de Ringel — o serviço alemão de informações ainda era de uma inépcia espantosa — fez com que mandasse para o sul, na perseguição rumo a Sfakia, apenas o 100º Regimento de Caçadores de Montanha. Assim, o grosso das tropas britânicas e da Commonwealth que estavam na ilha escapou.

Na noite do dia seguinte, 29 de maio, um oficial grego avisou Campbell de que os britânicos tinham partido de Heráclion e que uma tropa alemã de lá avançava sobre Retimno vinda de leste. Enquanto isso, a artilharia de montanha de Ringel, que avançava partindo do oeste, começara a se posicionar e soldados motociclistas entraram em Retimno. A comida e a munição eram escassas. Durante toda aquela noite os soldados australianos revezaram-se na praia, fazendo com lanternas, no código Morse, a letra X na direção do mar, para o caso de navios da Marinha Real virem salvá-los. Na manhã seguinte os alemães retomaram a sua investida partindo de Retimno rumo ao campo de pouso, que Campbell controlava com os sobreviventes do 2/1º Batalhão. O 2/11º Batalhão de Sandover logo avistou a procissão de blindados e motocicletas. Os dois comandantes conversaram pelo telefone de campanha. A companhia que estava na estrada costeira já fora obrigada a fazer recuos em saltos, mas o fogo certeiro atrasara os alemães com muita eficiência. "O jogo acabou, australianos!", gritavam eles.

Aviões alemães lançaram ameaças de grave represália contra civis caso a resistência continuasse e Campbell rejeitou. corretamente, a idéia de baixas inúteis. No entanto, como soldado regular, a sua opinião sobre o desespero da situação seguia as regras da guerra sobre negociar a rendição. Sandover, contador e empresário, acreditava que todos os homens deveriam ter oportunidade de escapar e propôs-se a comandar os que quisessem tentar a sorte nas montanhas. Na última conversa, os dois concordaram em discordar e desejaram sorte um ao outro. Campbell tornou-se prisioneiro de guerra e Sandover, com 13 oficiais e 39 praças, fugiu para o Egito de submarino depois de passar vários meses nas montanhas.

A verdadeira medida do espírito cretense foi a sua generosidade ainda maior na derrota. Ao partir, Ray Sandover recebeu a seguinte mensagem de um dos muitos voluntários que o ajudaram na batalha: "Major, o meu maior desejo é que o senhor tome um copo de vinho em minha casa no dia em que formos livres. É para isso que quero viver."

19

Rendição

31 de maio e 1º de junho

Na noite da grande operação em Heráclion, a Marinha Real embarcou os primeiros mil evacuados de Sfakia em quatro contratorpedeiros. O medo de ficar para trás foi o melhor aguilhão para os soldados cansados. Com os pés ardendo, arrastaram-se subindo a estrada da montanha que partia de Vrisses. Um falso pico seguia-se a outro enquanto o caminho retorcia-se acima da linha em que a vegetação mais resistente dava lugar ao xisto cinzento. A oeste, a paisagem era dominada pelos picos cobertos de neve das Montanhas Brancas, inclusive do Monte Venizelos.

Finalmente, o seu esforço foi recompensado com uma paisagem inesperada depois do desfiladeiro. Abaixo deles estava a planície de Askifu, depressão plana e fértil (os soldados apelidaram-na de "pires") com prados, pomares, pequenos campos plantados e riachos. Stephanides achou este porto seguro, a poucos quilômetros dali, idílico demais para a guerra. Observou que "a Luftwaffe chegou a desviar para destruir um trator quebrado e dilapidado".

Os dois batalhões australianos comandados pelo brigadier Vasey e os últimos três blindados leves do 3º Regimento de Hussardos assumiram posições em torno da aldeia de Askifu propriamente dita. O 23º Batalhão da Nova Zelândia guarneceu o desfiladeiro. Na manhã seguinte, caçadores de montanha foram novamente avistados. Mas quando descobriram que a posição estava bem defendida, seu avanço retardou-se. A ação em Babali Hani no dia anterior tirara-lhes a vontade de correr riscos.

Com o fim da batalha à vista, esses bávaros e tiroleses do 100º Regimento de Caçadores de Montanha de Bad Reichenhall tinham adotado um comportamento mais à vontade. Sua vestimenta ficou muito informal. Muitos deles, abandonando as jaquetas e calças quentes de inverno, usavam peças capturadas da farda tropical britânica; foi inevitável que isso causasse alguma confusão. A variante mais esquisita surgiu depois que tomaram a aldeia de Askifu. Lá, saquearam a casa mais rica, pertencente a recém-casados, e tomaram o enxoval da noiva. Os soldados tiroleses decidiram usar os seus calções e blusões delicadamente bordados do mesmo modo que os lenços dos quepes da Legião Estrangeira, como proteção contra o sol. Com as bermudas, coxas musculosas e botas, mais pareciam bailarinos de algum espetáculo do que soldados combatentes.

No lado sul da planície de Askifu ficava a garganta de Imbros, ravina profunda de grande beleza. Waugh comparou os seus terraços naturais de pedra, com pinheiros-do-alepo crescendo precariamente, a uma paisagem barroca do século XVII. Os primeiros a chegar não tinham percebido que esta ravina permitia uma descida muito mais fácil e segura até o litoral.

A estrada vinda do norte continuava por mais alguns quilômetros e terminava de forma abrupta numa escarpa enorme que dava para o Mar da Líbia. Lá, em meio ao perfume inebriante de pinheiros e de tomilho selvagem, a visão do mar inspirou emoções confusas: alívio com o fim da viagem, medo que depois de experiência tão sofrida talvez ainda não partissem e desânimo com o último trecho precipitoso do caminho, pouco mais que uma trilha de cabras numa encosta rochosa e íngreme. Por toda parte havia veículos abandonados e destruídos. A falha das autoridades militares ao não unirem a estrada ao porto nunca foi sentida com tamanha amargura.

Os australianos desceram até Komitades, aldeia vizinha a Sfakia, numa "corrida de ovelhas", de modo que "assim que alguém entrava no fluxo do tráfego não conseguia (nem o deixariam) mais parar". Mas para os mancos e feridos, ou mesmo para os que estavam descalços, a descida foi alarmante e dolorosa. Um grupo de feridos que descia à luz do dia foi surpreendido por um ataque aéreo. Felizmente, tinham recebido ordens de descartar os capacetes para não parecer uma unidade combatente e um cabo corajoso do Corpo

Médico do Exército Real avançou na frente, agitando uma bandeira com a cruz vermelha. Os pilotos dos Messerschmitts perceberam a bandeira a tempo, balançaram as asas em reconhecimento ou acenaram da carlinga e deram meia-volta.

O quartel-general da Creforce, de onde o capitão Morse comunicava-se com Alexandria enquanto organizava a evacuação, foi instalado na encosta rochosa abaixo do fim da estrada, numa caverna que Geoffrey Cox descreveu como "cenário da lenda de Ciclope". Lá, Freyberg convocou Puttick para dizer-lhe que saísse da ilha, já que, com Weston comandando a retaguarda, tornava-se desnecessário o quartel-general da divisão. Puttick chegou com os seus oficiais às últimas luzes da quinta-feira, 29 de maio. Saudou Freyberg e disse:

— Fizemos o melhor possível. Fizemos tudo o que pudemos.

Freyberg também decidira mandar embora o seu próprio Estado-Maior. Mas naquela manhã foi preciso encontrar um mensageiro para levar ordens ao brigadier Vasey, que comandava a retaguarda australiana, e assim os oficiais inferiores do quartel-general da Creforce tiraram a sorte. Geoffrey Cox, o perdedor, teve certeza de que estava condenado ao campo de prisioneiros de guerra, mas graças à ajuda de um australiano no "andar de cima", como chamavam a escarpa, encontrou um veículo que ainda funcionava. Assim, foi capaz de fazer a viagem de volta à planície de Askifu, entregar a ordem, pegar o recibo e voltar bem a tempo de embarcar com os colegas e membros da Missão Militar britânica no cruzador australiano HMAS *Perth*.

Naquela noite, 29 de maio, houve a maior evacuação. O contra-almirante King chegara no HMS *Phoebe* com os cruzadores *Perth*, *Calcutta* e *Coventry*, três contratorpedeiros e o navio de transporte de tropas HMS *Glengyle*, cuja lancha de desembarque foi valiosíssima. Mais de 6 mil homens foram embarcados.

Entre outros que embarcaram no *Perth* naquela noite estavam Stephanides e Michael Forrester. Seis meses depois, souberam da destruição do navio com todos os tripulantes perto de Java, depois de um ataque de bombardeiros japoneses. Na coberta, os oficiais da Nova Zelândia encontraram, para seu desagrado, alguns soldados das tropas de choque que deveriam formar a retaguarda. Mas a questão de quem recebera ordens de ficar e quem tivera autorização de partir ficou confusa e complicadíssima.

O próprio Freyberg, com os oficiais remanescentes do Estado-Maior dos vários quartéis-generais, foi levado em dois hidroaviões Sunderland na noite seguinte.

Quando a 5ª Brigada da Nova Zelândia desceu a escarpa na manhã de 30 de maio, o brigadier Hargest, que, como Puttick e o próprio Freyberg, tinha demonstrado mais determinação e sensatez durante a retirada do que durante a batalha, ficou horrorizado com o estado miserável dos soldados perdidos lá embaixo. O pessoal das bases militares, faminto e sedento, num efetivo ainda de vários milhares, vivia nas ravinas, em filas de cavernas, sem nenhuma pretensão de ordem militar, como colônias de andorinhas-do-barranco. Ficavam tomados de pânico durante o dia, ainda mais com a aproximação de alguma aeronave, e, à noite, atacavam os depósitos de água e comida, cada vez menores. Quando os feridos foram evacuados na primeira noite, 28 de maio, alguns desses homens tentaram ir junto, amarrando bandagens na cabeça ilesa, mas os feridos genuínos gritaram com eles e a maioria, envergonhada, se afastou. A ordem fora que somente corpos de soldados formados seriam embarcados e, assim, os perdidos imploravam a qualquer oficial que passasse que os juntasse e marchasse com eles para o embarque. Os neozelandeses tinham formado um cordão de isolamento, com baionetas caladas, para garantir que os combatentes fossem embora primeiro. "Eu estava decidido", escreveu Hargest mais tarde. "Tínhamos suportado o fardo e íamos embarcar como brigada e ninguém nos deteria."

Apesar da determinação de Hargest, a escolha de quem ficaria e quem partiria não era tão simples. Dava-se prioridade aos oficiais, com base em que eram necessários para formar novos batalhões quando chegassem ao Egito. E no início da tarde viera a ordem de que "o quartel-general de todas as unidades tem de embarcar hoje à noite". Distribuíram-se, então, o número de praças por batalhão.

No final da tarde houve uma súbita explosão de tiros. Um destacamento de caçadores de montanha, com 22 homens, tinha penetrado na garganta de Sfakia, do lado oeste da escarpa. Uma companhia de neozelandeses deu-lhes combate enquanto Charles Upham, embora fraquíssimo devido à disenteria, contornou com o seu pelotão a elevação oposta e aniquilou o inimigo lá embaixo.

Quando a noite caiu, os soldados perdidos tentaram esgueirar-se no escuro pelos piquetes armados posicionados para impedir tentativas de invadir os barcos. E quando os corpos organizados e autorizados desceram marchando, a última parte do caminho estava ladeada de malsucedidos. "Alguns suplicavam e imploravam", escreveu Kippenberger, "a maioria simplesmente observava sem reação, de modo que ficamos envergonhadíssimos." Alguns tentaram forçar caminho ou esgueirar-se numa coluna, mas foram empurrados com ofensa e rudeza. A retaguarda do destacamento maori estava armada com submetralhadoras Thompson e uma Luger, prontas a disparar se necessário. Alguns oficiais comportaram-se um pouco melhor, embora suas táticas fossem mais sofisticadas. Myles Hildyard ouviu a voz inconfundível de um contemporâneo de Eton afirmando ser "oficial de embarque" e exigindo que o deixassem passar.

Ao contrário dos que lutavam em causa própria, alguns soldados desafiaram a ordem de que feridos em macas deveriam ser deixados para trás e fizeram todo o possível para contrabandear camaradas feridos pelo cordão de isolamento.*

A partir da praia próxima ao pequeno porto de Sfakia, a fila para o barco de transporte estendia-se por um trecho considerável. Esperanças e temores subiam e desciam enquanto a fila grossa e movediça avançava ou parava no escuro. Dois contratorpedeiros tinham sido obrigados a voltar e menos homens poderiam ser transportados. Um oficial da Nova Zelândia descreveu o som bem-vindo de "vozes da Marinha com cultivado sotaque de Dartmouth" a gritar no escuro: "Vamos, vamos! Mexam-se!" Mas somente 1.500 homens foram embarcados naquela noite.

Depois do caos em terra, todos bendizeram com profundo alívio a eficiência da Marinha. As ordens calmas dos oficiais navais instilaram esquecida confiança e, para muitos, de repente o Exército pareceu amador. Os soldados exaustos e famintos tinham muita dificuldade para subir pelas enxárcias e os marinheiros se inclinavam para agarrar-lhes as camisas e içá-los.

Alguns viram-se a bordo do mesmo navio em que tinham ido para a Grécia ou saído dela. Marujos distribuíam canecas de chocolate e sanduíches de carne em conserva, como tinham feito na primeira evacuação. Kippenberger, no HMAS *Napier*, notou que um oficial comandante austra-

*Na primeira noite, 28 de maio, o HMAS *Napier* descreveu a sua "carga" como 36 oficiais, 260 de outros postos, três mulheres, um grego, um chinês, dez marinheiros mercantes aflitos, duas crianças e um cão.

liano e o seu ajudante-de-ordens tinham subido a bordo mas, ao descobrir que o seu batalhão não embarcara, desceram correndo de volta para a praia.

Mas para os que partiram, o perigo não se acabara. Michael Forrester, que estava a bordo do HMAS *Perth* quando este foi atingido em 30 de maio, compreendeu de repente o que significavam ataques aéreos para os que estavam num navio no meio do mar. "Meu Deus, o rosto daqueles marinheiros lá embaixo", observou depois. E Kippenberger "foi de opinião de que é melhor em terra do que a bordo".

No amanhecer de 31 de maio, o contra-almirante King zarpou de novo de Alexandria com dois cruzadores, *Phoebe* e *Abdiel*, e dois contratorpedeiros. Depois de uma reunião com Wavell, Cunningham decidira arriscar outra sortida até Creta, ainda que a Esquadra do Mediterrâneo já tivesse sido reduzidíssima quando ajudou a defender a ilha. "A Marinha leva três anos para construir um navio novo", declarara. "Levará trezentos anos para construir uma nova tradição. A evacuação vai continuar."

Com toda a justiça, a Marinha Real ficou orgulhosa do seu trabalho. O brinde predileto nas salas de oficiais da Esquadra do Mediterrâneo era: "Às três Armas: a Marinha Real, a Real Federação de Propaganda e os Evacuados." Nessa última tentativa, a flotilha do almirante King partiu às três horas da madrugada de 1º de junho com quase 4 mil homens. Voltaram ilesos, mas o cruzador antiaéreo HMS *Calcutta*, enviado para lhes dar proteção, foi afundado a 160 quilômetros de Alexandria.

Ao chegar ao Egito, a maioria dos homens cambaleou pelo portaló dos navios, ainda exaustos pelo sofrimento nas montanhas. Mas alguns batalhões formaram-se no cais, com passo marcado e tudo, e saíram marchando, recusando-se a parecer um exército derrotado.

É provável que fosse possível ter evacuado mais soldados, mas isso só se vê quando se olha para o passado. A Marinha achara que, com a lua cheia, os navios ficariam vulneráveis aos bombardeios de mergulho tanto à noite quanto durante os longos dias do alto verão. Mas Cunningham, apesar do Ultra, não sabia que o risco para os seus navios tinha diminuído muitíssimo neste último estágio da transferência do VIII Corpo Aéreo para a Operação Barbarossa.

Foi muito valorizado o fato de que, dos 5 mil soldados que ficaram para trás, não havia oficial acima do posto de tenente-coronel e que foi evacuada uma proporção muito mais elevada de oficiais do que de praças.

Jack Hamson, capturado com um grupo dos Argylls perto de Timbaki, demonstrou o compreensível desapontamento dos prisioneiros de guerra. "Um dos piores episódios daquele caso", escreveu, "foi a idéia de que os oficiais superiores eram mais valiosos, que havia a obrigação de salvá-los, de que não estavam comprometidos, absoluta e pessoalmente, com as operações que realizavam, que deviam apenas dar o melhor de si e teriam oportunidade de tentar de novo outro dia. Embora não sejam casos totalmente comparáveis, na minha opinião a tradição naval de que o comandante é a última pessoa a ser salva talvez seja mais sensata. Houve algumas exceções honrosas, ainda mais notáveis pela sua raridade, mas na maior parte o que assistimos não foi tanto assim um *sauve qui peut*, mas uma briga deplorável e degradante pela prioridade, a reivindicação do privilégio de fugir com base no posto e na antigüidade."

Freyberg, general que ficara até o fim na Grécia para se assegurar de que os seus homens escapassem, ficou mais uma vez o máximo que pôde. A sua volta ao Egito era essencial, no mínimo porque sabia do Ultra. E deixar um personagem com o seu renome em mãos alemãs seria uma derrota propagandística desnecessária. O brigadier Inglis ofereceu-se para ficar, mas Freyberg "foi terminantemente contra" essa idéia. Se Weston ou Laycock deveriam ter ficado é uma questão difícil. É claro que não fazia sentido dar ao inimigo a satisfação de capturar oficiais superiores; e, no Exército britânico, o equivalente ao comandante de um navio é o oficial comandante de um batalhão ou regimento, não o comandante de um corpo. Mas a questão moral ainda não teve resposta, ainda mais porque os atos egocêntricos de alguns contrastaram com o altruísmo daqueles oficiais de regimento, sargentos, cabos e soldados que, como voluntários, ficaram para trás no lugar dos outros.

Devido principalmente aos diários de Evelyn Waugh (oficial de informações da Layforce) e do seu romance *Oficiais e gentlemen*, o interesse por esta questão tendeu a concentrar-se no coronel Laycock como comandante da retaguarda. Na noite de 30 de maio, pouco antes de partir da ilha, Freyberg disse-lhe: "O senhor foi o último a chegar, então será o último a ir embora.' Na última conferência realizada pelo general Weston na tarde de 31 de maio, isso foi reafirmado. Evelyn Waugh registrou esta reunião no diário de guerra da Layforce: "Ordens finais da CREFORCE para evacuação (a) posições da LAYFORCE não devem ser mantidas até o último homem e último tiro, somente enquanto for necessário para dar proteção à retirada de outras tropas combatentes. (b) Sem retirada antes de ordem do QG. (c) LAYFORCE embarca depois de outras tropas combatentes mas antes de soldados perdidos." Mais tarde, ainda naquele dia, Laycock contou a Freddie Graham, chefe do Estado-Maior da sua brigada, o que o general Weston lhe dissera: "O senhor e o seu Estado-Maior e o máximo possível de soldados devem partir hoje à noite; o meu Estado-Maior cuidará disso." Afirmou que isso acontecera depois que um oficial do Estado-Maior interrompera para ressaltar que "Laycock ainda tinha dois batalhões da sua brigada no Egito". É difícil imaginar que alguém do Estado-Maior de Weston defendesse a prioridade da Layforce, quando tinham de evacuar o seu próprio batalhão de fuzileiros.

Uma versão mais provável é que Laycock tenha abordado Weston em algum momento, no início da noite, bem depois da conferência na caverna, e convencido o general a permitir que o quartel-general da Layforce partisse. Em seu diário particular, Waugh escreveu: "Primeiro [Weston] encarregou Bob da tarefa [da rendição] mas depois percebeu que era tolice sacrificar um homem de primeira classe e, em vez dele, escolheu [Colvin]."

Pouco depois do crepúsculo, Graham apresentou-se na caverna da Creforce seguindo instruções de Laycock. Lá encontrou o general Weston e o coronel Colvin.

> O general Weston me perguntou se eu tinha papel, lápis e papel-carbono; o interessante é que pude responder que sim graças àquele velho amigo, o caderno de notas de campanha, que estava no meu embornal. Com a minha resposta, o general Weston disse: "Sente-se naquela mala e escreva a carta que vou ditar. Faça três cópias." Então passou a ditar a capitulação de Creta! A carta foi escrita na forma de uma curta instrução operacional dirigida ao oficial que eu já disse que ficará sem identificação [ou seja, Colvin], instruindo-o a avançar às primeiras luzes e render-se ao inimigo. O general Weston pegou duas das cópias que fiz, entregou uma ao oficial em questão, colocou a outra no bolso e, com as palavras: "Bem, cavalheiros, há um milhão de dracmas naquela mala, uma garrafa de gim no canto, adeus e boa sorte", saiu da caverna e desceu o morro rumo à escuridão. Mais tarde foi levado por um hidroavião que fora enviado para buscá-lo.

Graham foi deixado a fitar com profundo desânimo "o miserável pedacinho de papel". Confirmava o seu maior temor de que, depois daquela noite, não haveria mais evacuação. Animou-se e chamou o sargenteante da brigada. Arranjariam uma lancha de desembarque e mais tarde tentariam escapar nela.

Laycock e Waugh devem ter chegado pouco depois. Arrastaram Graham e todo o resto do pessoal da Layforce que conseguiram encontrar até a praia, em Sfakia, para juntar-se à fila para embarcar nos contratorpedeiros. Evelyn Waugh escreveu o seguinte no diário de guerra, às 22 horas:

> Ao descobrir que todo o Estado-Maior da Creforce tinha embarcado, em vista do fato de que todas as tropas combatentes estavam agora em posição para embarque e que não havia contato com o inimigo, o cel. Laycock, por sua própria autoridade, deu ordens ao ten-cel. Young para comandar soldados até Sphakion pela estrada, evitando a entrada principal congestionada da cidade, e usar a sua própria personalidade para obter prioridade prescrita na ordens da Div.

Esta versão, embora mais próxima da verdade do que a de Laycock, ainda era insincera. Laycock sabia perfeitamente bem, pela conferência da tarde, que Weston e o resto do quartel-general da Creforce estavam de partida. Só não havia contato com o inimigo naquele momento porque os alemães não lutavam à noite; nessa hora, destacamentos de caçadores de montanha tinham cercado a cabeça-de-praia e o próprio Waugh registrara tiros ao anoitecer. A questão principal — a afirmativa de que todos os infantes estavam em posição de embarque — era definitivamente falsa. Os fuzileiros navais e o 2/7º Batalhão australiano não tinham chegado e as ordens da Layforce eram de ficar em posição até que todos estivessem longe e em segurança. Laycock só enviou a mensagem a Young por volta das 23 horas, quando então esperava na praia, com o Estado-Maior do quartel-general da brigada, um escaler para levá-los até um dos navios de guerra. Ele pediu um voluntário, mas a maioria dos soldados presentes murmurou que as suas botas não estavam em condições de agüentar a viagem. O soldado Ralph Tanner, ordenança de Evelyn Waugh, foi escolhido para a tarefa porque não fez objeção. Ninguém sabia lhe dizer onde ficava o quartel-general de George Young e ele subiu rumo ao começo da ravina de Sfakia. Embora a distância fosse de apenas 1,5 quilômetro, o terreno era dificílimo no escuro e ele perambulou gritando pela Layforce. Finalmente, um integrante do Batalhão D levou-o ao seu quartel-general na caverna, onde Young lhe deu um pouco de *sherry*, que ele engoliu depois de entregar a mensagem. Young disse que tentaria levar os seus homens, mas deve ter adivinhado que não havia tempo suficiente para os da vanguarda chegarem à praia. Tanner partiu com a resposta para Laycock. Fora da caverna, pensou melhor no *sherry* que consumira de estômago vazio e enfiou os dedos pela garganta. Quando chegou à praia, não havia sinal de Laycock. Estava tão fraco que, quando foi levado no último escaler para um contratorpedeiro, não conseguiu subir pela enxárcia. Um marinheiro estendeu a mão para agarrar o cinto do altíssimo Tanner, dizendo: "Vamos lá, compridão, que é foda", e içou-o para o convés por sobre a borda-falsa. Mais tarde Laycock conferiu a Tanner uma "*Mention in Dispatches*", menção honrosa concedida por serviço meritório sem magnitude suficiente para justificar uma medalha.

A questão do comportamento de Laycock e Waugh não é de covardia. Durante a retirada, ambos demonstraram amplamente o seu destemor; no caso de Waugh, era quase um desejo de morrer. Mas noutro contexto, Graham sugeriu que talvez Waugh "tivesse, no íntimo, horror a ser capturado". Isso parece bem possível e é perfeitamente compatível com o grau de coragem, espantoso para outros mas óbvio para si, que Waugh demonstrou em Creta.

Laycock também tinha todas as razões para acreditar que seria mais útil ao esforço de guerra no Egito do que ficando para ser capturado, mas as suas próprias palavras sobre a rendição não lhe ajudam a defesa. "As minhas ordens foram de ir com os homens, mas não tenho certeza de que, em casos como aquele, o oficial comandante deva comportar-se da mesma maneira que o comandante de um navio e ser o último a partir. Atribuo o fato de tantos terem ficado para trás à má organização na praia, ou melhor, à falta total de organização." Nesta descrição dos acontecimentos em Creta, Laycock estava certo ao argumentar que grupos de choque não são bons soldados de retaguarda. Mas tinham lhe dado a tarefa porque eram os únicos soldados descansados disponíveis; e a falta de adequação é uma péssima desculpa para, com arrogância, descumprir ordens.

No final, Colvin não se rendeu. Parece que partiu naquela noite com Laycock, Graham e Waugh, embora eles não o mencionem. No último momento, Laycock deu um jeito de mandar de volta a George Young as instruções de rendição de Weston. Riscou o nome de Colvin e escreveu em seu lugar "Oficial superior deixado na ilha".

Young, que aceitou estoicamente o seu destino de prisioneiro de guerra, nunca jogou a culpa em Laycock. E a insinuação de outro oficial de que Young foi deixado para trás porque "não era da gangue do White's Club" está errada. Em Creta havia poucos integrantes do "grupo dos espertos" ou "*dandies*", como dizia Waugh; estavam principalmente no Batalhão B, antes Comando 8, então em avançado estado de decadência no acampamento de Sidi-Bishr, perto de Alexandria.

Evelyn Waugh descreveu o colapso de Creta como símbolo do colapso da classe dominante britânica. Alguns meses depois, numa carta a Diana Cooper, escreveu: "Os ingleses são um povo muito vil. Vivendo como eu vivia, não sabia disso. Agora conheço-os cada vez melhor e eles me dão nojo." Uns dez anos depois, quando escrevia *Oficiais e gentlemen*, Waugh fez Ivor Claire, oficial da Cavalaria da Casa Real que abandona seus soldados em Creta, personificar esta traição. Quando o livro foi publicado, em junho de 1955, a dedicatória dizia: "Ao general-de-brigada Sir Robert Laycock, KCMG, CB, DSO.* Que todo homem em armas gostaria de ser." Ao ver isso, Ann Fleming enviou a Waugh um telegrama com o seguinte teor: "Suponho Ivor Claire baseado Laycock dedicatória irônica." A resposta de Waugh ela considerou "violenta, mesmo, mas não totalmente simulada".

"O seu telegrama me horroriza", escreveu. "É claro que não há ligação possível entre Bob e Claire. Se você sugerir isso, seja onde for, será o fim da nossa bela amizade (...) Por Cristo, abandone a idéia de Bob=Claire (...) Cale-se sobre Laycock, foda-se, E. Waugh." Em seu diário, ele escreveu: "Respondi que, se ela deixar escapar suspeitas deste fato cruel, será o fim da nossa amizade."

A expressão "fato cruel" na verdade não desfaz as suspeitas. E mesmo que o personagem Ivor Claire não represente um indivíduo, mas sim a sensação de Waugh, o mito do seu galante grupo traído desde o princípio, ele e Laycock foram os únicos oficiais do grupo original do Comando 8 a irem para Creta. Em *Oficiais e gentlemen*, Waugh salva Tommy Backhouse (personagem que tem mais semelhança com Laycock) da confusão moral fazendo-o cair pela escada de um navio na viagem para Creta. Mais tarde, Waugh afirmou que os oficiais tinham-se comportado de forma ignominiosa em

*As abreviaturas são condecorações. KCMG: Knight Commander of St Michael and St George (Cavaleiro-Comendador da Ordem de São Miguel e São Jorge); CB: Companion of the Bath (Companheiro da Ordem do Banho); DSO: Distinguished Service Order (Ordem de Distinção em Serviço). (*N. da T.*)

Creta, com muitos deles ocupando lugares nos meios de transporte motorizados e obrigando os feridos a andarem. É claro que é difícil avaliar o grau de ignomínia. Na desintegração quase total da retaguarda, houve, sem dúvida, espetáculos patéticos e vergonhosos, mas é provável que a sua proporção tenha sido pequena, ainda mais entre oficiais de regimentos. Na Layforce, embora o coronel Colvin desmoronasse e, de acordo com o relato do sargento Stewart, subalterno do seu batalhão, tenha sofrido "um caso grave de neurastenia crônica", parece que muito mais oficiais se comportaram bem, principalmente George Young e o seu ajudante-de-ordens, Michael Borwick, dos Royal Scots Greys, e Ken Wylie, segundo no comando de Colvin, que, nas palavras do próprio Waugh, "redimira a honra da tropa de choque ao comandar um contra-ataque vigoroso e bem-sucedido". (Tanto Young quanto Wylie receberam a Ordem de Distinção em Serviço.) Freddie Graham fez claramente tudo o que pôde pelos seus homens e o comando de Laycock durante a batalha fora admirável. Mas a transmissão da ordem de rendição e a partida do quartel-general da brigada provocaram algumas dúvidas na mente de Waugh. Com certeza, a sua visão cataclísmica do fracasso de Creta parece conter certa raiva de si mesmo.

De todos os que ficaram para trás, os australianos do batalhão do tenente-coronel Theo Walker, o 2/7º, é que mais tinham direito à amargura. Com lugares marcados nos navios, tinham descido até a praia depois de manter o perímetro no "andar de cima" até o último instante. Percorreram no escuro o caminho mais longo e difícil de todos os soldados que deveriam embarcar naquela noite. No caminho, foram atrasados por comunistas perdidos que se recusavam a abrir caminho e por oficiais irritados que, fingindo-se de encarregados do controle dos movimentos, exigiam que se identificassem a si e à sua autoridade. É curioso que os australianos não mostraram a determinação impiedosa dos neozelandeses da véspera.

Sem saber que mais de duzentos homens da Layforce tinham escapulido na sua frente, esperaram pacientemente na fila da praia. "Então veio o maior de todos os desapontamentos", escreveu mais tarde, no campo de prisioneiros, o seu segundo no comando. "O som da corrente das âncoras nos escovéns."

Muitos outros que ficaram para trás acreditavam que a Marinha tornaria a voltar na noite seguinte. Não perceberam que a rendição era iminente. Alguns foram enganados durante a noite. O oficial de uma embarcação na praia disse a Jack Smith-Hughes que não se preocupasse porque "vamos voltar amanhã". Quando Smith-Hughes, vários meses depois, finalmente escapou da ilha num submarino, reencontrou por acaso este major num restaurante do Cairo e conseguiu alguma satisfação ao exprimir-lhe o que pensava dele.

Alguns australianos de Walker não aceitaram a idéia da rendição. Quando viram soldados exibindo bandeiras brancas na manhã seguinte, perguntaram-lhe se deviam fuzilá-los. Mas já eram gritadas da praia ordens a todos os soldados para remover cartuchos e ferrolhos dos fuzis. Disseram aos homens que não haveria mais evacuação e aconselharam-nos a exibir o máximo possível de pano branco. Muitos saíram perambulando em busca de comida e água. Um grupo de australianos matou um burro e começou a assar nacos de carne numa fogueira.

George Young recusou o oferecimento do seu ajudante-de-ordens de acompanhá-lo na rendição. Mandou Borwick avisar os homens. Mas quando Borwick os reuniu, a sua voz falhou; ele estava quase em lágrimas.

— Está tudo bem, senhor — disse um cabo, pondo-lhe a mão no braço. — Sabemos que não é culpa sua.

Young partiu sozinho em busca de um oficial alemão a quem pudesse apresentar a rendição. Em vez disso, encontrou o coronel Walker e, ao descobrir que era seu superior, entregou-lhe a ordem endereçada, pela correção de Laycock, ao "oficial superior deixado na ilha". Walker subiu a trilha até a aldeia de Komitades e encontrou ali um oficial austríaco do 100º Regimento de Caçadores de Montanha.

— O que está fazendo aqui, Austrália? — disse o austríaco em inglês.

— Também posso perguntar, o que está fazendo aqui, Áustria? — respondeu Walker.

— Somos todos alemães — disse ele.

Depois da rendição, muitos dos que ficaram subiram de novo da praia para o morro. "Ali", registrou em seu diário Myles Hildyard, dos Rangers de Sherwood, "passaram a preparar a pouca comida que tinham e estavam sentados fazendo isso, considerando-se prisioneiros e em total segurança, quando aviões alemães vieram e metralharam-nos. Um dos nossos homens morreu na hora. Os feridos estavam numa igrejinha e, entre eles, o nosso sargenteante Fountain, com 12 balas no corpo. Mas tarde soubemos que ele morreu. Três alemães que correram gritando e acenando para que os aviões fossem embora também morreram."

Antes que os caçadores de montanha começassem a recolher os cativos, os oficiais das tropas de choque avisaram aos homens que era melhor se livrarem dos seus "*fannies*" (soco-inglês com faca que se tornara o emblema dos Grupos de Choque do Oriente Médio), caso os alemães resolvessem executar os integrantes de tropas especiais. A maioria foi jogada num poço.

Para os republicanos espanhóis, a possibilidade de captura era especialmente péssima. Era quase certo que os alemães os devolveriam à Espanha de Franco, onde seriam fuzilados como todos os outros republicanos entregues, fossem milicianos ou ex-ministros do governo da Frente Popular. Felizmente, o capitão Cochrane, oficial médico do batalhão, que servira na Espanha com as Brigadas Internacionais, teve a idéia de fingirem ser de Gibraltar quando interrogados.

Alguns soldados, horrorizados com a possibilidade de aprisionamento, tentaram escapar por terra, subindo as gargantas. Vários morreram na tentativa. Anos depois, o esqueleto de um soldado que tentara escalar uma escarpa foi encontrado num ponto inacessível por um dos guerrilheiros mais famosos da resistência, Manoli Paterakis, quando caçava ilegalmente um íbex. Outros, com coragem igualmente desesperada porém com mais sucesso, partiram pelo Mar da Líbia em barcos inadequados. Uma lancha de desembarque atracada numa grota o dia todo depois da rendição partiu logo depois do anoitecer com 63 homens a bordo. Os caçadores de montanha que estavam na escarpa abriram fogo, mas erraram.

Vindos de Retimno e depois de Heráclion, o avanço dos regimentos de caçadores de montanha do general Ringel, encabeçado por blindados e motociclistas, continuou pela ilha. Depois de Ayios Nikolaos, em Pahia Ammos, o destacamento de vanguarda avistou alguns blindados à frente. Os veículos pareciam ter sido abandonados e um oficial alemão adiantou-se para investigar. Afirmou ter encontrado as guarnições italianas agachadas atrás deles, tremendo de medo, mas as histórias alemãs sobre os seus aliados devem sempre ser tratadas com cautela.

Esta tropa italiana participara dos desembarques em Sitéia, a partir de 28 de maio, que não tinham sofrido oposição. A ocupação italiana das províncias orientais de Sitéia e Lasithi ficara sob a responsabilidade da Divisão

Siena do general Angelo Carta, que lutara com muito pouco sucesso contra a 5ª Divisão cretense na frente albanesa.

Para os capturados em Sfakia, nada foi mais cruel que a marcha de volta a Canéia pelo mesmo caminho dificílimo, uma reprise da "Via Dolorosa". Para o Regimento Galês capturado no litoral norte, o único consolo foi ter sido poupado desta viagem de volta.

Uma fotografia alemã de propaganda mostra uma centopéia de homens em fila indiana serpenteando até onde a vista alcança. Muitos daqueles cujas botas tinham acabado nada mais tinham além de solas de papelão amarradas aos pés com tiras de pano. Havia pouco que comer além do que os aldeões cretenses ofereciam pelo caminho. Muitos não tinham comido nada além de uma lata de carne em conserva e algumas bolachas no decorrer de uma semana inteira.

No caminho, explosões de tiros à distância davam ânimo aos que tinham pertencido ao 50º Grupo de Choque do Oriente Médio, em Heráclion, no ano anterior, e trabalhado com John Pendlebury. Sem saber da sua morte, tinham certeza de que deviam ser obra sua; mais provavelmente, eram pelotões alemães de execução realizando represálias contra franco-atiradores cretenses.

As condições de vida no campo de prisioneiros, no mesmo lugar do hospital de campanha a oeste de Canéia, eram deploráveis, devido principalmente à falta de interesse das autoridades alemãs. Os pára-quedistas destacados para guardar os prisioneiros, enquanto os oficiais labutavam na devolução dos corpos e nas cartas de condolências aos parentes, preferiam matar o tempo na praia tomando sol, o corpo lustroso de azeite. Os seus banhos despidos escandalizaram os cretenses, socialmente conservadores, para quem a exibição da nudez era a mais ofensiva das ofensas. Felizmente para os prisioneiros britânicos, a despreocupação dos guardas permitiu-lhes escapulir do campo para arranjar comida com a ajuda dos aldeões e, em alguns casos, recuperar os pertences abandonados no começo da retirada.

Quanto aos feridos, a sobrevivência dependia da rapidez com que fossem levados de avião a Atenas para tratamento. Sandy Thomas, atingido em Galatas, teve de ser afastado dos outros pacientes devido ao fedor gangrenoso da sua perna. Para espanto de todos, ele não a perdeu. Chegou a Atenas a tempo de salvá-la porque a ponte aérea de aviões de transporte Junkers 52 funcionava admiravelmente bem em Maleme.

Muitos prisioneiros fugiram, fazendo inchar o número de soldados perdidos abrigados em aldeias da montanha por famílias cretenses. Myles Hildyard e Michael Parrish, colega oficial dos Rangers de Sherwood, decidiram, em vez disso, seguir caminho de caíque, pelo Egeu, até a Turquia. Por extraordinária coincidência, alcançaram a ilha desabitada onde afundara o *Kalanthe*, chegando um dia depois que pescadores tinham encontrado dois corpos e um estojo de lata que continha a correspondência entre Sir Michael Palairet e o rei Jorge II. Hildyard enterrou os dois esqueletos, um dos quais usava restos de farda britânica e um anel de sinete. Quase cinqüenta anos depois, conheceu Harold e Nancy Caccia e eles concluíram que, na verdade, Hildyard sepultara o irmão de Nancy, Oliver Barstow, cujo corpo nunca foi encontrado depois da explosão. Quando Hildyard e Parrish finalmente chegaram à Turquia, entregaram o estojo de documentos à Embaixada.

20

Cairo e Londres

Depois de Creta, voltar ao Egito era voltar a uma normalidade irreal. Esta assumiu muitas formas, pessoais e oficiais. Michael Forrester, que chegou a Alexandria no velho *Perth*, pegou o trem para o Cairo e naquela tarde, cercado pelas fardas bem cortadas dos oficiais do Estado-Maior do quartel-general, conhecidos como "gaberdine swine" ("porcos de gabardina"), tomou chá no clube Gezira. "Lá estava o Cairo, assim como o deixei."

Stephanides logo descobriu que as engrenagens da estúpida burocracia militar giravam do mesmo jeito. Os que tinham servido na força expedicionária, na Grécia e depois em Creta, foram avisados de que o Adicional Colonial seria descontado do soldo durante todo o período da sua ausência do Egito. Não surpreende que houvesse um surto de humor negro. Circulou a notícia de que haveria uma medalha especial da evacuação com a inscrição EX CRETA ("excrementos").

Em Londres, o humor, embora negro, era mais irreverente. A palavra da moda para "desgrudar" ou "desorganizar" era "*dégommage*" (em francês, descolar e também demitir); e piadistas afirmavam que BEF, sigla da British Expeditionary Force (Força Expedicionária Britânica), significava na verdade Back Every Fortnight, ou "de volta a cada quinzena". Mas a irreverência não podia esconder a profunda inquietude e até o medo de que, afinal de contas, fosse possível perder a guerra. Além da queda da Grécia, Londres sofrera muitíssimos bombardeios em abril, com a Câmara dos Comuns atingida em 10 de maio, e agora Rommel ameaçava toda a Líbia. A imprensa popular estava cheia de histórias apavorantes de que Hitler tentaria invadir a Grã-Bretanha pelo ar. E o afundamento do *Bismarck* no Atlântico não conseguiu apagar o choque da perda do encouraçado britânico HMS *Hood*.

O fracasso de Creta teve efeito desproporcional ao número de soldados envolvidos. E se um dos principais objetivos de Churchill ao apoiar a Grécia era cativar a opinião pública americana, parece que a tentativa foi contraproducente. "A reação dos EUA às nossas perdas navais perto de Creta e à perda do *Hood* foi muito ruim", escreveu David Eccles, em Washington, à esposa Sybil. "Por que temem a morte mais que as conseqüências da derrota?" Ela respondeu que o episódio de Creta "instilara a terrível dúvida de que, na verdade, não sabíamos o que estávamos fazendo".

Para Churchill, o mais apaixonado partidário da defesa de Creta, a queda foi um duro golpe pessoal. Ele também sofreu bom volume de críticas. Harold Nicolson, na época no Ministério das Informações, escreveu em seu diário: "O público está no ponto mais baixo da depressão sobre (...) Creta e sente que provavelmente vamos ser expulsos outra vez. Devo dizer que este salto de 300 quilômetros é apavorante. Não admira que todos digam que, se eles conseguem ocupar Creta a uma distância de 300 quilômetros, o que acontecerá com a Grã-Bretanha?" Churchill, para irritação de Nicolson, achou que este estado de espírito era "pura ansiedade da Câmara dos Comuns".

No Cairo, o embaixador britânico Sir Miles Lampson, depois de conversar com Wavell enquanto a evacuação ainda estava em andamento, escreveu em seu diário: "Acho que nunca vi o nosso Archie tão sorumbático." Wavell entristeceu-se principalmente com as baixas estarrecedoras do seu antigo batalhão do Black Watch durante a volta de Heráclion. E Peter Coats, ajudante-de-ordens de Wavell, registrou a desolação de Freyberg. "Enquanto escrevo, o general Freyberg está no meu escritório, sentado na minha frente. Um Golias esmagado e quase em lágrimas. Guy McLaren, seu enteado, foi dado como morto no deserto. Que boas vindas teve o pobre homem."

Uma das qualidades mais admiráveis de Freyberg era recusar-se a jogar a culpa nos outros. Para ele, o clima pós-catástrofe no Cairo era duplamente desagradável. A RAF sofreu boa parte do opróbrio. Foi uma repetição, ou melhor, uma continuação das recriminações que se tinham seguido à queda da Grécia, quando as acusações voaram de um lado para o outro, em todos os níveis, entre a RAF e o Exército, e os soldados e aeronautas brigavam nos bares e ruas de Alexandria. Um marechal-do-ar descreveu o quartel-general como "um zumbido de atividade colérica que lembrava uma colmeia revirada". Como comentou Peter Wilkinson, mais sucinto, "todos derramavam merda uns nos outros".

Mas para Freyberg o pior estava por vir. Como nunca tentava jogar a culpa nos subordinados, sentiu-se extremamente traído pelo brigadier Inglis, que voltara a Londres logo depois da evacuação e se encontrara com Churchill em 13 de junho. A maior parte do relatório verbal do brigadier Inglis ao primeiro-ministro foi contra a falta de preparo e reflexão por parte do QG do Oriente Médio. Mas também exprimiu a sua opinião sobre o trato da batalha.

> Estou longe de estar tranqüilo [escreveu Churchill, no dia seguinte, ao general Ismay, para o comitê dos Chefes de Estado-Maior] a respeito da conduta tática da defesa pelo general Freyberg, embora deva-se dar o devido desconto pelas muitas deficiências observadas acima. Parece que não houve nenhum tipo de contra-ataque no setor ocidental até mais de 36 horas depois que começaram os lançamentos aerotransportados. Não houve tentativa de formar uma reserva móvel com os soldados mais aptos, ainda que fosse apenas um par de batalhões. Não houve tentativa de obstruir o aeródromo de Maleme, embora o general Freyberg soubesse que não teríamos Força Aérea na batalha. Parece que todo o conceito foi a defesa estática de posições, em vez da extirpação rápida e a qualquer custo dos grupos aerotransportados.

Nesse estágio, não se fez menção do importantíssimo mal-entendido de Freyberg sobre a invasão por mar que nunca houve, embora fosse esta a principal razão pela qual ele, Puttick e Hargest não atacaram. Mais tarde, Churchill percebeu que a idéia de Freyberg sobre as ameaças por ar e por mar estava invertida, mas nunca compreendeu a extensão nem as conseqüências exatas deste erro de entendimento. E o inquérito aberto, por insistência de Churchill, pelo brigadier Salisbury-Jones no Cairo não teve acesso às mensagens do Ultra. Assim, nunca soube da defesa inútil de Canéia na importantíssima noite de 21 de maio.

A "traição" de Inglis obcecou Freyberg pelo resto da vida, sem dúvida porque, em parte, as críticas tinham sido feitas a Churchill, amigo e patrocinador seu. E quando, mais tarde, surgiram as críticas, em código e declaradas, ao modo como conduzira a batalha, principalmente em *The Fall of Crete*, de Alan Clark, parece que Freyberg se convenceu de que Inglis, praticamente sozinho, distorcera a visão que a posteridade teria do seu papel na batalha.

Para o general Student, a sua "desastrosa vitória" em Creta também levou a um doloroso anticlímax. Ao lado dos seus oficiais comandantes, foi convidado a comparecer ao Wolfschanze, quartel-general de Hitler, onde recebeu congratulações e a Cruz de Cavaleiro da Cruz de Ferro. Então, durante o café, depois do almoço, o Führer virou-se para ele de repente.

— É claro que o senhor sabe, general — disse ele —, que nunca mais faremos outra operação aerotransportada. Creta provou que os dias dos pára-quedistas terminaram. O ataque por pára-quedas depende inteiramente da surpresa. E agora o fator surpresa se exauriu.

Então, a maioria dos seus homens foi mandada para a Rússia, como tropa de infantaria. Não é preciso mencionar a ironia desta decisão enquanto Londres entrava em pânico com a idéia de uma invasão de pára-quedistas e os britânicos e norte-americanos desenvolviam as suas próprias formações aerotransportadas, a não ser para mencionar que Student foi o general que comandou a frente de Arnhem, no outono de 1944, quando a grande operação aerotransportada aliada fracassou.

Todos os pára-quedistas que sobreviveram à batalha receberam a Cruz de Ferro, mas para o próprio Student Creta sempre foi "uma lembrança amarga". Os alemães perderam 3.986 soldados mortos ou desaparecidos e 2.594 feridos entre 20 de maio e 2 de junho; os pára-quedista mortos no primeiro dia representaram metade deste total. Essas pesadas baixas, "principalmente os desaparecidos", foram "atribuídas pelo Comando alemão à atividade considerável dos franco-atiradores cretenses".

A perda de 350 aviões, principalmente dos 151 aviões Junkers de transporte, quase um terço da frota de Student, foi ainda mais grave para o esforço de guerra nazista. Se Creta teve algum efeito sobre a campanha russa, foi que a produção alemã de aviões de transporte nunca se recuperou a tempo para a ponte aérea de Stalingrado. Como citado antes, a idéia de que as batalhas da Grécia e de Creta atrasaram fatalmente Barbarossa não passou de um consolo sonhador.

*

Freyberg não foi o único a formar idéias fixas durante o seu período em Creta. Na praia de Alexandria, pouco depois de voltar ao Egito, Evelyn Waugh começou uma discussão com Gerry de Winton e Randolph Churchill sobre a retirada. "A sua postura", recordou Winton, "foi que todos lá tinham se comportado do modo mais covarde." Ele respondeu a Waugh ressaltando que, na Grécia, "todos realmente mantiveram a cabeça no lugar até o último instante", porque não tinham sofrido o efeito combinado do bombardeio contínuo e da fadiga extrema que acaba solapando toda e qualquer coragem. Waugh recusou-se a aceitar o argumento e insistiu que, em Creta, a falta de coragem foi vergonhosa. "Achei que ele estava sendo bem infantil acerca disso", comentou Winton.

Waugh chegara descansado, com a Layforce, enquanto os outros vinham combatendo, quase sem dormir, há sete dias e sete noites. E não foi capaz de avaliar toda a força do ataque aéreo, já que ela se reduzira muito nos últimos dias quando o VIII Corpo Aéreo começou a retirar-se para a Operação Barbarossa. E, embora a recepção da Layforce em Creta tivesse sido desmoralizadora, não fora um desapontamento tão devastador quanto o sofrido pelos soldados que, depois de uma semana de combate, estavam convencidos de que tinham derrotado o inimigo.

Laycock, de modo bem surpreendente naquelas circunstâncias, argumentou: "Na minha opinião, a ilha jamais deveria ter sido evacuada, já que a perda de embarcações e marinheiros não poderia ser contrabalançada pela vantagem de retirar cerca de 15 mil soldados já bastante desmoralizados depois da evacuação da Grécia." Mas esta vantagem, equivalente a umas duas divisões quando os quadros já experimentados tiveram o seu efetivo completado, valia, em termos rudes, bem mais naquele momento da guerra do que todos os cruzadores e contratorpedeiros perdidos, no mínimo porque navios de guerra sozinhos não conseguiriam impedir o avanço de Rommel.

Hamson argumentou com paixão que só faltara força de vontade. "Na verdade, a nossa situação não era desesperadora; e uma vitória retumbante sobre os alemães na primavera de 1941 teria imenso valor militar." A sua tese, embora às vezes meio doida devido à decepção do campo de prisioneiros, é mais convincente do que, por exemplo, a de Chips Channon, que desde o princípio desprezou a batalha, classificando-a como desperdício.

Não faltara determinação entre os soldados. E ela também não faltara entre os comandantes que estavam na ilha, embora não se possa deixar de suspeitar que a preocupação com o ataque por mar também serviu de desculpa para adiar decisões difíceis. O que faltou aos comandantes, a Freyberg principalmente, foi clareza de idéias. A conseqüência desta falha foi que ele ficou acorrentado às suas próprias concepções errôneas. Todos as descrições alemãs da batalha enfatizam que, apesar das deficiências, das quais a maior eram as comunicações, Freyberg tinha, sem dúvida, meios de vencer a batalha durante o período importantíssimo das primeiras 48 horas. Mas não a venceu, não poderia vencê-la, porque a sua leitura funesta e equivocada levou-o numa direção totalmente errada.

Se vencer a batalha seria ou não, necessariamente, coisa boa a longo prazo foi um animado debate hipotético. Muita gente com mais conhecimento militar que Chips Channon defendeu que seria impossível manter uma guarnição na ilha e mandar-lhe suprimentos. Mas não seria necessário nenhum soldado britânico. Teria sido suficiente criar uma segunda divisão cretense, combinada a outros soldados gregos que tinham escapado do continente, e equipá-la com armamento alemão capturado.

No entanto, apresentou-se contra isso um argumento inesperado. Era mais ou menos o seguinte. Se Creta tivesse sido defendida, Jorge II, rei dos helenos, insistiria em manter o comando deste último rincão do seu reino. Mas a combinação da sua intransigência com o antimonarquismo cretense e a agitação política das forças armadas gregas que levou aos motins de 1944 no Egito teriam provocado a guerra civil grega com rapidez ainda maior e reduzido qualquer influência britânica, fosse no continente, fosse em Creta. Assim, a vitória das forças anglo-gregas em maio de 1941 teria levado ao controle comunista de todo o país com a retirada alemã em 1944.

Deixando de lado a imprevisibilidade da política grega, se os aliados tivessem vencido a Batalha de Creta, Hitler não teria desviado a sua atenção de Barbarossa para outra tentativa de invadir a ilha. O Führer sempre vira com ceticismo o plano de Student e não tinha com ele envolvimento pessoal. Só teria sido levado a uma segunda invasão de Creta caso ali tivessem sido criadas, no final de 1942 ou no início de 1943, bases de bombardeiros de longo alcance para atacar com Liberators os campos petrolíferos de Ploesti. Então seria obrigado a desviar da frente russa recursos extremamente necessários. A Grã-Bretanha não tinha idéia, naquela primavera, de como Creta poderia ter sido importante no esforço de guerra e, depois, muitos preferiram deixá-la de lado simplesmente porque tinham perdido a batalha. Mais tarde, a influência norte-americana garantiu que a atenção se concentrasse na Itália, não nos Bálcãs, de modo que todo o peso da guerra se afastou do Mediterrâneo oriental.

Mas, para os cretenses propriamente ditos e um punhado de britânicos, a batalha de Creta estava longe de terminar.

PARTE III

A resistência

21

Represálias, fuga e resistência

No curto período de silêncio depois que a luta terminou, muitos cretenses sentiram uma exasperação perplexa com a incompetência britânica e a recusa a lhes dar armas. Este estado de espírito não durou muito. O ódio ao invasor e, portanto, a afinidade com os aliados logo ressuscitaram com as represálias alemãs.

O ressentimento alemão era grande, principalmente nos escalões da retaguarda, como é tão comum acontecer. A Wehrmacht acabara de sofrer as suas baixas mais pesadas até então durante a guerra. O orgulho ferido foi alimentado pela raiva por tantos soldados tão bons terem sido mortos antes mesmo de tocar o solo. Sentiam, de certa forma, que antes os britânicos deviam tê-los deixado pousar. Mas isso não era nada ao lado da raiva pela resistência dos civis cretenses armados, que viam com ódio e temor.

Todo pára-quedista, ao entrar para o seu regimento, recebia um exemplar dos "Dez Mandamentos da Divisão de Pára-quedistas", do general Student. O nono mandamento dizia: "Contra o inimigo regular, lute com cavalheirismo, mas não dê cartel a guerrilheiros." Este ditado refletia uma atitude bem germânica diante das regras da guerra: somente guerreiros profissionais deveriam ter permissão de lutar. E em Creta os pára-quedistas tinham enfrentado uma resistência popular sem precedentes na experiência da Wehrmacht.

As baixas altíssimas da Divisão de Pára-quedistas logo foram explicadas com histórias indignadas em que velhas cretenses, com facas de cozinha, cortavam a garganta de pára-quedistas presos em árvores e bandos nômades de civis torturavam soldados alemães feridos que jaziam indefesos no campo de batalha. Assim que essas histórias chegaram a Berlim, Goering ordenou a Student que estimulasse um inquérito criminal imediato e impusesse represálias. À típica moda nazista, as represálias aconteceram antes que os doze juízes militares tivessem tempo de comunicar suas descobertas.

Os primeiros depoimentos foram tomados em 26 de maio e o processo todo prosseguiu durante três meses. O juiz Schölz, num relatório preliminar de 4 de junho, escreveu: "Muitos pára-quedistas foram submetidos a tratamento desumano ou mutilados" e que "civis gregos participaram da luta como franco-atiradores". Mais tarde, depois de estudo mais cuidadoso, o juiz Rüdel só conseguiu encontrar 25 casos de mutilação em toda a ilha, praticamente todos, quase com certeza, acontecidos depois da morte. Mas o general Student já dera a seguinte ordem em 31 de maio:

> É certo que a população civil, inclusive mulheres e meninos, participou da luta, cometeu sabotagem, mutilou e matou soldados feridos. Portanto, está na hora de combater todos os casos deste tipo e de efetuar represálias e expedições punitivas, que devem ser realizadas com terror exemplar.
>
> Devem-se de fato tomar as medidas mais duras, e ordeno o seguinte: fuzilamento para todos os casos de crueldade comprovada, e desejo que isso seja feito pelas mesmas unidades que sofreram as atrocidades. As seguintes represálias serão efetuadas:
>
> 1. Fuzilamento
> 2. Multas
> 3. Destruição total de aldeias pelo fogo
> 4. Extermínio da população masculina do território em questão.
>
> A minha autoridade será necessária para as medidas 3 e 4. No entanto, todas essas medidas devem ser executadas com rapidez, omitindo todas as formalidades. Em vista das circunstâncias, os soldados têm direito a isso e não há necessidade de tribunais militares para julgar feras e assassinos.

Quando esta ordem foi dada, vários oficiais protestaram contra a execução indiscriminada de civis. O major conde von Uxküll, chefe do Estado-Maior da Divisão de Pára-quedistas, foi destemido ao condenar o plano e, quando este foi anunciado, disseram que saiu enraivecido da reunião, seguido por vários outros oficiais.* O coronel Bruno Bräuer, mais tarde general comandante da guarnição em Creta, menosprezou como invencionices as histórias de tortura.

Era inevitável que houvesse alguns oficiais dispostos a comandar os pelotões de execução. Em Kondomari, onde foram fuzilados cerca de sessenta civis, o pelotão foi comandado pelo tenente Horst Trebes, que participara da ocupação da Colina 107 pelo dr. Neumann. Trebes, ex-integrante da Juventude Hitlerista, foi impiedoso; fora o único oficial do seu batalhão a escapar ileso. (Trebes encontrou a morte na Normandia três anos depois, quando comandava um batalhão de pára-quedistas.) Mas Franz-Peter Weixler, jornalista que sobreviveu à queda do planador, foi levado à corte marcial e encarcerado por ajudar um cretense a fugir e por tirar fotografias das execuções.

Um médico militar alemão enviado para investigar as acusações de mutilação em Kastelli Kissamou, onde o destacamento do tenente Mürbe quase fora riscado da face da Terra, contou que os soldados alemães tinham executado duzentos civis do sexo masculino por causa das histórias de mutilação. (De acordo com o juiz Rüdel, houvera ali entre seis e oito casos, o número mais elevado da ilha.) As aldeias de Kakopetro, Floria e Prasses também sofreram. O comando alemão posterior e mais tolerante do general Bräuer registrou a execução de um total de 698 supostos franco-atiradores e 180 homens que caíram sob a rubrica "Extermínio da população masculina do território em questão" do general Student.

Em 3 de junho, Kandanos pagou o preço de resistir ao avanço dos destacamentos de motociclistas rumo ao litoral sul. "É aqui que ficava Kandanos", começava a proclamação alemã exibida no lugar enegrecido. "Foi destruída como represália pela morte de 25 soldados alemães." E em 1º de agosto um ataque punitivo ao sul de Canéia — "Ação Especial nº 1" — destruiu mais aldeias, como Alikianou, Fournès e Skenès. Mais 145 homens e duas mulheres foram fuzilados, a maior parte deles de Fournès. Mas a maioria das execuções já tinha acontecido antes de 10 de junho, quando o Departamento de Estado, em Washington, informou à embaixada britânica a intenção de Berlim de julgar prisioneiros britânicos e cretenses por atrocidades cometidas contra pára-quedistas alemães. A mensagem dizia que "certas medi-

*No entanto, há dúvidas sobre a realização desta reunião e o barão von der Heydte, amigo de Uxküll, não se lembra dela.

das punitivas, pelo menos em relação aos cretenses, parecem necessárias aos soldados pára-quedistas".

Agatángelos Xirouhakis, bispo de Cidônia e Apocoronas, tentou convencer o general Waldemar Andrae, que substituiu Student como comandante da ilha, que a sua política só geraria mais derramamento de sangue dos dois lados. Andrae "tendia a concordar", dizia o relatório feito para o general Bräuer, seu sucessor, "mas desejava que, antes, houvesse uma demonstração de força, de modo que não considerassem o gesto sinal de fraqueza. Esta demonstração de força chamou-se 'Empreendimento da Liga das Nações'".

No entanto, esta operação de nome tão estranho e falso assumiu a forma de outra expedição punitiva, mais que demonstração de força. Em 1º de setembro, "um regimento reforçado [presume-se um efetivo de dois mil homens] de caçadores de montanha alemães cercou a planície de Omalos, nas Montanhas Brancas, depois de se aproximar de várias direções. Houve resistência esporádica, mas não organização guerrilheira propriamente dita. As baixas alemãs foram de um morto e dois feridos. A população teve de submeter-se ao inquérito dos Tribunais Expedicionários. Os Tribunais consideraram culpados 110 homens, entre eles 39 civis e 6 militares britânicos; todos sofreram execução sumária por tentativa de resistência.* O Comando Alemão considerou a expedição um sucesso total, dando à população a impressão de que até nas regiões mais distantes era impossível fugir à disciplina dos conquistadores".

O general Ringel, comandante dos caçadores de montanha, estava nas Montanhas Brancas com outros propósitos. Nos Alpes, era um caçador entusiasmado de camurças e sonhava em abater um dos raros íbices cretenses. Manoussos Manoussakis, jovem oficial de reserva cretense que, devido à falta de mantimentos em Canéia, fora à planície de Askifu comprar lentilhas, viu-se alistado como guia de Ringel, mas conseguiu evitar que ele encontrasse um íbex.

A máquina de propaganda alemã logo mudou de direção. A edição em inglês da revista *Signal* trazia fotografias de pára-quedistas com crianças locais e a legenda: "Apesar da dura batalha, sem ressentimentos em Creta."

---

*Dos 1.135 cretenses executados desde o início da invasão até 9 de setembro de 1941, somente 224 foram condenados por tribunal militar.

No entanto, para os cretenses o ódio ao inimigo era tão grande que às vezes chegava a níveis irracionais. Mesmo depois da guerra, os tratores e o rolo compressor usados na planície de Omalos para construir um campo de pouso foram destruídos simplesmente por serem alemães.

Ocupada, Creta foi dividida entre a zona alemã principal e uma zona italiana secundária. As tropas italianas, que, na maior parte, consistiam da Divisão Siena comandada pelo general Angelo Carta, estavam aquarteladas nas duas províncias orientais de Sitéia e Lasithi. O general Carta instalara o seu quartel-general em Neápolis e administrava a sua zona, reconhecidamente a parte mais pacífica da ilha, com uma atitude descontraída que os alemães desaprovavam. Homens procurados, como o líder comunista Miltíades Porfiroyennis, de quem Harold Caccia tivera piedade, iam esconder-se na zona italiana.

As três províncias ocupadas pelos alemães, Canéia, Retimno e Heráclion, eram controladas por guarnições nas principais cidades e uma rede de postos avançados menores comandados por um sargento ou sargenteante. Ao longo do litoral sul, que se tornou área proibida depois que ajuda britânica à resistência cretense começou a sério, criou-se uma linha de postos de guarda interligados na vã tentativa de impedir desembarques clandestinos.

Como era de se prever, as aldeias nas montanhas, com as suas tradições guerreiras e espírito de resistência, constituíam a maior ameaça para os alemães. Os soldados relutavam muito em aventurar-se nas áreas mais elevadas. Muitas vezes, ao se aproximar de pontos de provável emboscada, varriam os arbustos com o fogo das submetralhadoras, por precaução. As cidades maiores, com fortes guarnições, mostraram-se bem mais fáceis de intimidar. Mas o relativo insucesso alemão no recrutamento de informantes tornou bem mais difícil do que no restante da Europa ocupada infiltrar-se nas redes nascentes da resistência, fossem nacionalistas ou comunistas.

O comandante alemão da *Festung*, a Fortaleza de Creta, instalou o seu quartel-general em Canéia. Sua moradia passou a ser a casa da família Venizelos em Halepa, construída no início do século por um arquiteto alemão. O primeiro comandante da *Festung* foi o general Andrae. Foi sucedido pelo mais esclarecido general Bräuer no outono de 1942 e este foi sucedido pelo mais odiado de todos, o general Müller, na primavera de 1944.

Além disso, havia um comandante de divisão com o quartel-general em Arkhanes, ao sul de Heráclion, e residência na Vila Ariadne. Müller ganhou a fama de violento quando ocupou este cargo antes de ser promovido a comandante da *Festung*. O seu substituto, general Kreipe, seqüestrado numa operação conjunta anglo-cretense em abril de 1944, foi o último. O efetivo total das tropas do Eixo variou muito, de acordo com o fado da campanha no norte da África, a situação na Frente Oriental e a suposta ameaça de invasão; variou de uns 75 mil homens em 1943 a pouco mais de 10 mil na época da rendição, em 1945.

As condições de vida em Creta deterioraram-se drasticamente sob a ocupação. A ameaça de fome foi e voltou, mas felizmente a fome nunca se instalou como no continente, onde muitos milhares morreram. Em Asi Gonia, por exemplo, região onde o roubo de ovelhas era endêmico e até o padre fingia não ver de onde vinha a carne que comia, somente o mestre-escola, fidelíssimo aos seus princípios, morreu de fome. Mas era dificílimo encontrar matérias-primas básicas. Tornou-se praticamente impossível conseguir couro e, assim, a sola dos sapatos passou a ser feita de pneus velhos. Um cortador hábil conseguia tirar até uma dúzia de pares de cada pneu.

A vida era mais difícil nas cidades grandes, principalmente para quem não tinha parentes no campo. Mas os que contavam com acesso fácil aos hortigranjeiros podiam fazer mais do que vendê-los no mercado negro local. Oficiais e praças alemães mostraram-se surpreendentemente fáceis de corromper durante a ocupação. Certa família de Heráclion conseguiu libertar um parente fornecendo comida à amante cretense de um oficial alemão. As relações com mulheres locais constituíam crime disciplinar e, como havia bordéis oficiais do exército para a guarnição, as penas podiam ser duras. Um sargento alemão de Canéia que engravidou uma faxineira obrigou-a a casar-se com um vagabundo bêbado do porto para evitar a punição.

O comércio com o continente não cessou inteiramente, apesar do confisco dos caíques para impedir que prisioneiros de guerra fugidos e soldados perdidos partissem da ilha. Escaparam do bloqueio alemão barcos suficientes para levar até o continente azeite e bom sortimento de britânicos, neozelandeses e australianos, desde que pudessem pagar, e trazer, na viagem de volta, cigarros e integrantes da Divisão Cretense. A família de Myles Hildyard só soube que ele estava vivo — tinha sido considerado perdido em combate — quando a agência do seu banco em Newark telefonou para indagar sobre um cheque pessoal de 50 libras que ele assinara para pagar a passagem.

Acredita-se que alguns caíques confiscados tiveram uso assustador. Cerca de duzentos judeus cretenses, principalmente de Canéia e Heráclion, foram levados embora à noite. "Num dia estavam lá", recordou uma velha de Canéia sobre os seus vizinhos, "e na manhã seguinte tinham sumido." Ainda não se sabe o destino exato dos judeus cretenses. Havia alguns judeus de Heráclion entre os fuzilados como represália por um ataque aéreo britânico em junho de 1942. Muitos outros ficaram na prisão de Ayia antes de embarcar para o continente e daí para os campos de extermínio no norte da Europa, mas a SOE Cairo soube que a maioria dos judeus estava numa embarcação afundada por um submarino aliado. Isso talvez explique por que muitos cretenses acham que a maioria deles foi embarcada em caíques afundados em seguida, como os *noyades* da Revolução Francesa.

Em 26 de julho, quase dois meses depois da conquista de Creta, o submarino HMS *Thrasher* deixou em terra o comandante Francis Pool, da reserva da Marinha, no litoral sul, perto do mosteiro de Preveli. "Skipper" ("capitão") Pool, sempre descrito como "personagem extravagante", conhecia bem as águas cretenses. Antes da guerra, administrara a estação de hidroaviões da Imperial Airways na ilha de Spinalonga, antiga colônia de leprosos.

Na época dos turcos, as mensagens eram passadas rapidamente por corneteiros na série de pequenos fortes construídos entre Canéia e Sfakia. A notícia da chegada de Pool pareceu espalhar-se ainda mais depressa pela ilha. O otimismo cretense jorrou. Os britânicos tinham prometido voltar com armas, disseram uns aos outros. Mas a missão de Skipper Pool era bem menos impressionante.

Ele viera, a princípio só numa viagem, organizar a evacuação dos soldados perdidos e prisioneiros fugidos que estavam por perto de Preveli. Era uma tarefa hercúlea que, particularmente, os cretenses devem ter apreciado. A sua generosidade compulsiva — abrigavam e alimentavam os que tinham vindo lutar ao seu lado — tornara-se um fardo imenso naquele ano assombrado pela fome.

Os cretenses raramente se queixavam, até mesmo quando uma minoria de soldados britânicos e da Commonwealth transformaram-se num problema perigoso para os que se arriscavam a ser executados ao lhes dar abrigo. Às vezes, a certa distância das aldeias, ouviam-se canções de bêbados como "Tipperary" ou "Waltzing Matilda", enquanto figuras vestidas de cáqui cambaleavam juntas, afogando as tristezas. Um ano depois da invasão ainda havia tantos soldados perdidos escondidos na ilha que, quando Tom Dunbabin assumiu o comando da missão da SOE e admitiu a alguns aldeões, com a máxima cautela, que era inglês, a resposta lacônica foi: "Ah, sim, aqui tem muitos."

Skipper Pool foi levado até o abade de Preveli, padre Agatángelos Langouvardos, velho encantador e destemido de enorme corpanzil que permitiu o uso do mosteiro como local de reunião dos fugitivos. Decidido a ficar para reunir mais homens, Pool partiu para o interior da ilha para fazer contato com outros grupos. A notícia bastante otimista de um serviço de transporte para o Egito chegou até o mal guardado campo de prisioneiros de Galatas e encorajou outros a fugir.

O digno e discreto "tio" Niko Vandoulakis, de Vafé, abrigou tantos em seu caminho para sudeste que ficou conhecido como Cônsul Britânico. Um dos entroncamentos mais importantes da rede terrestre de rotas de fuga era a grande aldeia de Asi Gonia, situada na extremidade oriental das Montanhas Brancas, onde a ilha se estreita. Como outras aldeias que começaram ajudando soldados perdidos, mostrou-se mais tarde um dos mais valorosos centros da resistência em Creta, sob o comando do seu *kapitan*, Petro Petrakas. Petrakas, amigo e guarda-costas de Venizelos, recebeu o codinome Beowulf, lendário guerreiro escandinavo, devido aos nórdicos olhos azuis e ao cabelo e às suíças louros.

Nas montanhas acima de Asi Gonia, o tenente-coronel Papadakis, oficial do exército grego que fora para a reserva por invalidez em 1922, também abrigou em sua casa prisioneiros de guerra fugidos. Um deles, Jack Smith-Hughes, subalterno extraordinário do Royal Army Service Corps, seria o primeiro oficial mandado a Creta pela SOE para ajudar a organizar a resistência.

Não se pôde ocultar dos ouvidos dos "maus gregos" e dos alemães o conhecido segredo dos submarinos ao largo de Preveli. De fato, os oficiais britânicos apelidaram esta rápida disseminação de informações supostamente secretas de "rádio cretense". Os alemães enviaram espiões fardados, fingindo-se de soldados britânicos fugidos, para descobrir as rotas de fuga e as aldeias envolvidas. Enganaram pouquíssimos cretenses. Quando os aldeões descobriam os impostores, "surravam-nos como burros", declarando ao mesmo tempo a sua lealdade ao grande Reich alemão, e depois arrastavam-nos até a guarnição mais próxima onde o oficial superior, sem dúvida com sorriso amarelo, era obrigado a agradecer-lhes.

Devido ao perigo, o velho abade de Preveli teve de esconder-se antes de ser levado para o Cairo. O seu desaparecimento permitiu que monges igualmente prestativos lançassem sobre ele toda a culpa, quando os alemães cercaram o mosteiro certa manhã. Nenhum soldado fugido foi encontrado, mas os alemães, convencidos de que a culpa era coletiva, levaram todos os mantimentos e animais de criação do mosteiro. Então, para garantir que não houvesse mais nenhuma visita de submarino naquele trecho da costa, criaram ali perto um posto de guarda.

Skipper Pool, depois de reunir mais 130 homens, partiu em 22 de agosto a bordo do HMS *Torbay*, batendo o recorde de gente amontoada num só submarino. O *Torbay* era famoso pela excentricidade do seu controvertido comandante, "Crap" ("Lixo") Miers, condecorado com a Victoria Cross. Um dos passageiros de Miers, o major Ray Sandover, comandante do batalhão australiano de Retimno, ficou meio envergonhado pela farda em farrapos ao ser convidado a unir-se ao comandante na torre de comando, quando entraram no porto de Alexandria. "Ordem-unida Número Um!", ordenou Miers, e a tripulação preparou-se para a saudação. No *Torbay*, a saudação aos navios franceses de Vichy presos no porto era uma fila de traseiros nus.

A primeira missão britânica encarregada de desenvolver e auxiliar o movimento local de resistência desembarcou em Creta em 9 de outubro. Era formada por dois homens: Jack Smith-Hughes, da SOE, e Ralph Stockbridge, do ISLD — Inter Services Liaison Department, Departamento de Ligação entre as Armas, disfarce do MI6. Stockbridge, naquela época praça-sinaleiro que recentemente saíra de Cambridge, pouco sabia sobre rádios. Fora transferido para o ISLD vindo da Polícia de Segurança de Campanha, na qual servira em Heráclion de dezembro de 1940 até a evacuação.

Dos oficiais britânicos que serviram em Creta, Jack Smith-Hughes, advogado de intelecto brilhante e forte senso de ridículo, era o mais visivelmente inglês. Rapaz alto, de faces rosadas e bem corpulento, ficava a incoerência em pessoa quando vestido de cretense.

Smith-Hughes e Stockbridge vieram do Egito no submarino HMS *Thunderbolt*. Smith-Hughes não disse ao companheiro que a sua embarcação, na verdade, era o velho *Thetis*, que afundara com toda a tripulação e fora depois recuperado. (A mudança de nome não o protegeu, porque mais tarde, durante a guerra, o *Thunderbolt* naufragou para sempre.) Depois de desembarcar no sudoeste, perto de Tsoutsouro, onde foram recebidos com festa pela aldeia toda, seguiram para a casa do coronel Papadakis, em Vourvouré. Papadakis era o único oficial cretense que Smith-Hughes encontrara durante a sua fuga do campo de prisioneiros e as ordens que recebera no Cairo — um modelo de imprecisão — eram "avaliar o país para ver quem tinha influência".

Dificilmente se encontraria candidato menos adequado que este coronel já idoso. Papadakis, homem de grande egocentrismo, não perdeu tempo e proclamou-se líder do "Alto Comitê de Liberdade Cretense", causando muito embaraço e posterior tribulação para os oficiais britânicos. Mas Papadakis, embora pessoalmente insuportável, reunira um punhado de homens extraordinários que, mais tarde, dariam importante contribuição à resistência, principalmente no campo da coleta de informações. Talvez o seu maior golpe tenha sido recrutar George Halkiadakis, chefe de polícia de Retimno. Um benefício duradouro advindo deste reencontro foi a nomeação de George Psychoundakis (guia de Smith-Hughes na fuga anterior para Preveli) para seu mensageiro permanente.

Psychoundakis — bobo da corte no verdadeiro sentido da palavra, já que o seu humor se baseava numa honestidade desconcertante — foi um dos personagens mais admiráveis surgidos durante a resistência cretense. Embora pouco mais que um pastorzinho com instrução das mais rudimentares, a sua obra juvenil incluía poemas precoces, como a "Ode à mancha de tinta na saia da professora". O seu talento natural acabou conquistando a fama internacional com *O mensageiro cretense*, relato sem igual dos anos da ocupação e da resistência. Em 1988, foi homenageado pela Academia Grega pela tradução da *Odisséia* para o dialeto cretense.

Embora Smith-Hughes e Stockbridge pouco pudessem fazer para ajudar a resistência num estágio tão inicial, alguns cretenses já lutavam contra os alemães. Aquela varredura das Montanhas Brancas na primeira semana de setembro produzira choques menores, nos quais quatro soldados foram mortos. Em 9 de setembro, os alemães ofereceram anistia e, embora relativamente poucos a tivessem aceitado, consideraram-na um sucesso. Mas na segunda semana de novembro uns sete soldados foram mortos em outra varredura.

Em 23 de novembro, Monty Woodhouse chegou a Creta no último caíque de Mike Cumberlege, o *Escampador*, e desembarcou em Treis Ekklisies

— Três Igrejas — para substituir Jack Smith-Hughes, que voltou ao Cairo para administrar o setor cretense da SOE. Woodhouse veio com quatro dos seus melhores alunos da escola de treinamento da SOE em Haifa, um dos quais, mais tarde, tornou-se traidor e foi executado por Tom Dunbabin, oficial superior britânico.

Esperando um desembarque clandestino, Woodhouse encontrou um comitê de recepção de tamanho desconcertante. Além de Jack Smith-Hughes, estavam ali os três principais *kapitans* da guerrilha da região central de Creta: Manoli Bandouvas, o seu *frère ennemi* Petrakageorgis e Satanás, além de dezenas de soldados britânicos e do Anzac que bradavam pela evacuação. Alguns tinham arranjado namoradas cretenses e queriam levá-las para o Egito.

Jack Smith-Hughes partiu de Creta uma semana antes do Natal com três abades, inclusive os 140 quilos do abade de Prevoli, que antes de morrer ajuramentou o novo governo grego no exílio. Woodhouse, na época capitão com 24 anos, foi deixado como único encarregado. Teve problemas para tratar com Bandouvas, a quem Smith-Hughes dera o codinome de Bo-Peep, pastorinha de uma canção infantil inglesa, porque tinha muitas ovelhas.

Bandouvas era um homem complicado. Analfabeto, inegavelmente patriota, habilidoso, mas cabeça-dura — Smith-Hughes disse que tinha "os olhos incansáveis e furtivos do camponês rico" —, era um chefe impiedoso, demasiado consciente da imensa quantidade de seguidores que tinha no centro de Creta e que não gostava da idéia de receber instruções de um rapazola inglês, viesse de onde viesse. Mais tarde exigiu, sem sucesso, ter a sua própria ligação com o Cairo pelo rádio e controlar os lançamentos de armas. A propaganda alemã divulgou o boato de que Woodhouse tentara convencer Bandouvas a fazer de Creta parte do Império Britânico, invenção que os comunistas mais tarde disseminaram como informação comprovada.*

Petrakageorgis, por sua vez, recebeu o codinome Selfridge, grande rede de lojas londrinas, porque a sua prensa de azeite era o que mais se parecia, em Creta, com uma grande empresa. Era um dos *kapitans* mais pró-britânicos da guerrilha, mas nem assim conseguiu esconder o seu desapontamento com a SOE Cairo, que nada tinha a oferecer além de um punhado de fuzis italianos capturados em Cirenaica.

---

*Bandouvas, como demonstram as suas memórias longas e pouco confiáveis ditadas na velhice, tinha muita dificuldade de distinguir verdades que não fossem a sua.

Umas sete semanas depois da sua chegada, Woodhouse recebeu reforços. O submarino *Torbay* chegou à praia de Tsoutsouros na noite de 11 de janeiro e deixou em terra dois oficiais; dificilmente poderiam ser mais diferentes. Xan Fielding era magro, enérgico e com pouquíssima paciência para agüentar idiotas. Ficaram famosas as suas mensagens cáusticas sobre o tema da incompetência da SOE Cairo. Sandy Rendel, integrante tardio da Missão Militar Britânica, descreveu os seus relatórios como "suculentos, impertinentes e sedentos de sangue". Os cretenses aprovaram imediatamente o robusto senso de humor de Fielding e respeitavam tanto a sua bravura quanto as suas avaliações.

O seu companheiro, cuja seleção para operações especiais nunca foi satisfatoriamente explicada, era o bravo e lento capitão Guy Turrall, que, se não foi modelo do pobre Apthorpe de Evelyn Waugh, deveria ter sido. Veterano da Abissínia, parece que, na praia, disse com a máxima seriedade:

— Os nativos são amistosos?

Turrall recusou-se a trocar a farda por trajes locais e levava consigo até os pijamas e uma bacia esmaltada que deixou os cretenses espantados. Só faltava o vaso sanitário portátil de campanha.

A idéia que os cretenses faziam da excentricidade inglesa só fez aumentar quando o conheceram melhor. Guy Turrall era geólogo e botânico amador e entusiasmado. A sua coleção de espécimes de flores selvagens — aos olhos cretenses, as plantas eram todas iguais — não os interessava. Mas um jovem cretense que, certa ocasião, teve de carregar a mochila de Turrall descobriu que estava cheia de amostras de pedras. Essa coleção ele reduziu drasticamente.

Fielding e Turrall seguiram a trilha de Jack Smith-Hughes até o coronel Papadakis, acima de Asi Gonia. Xan Fielding logo percebeu que pouco se conseguiria com este autoproclamado líder da resistência pan-cretense; ninguém, fora do seu círculo mais íntimo, reconhecia-lhe a autoridade. Oficiais competentes e dedicados, como o major Tsifakis, que tinha montado uma rede de coleta de informações perto de Retimno, recusavam-se a levá-lo a sério. As noites com Papadakis eram uma tortura. O fato de Turrall não saber grego em nada ajudava a conversa lúgubre. Ele tentava conversar em francês. "Digo, *mon coronel, vous ne m'avez pas mis dans le tableau*" (literalmente, *o senhor não me colocou no quadro*) é apenas um dos seus ditos clássicos.

Fielding logo se mudou para mais perto de Canéia e da Baía de Suda. Estabeleceu-se em Vafé com o "Cônsul Britânico", Niko Vandoulakis, e começou a transmitir ao Cairo informações sobre movimentos no ar e no mar com a ajuda de um pequeno grupo de rapazes excepcionalmente capazes e corajosos conhecidos como "os Quins", liderados por Marko Spanoudakis.

Britânicos e cretenses pensavam igualmente no futuro e na necessidade de uma organização política e militar que coordenasse as atividades. Em 1º de abril, Fielding esgueirou-se até a prefeitura, no centro de Canéia. Entrou na sala do prefeito, quase esbarrando em oficiais alemães que saíam. O prefeito, Nikolaos Skoulas, figura idosa e patriarcal, ficou a princípio alarmado e, depois, deu uma gargalhada. Durante a reunião, discutiram a criação do futuro EOK, movimento cretense nacionalista de resistência.

Enquanto isso, Turrall partia em busca do líder comunista, general Mandakas. Saiu tropeçando pela ilha com a sua farda britânica, uma fila de tirinhas de metal no peito, perguntando aos aldeões, em inglês, se sabiam quem ele era. Era um agente secreto tão improvável que foi sorte não ter sido entregue aos alemães, confundido com um dos seus espiões. É uma pena que Turrall nunca tenha feito contato; assim, jamais saberemos como Mandakas reagiria ao seu pedido padronizado de esclarecimentos: ser "*mis dans le tableau*". Quando Monty Woodhouse foi chamado de volta em abril, Guy Turrall partiu com ele.

O substituto de Woodhouse, Tom Dunbabin — "O Tom", como os cretenses o chamavam — chegou em 15 de abril de 1942. Mais tarde recordou que só houve tempo para "trocar algumas palavras apressadas com Monty, que partiu no navio que me levara, e fui deixado em meu novo reino".

Dunbabin, tasmaniano e aluno do All Souls College, de Oxford, era arqueólogo famoso e autor de *The Western Greeks*. Mantivera com John Pendlebury amigável rivalidade entre Oxford e Cambridge. Em certos momentos dos próximos três anos, Dunbabin voltou à busca de sítios minóicos ainda não descobertos, mas poucos encontrou. "Não dá certo procurar depois de Pendlebury", escreveu.

Dunbabin tinha um rosto de traços fortes e um bigode desgrenhado que, distraído, enrolava no dedo. Paradoxal e encantador, Dunbabin era tímido, mas tinha caráter muito decidido. Era grande e podia ser feroz se necessário, mas a voz ficava aguda em momentos inesperados. Oficiais inferiores enviados depois mostravam certo respeito pelas suas façanhas, entre as quais passar o dia inteiro numa árvore que dava para o campo de pouso de Timbaki. Um deles o descreveu como "corajosíssimo e modestíssimo". Mas, combinação rara, tinha coragem moral além da coragem física. Paddy Leigh Fermor escreveu: "Uma das qualidades mais valiosas de Tom, assim como o Kutuzov pré-Borodino de *Guerra e paz*, era nunca atrapalhar nada que fosse útil, sempre impedir tudo o que fosse prejudicial, um tipo de guarda de trânsito do fluxo dos acontecimentos."

Dunbabin instalou-se pouco acima do vale de Amari, com o principal esconderijo na encosta ocidental do Monte Ida. O vale de Amari, principalmente a aldeia de Yerakari, logo ficou conhecido, entre os oficiais britânicos, como "Terra do Lótus", devido à abundância de comida, bebida e boas-vindas. "Os aldeões eram tão hospitaleiros", escreveu Dunbabin depois da guerra, "que nos puxavam pela manga, quando descíamos a rua estreita, para que entrássemos e tomássemos um copo de vinho com eles." Lá, deleitavam-se em caramanchões cobertos de parreiras e pomares de cerejeiras com os queijos de Ida e Kedros e assistiam aos "últimos raios morrerem no cume despido do Ida, que se elevava bem defronte".

Yerakari ficava na "rota elevada dos espiões", que passava pelas cordilheiras ocidental e central — as Montanhas Brancas, a serra de Kedros e a serra do Monte Ida —, com aldeões organizados como postos de troca para ajudar a transportar rádios, distribuir armas e esconder fugitivos. A aldeia também se tornou o ponto central do movimento de resistência do vale de Amari. Os alemães arrasaram-na em 1944 e fuzilaram muitos daqueles que tinham puxado a manga de Dunbabin.

A resistência cretense, que começou com atos isolados de vingança e escaramuças menores (vinte alemães morreram em dezembro de 1941 e janeiro de 1942), tornou-se aos poucos mais coesa. Os cretenses recebiam bem os oficiais britânicos, certos de que outro exército aliado voltaria para ajudar a expulsar os ocupantes alemães. "Tudo dependia inteiramente da sua magnífica lealdade", escreveu Ralph Stockbridge. "Sem a sua ajuda como guias, informantes, fornecedores de comida e assim por diante, nenhum de nós teria durado 24 horas."

22

Rumo ao campo

"A SOE", escreveu Monty Woodhouse em suas memórias, "era uma organização estranha, cuja única característica constante era ser drasticamente expurgada todo mês de agosto." O expurgo que deu início a este fenômeno aconteceu no verão de 1941.

Nos dias inebriantes de amadorismo pouco antes da invasão alemã da Iugoslávia e da Grécia, este mundo de heroísmo pueril sofreu um abalo inesperado. Em 21 de março de 1941, Hermione Ranfurly, a grandiosa secretária de George Pollock, na época chefe da SOE Cairo, decidiu fazer justiça com as próprias mãos. O seu marido, conde de Ranfurly, acabara de ser capturado no deserto e ela ficou tão incomodada com o esforço de guerra que nem piscou na hora de passar por cima dos seus chefes.

Por acaso, Peter Fleming estava na varanda da Embaixada Britânica, depois do almoço, com Sir Miles Lampson e Anthony Eden, quando trouxeram uma mensagem dizendo que Lady Ranfurly estava ansiosíssima para falar com Eden sobre "um assunto importante a ver com a guerra". "Isso nos surpreendeu bastante", escreveu Lampson no seu diário, "e Peter Fleming deixou escapar que ela trabalha na mesma organização secreta que ele. Como transpirou mais tarde, isso foi muito esquisito. Ela chegou no devido tempo e insistiu em falar sozinha com AE. Transmitiu a ele a sua sensação que toda essa organização psiu-psiu não só está um caos como todo o dinheiro público posto ali está sendo desperdiçado. Na verdade, isso só confirmou o que AE (como ele me disse depois) já suspeitava há muito tempo".

George Pollock, incomodado com a convencional desconfiança militar contra a sua organização temperada com boa medida de ciúmes, acabou vítima deste primeiro expurgo depois de repetidos chamados do QG do Oriente Médio ao Dr. Hugh Dalton, secretário responsável pela SOE em Londres. Uma comissão de inquérito encontrou poucos indícios de malversação, mas a exigência de que cabeças rolassem superou todas as questões de justiça natural. A organização foi reformada sob o comando do coronel Terence Maxwell, banqueiro que trabalhara com Glyn Mills antes da guerra, e mudou-se para um prédio de apartamentos grande e sem graça em Sharia Kasr-el-Aini chamado Rustum Buildings. Não obstante as precauções de segurança, complicadas, mas bastante óbvias, os motoristas de táxi cairotas logo passaram a conhecê-lo como "o prédio secreto". Apesar do revés do verão, a SOE Cairo estava prestes a embarcar num crescimento extraordinário, mandando missões militares aos Bálcãs.*

A seção grega, B6, e a cretense, B5, eram administrativa e fisicamente separadas: Jack Smith-Hughes e os seus ajudantes trabalhavam numa "casa perto da estrada". Esta ilogicidade, que, em termos burocráticos, tornava Creta tão diferente da Grécia quanto a Albânia ou a Iugoslávia, acabou sendo afortunadíssima, já que ajudou a seção cretense a distanciar-se do campo minado da política continental.

Uma linha divisória muito maior existia entre as seções cretenses da SOE e do ISLD (Inter Services Liaison Department, ou Departamento de Ligação entre as Armas), ramo militar do Serviço de Informações Secretas. O conde de Selborne, que em fevereiro de 1942 substituiu o Dr. Hugh Dalton como Secretário da Guerra Econômica e, assim, como mestre político da SOE, escreveu mais tarde: "A SOE e o SIS foram separados por decisão do Gabinete de Guerra em junho de 1940. Na minha opinião, as suas funções são bastante distintas e, como o trabalho da SOE inevitavelmente vem mais à ribalta (como na Grécia e na Iugoslávia), a vantagem de manter as organizações separadas aumenta."

---

*A Executiva de Operações Especiais (SOE) tinha vários nomes falsos, supostamente para confundir os rivais e os inimigos. Da sua origem como MI(R) e Seção D, o ramo paramilitar ficou conhecido como SO(2) — SO(1) era a propaganda enganosa, subordinada à Executiva de Guerra Política; depois, MO1(SP), que provocou o apelido Muddled Operations in Secret Places, ou Operações Atrapalhadas em Lugares Secretos; depois, MO4, sua denominação no QG do Oriente Médio; e, finalmente, Força 133. Em prol da simplicidade, aqui será sempre chamada de SOE.

No Cairo, o ISLD era comandado pelo capitão Bowlby da Marinha Real (conhecido como "o belo Bowlby"), pelo coronel Teague e pelo comandante de esquadrilha Smith-Rose, lotados no complexo do Quartel-General. Os dois quartéis-generais detestavam-se com desconfiança fanática mas em Creta, felizmente, o pessoal em campo cooperou de modo amistoso. "A SOE", disse Ralph Stockbridge, "era basicamente um monte de aventureiros, enquanto o ISLD era um verdadeiro saco de gatos. O pessoal da SOE era sempre tratado como se fossem oficiais e cavalheiros, não como agentes." Isso pareceu estender-se até uma esquisitíssima disparidade em campo. Os oficiais da SOE, que mais tarde receberam soberanos em generosa quantidade do seu tesoureiro, tenente Shread, do corpo de voluntários da reserva da Marinha Real (inevitavelmente apelidado de "Golden Shred", famosa marca inglesa de geléia de laranja), às vezes tinham de socorrer os seus parentes pobres. No entanto, nos primeiros dias, Xan Fielding desembarcou com um maço de dracmas que valiam apenas 16 libras, tão grande era a taxa de inflação.

Depois de perdida a batalha de Creta, Monty Woodhouse e Paddy Leigh Fermor desembarcaram em Alexandria como milhares de outros evacuados. Alguns dias depois, foram para o Cairo, onde ficaram "mantidos num tipo de limbo contra a possibilidade de novas operações em Creta ou na Grécia, mas meses se passaram sem que nada acontecesse". Woodhouse, recrutado para a SOE por Bill Barbrook, foi o primeiro a ir a campo. Voltou a Creta no final de novembro de 1941 para substituir Jack Smith-Hughes; foi, por sua vez, substituído por Tom Dunbabin dali a menos de cinco meses.

Para Paddy Leigh Fermor, a transferência para a SOE trouxe uma vida praticamente obrigatória de prazeres no Cairo, enquanto a organização se endireitava depois do expurgo de verão. Os oficiais sem apartamento na cidade moravam num refeitório em Heliópolis, chamado por alguns de Castelo da Ressaca. Leigh Fermor preferiu mudar-se para o Hotel Continental. Dois anos mais tarde, surgiu uma solução ainda melhor para servir de base quando viesse de Creta em licença. Ele e alguns amigos também envolvidos em operações especiais acomodaram-se numa mansão enorme em Zamalek, descoberta por Billy Moss, dos Guardas de Coldstream, com quem seqüestrou o general Kreipe na primavera de 1944. Os outros eram Billy Maclean, dos Royal Scots Greys, David Smiley, dos Royal Horse Guards — os "Blues" — e Rowland Winn, mais tarde Lord Saint Oswald, do 8º Regimento de Hussardos, mais a condessa Sophie Tarnowska, futura esposa de Moss. Tara, como batizaram a casa devido ao castelo lendário dos reis da Irlanda e o lar ainda mais mítico de Scarlett O'Hara, tinha um salão de baile e logo tornou-se centro das melhores e mais animadas festas do Cairo quando os seus ocupantes estavam de licença.

Os motivos para ser voluntário de operações especiais variavam enormemente. A curiosidade ou o cansaço da rotina podiam ter papel tão grande quanto a ânsia de aventuras. Além da emoção de fugir à previsibilidade militar, um dos subprodutos mais satisfatórios das operações especiais era a oportunidade de quebrar regras, muitas vezes com a ajuda de amigos influentes, e escandalizar os mal-humorados "ratos de trincheira", ou seja, os soldados regulares. Xan Fielding, que viria a tornar-se o grande irmão de armas de Paddy Leigh Fermor, tinha ojeriza instintiva à claustrofobia institucional da vida normal do exército e ambos sentiam profunda paixão pela Grécia.

Os voluntários raramente esqueciam a entrevista inicial, fórmula de circunlóquio que se transformou em clichê cinematográfico. "Não posso lhe contar por que veio para cá", disse o coronel Guy Tamplin a um capitão, "a não ser que é secretíssimo e envolve muito perigo e isolamento. Se refletir melhor e mudar de idéia, ninguém vai pensar mal de você e poderá voltar ao seu regimento como se nada tivesse acontecido."

Em teoria, assim que fosse aceito, o oficial seria mandado para a escola de treinamento da própria SOE na Palestina, para um curso de "guerra de resistência". O acampamento, instalado no Monte Carmelo de frente para Haifa, também treinava gregos, iugoslavos e albaneses para infiltrar-se em seus próprios países. Embora a designação oficial deste estabelecimento fosse ME 102, ficou conhecido, em conversas e mensagens, como "Narkover", devido à sinistra escola pública de J. B. Morton na coluna humorística que publicava sob o pseudônimo de Beachcomber.* Vários indivíduos receberam

*Exemplos de outros apelidos da SOE: Bakerstrasse, para o quartel-general da SOE em Londres, Jugland para a Iugoslávia e Never-Never Land para Creta. [Todos esses nomes são trocadilhos; Narkover pode ser espionar ou dedurar; Beachcomber é um marinheiro desempregado ou pessoa que vive de catar o que o mar joga à praia; Smart-Allick pode ser espertalhão; Foulenough, bem nojento; Bakerstrasse é Baker Street, rua da sede da SOE, em alemão; Jugland pode ser traduzido como terra das jarras ou terra da cadeia; e Never-Never Land é lugar imaginário, Terra do Nunca-Nunca. (*N. da T.*)]

apelidos correspondentes, como Dr. Smart-Allick e capitão Foulenough, personagens da coluna. O encantador e excêntrico comandante de Narkover era o coronel Harry Cator, dos Royal Scots Greys, parente por afinidade da rainha e herói da Primeira Guerra Mundial.

Monty Woodhouse e Paddy Leigh Fermor foram jogados lá como instrutores sem instrução, o primeiro encarregado da leitura de mapas e o segundo do treinamento com armas — modelos britânicos, alemães e italianos —, muito embora o seu conhecimento se limitasse à submetralhadora Bren das lições do Arsenal dos Guardas. Os jovens cretenses precisavam de pouca orientação. Ao desmontar metralhadoras alemãs Spandau até de olhos vendados, mostraram a aptidão natural de uma raça orgulhosa da sua relação com as armas de fogo. Também eram os alunos mais aplicados. As vagas no curso de Narkover passaram a ser valorizadíssimas. Manoussos Manoussakis, que teve importante papel na rede de informações de Canéia, observou que, para um cretense, ser enviado para a ME 102 dava o mesmo status que, hoje em dia, um diploma da Harvard Business School.

Na primavera de 1942, o terceiro membro mais importante da equipe de treinamento era Nick Hammond, cuja fama no trabalho de demolição já se firmara. Hammond deixou crescer um bigode enorme e recebeu o apelido de capitão Vamvakopyrites — capitão Algodão-Pólvora.

Certo dia, o rei Jorge dos Helenos visitou o acampamento para ver o treinamento de grupos gregos de operações especiais. Prepararam uma grande demonstração cujo clímax seria o ataque a um forte usando munição de verdade. Prenderam uma bandeira alemã na parede e, depois que toda a comoção e os tiros acabaram, a bandeira, com o miolo da suástica destruído, foi apresentada com toda a pompa ao rei, que ficou impressionadíssimo com a pontaria demonstrada. Só mais tarde Paddy Leigh Fermor admitiu a Nick Hammond que, na véspera, ele mesmo tinha destruído o miolo com tiros. (Talvez a melhor demonstração de operação de guerrilha tenha sido realizada por gente de fora, quando jovens judeus atacaram o acampamento para limpar o arsenal em favor do Haganah.)

Outras matérias estudadas eram combate desarmado e demolição — "matéria que", como observou um oficial destinado a Creta, "qualquer um que ainda tenha em si um restinho de meninice vai adorar". Explodir vigas de aço para treinar a sabotagem de linhas férreas podia ser divertido, mas não era muito útil para os que iam para Creta, onde os alvos ferroviários eram mais raros que o tão caçado íbex. Os alunos também foram para o castelo cruzado de Athlit, onde mais tarde o SBS (Special Boat Squadron, ou Esquadrão Marítimo Especial*) instalou o seu quartel-general, para praticar sabotagem marinha: nadar até caíques para prender neles minas adesivas.

Para os que iam ser jogados de pára-quedas em território inimigo, o curso de pára-quedismo foi feito em Ramat David. Um dos cretenses a se formar foi o padre Ioannis Skoulas, de Anoyia, que recebera permissão da Igreja Ortodoxa para barbear-se e cortar o cabelo enquanto fosse guerreiro. Os britânicos o chamavam de frei Tuck ou padre Pára-Quedas.

Alguns alunos, principalmente os que se destinavam à coleta de informações, faziam mais tarde outro curso sobre procedimentos secretos, que incluíam disfarces, códigos e cartas anônimas, na Escola Americana de Arqueologia, no vale de Megido.

No verão e no outono de 1942, os instrutores de Narkover começaram a voltar ao território ocupado pelo inimigo para praticar o que tinham ensinado. Depois de Creta, Monty Woodhouse pulou de pára-quedas na Grécia para a Operação Harling, ou seja, destruição da ponte Gorgopotamos, provavelmente a maior realização da SOE durante a guerra. Nick Hammond logo o seguiu como oficial de ligação britânico junto aos guerrilheiros gregos; a tarefa dos dois seria das menos reconhecidas, tendo mais a ver com intriga política do que com o inimigo. Paddy Leigh Fermor voltou a Creta para trabalhar com Tom Dunbabin. Na volta ao Cairo, vindos da Palestina, cada "recém-formado" da SOE costumava ajudar por algum tempo a agência cretense, administrada durante boa parte da guerra por Jack Smith-Hughes. A sua primeira tarefa seria de "oficial condutor", ou seja, responsável pelo depósito e pelo pessoal que seguia para Creta de submarino, caíque ou lancha Fairmile a motor. Ajudaria a distribuir tarefas, auxiliaria o desembarque e, para a própria segurança deles, levaria novamente para longe todos os cretenses evacuados.

Quando chegava a hora de uma missão na ilha, a preparação para a partida era um procedimento complexo e muitas vezes demorado. Era preciso escrever uma série de cartas ou cartões-postais para parentes, com notícias neutras dizendo "Estou bem", datadas de modo a serem enviadas, a inter-

* O SBS é um grupamento naval de tropas especiais. Faz parte do Real Corpo de Fuzileiros Navais Reais da Grã-Bretanha. (*N. da T.*)

valos regulares, pelo pessoal do quartel-general. Mas este sistema era sabidamente pouco confiável. Um oficial lotado nos Rustum Buildings admitiu que "o pessoal de recursos humanos era muito dado a acidentes". O pior exemplo de incompetência insensível aconteceu depois do grande sucesso de Gorgopotamos. "Quatro meses depois que o primeiro grupo de páraquedistas britânicos tinha sido lançado na Grécia, a SOE Cairo ainda não conseguira encontrar nenhum registro dos seus nomes."

Vestir-se com roupas gregas de segunda mão também levava tempo, assim como a preparação de documentos de identidade, forjados pelo departamento do professor Wace no ISLD para ambas as organizações. Distribuíam-se pílulas para suicídio, conhecidas como "pastilhas para tosse", embaladas em borracha cinzenta. A maioria costurava-as na ponta dos colarinhos, para mordê-las rapidamente. "Esta parte das nossas despedidas", escreveu Sandy Rendel, "era parecida demais com um filme de terceira classe e, portanto, soava meio falsa." Mas Rendel, que guardava algumas pílulas no bolso do paletó, misturou-as certa vez com as passas jogadas em suas mãos por uma camponesa. Mais tarde, distraído, quando começou a comer as passas, percebeu, com compreensível susto, que uma delas tinha uma textura meio borrachenta.

Finalmente, dependendo dos avanços ou recuos da guerra no deserto, acontecia o embarque, em Bardia, Derna, Mersa Matruh ou Alexandria. Nos primeiros tempos — do final de 1941 até a primavera de 1943 — a infiltração e a retirada eram feitas de caíque ou submarino. Os caíques armados *Escampador*, *Porcupine* e *Hedgehog* eram comandados por marinheiros de habilidade e coragem extraordinárias, como John Campbell e Mike Cumberlege, famoso desde o *Dolphin*, capturado, no final de 1942, num ataque ao canal de Corinto e fuzilado num campo de concentração de Flossenburg nos últimos dias da guerra.

Os submarinos da Marinha Real só foram usados nos primeiros dias. Depois de um episódio desastroso em Antíparos, o almirante Cunningham retirou-os das operações especiais. Em meados de 1942 o submarino grego *Papanikolis* e uma flotilha de lanchas a motor Fairmile sediada em Derna assumiram a responsabilidade por quase todo o transporte. Essas embarcações da Marinha Real tinham no comando jovens tenentes, a maioria deles de rosto bronzeado e barbas como a do marinheiro do maço de cigarros Player. As suas realizações, principalmente as do canadense Bob Young, nada ficaram a dever às dos marinheiros mais experientes.

Os oficiais de ligação britânicos e os operadores de rádio que serviram em Creta nunca esqueceram o primeiro desembarque. Pouco antes do pôr-do-sol, conseguiam distinguir o Monte Ida ou as Montanhas Brancas acima do horizonte. A lancha a motor prosseguia, todos os tripulantes movendo-se e falando com mais cuidado agora que estavam em águas inimigas. Por menor que fosse, sempre havia a possibilidade de encontrar um caíque armado e tripulado pela Kriegsmarine. A noite era sem lua e, assim, só quando estavam bem perto conseguiam distinguir a massa da ilha. Nas noites de verão, o cheiro de tomilho selvagem saudava-os a vários quilômetros de distância no mar.

No último trecho, a lancha arrastava-se lentamente, a tripulação comunicando-se aos cochichos enquanto forçavam os olhos à espera do sinal de reconhecimento de duas letras em código Morse. Todos soltavam juntos um sussurro de entusiasmo quando viam finalmente o sinal. A lancha parava a uns trinta metros de distância e o grupo de desembarque, com os suprimentos, seguia até a praia em botes de borracha. Ondas leves podiam provocar problemas graves, com metralhadoras, mapas e documentos embrulhados em oleado e mais equipamento caindo na espuma. Os suprimentos desembarcados eram volumosos e pesados: um rádio novo com gerador e pilhas; um *sakouli*, mochila de lã bordada, carregado de soberanos de ouro; caixas de munição e sacas de alimentos e botas, provavelmente a mercadoria mais valorizada na ilha. Todos os que entravam na lancha deixavam as botas na praia, para que outros as usassem.

As cenas na chegada eram espantosas para o recém-chegado. Os cretenses, usando os *sarikis*, lenços de cabeça pretos com pequenas borlas, e calções bem largos saudavam amigos, primos e confrades com gritos e abraços. De repente, alguém com a aparência mais abominável dirigia-se ao recém-chegado num sotaque de escola secundária inglesa. Rendel, na primeira vez que foi, não pôde deixar de sentir que tudo aquilo era "mais parecido com uma peça de mau gosto pregada aos alemães, com fantasia e tudo". Poucos pareciam notar quando a lancha dava meia-volta, com o barulho borbulhante do motor, e rompia o vínculo breve com o mundo exterior de normalidade e segurança. Ironicamente, era mais perigoso partir no barco do que ficar. Se os alemães soubessem de algum desembarque, podiam acompanhar a rota provável da lancha de volta a Derna. Na manhã seguinte, ao amanhecer, um dos hidroaviões Arado, da base de Canéia, sairia para caçar.

Da praia, o grupo costumava ir para alguma caverna típica de contrabandistas, com fogueira e sombras grotescas lançadas nas paredes. Depois, com cargas pesadas nas costas, cretenses e britânicos subiam com esforço a montanha, para estar longe da faixa costeira quando amanhecesse. A princípio, o cheiro de tomilho selvagem fazia o caminho parecer uma "marcha por uma nuvem de incenso", mas logo a pressão sobre os ombros e os músculos das pernas, na tentativa de manter a posição ereta, deixava pouco espaço na mente para pensamentos poéticos.

Os guias cretenses, em sua maior parte pastores acostumados a pular de pedra em pedra como cabras, tinham de parar várias vezes e esperar que os outros a seu cargo viessem tropeçando atrás, praguejando impotentes toda vez que esfolavam a canela ou torciam o tornozelo. Nem sempre os oficiais britânicos facilitavam a própria vida. George Psychoundakis recordou como, certa vez, "Michali" — Paddy Leigh Fermor — resolveu pular para o alto de um muro de pedra insossa com grande pretensão e caiu de costas, para grande diversão dos cretenses que tinham preferido contorná-lo.

Muitas vezes era difícil disfarçar os britânicos devido ao seu tipo físico louro ou ruivo, mas outras pequenas coisas os denunciavam, principalmente o andar, que os cretenses achavam engraçadíssimo. Podiam trair-se facilmente também pela ignorância dos costumes locais. Xan Fielding, bem disfarçado com roupas cretenses, ficou consternado ao ser identificado como inglês quando saudou uma velha que se aproximava. Na mesma hora ela o abençoou com uma oração para que voltasse para casa em segurança. George Psychoundakis, que estava com ele, explicou que a pessoa que se deslocava é que era sempre a primeira a saudar. E um oficial britânico logo descobriu que a oferta de pagar a refeição era considerada insultuosa. Mesmo nos pastos das montanhas, qualquer pastor, por mais pobre que fosse, considerava-se anfitrião, já que a montanha era o seu lar.

Muitas vezes a comida consistia de pouco mais que leite azedo e queijo fornecido por pastores, caramujos catados depois da chuva, e uma verdura borrachenta da montanha chamada *khorta*, encharcada de azeite e talvez com bolotas ou castanhas moídas. De vez em quando, compravam uma ovelha ou cabra para matar e assar a carne em espetinhos nas fogueiras. Não havia delicados picadinhos de carneiro; eram nacos arrancados dos ossos, com entranhas, olhos, cérebro e tudo o mais.

Quaisquer que fossem as privações sofridas pelos cretenses durante a guerra, o *tsikoudia*, aguardente local, nunca parecia faltar, nem o fumo plantado lá mesmo, que ajudava a reduzir as pontadas da fome. Para os britânicos, a hospitalidade cretense podia ser assustadora na sua generosidade alcoólica. Mas nas disputas de bebida a SOE costumava se agüentar e, às vezes, vencer. Dizem que o sargento Perkins, neozelandês lendário, era capaz de consumir três latas e meia de *tsikoudia* (os copos da Missão Militar britânica costumavam ser latas grandes de salmão do Cairo ou, com mais freqüência, latas de cigarros Player) sem perder a consciência.

A vida na clandestinidade tinha os seus momentos de êxtase e romantismo, ainda mais em retrospecto, mas a existência nas montanhas era dura e muito desconfortável. Em terreno elevado, os homens moravam em cavernas ou nas queijarias, construções cônicas de pedra calcária que cheiravam a leite de ovelha e cabra, mas eram aconchegantes.

Escolher a caverna certa era fundamental. Além de considerações táticas como rotas de fuga e uma boa vista do terreno circundante, tinham de ficar perto de uma fonte. Se o teto fosse baixo demais, os habitantes ficariam sufocados pela fumaça; se fosse alto demais, o frio seria entorpecedor, ainda mais se minasse ou escorresse água pelas paredes. Galhos cortados, com cobertores ou pára-quedas por cima, serviam de cama. Muitas vezes, para surpresa sua, os moradores das cavernas apegavam-se ao lugar e partir era como mudar de casa.

O ar da montanha era limpo e revigorante, mas os insetos mostraram-se impiedosos. John Pendlebury compôs os seguintes versinhos sobre as qualidades marciais da pulga cretense (para cantar com a melodia do hino dos Granadeiros britânicos):

> Alguns falam de picada, outros falam de mordida
> De marimbondo, abelha e vespa, da minúscula formiga,
> Mas de toda picadura que já sofri nesta vida
> A pior que há no mundo é a pulga velha conhecida.

Talvez ainda pior que a pulga fosse o onipresente piolho, cujas colônias infestavam rapidamente até o indivíduo mais asseado. Quando um recém-chegado do ISLD perguntou, ingenuamente, como era um piolho, o meticuloso Leigh Fermor exclamou:

— O quê, nunca viu um piolho, meu velho? — e enfiou a mão na camisa. — Aqui está.

Os piolhos eram uma maldição terrível para os operadores de rádio. O cabo Matthew White, que passou meses encolhido numa caverna minúscula conhecida como "Ermida de Matthew", do lado oeste do Monte Ida, vingou-se catando os maiores espécimes do seu corpo e colocando-os numa lata de cigarros Player para que morressem de fome.

Os operadores de rádio tinham de agüentar a solidão e as terríveis condições de vida; poucos falavam grego suficiente para conversar com os guardas cretenses e costumavam morar em buracos rochosos com um forro de barraca por cima para protegê-los das goteiras. Também sofriam a constante frustração de operar aparelhos com baterias muito instáveis. Para carregá-las era preciso um gerador pesado, escondido às vezes num garrafão empalhado com tampa removível, que podia ser enchido de vinho ou azeite. Esta parafernália pouco prática fora projetada para ser transportada por mulas ou burros, mas, nas mudanças corridas depois que um esconderijo era traído, eram as bestas de carga humanas que agüentavam o peso. Sempre que um rádio quebrava, fato tristemente comum, e havia alguma mensagem urgente para mandar ao Cairo, algum mensageiro a pé teria de correr dois ou três dias, em terreno montanhoso, para encontrar outro que funcionasse.

A vida de troglodita podia ser tediosa para todos. Quando Lawrence Durrell perguntou a Paddy Leigh Fermor, durante uma licença, como era a vida em Creta e a pressão de viver em território ocupado pelo inimigo, este, fazendo graça, queixou-se de que a conversa provavelmente era tão limitada quanto no Clube dos Guardas: todo mundo só sabia falar das armas e das botas.

Sem diversão, os nervos se desgastavam. A melhor distração era contar histórias e cantar. Os cretenses aprenderam canções folclóricas inglesas e ensinaram aos britânicos as *mantinadas*: dísticos rimados com boa dose de veneno. Felizmente o senso de humor cretense e britânico, principalmente o senso do ridículo, eram bem compatíveis. Este importante vínculo ajudou a superar alguns atritos menores e as diferenças de caráter nacional.

Num momento de exasperação, um oficial queixou-se ao Cairo de "ter de lidar com os militares com menos espírito de equipe e mais indisciplinados do mundo". Os britânicos também brincavam que, em Creta, ninguém tinha noção do tempo: até os rouxinóis cantavam durante o dia. E a compulsão de alguns cretenses à bravata nunca deixava de espantar, já que ninguém duvidava da sua genuína coragem. Xan Fielding chamava-a de "complexo de *pallikari*", sendo *pallikari* um guerreiro heróico e cavalheiresco.

Os cretenses eram os primeiros a contar histórias contra este vício. Um integrante da resistência relatou o seguinte incidente sobre a grande batalha comemorada por uma aldeia. Parece que uma patrulha alemã nas montanhas, não longe desta aldeia, provocou uma avalanche e três soldados morreram. O *kapitan* local e os todos os seus seguidores afirmaram prontamente, em toda a região, que tinham varrido do mapa toda a patrulha em 12 horas de duro combate corpo a corpo.

Como a cautela e a reserva eram estranhas ao caráter cretense, para muita gente as boas práticas de segurança não eram automáticas. No entanto, alguns demonstravam notável discrição. E as mulheres costumavam ser admiráveis. Várias faziam um perigoso jogo duplo, trabalhando como intérpretes ou secretárias dos alemães e passando para a resistência, o tempo todo, detalhes sobre os que eram denunciados por traidores. As mulheres que ficavam em casa mostraram a mesma engenhosidade. Muitas vezes esposas e irmãs, com inspirada presença de espírito durante as revistas alemãs, conseguiam esconder documentos incriminadores.

Embora a batalha contra os pára-quedistas tivesse demonstrado o verdadeiro grau de coragem cretense, o seu estilo guerreiro tinha um encantador elemento teatral. Velhos que nem piscavam sob fogo manejavam os seus antigos mosquetes "gra" seguindo a tradição da piada cretense: "Fique aí parado, seu turco, enquanto recarrego." Havia também um traço meio malandro. Em Creta, o fora-da-lei tinha nobreza histórica, assim como, na Andaluzia, os contrabandistas eram vistos quase como cavaleiros andantes dispostos a matar o tirano local. Até o roubo de ovelhas assumiu um tom patriótico, já que fora assim que os combatentes da resistência contra os turcos tinham sobrevivido. Eram chamados de *klephts*: sinônimo de ladrão. E Theodore Stephanides deixou registrado como, na Primeira Guerra Mundial, conheceu um cretense que disse, orgulhoso, que era bandoleiro de profissão. Quando lhe perguntaram qual era a linha divisória entre ladrão e bandoleiro, o homem respondeu que o ladrão, ao encontrar no chão uma carteira cheia de dinheiro, pega-a para si. O bandoleiro primeiro a devolve ao dono e depois a tira dele, cara a cara.

O senso de humor e o senso de justiça cretenses estavam firmemente entrelaçados. Os que ofendiam a sociedade da aldeia viam-se realmente banidos. Eram esses párias, uma minoria minúscula, os que tinham maior probabilidade de tornar-se traidores. Os alemães lhes ofereciam a liberdade desde que se infiltrassem em comunidades suspeitas de ajudar os britânicos. Fingiam ter fugido de um ataque alemão à sua própria aldeia e, sendo a generosidade cretense o que era, eram protegidos e alimentados. O único risco surgia quando alguém que já os conhecia de outra época passava pela região.

Quase todos os oficiais de ligação britânicos mandados a Creta adaptaram-se com entusiasmo a esta estranha vida. Ao chegarem, a idéia de território ocupado pelo inimigo conjurava visões de sentinelas alemãs a algumas centenas de metros umas das outras. Mas nos primeiros dias a maior parte de Creta, principalmente as regiões montanhosas, pouco via a potência ocupante. Os soldados alemães relutavam em aventurar-se nas serras e só se deslocavam durante o dia.

Os dois maiores perigos nos morros eram a traição ou o encontro casual com uma patrulha alemã. Raramente o isolamento e a revista súbita das aldeias pelos alemães seriam ameaça, já que, embora os britânicos jantassem freqüentemente com amigos numa aldeia, sempre passavam a noite bem longe dali. E na maior parte dos casos a notícia do movimento de tropas seria trazida por um menino, que viria correndo da aldeia vizinha para alertá-los.

Depois de morar nas montanhas quase como se os alemães não existissem, entrar disfarçado numa cidade e passar pelo inimigo com naturalidade causava uma estranha sensação. A primeira vez era sempre a pior.

— Os joelhos começavam a tremer assim que a gente via o primeiro alemão — disse Stephen Verney, que ficou em Canéia a partir de agosto de 1944. — A gente achava que ele ia descobrir imediatamente que éramos oficiais ingleses.

Certa ocasião, Tom Dunbabin teve de passar por um oficial alemão que ele conhecia, um colega arqueólogo da época anterior à guerra. O alemão olhou diretamente para ele, mas o disfarce de Dunbabin foi proteção suficiente contra encontro tão improvável.

Salvar-se por um fio, fosse de uma patrulha no campo, fosse da descoberta acidental na cidade, produzia um surto de entusiasmo amedrontado seguido, depois, pelo que Paddy Leigh Fermor descreveu como "um tipo de tristeza pós-coito".

Os oficiais britânicos deixaram na resistência cretense uma impressão de amadorismo bastante ousado e excêntrico, o que seria de esperar da mistura de românticos e arqueólogos. Mas, apesar de uma ou outra imagem nada militar nos relatórios, como "minas cilíndricas do tamanho de uma garrafona de champanhe", as informações coletadas e conferidas eram admiráveis em seus detalhes. Tratavam de sistemas telefônicos; a situação de cada posição de artilharia, fossem ninhos de metralhadora, bateria antiaérea ou artilharia pesada de costa; campos de pouso secundários; estradas militares; e as coordenadas geográficas e detalhes da defesa de cada guarnição e posto de defesa com efetivos e armamentos. Todas as aeronaves que pousavam e decolavam dos principais campos de pouso eram registradas, assim como a direção em que partiam. Todo navio ou caíque carregado ou descarregado nos portos de Heráclion, Retimno e Canéia eram anotados juntamente com a carga. As praias para desembarque e pontos para pouso de pára-quedistas foram explorados.

É claro que a maior parte do crédito é dos cretenses que reuniram tantas informações para a causa aliada sabendo que eles mesmos tinham pouco uso imediato para elas. Quase desde o princípio, as suas redes de informações, principalmente nas principais cidades do litoral norte, trabalharam sem parar, correndo grande perigo. Muitas vezes, as informações levavam muito tempo para serem filtradas pelas artérias — em geral o trabalho tinha de ser realizado e transmitido a pé — mas o arquivo de informações acumuladas foi, em toda a Europa, a pesquisa mais abrangente da localização e das comunicações do inimigo. Se o quartel-general das Forças Aliadas decidisse invadir Creta em vez da Sicília em 1943, não seria possível encontrar base melhor para o planejamento nem uma organização de resistência mais disposta a atacar e desorganizar o sistema alemão de comunicações por trás da linha de frente. Em Creta, o principal perigo eram os ataques prematuros, causados pelo excesso de animação.

Em teoria, o trabalho de coleta de informações não era responsabilidade da SOE, mas do ISLD, e em 1943 Ralph Stockbridge e outro oficial voltaram para auxiliar este serviço e gerenciar as redes. Os oficiais da SOE em campo já tinham tarefas mais do que suficientes. Tinham de viajar constantemente de aldeia em aldeia para manter contato e ajudar a preparação dos grupos de resistência, convencendo-os ao mesmo tempo a não agir por impulso repentino, equilíbrio muito difícil de conseguir. Tinham também de organizar a evacuação dos que eram identificados pelos alemães e dos candidatos a treinamento em Narkover. As listas dos indicados eram mandadas ao Cairo bem antes de cada viagem das lanchas motorizadas.

Os lançamentos de pára-quedas eram muito trabalhosos e muitas vezes frustrantes, tanto no preparo quanto na espera. Atrair a atenção para os próprios movimentos podia ser desastroso. Metade da população do vale, talvez subornada pelo primo de algum membro do grupo, reunia-se para o espetáculo dos lançamentos. A lenha para acender as fogueiras de sinalização tinha de ser reunida com grande discrição, senão os pastores locais acendiam as suas próprias fogueiras para ver o que conseguiam arrumar.

Em várias ocasiões, os oficiais tiveram de ficar perto de algum ponto desolado nas montanhas durante até dezesseis noites consecutivas. E assim que o lançamento era feito com sucesso, a coleta dos cilindros e pára-quedas antes que os grupos de busca alemães chegassem ao lugar costumava virar um pesadelo, ainda mais quando os pastores fugiam com várias embalagens. Essas apropriações podiam ser perigosas. Xan Fielding encontrou um grupo tentando esmagar uma lata que continha uma granada antipessoal; acharam que iam se banquetear com fatias de abacaxi em calda.

Os pára-quedas de seda amarela também eram muito procurados. O pessoal da SOE e os seus ajudantes cretenses usavam-nos como sacos de dormir ou como mercadoria para escambo. No final da guerra, quando quase metade das mulheres dos maciços centrais tinham roupa de baixo de seda amarela por cortesia do governo britânico, os lançamentos de pára-quedas tinham perdido a novidade. Mas em 1942, quando o avanço de Rommel sobre o Egito ameaçava todo o Oriente Médio, tinham uma característica quase milagrosa.

23

O ponto máximo do poder alemão

No final da primavera de 1942, os campos de pouso cretenses tornaram-se postos preparatórios importantes para reforçar o avanço do Afrika Korps sobre o delta do Nilo. Três equipes do SBS (Esquadrão Marítimo Especial) e uma do Special Air Service (SAS, Serviço Aéreo Especial*) foram mandadas à ilha na tentativa de interromper este tráfego.

Tom Dunbabin encontrou o grupo avançado do SBS em 23 de maio e forneceu-lhe guias. O grupo do SAS, que veio por mar, incluía quatro integrantes do esquadrão França Livre, subordinados ao comandante Bergé, gascão muito rijo, com o capitão conde Jellicoe como oficial de ligação britânico e o tenente Petrakis, cretense do Real Exército Helênico. O SAS tinha reservado para si o alvo mais importante, o aeródromo de Heráclion, enquanto as três equipes do SBS planejavam atacar os campos de pouso de Maleme, Kastelli Pediados e Timbaki.

David Sutherland, do Black Watch, que comandou o grupo de Timbaki, ficou exasperado ao descobrir, quando chegaram, que o campo de pouso fora temporariamente abandonado. Timbaki, no litoral sul, era o mais vulnerável a ataques aéreos vindos do Egito. O grupo de Maleme sofreu frustração

*Este regimento é uma das principais unidades de tropas especiais do Exército Britânico. Pequeno e secreto, foi formado com voluntários em 1941 para realizar ataques por trás das linhas inimigas no norte da África. (*N. da T.*)

diferente. O seu alvo, com as cercas elétricas recém-instaladas, estava bem guardado demais para ser invadido.

Por outro lado, o campo de pouso de Kastelli Pediados sofreu uma operação de sabotagem digna de livros didáticos. Cinco aeronaves, juntamente com quase 200 toneladas de combustível de aviação e mais suprimentos, foram destruídas em 9 de junho com bombas de ação retardada.

A operação de Heráclion enfrentou dificuldades no início e no final. Desembarcar em botes do submarino grego *Triton* e cruzar o terreno até o alvo levou muito mais tempo do que se esperava. Em 12 de junho, o grupo chegou tarde demais para realizar uma operação eficaz, mas o atraso acabou se tornando uma bênção inesperada: muitas aeronaves estavam ausentes, numa sortida noturna. O ataque aconteceu na noite seguinte, 13 de junho. O grupo de Bergé, depois de cortar uma passagem na cerca de arame, conseguiu colocar cargas explosivas em vinte bombardeiros Junkers 88, que, em sua maioria, foram destruídos ou ficaram muito avariados. Na confusão, o grupo saiu e partiu pela ilha rumo ao litoral sul, jubiloso com o sucesso.

No dia seguinte, os alemães executaram cinqüenta reféns cretenses, inclusive Tito Georgiadis (ex-governador-geral), um padre de 70 anos e vários judeus que ainda estavam na prisão. A euforia inicial despertada pelos ataques logo se transformou em raiva, parte dela voltada contra os britânicos, embora os grupos cretenses nunca deixassem de pedir armas para atacar os alemães. O moral, como seria de esperar sob a ocupação, podia ser muito inconstante.

O grupo francês do SAS ficou horrorizado quando o tenente Petrakis, depois de uma excursão para arranjar comida numa aldeia próxima, trouxe a notícia das represálias. Em certo ponto, perto do fim da marcha para o litoral sul, Jellicoe e Petrakis deixaram os quatro franceses cozinhando e descansando e seguiram para combinar a evacuação. Ao voltar para buscá-los, Jellicoe soube que um cretense tinha revelado o esconderijo deles à guarnição alemã mais próxima. Um caçador de montanha francês morreu e Bergé e os outros dois foram capturados quando a munição acabou. Parece que os três franceses escaparam da execução porque Bergé convenceu seus captores de que, caso fossem fuzilados, oficiais alemães aprisionados no Cairo teriam destino semelhante. Bergé acabou indo parar no Castelo Colditz, com David Stirling, fundador do SAS, capturado no deserto.

Os ataques a Kastelli Pediados e Heráclion causaram a destruição de 26 aeronaves, vários veículos e quantidade considerável de suprimentos. No total, dez alemães morreram em conseqüência desses ataques. Eles não causaram "a morte de mais de 100 soldados inimigos", como afirma um relato. Os sobreviventes da força de ataque partiram da praia perto de Trípiti no caíque *Porcupine*, juntamente com Satanás, gravemente enfermo e que logo morreria de câncer em Alexandria, e outros cretenses evacuados. Chegaram a Mersa Matruh bem a tempo. Dali a algumas horas a cidade caiu diante do avanço de Rommel.

O *Porcupine*, na viagem de vinda, trouxera Paddy Leigh Fermor para o primeiro turno clandestino de serviço. Naquela noite de 23 de junho, chegara com o sargento Matthew White, seu operador de rádio, a um cenário desalentador. Os soldados alemães cercavam a área, depois de perder quatro homens em choques perto de Vassilika Anoyia, e não havia lugar suficiente no caíque para mais dois *kapitans*, Bandouvas e Petrakageorgis, que esperavam na praia com a família. A notícia da retirada no Egito, que ameaçava interromper por completo a ligação marítima, não lhes melhorou o humor.

Foi a época mais difícil para todos os oficiais britânicos em Creta. Xan Fielding, cujo rádio quebrara, não tinha contato com o Cairo e não sabia se a defesa britânica no delta do Nilo desmoronara. Pelo que sabia, Alexandria poderia estar nas mãos do Afrika Korps. "Ficar sem comunicação pelo rádio, como eu na última quinzena ou mais", escreveu mais tarde, "sempre dava sensação de pânico e perda, como se Deus tivesse deixado de existir. Afinal, o quartel-general invisível e distante que era responsável pelo meu destino passava a ter, aos meus olhos, poder quase divino."

Até aqueles cujo rádio funcionava conseguiram extrair pouca informação do quartel-general. Foi a época do "Grande Pânico" no Cairo, que chegou ao ponto máximo na "Quarta-feira de Cinzas" em que a cidade foi coberta pela fumaça das fogueiras de documentos. Todas as organizações secretas tinham sido evacuadas e a base de submarinos mudou-se para Beirute. Em conseqüência, todas as informações reunidas em Creta sobre a concentração de aviões de transporte e tropas que levavam reforços a Rommel nunca foram recebidas.

Para piorar as coisas, rumores malévolos de que os oficiais de ligação britânicos em Creta estavam prestes a fugir ou mesmo a render-se aos alemães provocaram grande confusão e susto entre os grupos da resistência e ofenderam os oficiais propriamente ditos quando souberam deles.

Os alemães, talvez adivinhando a queda do moral nos círculos da resistência, aumentaram as varreduras ofensivas na região de Heráclion. Em 9 de julho, o grupo de Petrakageorgis, atacado perto de Temeneli, conseguiu matar sete inimigos. Fato mais insidioso e, portanto, mais alarmante foi a tentativa alemã de recrutar mais traidores. Seis deles, a maioria prefeitos nomeados pelos alemães, tinham sido assassinados em maio por legalistas cretenses e houve um atentado contra Polioudakis, odiado chefe de polícia de Heráclion.

O oficial encarregado da "contra-espionagem" nessa época chamava-se Hartmann. De sangue levantino, Hartmann fora adotado por uma família alemã em Salônica e, com a ascensão do nazismo, tentara tornar-se mais alemão que os alemães. Claro que os seus superiores consideravam-no ideal para serviço tão desagradável. Primeiro Hartmann usou criminosos anistiados como espiões e, no verão de 1942, conseguiu recrutar alguns indivíduos do clã Tsouliadakis, de Kroussonas, aproveitando uma briga de famílias e outra entre aldeias. O clã Tsouliadakis, ao qual pertencia um dos prefeitos assassinados, odiava os parentes jovens de Satanás e os habitantes extremamente pró-britânicos da cidade rival de Anoyia.

Os problemas de Xan Fielding com o coronel Andreas Papadakis explodiram pouco depois. Não satisfeito de proclamar-se líder de toda a resistência cretense, Papadakis começou a se comportar como um ditador sul-americano. Via todos os lançamentos de pára-quedas como propriedade privada sua e acumulava suprimentos de extrema necessidade, como botas, enquanto George Psychoundakis, que corria entre Xan Fielding, em Vafé, e o coronel acima de Asi Gonia, estava praticamente descalço. Depois de uma turbulenta reunião com Papadakis, Fielding decidiu que não havia outro remédio senão evacuar o coronel na primeira oportunidade.

Em julho, depois de entregar a sua responsabilidade pelo lado oeste de Creta a Paddy Leigh Fermor, escoltou Papadakis e a família até o litoral sul. O clima de desconfiança e amor-próprio ferido não melhorou. Depois de confusões e atrasos relativos à chegada do barco, a paranóia de Papadakis ficou ainda mais acirrada e Fielding não pôde deixar de imaginar o cano das armas dos seus capangas apontadas para as suas costas. Finalmente, na noite de 5 de agosto, chegou o submarino *Papanikolis*, da Real Marinha Helênica, para levá-los a Beirute. Mais tarde, o coronel Papadakis tornou-se comandante das tropas gregas na guarnição de Jerusalém.

O caos causado pelas fantasias de Papadakis não terminou com a sua partida. O pior legado foi o recrutamento imprudente de um traidor conhecido como Komnas. Komnas apresentava números que pareciam ser muito exatos, supostamente tirados de devoluções de rações feitas por um escriturário do quartel-general alemão. Os seus dados, impressionantes pelos detalhes e pelo volume, foram finalmente questionados pelo serviço de informações do quartel-general do Cairo, para muita irritação da SOE na época; algumas unidades identificadas não apareciam em nenhuma outra informação.*

Nem mesmo Andreas Polentas, dedicado chefe do Estado-Maior do coronel que finalmente viera a conhecer bem Papadakis, chegou a suspeitar de Komnas. Ele e Apostolos Evangelou, operador de rádio, mestre-escola e poeta do Dodecaneso, foram presos em 18 de novembro.

O erro de Polentas custou-lhes torturas horríveis e, finalmente, a vida, na prisão de Ayia. Mas não demorou para que ele fosse vingado. Embora, para sua própria proteção, Komnas fosse transferido para uma casa em Canéia cercada de alojamentos de soldados alemães, encontraram certa tarde o seu corpo na cozinha com 17 facadas, o sangue ainda não coagulado. Ninguém ouvira nada. A façanha fora realizada por Pavlo, primo de Polentas, auxiliado por um grupo de execução comandado por George Alevizakis, de Argiroupolis.

Paddy Leigh Fermor, responsável pela extremidade ocidental da ilha durante a ausência de Xan Fielding no Egito, conheceu os principais personagens da região de Canéia. A sua primeira tarefa foi sabotar os embarques na Baía de Suda. Ele e o seu guia Yanni Tsangarakis, auxiliados pela família Vandoulakis e pelo clã Karkanis, de Askiphou, receberam um lançamento de pára-quedas, nas Montanhas Brancas, na noite de 8 de setembro. As minas adesivas, conhecidas como "brinquedos", estavam todas ali, mas os despachantes no Egito tinham esquecido de incluir alicates.

---

*Por exemplo, um batalhão das SS comandado por um tal major von Teitzen, sediado em Perama, foi descrito com muitos detalhes, mas o Dr. Helmut Fichtenthal, intérprete do comandante da Fortaleza de Creta, confirmou que nunca houve soldados das SS na ilha.

Leigh Fermor e Tsangarakis correram com a sua carga mas descobriram que o principal alvo, um navio-tanque de combustível, tinha partido e que as defesas de arame farpado de Suda e o sistema de sentinelas eram demasiado descomunais para permitir a sua penetração. Tsangarakis contornou Canéia para explorar o lado do Akrotiri, mas qualquer ataque vindo dali exigiria nadar quase cinco quilômetros. Além de Leigh Fermor, que bem mais tarde cruzou o Helesponto a nado, numa imitação de Lord Byron, não havia nenhum bom nadador disponível no momento.

Xan Fielding queixara-se várias vezes dos cancelamentos e da inexatidão dos lançamentos de pára-quedas. Agora em licença no Cairo, foi desafiado pela RAF a acompanhar um dos vôos para ver as coisas com os próprios olhos. Depois de uma longa e fria viagem de ida e volta, teve de confessar que não fazia idéia de como alguém conseguiria distinguir um ponto que fosse nas montanhas.

O seu período no Cairo coincidiu com a notícia do sucesso espetacular da Operação Harling, a destruição da ponte ferroviária de Gorgopotamos comandada por Eddie Myers e Monty Woodhouse. Isso lhe deu o primeiro vislumbre da nova SOE depois do expurgo de agosto de 1942, quando Lord Glenconner substituiu o coronel Maxwell. Glenconner, tantas vezes ausente devido a outras responsabilidades, era conhecido simplesmente como "Deus".

As ausências de Glenconner deram boa oportunidade ao brigadier Mervyn Keble, oficial encarregado das operações militares. Este, que em certo estágio da carreira dirigira uma prisão na Palestina, vinha do departamento de informações do quartel-general, onde era Enoch Powell que fazia o trabalho cujo crédito Keble amealhara. Monty Woodhouse lembrava-se dele, na escola de espionagem de Swanage, como "majorzinho gorducho e dinâmico cujos olhos quase saltavam da cabeça com o desejo de matar". Soube da promoção de Keble a coronel e da sua transferência para a SOE ao ver, com espanto, o nome no pé de um conjunto de ordens para a operação de Gorgopotamos. Este documento, redigido com o jargão correto, fora claramente pensado mais para impressionar os superiores do que para guiar os homens na missão.

Keble, embora oficial regular do mais regular dos regimentos de condados — os Wiltshires — mostrou-se um formidável, desavergonhado e impiedoso combatente burocrático. O sucesso da Operação Harling, do qual prontamente apropriou-se, foi o trampolim de uma ambição que só poderia brotar de profundo ressentimento.

Talvez a origem dos complexos de Keble fosse a sua aparência pouco atraente, que se sentia estranhamente compelido a ostentar. Embora conhecido no Exército como "Bolo" (um grande facão filipino, aparentemente para significar radicalismo, criação de problemas), era chamado de "Panda" na SOE; as suas namoradas eram as Panderenes, já que ele era tão pouco atraente (*pander*, em inglês, significa aproveitar-se da fraqueza alheia). Costumava vestir a sua figura barriguda com apenas camiseta e calções e o cabelo crespo era cortado à escovinha.

Rustum Buildings não era um lugar alegre. "Ninguém que não o tenha conhecido", escreveu Bickham Sweet-Escott, "conseguirá imaginar o clima de inveja, desconfiança e intriga que azedava as relações entre os vários departamentos secretos e semi-secretos do Cairo." Quase todas as histórias de escuta telefônica de colegas, cartas e telefonemas anônimos venenosos, versos ofensivos e até suspeitas de assassinato foram registradas tanto em relatos históricos quanto em mal disfarçadas obras de ficção.*

A seção cretense teve uma sorte extraordinária. Como não havia muita discordância sobre que grupo se deveria apoiar na ilha, a resistência cretense, ao contrário do continente, nunca se transformou num atoleiro político em que a lógica estratégica militar virasse anátema para o governo inglês. E Jack Smith-Hughes, que administrava o setor cretense, era suficientemente esperto e robusto para defender o seu quintal. É claro que foi auxiliado pelo relativo desinteresse de Keble pela ilha. Creta, com população pouco numerosa e guarnição alemã relativamente pequena, não podia, naquele estágio, justificar uma missão militar britânica grande o bastante para ser comandada por um brigadier; e a estratégia de Keble para a sua própria subida era criar uma pirâmide inchada de estrelas e coroas para levá-lo ao posto de general-de-brigada.

Houve um homem que nem Jack Smith-Hughes nem os oficiais em campo puderam proteger. Keble alimentava venenosa antipatia pelo capitão Arthur Reade, advogado de grande delicadeza e bondade cujo amor a Creta

---

*Ver Artemis Cooper, *Cairo in the War*, Hamish Hamilton, 1989, e Christopher Sykes, *High Minded Murder*, Home & Van Thai, 1944.

baseava-se na admiração apaixonada por Venizelos. Alto e bem mais velho que os colegas, constituía uma figura um tanto excêntrica. Segundo Paddy Leigh Fermor, "a barba e o bigode avermelhados que deixou crescer o deixaram igualzinho a Henrique IV com um toque de Verdi".

Reade, que desejava ser mandado para a ilha, teve o seu desejo atendido, mas com uma ponta de veneno. Iria no mesmo grupo de Xan Fielding, em novembro, mas depois disso, apenas com o treinamento mais rudimentar, teria de explodir o HMS *York*, cruzador parcialmente afundado na Baía de Suda, para impedir que os alemães o fizessem flutuar de novo. Os amigos alertaram Reade, mas ele estava decidido a ir em frente.

Reade desembarcou do submarino *Papanikolis* em 27 de novembro, com Fielding e uma missão do ISLD comandada pelo tenente Stelio Papaderos, que deveria criar uma estação de rádio no lado sul das Montanhas Brancas.

Como previram os colegas de Reade, a operação contra o cruzador mostrou-se impossível. Ele teria jogado a vida fora à toa. Ficou, então, instalado em Kiriakosélia, no sopé das montanhas, acima da saída para a Baía de Suda. Atuava como oficial de ligação com a organização de resistência, posto ideal porque todos os cretenses apegaram-se a ele de imediato. Mas Keble, decidido a destruí-lo, ordenou a sua volta alguns meses depois. Reade ficou inconsolável ao partir e isso deu a Keble a oportunidade de inventar um relatório dizendo que era instável demais para operações especiais.

Para Xan Fielding, a chegada de submarino começara como catástrofe, quando quase todo o seu equipamento caiu no mar depois que um bote de borracha virou. Mas três soldados australianos, que apareceram com esperanças de arranjar carona para o Egito, mergulharam várias vezes na água gelada até salvar quase tudo. Esses australianos viriam a mostrar-se muito úteis dali a alguns meses.

A caminho para o norte pelas Montanhas Brancas, rumo à antiga base de Vafé, Fielding teve, em 3 de dezembro, outro encontro ocasional, desta vez com o general Mandakas, líder esquerdista.

Mandakas, natural de Lakkoi, logo ao norte da planície de Omalo, onde se encontraram, estava claramente consternado porque o seu apoio pessoal limitava-se, na época, à parte ocidental da ilha e o seu bando de seguidores era pequeno; nas palavras de George Psychoundakis, "Mandakas queria ser um grande líder, mas poucos se uniam a ele". A escassez de homens não diminuiu a sua exigência de controlar os lançamentos de armas e ter a sua própria ligação pelo rádio com o Cairo.

Xan Fielding também soube por Mandakas da ofensiva alemã contra os grupos ligados aos britânicos e das prisões, em 18 de novembro, de Polentas e Evangelou em Vafé. Foi um choque desagradável, em nada suavizado pela maneira rude como Mandakas deu a notícia.

O seu último encontro na viagem ocorreu quando chegou a Vafé, onde cruzou com Paddy Leigh Fermor que não soubera do seu retorno à ilha. Finalmente Fielding pôde ouvir a história completa das prisões e discutir o futuro. Jo Bradley, sargento da RAF derrubado durante um ataque ao campo de pouso de Kastelli no início de setembro, tornou-se o novo operador de rádio. Na linguagem da burocracia militar, foi então definido como "recrutado localmente". Bradley, galês com bela voz cantante, achou engraçado o eufemismo naquelas circunstâncias.

Naquele mês de novembro também houve mudanças no comando alemão: o general Bruno Bräuer sucedeu o general Andrae como comandante da Fortaleza de Creta. Bräuer, comandante do 1º Regimento de Pára-quedistas durante a invasão, fora o oficial com coragem suficiente para desprezar as histórias de mutilação. Também foi o general alemão mais humano na ilha durante a guerra. Tentou fazer os seus oficiais entenderem a atitude cretense diante da potência ocupante e compreender por que tinham lutado como franco-atiradores na batalha. Por outro lado, deixou claro que não toleraria atividades de resistência nem colaboração com os britânicos.

Um estranho incidente dali a um ano e meio mostrou como, coisa rara para um soldado, Bräuer tinha os olhos no mundo do pós-guerra. Em homenagem a 25 de março, dia nacional grego, libertou da prisão cem prisioneiros cretenses. Entre eles estavam Constantinos Mitsotakis, atual primeiro-ministro da Grécia,* que na época era tenente do Real Exército Helênico e, mais importante ainda, membro da rede de informações conhecida como Quins. Não muito depois da sua libertação, Mitsotakis caminhava pelo subúrbio chique de Halepa com o amigo Manoussos Manoussakis quando este, ao ver Bräuer, sugeriu que ele agradecesse em pessoa ao general. Bräuer convidou-o a entrar na casa de Venizelos, sua residência oficial, para tomar um café.

*Este livro foi publicado originalmente em 1991. (*N. da E.*)

— Meu jovem — disse ele —, libertei-o porque, pelo que ouvi dizer, um dia você vai desempenhar papel importante no seu país. Fique longe dos problemas.

Bräuer não tinha ilusões sobre os cretenses supostamente sob o seu comando. Ao dirigir-se a oficiais reservistas que tinham de apresentar-se às autoridades toda semana na tentativa de mantê-los distantes das atividades da resistência, admitiu que a Grã-Bretanha era aliada da Grécia, mas acrescentou: "Por que não manter em reserva a sua bravura?" "Quase toda a população se mantém hostil às forças de ocupação e ainda é pró-britânica", afirmava um relatório que encomendou. "De fato, espera-se a reconquista da ilha pelos britânicos em futuro próximo. É preciso também levar em conta a ajuda que a população civil dá às duas organizações britânicas cuja atividade na ilha já foi determinada, ou seja, a organização de espionagem do capitão Huse [Jack Smith-Hughes] e a organização de sabotagem do capitão Jellicoe." As inexatidões são importantes, considerando-se o esforço feito pelos alemães para infiltrar-se nos grupos de resistência ligados aos britânicos.

No Natal, as notícias do norte da África e de Stalingrado garantiram dupla comemoração. Paddy Leigh Fermor e Xan Fielding uniram-se a Tom Dunbabin e seus amigos na casa de Kokonas, em Yerakari. Mas em outros pontos, durante as comemorações do Ano Novo de 1943, pequenas rusgas entre os que gritavam "Longa vida à Grã-Bretanha!" e os que respondiam "Longa vida à Rússia!" indicavam novas dificuldades futuras.

Além de encontros ocasionais com o general Mandakas, os oficiais de ligação britânicos que trabalhavam nas regiões montanhosas, geralmente mais conservadoras, tinham pouco contato com grupos de esquerda. Assim como no continente, o Partido Comunista grego tinha criado uma coalizão de resistência chamada EAM (Ethnikon Apeleftherotikon Metopon), ou Frente de Libertação Nacional, que controlavam dos bastidores. No continente, mas muito raramente em Creta, a direita política manchara-se com a colaboração passiva e ativa com o inimigo e muitos homens importantes de idéias liberais uniram-se à EAM, sem saber das maquinações comunistas. A EAM, ala política, criara o ELAS (Ethnikos Laikos Apeleftherotikos Stratos), ou Exército Popular de Libertação Nacional, como exército guerrilheiro, e as duas organizações juntas eram conhecidas como EAM-ELAS. (Ver no Apêndice D um glossário dos principais movimentos políticos gregos.)

Embora o EAM-ELAS não tivesse nada parecido com o que conseguiu no continente, fosse por coação, fosse por convicção, em Creta ele cresceu sub-repticiamente nas cidades maiores e em várias áreas isoladas e empobrecidas do campo. A ilha seria poupada da grande devastação da guerra civil grega principalmente porque a EOK (Organização Nacional de Creta), que Xan Fielding encorajara Nikolaos Skoulas e outros a fundar, conseguiu reunir os vários grupos não comunistas de resistência numa aliança surpreendentemente eficaz. Em Creta, os comunistas nunca conseguiram empregar a "tática do salame", de fatiar um rival depois do outro.

24

O ano da mudança

Depois dos grandes avanços de 1942 até o Volga e o interior do Egito, a autoconfiança dos alemães caiu de repente após os reveses de Alamein e Stalingrado. O medo de que Grécia e Creta fossem invadidas aumentou em janeiro de 1943, uns cinco meses antes da rendição final do Grupo de Exércitos da África, em maio. A ilha foi reforçada com blindados, transportes motorizados e homens, numa época em que a frente russa precisava deles desesperadamente. O tenente Tavana, oficial italiano de contra-espionagem que mais tarde passou para o lado britânico, citou efetivos de 45 mil alemães e 32 mil italianos.

O comando alemão em Creta ordenou que as pontes fossem minadas e que se construíssem abrigos subterrâneos fortificados para o comando. O estoque de munição foi aumentado. A defesa da Baía de Suda foi melhorada ainda mais. As unidades passaram por cursos de luta de rua, combinando infantaria, blindados e artilharia. A guarnição de Askifu foi triplicada para defender os desfiladeiros desde Sfakia. Foram praticadas manobras contra invasão com colunas móveis prontas a reforçar setores ameaçados. O general Bräuer anunciou: "No caso de uma invasão, defenderemos Creta até o último homem, até a última bala."

Os clichês de Bräuer pouco serviram para estimular os seus homens. O mais profundo medo alemão era de um levante cretense na retaguarda. "Eles sabem que os cretenses os odeiam", escreveu um oficial britânico em seu relatório ao Cairo, "e que vivem à espera do momento de desenterrar os fuzis e dizer isso com balas." Mas, ao mesmo tempo, "os alemães sentem-se feridos e intrigados por não serem amados e o tempo todo perguntam por quê". Esta observação correta é de espantar quando se lêem os regulamentos alemães para a mão-de-obra requisitada e o trabalho forçado. Eles pagavam 700 dracmas por um dia de trabalho, quantia insuficiente para comprar dois ovos, e, o mais escandaloso de tudo, 120 dracmas por uma vaca, o bastante para comprar dois cigarros. Também recorriam ao roubo em massa de ovelhas. Da Alemanha não vinham provisões básicas e, assim, os soldados viviam às custas da população cativa.

O general Müller, comandante jovem e violento da 22ª Divisão Bremen-Sebastopol, impôs uma política de patrulhamento agressivo para intimidar a população, mas as patrulhas alemãs ficavam mais assustadas do que nunca nas montanhas.

Em certa aldeia, o cretense que teve de dar abrigo a um tenente alemão durante a noite trouxe água para a higiene, de manhã bem cedo, obedecendo à ordem recebida na noite anterior. Quando tentou abrir a porta ouviu o barulhão de uma jarra e uma bacia de esmalte que caíram da cadeira encostada na porta, à guisa de alarme. O tenente estava sentado ereto na cama, "agarrado à submetralhadora, os olhos saltando nas órbitas".

Além de buscas rápidas de armas, realizadas por destacamentos de cinqüenta homens, os alemães fizeram operações de cerco e revista que empregavam de duzentos a quinhentos homens. Cercavam uma aldeia durante a noite e a invadiam de madrugada. A população era trancada na igreja ou na escola enquanto assoalhos e jardins eram escavados. Muitos desses ataques seguiam dicas de espiões, mas com misericordiosa freqüência as informações não eram novas nem suficientemente detalhadas.

Num ataque a Alones durante a primeira semana de janeiro de 1943, encontraram uma bateria de rádio no jardim da casa do padre John Alevizakis, personagem muito amado na resistência. Ele fugiu para a montanha, seguindo o exemplo dos dois operadores de rádio britânicos, mas seu filho foi preso com duas cartas comprometedoras. Enquanto isso, os paroquianos do padre John não perderam tempo para esconder o gerador e todo o resto do equipamento que os alemães não tinham encontrado na primeira busca.

Alguns dias depois, os alemães atacaram Asi Gonia em busca de George Psychoundakis. Desta vez, levaram o seu informante até a beira da aldeia, escondido numa capa de chuva.

Outra denúncia provocou a invasão alemã da região de Apokoronas, perto de Gournes. Os soldados cercaram a queijaria conhecida como Colmeia, que um grupo grande — Paddy Leigh Fermor, Arthur Reade, o operador de rádio sargento Alec Tarves e dois guias, Yanni Tsangarakis e George Psychoundakis — tinha abandonado bem na véspera.

Da montanha em frente, britânicos e cretenses espiaram os destacamentos, no total uns duzentos homens, a vasculhar a área. Eles decidiram se dividir. Mais tarde, naquela manhã, Leigh Fermor, Arthur Reade e Yanni Tsangarakis escalaram um grande cipreste coberto de neve para fugir de uma patrulha e tiveram de manter-se escondidos nos galhos quase até o anoitecer, tamanha era a atividade dos caçadores de montanha em volta deles. Este dia, 25 de janeiro, ficou conhecido como "dia da bolota de carvalho" numa homenagem à experiência bem parecida do rei Carlos II, embora o monarca não tenha passado tanto frio.*

Um dos casos mais graves de traição aconteceu em março, no sudoeste da ilha. Os alemães receberam informações sobre um caíque com oficiais cretenses a caminho de unir-se às tropas gregas no Oriente Médio. Um barco-patrulha interceptou-o e afundou-o com tiros de canhão a alguma distância da costa.

Com o moral alemão tão vulnerável no início da primavera de 1943, Dunbabin, Leigh Fermor e Fielding não deixaram passar em branco a oportunidade de miná-lo ainda mais. Prepararam panfletos para se aproveitar das saudades de casa e da sensação de isolamento dos soldados.

Um toque especialmente engenhoso foi imprimir esses panfletos em alemão com águias portando suásticas e mensagens em grego pedindo a quem os encontrasse que os entregasse imediatamente a um soldado alemão. Isso assegurava a distribuição, protegia a população local e enraivecia os oficiais, que sabiam que estavam sendo feitos de bobos.

---

*O "dia da bolota de carvalho" ("Oak Apple Day") é comemorado na Grã-Bretanha, em 29 de maio, para recordar a restauração da monarquia em 1660. A bolota de carvalho é referência à ocasião, depois da Batalha de Worcester, em outubro de 1651, em que o futuro rei Carlos II da Inglaterra escapou ao exército inimigo escondendo-se na copa de um carvalho. (*N. da T.*)

Também foi realizada uma campanha de pichações. Lemas em alemão, típicos da soldadesca descontente, eram pintados à noite em volta de quartéis e postos de guarda: "Scheiss Hitler!" ("Hitler de merda!"), "Heil Stalin!" acompanhado de uma foice e um martelo, "Queremos ir para a casa!" e "O Führer é um porco!".

Leigh Fermor propôs outro folheto:

> Alemães!
>
> Agora vocês estão há dois anos na nossa ilha e o seu domínio foi a mancha mais negra das páginas da sua história já imunda. Vocês provaram que não podem ser considerados uma raça civilizada e são infinitamente piores que os turcos, que eram inimigos nobres e homens de honra.
>
> Vocês mostraram que são selvagens e como tais serão tratados.
>
> Mas não ainda.
>
> Para onde forem, olhos cretenses os seguem. Vigias invisíveis seguem as suas pegadas. Quando comem e quando bebem, quando acordam e quando dormem, nós os vigiamos.
>
> Lembrem-se!
>
> O longo punhal cretense não faz barulho ao perfurar as omoplatas. O seu tempo está se esgotando. A hora da vingança está cada vez mais próxima.
>
> Muito próxima.
>
> Dimitiri Negro
> Archegos* do Centro de Creta

Os alemães, por sua vez, ao perceber que a propaganda não conseguiria conquistar os cretenses, tentaram pelo menos obter algum grau de neutralidade no caso de um desembarque britânico. As diatribes não eram lançadas tanto contra os britânicos; concentravam-se mais sobre os comunistas, como inimigos de todos os verdadeiros cretenses.

O comando alemão, influenciado pelos acontecimentos na Rússia, pode ter considerado o ELAS como ameaça maior a longo prazo; também deve ter percebido que tentar virar os cretenses contra os britânicos era perda de

*A palavra archegos, em grego, significa pioneiros, líderes. Em alguns casos, é utilizada como sinônimo de príncipe. (*N. da E.*)

tempo. De qualquer modo, esperava, claramente, criar divisões no movimento de resistência.

Depois da guerra, desenvolveu-se, nos círculos esquerdistas, a teoria conspiratória de que, desde o princípio, os oficiais britânicos em Creta tinham planejado destruir os comunistas. Na verdade, em numerosas ocasiões os oficiais britânicos fizeram todo o possível para impedir a divisão declarada entre os grupos venizelistas e o EAM-ELAS. Na verdade não tinham antipatia pelo general Mandakas, oficial cretense de mais alta patente a unir o seu destino à esquerda. Um oficial britânico achava que Mandakas, cujo caráter reunia grande cautela e grande ambição, era um "bom garoto"; o seu grande problema é que achava que poderia dobrar o ELAS à sua própria vontade.

Nick Hammond, que mais tarde encontrou-o no continente, quando tornou-se "ministro da guerra" do governo de fachada criado pelos comunistas, descreveu-o como "grande, fanfarrão e tedioso na conversa". Quase com certeza Mandakas não mentiu quando disse que não era comunista, embora colaborasse intimamente com o Partido. (A invenção do Partido Comunista grego, surpreendentemente eficaz no continente, de que EAM e ELAS eram coalizões independentes nunca foi repetida muito a sério em Creta.)

Os comunistas, ao perceber que o general Mandakas, embora fosse aquisição valiosa, jamais seria um líder suficientemente carismático, decidiram conquistar Manoli Bandouvas para a sua causa. Bandouvas já tinha grande apoio popular nas aldeias das montanhas na província de Heráclion e junto aos camponeses com maior probabilidade de desconfiar do EAM-ELAS.

Na superfície, o seu recrutamento parecia um modo de aumentar a influência comunista, mas pessoas assim escolhidas e recrutadas tendiam a voltar-se mais tarde contra o Partido, com resultados embaraçosos. Ainda assim, o fato incomodou a Missão Militar britânica.

"Por meio de muito trabalho, orientação inteligente e métodos inescrupulosos, os LOLARDOS [código informal para comunistas] conseguiram ter papel bem maior nas questões cretenses do que o seu número lhes permitiria. Conseguiram atrair um general e o maior líder guerrilheiro de Creta, ambos peixes grandes; sobre o primeiro, lançaram uma cortina de fumaça de elevado patrocínio militar; sobre o outro, uma cortina de apoio camponês patriótico."

Ironicamente, os britânicos levaram uma rasteira de Bandouvas, não dos comunistas. Na esperança de apelar à sua vaidade, disseram-lhe que o QG do Oriente Médio queria consultá-lo. Acharam que isso o afastaria da influência comunista; de qualquer modo, ele requisitara um período no Egito não fazia muito tempo. Mas Bandouvas ficou com a pulga atrás da orelha; tivera uma discussão azeda com Dunbabin no ano anterior sobre a distribuição de armas e, sem dúvida, sentiu que Leigh Fermor era praticamente o único oficial britânico com alguma simpatia por ele. (Dizem que foram os ciúmes de Petrakageorgis, *kapitan* e seu rival na região, que causaram boa parte do problema.)

Assim, Bandouvas marcou uma reunião para assegurar que a sua proposta fosse repetida diante de testemunhas importantes. Lá, recusou a oferta com a declaração grandiosa de que seu lugar era junto dos seus homens, no campo de batalha. Virou-se para os oficiais cretenses presentes e perguntou se também não pensavam assim. Eles não tiveram alternativa senão concordar. Bandouvas, que tomou providências para que a história se espalhasse rapidamente, sem dúvida com alguns enfeites dramáticos, assegurou para si um triunfo aos olhos dos seus partidários camponeses: os generais britânicos no Cairo esperavam as suas palavras, mas ele preferira ficar na ilha com os seus conterrâneos cretenses.

Só que a Missão Militar britânica não desistiu. Para afastar Bandouvas da influência comunista, deram-lhe, então, o título grandiloqüente de "Chefe dos Franco-Atiradores da Província de Heráclion" (Bandouvas abandonou a última parte para que soasse pan-cretense).

Esta nova nomenclatura agradou-lhe tanto que, quando o rei Jorge dos Helenos, alvo favorito do ódio dos comunistas, mandou uma mensagem de saudações à resistência cretense a pedido da SOE do Cairo, Bandouvas, grande esperança comunista, preparou imediatamente uma resposta leal no seu novo cargo. "Como Chefe dos Franco-Atiradores, peço-lhe que transmita pelo telégrafo o nosso agradecimento e diga que estamos ligados a ele inseparavelmente, agrupados espiritual e materialmente ao seu lado com toda a nossa força para atingir o lobo satânico."

Em abril, os comunistas cometeram o seu pior tropeço político durante toda a ocupação. Convocaram uma conferência pan-cretense em Karines, para a qual convidaram representantes de todos os grupos cretenses, mas nenhum oficial britânico.

Ao descobrir esta exclusão, o major Christos Tsiphakis, oficial cretense que comandara a defesa de Retimno, recusou-se na mesma hora a participar e foi embora. Nos outros grupos, ninguém boicotou a reunião, o que para os britânicos acabou sendo ótimo; não fosse assim, teriam perdido a maior gafe política dos comunistas durante a guerra.

Entre as resoluções a serem debatidas, duas, especificamente, foram mal escolhidas. A primeira era redondamente antibritânica; a segunda dizia: "Que a Grécia renuncia a todas as pretensões ao norte do Épiro, à Trácia e a certas partes da Macedônia, já que não são etnicamente gregas."

Para os patriotas, essa declaração da política comunista internacional de criar um Estado separado da Macedônia (coisa que a EAM sabiamente não mencionava no continente) era uma traição acintosa. A reunião acabou em confusão e a esperança comunista de uma aliança com a nacionalista EOK, que supostamente pretendiam manipular e algum dia dominar, desfez-se irremediavelmente.

Depois do fracasso comunista, a EOK nacionalista conseguiu realizar, em 15 de junho, a sua primeira reunião pan-cretense em Prines, num clima otimista. Nomearam-se representantes políticos e comandantes militares para as quatro províncias principais: Canéia, Retimno, Heráclion e Lasithi.

Faltava à resistência na região de Canéia um líder militar, mas havia estrutura administrativa. Muitos dos seus membros já ocupavam cargos oficiais sob as autoridades alemãs, enquanto ajudavam em segredo os aliados. Isso fazia deles um tipo de governo à espera. O personagem mais importante era Nikolaos Skoulas, prefeito de Canéia; logo teria de fugir para as montanhas, apesar da idade avançada. E, na geração mais jovem, Constantinos Mitsotakis, Manoussos Manoussakis e Mikhaili Botonakis trabalhavam com a rede de informações Quins, administrada por Marko Spanoudakis.

Naquela época, não havia grupos guerrilheiros operando na vizinhança imediata de Canéia, política deliberada para evitar represálias, e os bandos que logo se formariam no sul da província estavam longe demais para algum tipo de ligação efetiva.

Na província de Retimno, o major Tsiphakis criara uma rede de resistência reunindo várias tendências políticas — venizelista, comunista e monarquista — quase imediatamente depois da queda de Creta. Mas o tropeço dos comunistas em Karines levou à sua exclusão.

O monarquista mais importante de Creta era Emmanuel Papadoyannis, que foi ministro depois da guerra. Os seus modos levemente arrogantes combinavam bem com a barba grisalha e o bigode de pontas reviradas.

Os oficiais britânicos, entre os quais parece ter despertado afeição e respeito, deram-lhe o codinome "Pooh Bah" — personagem da opereta *Micado*, de Gilbert e Sullivan, que tinha o título de Sumo-Senhor-Supremo-de-Tudo — devido a todos os cargos que ocupara até ser governador-geral interino. Como monarquista, embora não metaxista, era um dos poucos cretenses aceitáveis para o rei e o governo grego no exílio e, assim, constituía um vínculo importantíssimo naquele bastião tão republicano.*

O major Tsiphakis tinha ar mais acadêmico do que soldadesco; um oficial britânico observou que não lembrava "nada daquela fanfarronice cretense". E apesar de certo gosto pelos mexericos, era um homem honesto, com pouca ambição aparente à "capitania".

A província de Retimno também continha o melhor exemplo de organização de resistência em toda a ilha: o conselho do vale de Amari. Os oficiais de ligação britânicos deram-lhe o codinome de Conselho do Condado da Terra do Lótus. Alexandros Kokonas, mestre-escola de Yerakari, amado por todos, era o seu eficientíssimo coordenador.

O comandante militar da província de Lasithi, coronel Nikolaos Plevres, era ex-comandante de brigada na Albânia e tinha muitos veteranos da V Divisão cretense entre os seus seguidores. Mas Tom Dunbabin e Sandy Rendel, que mais tarde tornou-se oficial britânico encarregado da região, desconfiaram quando os alemães libertaram Plevres depressa demais depois de uma prisão em massa da rede de Neápolis. Dezoito meses mais tarde, Plevres, nacionalista de direita, recebeu armas dos alemães, que esperavam que ele ajudasse a combater os comunistas.

A província de Heráclion nomeara um conselho de unificação — o Comitê de Conselheiros Civis — com personagens importantes, como dignitários da igreja e educadores. Alguns eram prudentes, mas outros eram muito imprevisíveis. O coronel Beteinakis, comandante militar de toda a província, era oficial cuja bravura excedia em muito a capacidade de avaliação.

*O modo infeliz com que o rei Jorge II tratava os súditos ficou bem ilustrado quando Papadoyannis lhe foi apresentado como ex-governador-geral de Creta. Imediatamente, respondeu: "governador-geral interino, o senhor quer dizer."

A vantagem mais importante de Heráclion era o serviço de informações administrado por dois jovens estudantes inteligentíssimos: primeiro George Doundoulakis e depois Miki Akoumianakis, filho do superintendente de Sir Arthur Evans em Cnossos — daí o seu codinome Mike Minóico. A responsabilidade pelo lado puramente informativo desta rede foi entregue à missão do ISLD que chegou em 12 de maio.

Ralph Stockbridge, que fora operador de rádio de Jack Smith-Hughes na primeira missão, era agora capitão e retornou com John Stanley, antigo amigo de escola, oficialmente como seu operador de rádio. Ele recrutara Stanley, *bimbashi* (major) da Força de Defesa do Sudão, para esta missão em Creta "mais como convidaria alguém a ir algum dia às corridas".

O submarino *Papanikolis* levou-os até o litoral norte de Creta, fato único, já que todos os outros desembarques aconteceram do lado sul da ilha. Stockbridge descreveu o submarino como embarcação assustadoramente antiga, que tinha de emergir para carregar as baterias. Comandada pelo capitão Athanasios Spanidis, a tripulação do *Papanikolis* tinha fama de bravura louca, que datava do início da guerra, quando afundavam navios italianos no Adriático à queima-roupa.

Largados entre Retimno e Heráclion mas ainda a uma boa distância, Stockbridge e Stanley tiveram de transportar-se até a praia num bote redondo de borracha que, como uma casca de noz mal propelida, fazia círculos e pouco avançava. A experiência deve ter sido muito desagradável para os dois pombos-correio que o ISLD do Cairo insistira que levassem.

Enquanto se aproximavam, perceberam algumas figuras num barquinho e gritaram a senha combinada com antecedência: "Viemos atrás de abelhas." Esses cretenses, que pescavam ilegalmente, sumiram em pânico, achando que tinham sido descobertos pelos alemães. Stockbridge e Stanley finalmente chegaram à praia, mas o seu alívio logo se interrompeu quando descobriram que tinham desembarcado num campo minado. Finalmente, conseguiram sair em segurança e, um pouco mais abaixo no litoral, descobriram o seu contato, que era Paddy Leigh Fermor.

Leigh Fermor levou-os primeiro para o minúsculo mosteiro de Vossákou e depois para a sua base na época, um cercado de pedra para ovelhas pertencente à família Dramoundanis, na encosta norte da cadeia do Monte Ida, acima de Anoyia.

Muita gente tinha se juntado ali antes de uma jornada até o litoral sul para que vários *andartes* e agentes de espionagem fossem evacuados para o Egito. Em 25 de maio, houve um daqueles acidentes trágicos tão comuns na guerra. Sentados em círculo, fora do reduto de ovelhas, estavam Ralph Stockbridge, John Stanley, Paddy Leigh Fermor e Yanni Tsangarakis, guia de grande coragem e confiabilidade que Leigh Fermor já recomendara para receber uma condecoração britânica.

Apareceu uma sentinela para avisá-los de que uma patrulha alemã tinha chegado a Anoyia, lá em baixo. Não houve pânico com este fato relativamente comum, mas Leigh Fermor, como os outros, pegou o seu fuzil. Puxou o ferrolho para trás para verificar se as peças estavam bem lubrificadas. A câmara estava vazia, mas ele não percebeu uma bala que ficara no magazine. Depois de fechar o ferrolho, ação que automaticamente jogaria a bala na câmara, puxou o gatilho para soltar a mola. Houve um tiro e Tsangarakis, de cócoras na sua frente, foi ferido na coxa.

A princípio o ferimento não pareceu grave. Fizeram um curativo cuidadoso enquanto um mensageiro descia correndo para buscar o médico, apesar dos alemães lá embaixo. Mas Tsangarakis não demorou a morrer. Enterraram-no sob dois pés de azevinho e camuflaram o túmulo com arbustos de amoreira e pedras, para o caso de outra patrulha alemã passar por ali.

Leigh Fermor ficou tristíssimo. Tinha-se apegado a Yanni Tsangarakis e as poucas palavras dele para absolvê-lo antes de morrer só fizeram aumentar a tortura do sentimento de culpa. Mas o pior ainda estava por vir.

Pessoas maliciosas, ao saber do acidente, logo espalharam a história de que a morte de Yanni Tsangarakis fora planejada e tentaram convencer a família disso. Esta atitude provocou anos de amargo distanciamento de um lado e remorsos e angústia duradouros do outro. Muitos anos se passariam até que todos fossem convencidos da verdadeira história por amigos em comum, principalmente George Psychoundakis.

Embora esta história não pudesse ter final feliz, a amargura foi finalmente apagada mais de trinta anos depois, quando Paddy Leigh Fermor e a esposa Joan foram convidados para padrinhos da sobrinha-neta de Yanni, vínculo importantíssimo em Creta. Ela foi batizada como Joanna devido a Joan Leigh Fermor.

*

Petrakageorgis voltou do Cairo em 7 de junho. Durante a sua estada na capital egípcia, fora contactado pela OSS — a Organização de Serviços Estratégicos, equivalente norte-americana da SOE. Ofereceram-lhe melhores serviços em armas, equipamento e dinheiro. Petrakageorgis voltou cheio de importância — as visitas ao Cairo costumavam produzir sempre este efeito — mas as promessas de apoio da OSS não foram cumpridas (talvez a SOE tivesse impedido isso nos bastidores) e ele teve de continuar, meio deprimido, com a bem menos glamourosa rotina britânica.

Assim que os alemães souberam do seu retorno — a notícia já era velha de dois meses — atacaram o seu bando acima de Vorízia. Parece que, por alguma razão, os alemães alimentavam antipatia pessoal e especial por Petrakageorgis, mais do que por todos os outros *kapitans*. Em número muito menor, ele fugiu com apenas sete homens depois de uma batalha feroz que durou o dia inteiro, na qual 13 atacantes foram mortos. Como vingança, os alemães expulsaram os aldeões e destruíram Vorízia com Stukas num treino de bombardeios de mergulho.

Enquanto isso, na área de Xan Fielding, no oeste de Creta, vinha se desenrolando a evacuação final dos soldados perdidos em 1941. Em fevereiro, o barco em que Tom Dunbabin e George Psychoundakis partiram para uma licença no Cairo trouxera um neozelandês, o sargento Tom Moir, da "Força A". Este era um nome falso do MI9, organização responsável por tirar prisioneiros e fugitivos de território ocupado pelo inimigo.

Moir, membro da "infantilharia" de Galatas que fugira depois da batalha, fora treinado e mandado de volta para levar embora os remanescentes que ainda estavam na ilha. Ele fez contato com muitos grupos antes de organizar o transporte para o Egito em lanchas a motor. Uma das dificuldades foi remover um australiano paralisado, escondido numa caverna e tratado com devoção pelos habitantes de Kiriakosélia. Xan Fielding estava especialmente ansioso para aliviá-los deste fardo perigoso, mas para seu desânimo o sargento Moir foi capturado em 6 de maio. Embora em roupas civis, Moir conseguiu convencer os alemães de que nunca saíra da ilha. Assim, escapou da execução e foi levado de avião para um campo de prisioneiros de guerra comuns na Grécia.

Imediatamente Fielding encarregou-se do trabalho. Teve a sorte de encontrar os três engenhosos soldados australianos que tinham salvado do mar o seu equipamento, no mês de novembro passado, e conseguiu delegar a eles boa parte do serviço. Num período notavelmente curto, os três trouxeram os grupos mais distantes para um esconderijo nos bosques acima de Koustoiérako, lugar que logo começou a parecer um covil de bandoleiros.

Fielding usou a estação de rádio vizinha do ISLD para comunicar-se com o Cairo e organizar a evacuação por lanchas a motor da Marinha Real na noite de 7 de maio. Tudo estava preparado para transportar o australiano paralisado da caverna de Kiriakosélia: disfarçado de velha doente, seria levado nas costas de um burro. Mas no último momento, certo de que não sobreviveria à viagem e não querendo pôr ninguém em perigo, recusou-se a ir. Morreu pouco tempo depois.

No início de junho, Schubert, chefe da contra-espionagem que assumira o lugar de Hartmann, decidiu ele mesmo desempenhar o papel de isca itinerante. Foi para Koumara, acima de Asi Gonia, com quatro cretenses renegados, e fingiu ser um oficial inglês recém-chegado do Cairo.

Enganou um menino, que lhes contou tudo sobre os ingleses na região, mas, no último momento, quando lhe pediram que os levasse à base inglesa, o garoto desconfiou. Agarraram-no quando tentou fugir e mataram-no ali mesmo. Os vizinhos ouviram o tiro e começaram a aparecer. Schubert e seus cúmplices, embora armados, fugiram para buscar reforços, tamanho era o seu medo da ira dos aldeões.

No final de julho, George Psychoundakis retornou à ilha, voltando da estada no Oriente Médio. Estava acompanhado de um dos vários personagens notáveis daquela época: o sargento Dudley Perkins, neozelandês que os britânicos chamavam de "Kiwi" e os cretenses de "Vasili".

Perkins, outro integrante da "infantilharia" de Galatas, fugira com Moir do campo de prisioneiros. Mostrou ser um comandante natural de guerrilheiros, com grande talento tático. A sua notável bravura levou Xan Fielding a recomendar que recebesse a Victoria Cross, mas a comenda lhe foi recusada porque não houvera nenhum oficial presente para testemunhar suas façanhas. A cautela das autoridades britânicas não influenciou os cretenses, que o puseram em seu próprio folclore heróico.

Perkins, assim como Moir, aprendera um pouco de grego durante o tempo que passou como soldado perdido. Apesar da instrução universitária, fora rejeitado no curso de treinamento de oficiais, que parecia esperar disciplina automática, mas parecia contentíssimo como praça. As impressões a seu respeito variam. Sandy Rendel, que participou com ele do curso em "Narkover", recordou-o como "um fox-terrier vibrando de entusiasmo". Isso dá a impressão de um combatente sem senso de humor, excessivamente dedicado. Mas George Psychoundakis, que passou quase um mês aperfeiçoando o grego de Kiwi no Egito, achou-o um companheiro encantador.

Certa noite, em Vafé, durante a viagem de apresentação, os dois visitaram uma professora "dedicada à resistência". Na sala mal iluminada ela aceitou um cigarro e brincou, em grego, pelo canto da boca, com George Psychoundakis:

— Só vou acender o cigarro para ver se ele é bonito.

Perkins, que ocultara o seu conhecimento da língua, teve de pegar também um cigarro para esconder o riso.

Depois que percorreu com Psychoundakis as aldeias mais importantes, Xan Fielding mandou Perkins de volta à região de Selino para trabalhar com Alec Tarves, conhecido como "Tinker" ("Funileiro"), operador de rádio na área, e treinar o grupo de Selino, baseado na família Paterakis. Fielding logo reconheceu o talento de Perkins e não teve receio de deixá-lo trabalhar com independência. Com efetivo de menos de vinte homens, os seliniotas, com a sua orientação, logo se mostraram um dos grupos combatentes mais eficazes da ilha.

Um mês depois da chegada de Perkins, Fielding organizou um lançamento de pára-quedas. O bando de Paterakis e mais outro da área foram armados com metralhadoras Sten e Bren e submetralhadoras Thompson. E como a resistência de Creta passava a uma nova fase, Fielding requisitara um tipo de farda para eles: chapéus moles australianos e calções de montaria do exército britânico, que eram o que havia de mais parecido com as calças largas cretenses. Os calções foram um bônus da mecanização da Divisão de Cavalaria da Palestina.

Naquele verão, outro problema desviou bastante a atenção de Xan Fielding. O general Mandakas começara a exigir armas porque o QG do Oriente Médio reconhecera recentemente a EAM e o seu braço militar, o ELAS. O coronel Kondekas, chefe do Estado-Maior de Mandakas (descrição bastante grandiosa se levarmos em conta a sua escassez de soldados), deu um ultimato: se Fielding não aceitasse Mandakas como líder da resistência cretense, a EAM declararia que ele não era representante oficial dos aliados.

Para sua consternação, Fielding também descobriu que os gregos deixados para operar a estação de rádio do ISLD na área de Selino eram todos partidários do EAM-ELAS. Tinham posto o aparelho à disposição do general Mandakas, permitindo-lhe assim afirmar que estava em contato regular com o Cairo. De maneira ainda mais provocadora, ele mandara ao Cairo uma mensagem de protesto, dizendo que a recusa de Fielding de fornecer armas era uma interferência escandalosa nos assuntos internos do seu país, agora que o QG do Oriente Médio tinha reconhecido o EAM-ELAS. (Monty Woodhouse, no continente, conseguira a assinatura do "Acordo Nacional dos Bandos", em 5 de julho, na tentativa de prender os comunistas a uma estrutura de comando e impedir os seus ataques ao grupo não comunista EDES, comandado pelo general Napoleon Zervas.)

Fielding, que nada sabia desse novo acordo, recusou-se a ceder à chantagem de Mandakas. Disse que só forneceria armas quando Mandakas aceitasse toda a cadeia de comando aliada — e, portanto, britânica — no Mediterrâneo oriental. Felizmente, esta era uma das determinações do Acordo Nacional dos Bandos, e assim Mandakas só pôde fumegar. Mas Fielding achou muito irritante receber a notícia deste novo acordo pelos comunistas.

25

O armistício italiano

A invasão da Sicília, em julho de 1943, e a queda subseqüente do regime fascista na Itália provocaram um bom aumento da escala e do ritmo da resistência em Creta. Até aquele verão, houve pouco mais que escaramuças isoladas e ataques a soldados solitários. A partir daí, não foram raras ações que resultavam na morte de até vinte alemães e, em algumas ocasiões, no ano seguinte, até quarenta deles foram mortos em batalhas envolvendo cem ou mais *andartes*.

Os preparativos da Operação Husky, nome dos desembarques na Sicília, tinham começado, com vários meses de antecedência, com uma grande campanha de dissimulação para convencer os alemães de que a invasão aliada do sul da Europa começaria por Creta e pela Grécia. Uma série de ataques em toda a Grécia, inclusive a destruição de outra ponte ferroviária, foi iniciada com o codinome Animais.

Uma esquadra falsa foi reunida em Tobruk, mas uma tempestade transformou-a novamente em pedaços de tela e compensado. Talvez o ingrediente mais conhecido da campanha tenha sido aquela artimanha brilhante da Operação Mincemeat ("Picadinho").

Um submarino da Marinha Real largou um corpo, vestido e identificado como oficial do Estado-Maior britânico, no litoral espanhol. Os documentos que levava "revelaram" que a Sardenha e a Grécia eram os verdadeiros objetivos e que o ataque à Sicília (os primeiros desembarques aconteceram em

10 de julho) só visava desviar a atenção. Graças, em boa parte, à obsessão de Hitler com o flanco balcânico, Berlim engoliu o engodo inteirinho.* Dois grupos de combate, uma esquadrilha de bombardeio e a 1ª Divisão Panzer receberam ordens imediatas de seguir para a Grécia.

Quatro semanas antes do desembarque na Sicília, houve outra rodada de ataques do SBS (Esquadrão Marítimo Especial) contra os campos de pouso alemães em Creta. Tinham duplo objetivo: destruir aeronaves alemãs da região que poderiam ser usadas contra a esquadra invasora e manter a impressão de que Creta e Grécia eram os alvos principais da invasão. No Castelo Athlit, sua base de treinamento na Palestina, as equipes do SBS tinha se entediado de apenas praticar e esta nova operação fora recebida com animação. David Sutherland, que comandara um dos grupos de ataque no verão anterior, controlou três grupos comandados pelos tenentes Lassen, Lamonby e Rowe.

Rowe, que chegou em 27 de junho, quatro dias depois dos outros, tinha o objetivo mais próximo, o campo de pouso de Timbaki, mas novamente descobriu que tinha sido desativado. Lamonby partiu rumo a Heráclion, mas o guia que Dunbabin lhe arranjou avisou-lhe que o campo de pouso de lá quase não era mais usado. O depósito de combustível de Peza seria alvo muito melhor. Este, Lamonby destruiu com sucesso espetacular.

O terceiro grupo, comandado por Andy Lassen, encontrou Kastelli Pediados fortemente guardado depois do ataque do ano anterior. A única solução foi um ataque diversionário para dar aos sapadores a oportunidade de pular de um grupo de aeronaves a outro protegidos pela confusão. Lassen, dinamarquês lendário que ganhou a Cruz Militar com duas barras e mais tarde recebeu postumamente a Victoria Cross, ficou conhecido pelo seu grito "Vork before Vomen!" ("trabalho para mulheres", dito com sotaque dinamarquês), quando as armas e o equipamento precisavam de limpeza na volta à base.

Em 11 de julho, chegaram todos ao esconderijo de Sutherland nos morros perto do litoral, acima de Treis Ekklisies, além de vários cretenses que queriam ser levados embora para fugir das represálias. Uma pequena patrulha alemã descobriu a garganta onde tinham se escondido para esperar que

*Sir William Deakin escreveu que Hitler desenvolvera "a crença quiromântica de que o ataque final aliado viria do sudeste — vingança pessoal de Churchill pelo fracasso no Dardanelos, em 1915".

a noite caísse antes de descer à praia. Dois alemães foram capturados sem nenhum tiro, mas os outros recuaram rapidamente quando os cretenses atiraram. Lamonby foi sozinho atrás deles, ação corajosa mas imprudente. A lancha a motor que recolheu o restante do grupo aproximou-se da praia, perto de onde fora visto pela última vez, mas não havia sinal dele. Lamonby subestimara os dois soldados que tentou perseguir. Seu corpo foi encontrado muito depois.

Para coincidir com os outros ataques, Paddy Leigh Fermor entrara em Heráclion com Manoli Paterakis. Um burro levou o carregamento de minas adesivas até o centro da cidade, onde foram escondidas por Yanni Androulakis. Planejavam atacar embarcações no porto, mas depois de passarem pela cerca foram avistados e tiveram de fugir antes que o alarme geral fosse dado.

No final de julho, estando em Yerakari com Alexandros Kokonas, Leigh Fermor recebeu uma mensagem de Miki Akoumianakis que o levou correndo de volta a Heráclion. Mussolini fora derrubado depois da invasão da Sicília e o comandante italiano da divisão que ocupava o leste da ilha, general Angelo Carta, queria conversar com um oficial britânico.

No início do ano, houvera uma abordagem muito indireta através de Bandouvas para indicar que, se os britânicos invadissem Creta, os italianos se renderiam imediatamente, mas nada mais se soubera. Desta vez, o tenente Franco Tavana, oficial de contra-espionagem do general Carta, ofereceu-se para mandar um carro do Estado-Maior e uma farda italiana para levar Paddy Leigh Fermor até o seu quartel-general.

Tavana, ex-funcionário da alfândega no lago Como e agora oficial dos Alpini, já se mostrara corajoso e pouco ortodoxo. No ano anterior, chegara à casa do líder comunista Miltíades Porfiroyennis, o estranho passageiro do *Kalanthe* e mais tarde membro do comitê central do Partido no continente. Porfiroyennis, ao ver o chefe da contra-espionagem, supôs o pior, mas como alternativa à prisão e à execução foi-lhe sugerido que se mudasse para a área controlada pelos alemães e lá ficasse.

As histórias de atrito entre os aliados do Eixo não eram novas. Houve brigas entre soldados italianos e alemães; certa vez, um italiano jogou uma granada num grupo de alemães, matando um e ferindo outros dois. As autoridades militares italianas tiveram de prendê-lo mas soltaram-no alguns dias mais tarde, causando a fúria dos alemães. Cretenses que tinham sido condenados à morte nas províncias de Lasithi e Sitéia por insistência alemã acabaram contrabandeados para longe, nalguns casos até o Dodecaneso. Enquanto isso, havia execuções fingidas e os túmulos cavados eram depois enchidos de terra outra vez.

Era preciso tomar o máximo cuidado para a viagem de Leigh Fermor. O general Carta estava nervosíssimo. O recrutamento de informantes de Schubert não tinha diminuído. Mas os esquadrões de Bandouvas também não. Tinham descoberto, recentemente, 14 traidores. A sua tática era simples: alguns homens vestidos com farda da polícia, acompanhados de um cretense louro com farda alemã, "prendiam" o suspeito, afirmando que fora acusado de ser membro da Resistência. O homem, quando trabalhava mesmo para os alemães, mostrava-lhes prontamente a prova, em geral um pedaço de papel das autoridades alemãs.

A queda de Mussolini despertou grande júbilo nos quartéis italianos: camisas negras foram rasgadas e o seu retrato dilacerado. Mas o general Carta ficou inquieto. Leigh Fermor tentou "um monte de lisonjas servido numa colher de pedreiro", começando as suas cartas com *"Mon général, j'ai l'honneur de communiquer à votre Excellence..."* ("Meu general, tenho a honra de comunicar a Vossa Excelência..."). Mas Carta continuou vacilando, mesmo depois que o general Bräuer veio de avião da outra ponta da ilha para garantir-lhe que os alemães não atacariam, contanto que os italianos se comportassem.

A questão fundamental para os italianos era se os britânicos invadiriam e efetivamente resolveriam o problema para eles. Na esteira do desembarque na Sicília e do plano de encobrimento, os planos aliados ainda estavam cercados de muita confusão. Os boatos de uma ofensiva no Mediterrâneo oriental contra ilhas "há tanto tempo alvo de desejo estratégico" não eram infundados.

Em 2 de agosto, Churchill disse ao general Ismay: "Se os soldados italianos em Creta e Rodes resistirem aos alemães e seguir-se um impasse, devemos ajudar os italianos assim que possível, mobilizando também, portanto, o apoio da população." Mas embora tivessem pedido a Leigh Fermor que passasse ao Cairo alvos de bombardeio para o caso de resistência italiana — a notícia do pedido pode ter vazado nos círculos da Resistência durante a coleta dessas informações — logo Creta foi retirada dos planos de contingência. O Comando do Oriente Médio concentrou-se, então, somente nas ilhas do Dodecaneso: Rodes, Cos e Leros.

Churchill tinha a idéia, perigosamente pouco prática, de assegurar a rota pelo Dardanelos até a Rússia como alternativa para os comboios pelo Ártico. "Esta é a hora", assinalou ao general Wilson, "de pensar em Clive e Peterborough e nos homens de Rooke tomando Gibraltar." Mas os alemães ocuparam Rodes com grande rapidez e os planos tiveram de ser drasticamente reduzidos depois da decisão, na conferência de Quebec, de retirar do Mediterrâneo oriental as embarcações disponíveis. Só restaram para a operação uma brigada, barcos bem inadequados e um punhado de combatentes. Os soldados britânicos desembarcaram nas ilhas de Cos e Leros em 14 de setembro, mas tiveram pouca chance contra os violentos contra-ataques alemães, primeiro contra Cos e depois, Leros.

O general Carta era um oficial baixo e gorducho, de monóculo, com a amante convenientemente instalada perto do seu quartel-general em Neápolis. Amigo da família real italiana, era um "homem do Palácio", não um fascista, e sua administração da parte oriental de Creta fora extraordinariamente humana. A falta de ousadia de Carta durante o mês de agosto brotava principalmente do desejo de evitar inútil derramamento de sangue. Tavana, o seu oficial de contra-espionagem, era homem muito mais ousado e resoluto. Levantou a possibilidade de as tropas italianas, em aliança com os *andartes* cretenses, defenderem a parte leste da ilha contra os alemães.

Já que Bandouvas, único líder guerrilheiro com muitos seguidores, estava acampado não muito longe, a sudoeste de Psari Forada, no planalto de Viannos, Leigh Fermor partiu para lá em 12 de agosto. Ia acompanhado do seu operador de rádio, o sargento especialista Harry Brooke, e de Niko Souris. Souris, mão direita de Dunbabin, era um alexandrino de grande inteligência e tato e um dos pouquíssimos gregos de fora da ilha em quem os cretenses realmente confiavam.

O covil de Bandouvas nas alturas era impressionante. Este platô, bem acima dos abrigos de ovelhas e longe de qualquer outro vestígio de habitação, permitia a visão de toda a província. Sentinelas de aparência maravilhosamente tremenda acompanharam Leigh Fermor até o seu acampamento, com filas de cabanas feitas de galhos tecidos. Uma padaria, uma alfaiataria, uma sapataria e um armeiro ajudavam-nos a ser auto-suficientes.

O mais espantoso de tudo era a composição da tropa de Bandouvas. Além de pastores e aldeões da montanha, havia estudantes universitários, oficiais do exército, dois monges fortemente armados, um padre, alguns policiais, alguns gregos perdidos do continente, um imenso cossaco chamado Piotr que fugira do campo de prisioneiros russos em Ay Galini, um australiano e um neozelandês, ambos soldados perdidos na batalha de quase dois anos antes, um grupo de monarquistas comandados por Athanasios Bourdzalis e, finalmente, um punhado de comunistas, recrutados principalmente por Yanni Bodias, secretário de Bandouvas. Bodias, grego da Ásia Menor, jovem inteligente, de boa aparência e com certo encanto, estava na prisão quando houve a invasão de pára-quedistas. O seu crime fora tentativa de assassinato: depois de atacar sexualmente um menino, jogara-o num poço. Agora que a influência de Bodias sobre o chefe dos Franco-Atiradores se reduzira, talvez viesse a desenvolver-se um racha entre os dois.

As mudanças voláteis de humor num grupo tão heterogêneo eram inevitáveis. Certo dia, quando Leigh Fermor e Bandouvas estavam fora do acampamento, um dos esquadrões antitraidores trouxe um suspeito chamado Loukakis. Ele foi pendurado pelos tornozelos para ser torturado, mas Niko Souris interveio, apoiado pelo sargento Harry Brooke, e, quando Bandouvas e Leigh Fermor voltaram, montou-se uma corte marcial de bandoleiros e ele foi fuzilado. No dia seguinte, o traidor Singelakis, que traíra os oficiais que fugiam de caíque pelo sudoeste, foi capturado. Também confessou e foi fuzilado.

A tropa esquisita mas eficaz de Bandouvas aumentava a cada dia, com homens que chegavam de perto e de longe. Leigh Fermor estimou o seu efetivo em cerca de 160 homens e Bandouvas, provavelmente sem muito exagero, admitia que podia chamar às armas mais 2 mil. Em 20 de agosto, uma semana depois da chegada de Leigh Fermor, houve o tão ansiosamente esperado lançamento de armas. Tudo funcionou com perfeição. O piloto, sargento Paddy Fortune, voou baixo, oscilou a ponta das asas como saudação e os pára-quedas com caixotes caíram num fluxo impressionante.

Tudo foi levado ao acampamento numa procissão triunfal com salvas de tiros. Além de armas e munição, os caixotes continham forros de capacete, jaquetas de explorador, cintos militares e suportes para pendurar baionetas. Bandouvas queria os homens de farda nova, para serem aceitos como unidade regular do exército britânico. Mas, embora Leigh Fermor lhe explicasse, nos termos mais claros, que o papel do seu bando era ajudar os italianos caso estes decidissem resistir aos alemães e tomar as suas armas excedentes para distribuir na resistência cretense como um todo, o chefe dos Franco-Atiradores estava secretamente convencido de que algo maior estava para acontecer. A idéia de uma invasão britânica agüentou-se durante muito tempo depois do apelo do rei Jorge II para ajudar as tropas aliadas. Fora uma transmissão anterior ao desembarque na Sicília que se referira a ataques isolados e não às forças invasoras, mas a ambigüidade fazia parte do plano geral de dissimulação.

Com os homens de Bandouvas equipados, Leigh Fermor partiu para Neápolis, onde ficou na casa do tenente Tavana. Tavana forneceu-lhe todos os planos de defesa alemães para a ilha, relatórios confidenciais, ordens e avaliações das organizações cretenses de resistência.

Hitler ordenara a elaboração de planos de contingência dois dias depois da queda de Mussolini. Medidas que incluíam a ocupação alemã da Itália foram aos poucos postas em vigor durante o mês de agosto. Hitler estava correto em sua suspeita de que o novo governo do marechal Badoglio buscaria o armistício e preparou-se uma operação para desarmar os soldados italianos, cujo nome em código era ACHSE, para o momento em que isso acontecesse.

Na manhã de 9 de setembro, Leigh Fermor, mal das pernas, descansava num abrigo de cabras acima de Kastelli Pediados quando Miki Akoumianakis chegou, muito entusiasmado, com notícias do armistício italiano, anunciado na véspera. Por volta do meio-dia, Tom Dunbabin apareceu com Niko Souris, que o encontrara na praia de Tsoutsouro no dia anterior, em seu retorno do Egito. Dunbabin finalmente confirmou que não havia esperança de desembarque aliado em Creta. "Se houvesse", brincou com Leigh Fermor, "nós dois seríamos promovidos a brigadier."

Pouquíssimo tempo depois chegou um mensageiro de Bandouvas com um recado tão mal escrito que passou de mão em mão. Enquanto Miki Akoumianakis estudava os rabiscos, Dunbabin perguntou em inglês a Leigh Fermor quem era aquele rapaz e se era digno de confiança. Mal pôde acreditar na resposta. Houve muita troca de cumprimentos e lembranças de Cnossos nos dias de Sir Arthur Evans. Finalmente, Akoumianakis voltou ao bilhete e, para seu horror, decifrou a frase mais importante: "Quando os ingleses vão desembarcar para nos ajudar a combater os alemães?"

Bandouvas ignorara as instruções de preparar-se para ajudar os italianos e esperar novas ordens. Já se adiantara para atacar os alemães na área de Viannos, no litoral sul. O mensageiro foi mandado de volta com a mensagem mais incisiva possível dizendo-lhe que parasse imediatamente e recuasse. Leigh Fermor teve de deixar que Dunbabin cuidasse do problema de Bandouvas da melhor maneira possível enquanto ele e Miki Akoumianakis partiam para conferenciar com Tavana sobre a notícia portentosa do armistício. Mas a sua esperança de resistência italiana aos alemães logo se evaporou.

Quando chegou a notícia do armistício, grande número de soldados italianos bebeu até o estupor para comemorar; supuseram ingenuamente que a guerra acabara e que poderiam voltar para casa. E os únicos dois batalhões de infantaria que estavam dispostos a lutar e tinham subido as montanhas desceram outra vez, dali a uns dois dias, porque a população local, apesar da vontade de ajudar, não podia alimentar tantos homens.

O general Bräuer ordenou que os soldados alemães entrassem na província de Lasithi e que as tropas italianas fossem dispersadas em novos locais escolhidos. O general Müller, comandante da divisão, deu uma "Ordem Geral a todos os soldados italianos em Creta", que na verdade era um ultimato.

"O comandante da Fortaleza de Creta", começou, "encarregou-me da defesa da província de Lasithi." Depois ofereceu três opções. Os soldados italianos podem continuar a lutar sob o comando das forças armadas alemãs, mantendo-se assim leais ao novo governo de Mussolini, encenação que veio a tornar-se a República de Salo. Ou podiam ajudar os alemães como não combatentes na ilha, depois de desarmados — eufemismo para trabalhos forçados. Se recusassem essas duas alternativas, seriam presos em campos de concentração. E terminava: "Quem quer que venda ou destrua armas das tropas italianas ou quem quer que deserte da sua unidade será considerado franco-atirador e, como tal, fuzilado."

O general Carta, resignado com a idéia de que a resistência era impossível sem o desembarque britânico, repassou a ordem de Müller a todas as unidades italianas com a sua própria recomendação anexada. "A ordem acima é conseqüência natural da situação resultante do armistício. Estamos numa fortaleza sitiada. Portanto, é essencial obedecer às ordens do comando alemão com senso de realismo." Tragicamente, os italianos que se recusaram a trabalhar para os alemães foram embarcados num navio afundado por um submarino aliado.

Paddy Leigh Fermor fez planos para a fuga do general Carta para o Egito. Os detalhes foram organizados por Miki Akoumianakis e os irmãos Stelios e Roussos Koundouros. Foi mandada uma mensagem ao Cairo para marcar o encontro com a lancha motorizada na praia perto de Treis Ekklisies. Enquanto isso, para desespero de todos os oficiais britânicos na ilha e contra todas as instruções, Bandouvas deixara os seus homens atacarem soldados alemães na região de Viannos. Um grupo deles, na sexta-feira, 10 de setembro, começou matando dois soldados rasos que colhiam batatas em Kato Simi. Os corpos, enrolados em sacos, foram jogados num buraco, mas um "gestapita" cretense correu para avisar a guarnição mais próxima.

Ainda convencido de que a invasão aliada dirigia-se para aquela porção da costa, Bandouvas, aumentando a própria precipitação, mandou mensageiros para o norte, conclamando toda a província de Heráclion à mobilização geral. O impetuoso coronel Beteinakis correu em seu apoio. Dunbabin só podia dar contra-ordens furiosas.

Dois dias depois do ataque em Kato Simi, uma tropa de quase 2 mil homens chegou à região. Os homens de Bandouvas tiveram pouca chance. Mataram pouco menos de vinte soldados (de acordo com os dados alemães) e depois dispersaram-se. A descrição de uma fonte confiável afirma que também aprisionaram 13 alemães. Os cidadãos locais, como um arquimandrita e o prefeito de Kalami, insistiram com Bandouvas para que libertasse os prisioneiros. Indivíduos do seu bando deram o mesmo conselho e ele concordou, mas seria preciso agir em segredo porque outros queriam que fossem executados. Os soldados foram libertados na noite de 19 de setembro, mas na manhã seguinte encontraram outro grupo de homens de Bandouvas que prontamente os mataram.

As autoridades militares alemãs, já paranóicas com a defecção da Itália e com a possibilidade de os soldados de Carta lutarem ao lado da resistência, reagiram com firmeza assassina. O general Müller ordenou a destruição imediata de seis aldeias na área de Viannos e o fuzilamento de cerca de quinhentos civis.*

Bandouvas e o seu bando tiveram de fugir da casa de marimbondos que tinham provocado. O ímpeto retaliatório alemão na área empurrou-os para

*Embora não fossem parentes do *kapitan*, muitos parecem ter sofrido simplesmente porque tinham o sobrenome Bandouvas, que datava da ocupação veneziana e significa "nativo de Pádua".

oeste. Mais uma vez, Bandouvas pediu ajuda aos *kapitans* próximos da cadeia do Monte Ida e mandou uma ordem peremptória a Tom Dunbabin para que organizasse urgentemente a sua evacuação. A calma de Dunbabin foi duramente posta à prova.

Enquanto isso, em 16 de setembro, Paddy Leigh Fermor retirara secretamente o general Carta e alguns membros do seu Estado-Maior do quartel-general de Neápolis e cruzara as montanhas de Lasithi. Aviões de reconhecimento Fieseler Storch voavam acima, procurando por eles, e jogaram folhetos rapidamente impressos oferecendo recompensa de 30 mil dracmas pela captura do general Carta. Um deles caiu praticamente aos pés de Carta. Ele curvou-se, pegou-o e sacudiu-o para Leigh Fermor.

— *Ah, ah, mon capitaine!* — exclamou. — *Trente pièces d'argent! Un contrat de Judas!* — Ah, meu capitão! Trinta dinheiros! Um trato de Judas!

O grupinho conseguiu escapar das patrulhas alemãs e chegaram à praia próxima a Treis Ekklisies em 23 de setembro. Lá, Leigh Fermor encontrou Dunbabin e os outros oficiais britânicos, todos os quais tinham sido arrastados para o fracasso de Viannos, e também Bandouvas que, com autoconfiança impermeável, tentou desviar de si a culpa exigindo que ele e seus homens fossem evacuados primeiro. Apesar de tudo, Leigh Fermor não pôde deixar de ficar com pena da destruição quase total do seu bando.

A lancha a motor da Marinha Real que vinha buscar o general Carta trouxe Sandy Rendel, o seu operador de rádio e o padre Skoulas, o "padre pára-quedas". Naquela noite, encontraram na praia uma cena de caos. Para piorar as coisas, o mar estava agitado. A pasta de Rendel e o gerador do rádio caíram no mar quando o barco de borracha foi carregado.

Rendel só teve tempo de vislumbrar um homem idoso de chapéu de feltro — o general Carta — e Paddy Leigh Fermor, que viera a bordo para entregar documentos alemães importantes entregues por Tavana a Bob Young, comandante da lancha, sem que Carta soubesse. Mas Young ficou preocupado com o tempo, que piorava, e deu meia-volta rumo a alto-mar. Assim, Leigh Fermor, juntamente com Manoli Paterakis, saiu de Creta sem planejar. Da próxima vez, não voltaria por mar, mas de pára-quedas.

Na praia, Tom Dunbabin teve de exercer toda a sua autoridade para responder às exigências de Bandouvas de que mandassem outro barco do Egito imediatamente. O recém-chegado Rendel também ficou impressionadíssimo com a torrente de pragas cretenses de Dunbabin quando um jovem oficial grego, sobrinho do primeiro-ministro, jogou longe uma lata de sardinhas vazia com rótulo britânico.

Os soldados alemães que ainda procuravam Bandouvas e o seu bando obrigaram-nos, e aos britânicos, a seguir mais para oeste. Uma semana depois, os fugitivos estavam no flanco de um morro chamado Tsilívdika, perto da praia de Rodakino, usada para desembarques clandestinos.

Ali, numa depressão nos morros com uma rede de cavernas, o grupo, agora com quase cem pessoas, instalou-se para descansar e esperar. Pegavam-se ovelhas dos rebanhos próximos, que eram mortas e assadas em fogueiras nas cavernas.

As sentinelas do bando de Bandouvas, postadas nos morros vizinhos, vigiavam e Sandy Rendel lembrou-se, mais tarde, de fitar o Mar da Líbia enquanto abelhas zumbiam no tomilho que os circundava. Mas os oficiais britânicos e os seus colegas cretenses — Tom Dunbabin, Xan Fielding, Sandy Rendel, Ralph Stockbridge, John Stanley, George Psychoundakis, Niko Souris e vários destacamentos de bandos da região central — não se sentiam à vontade na calma pouco natural. Os acontecimentos pareciam tê-los ultrapassado. Perplexos e exasperados, perguntavam-se quando é que chegaria uma lancha motorizada para resolver o impasse.

O mensageiro de Dunbabin desceu do rádio do Monte Ida trazendo a mensagem do Cairo de que não havia embarcação disponível. Caso Bandouvas reagisse de forma desagradável a esta notícia — era difícil esquecer que, no outono anterior, ameaçara tomar pela força das armas suprimentos lançados de pára-quedas —, Tom Dunbabin aconselhou os seus oficiais a manterem as pistolas por perto. Mas nessa hora Bandouvas estava preocupado com outra coisa.

Um dos *andartes* locais mencionara-lhe por acaso que um homem da sua região aparecera recentemente por ali. Bandouvas perguntou-lhe o nome e, ao sabê-lo, declarou que estava mancomunado com os alemães. Mandou seus homens pegá-lo e realizou um julgamento que durou quase a noite toda. Os oficiais britânicos ficaram cochilando e, quando acordavam, estavam outra vez diante daquela cena estranha. O acusado, um tal Georgiou Ergazakis, finalmente confessou. Polioudakis, o chefe de polícia colaboracionista de Heráclion, o recrutara. Ele deu o nome de outros agentes que trabalhavam para os alemães, mas isso não o salvou.

Ao amanhecer, foi levado para ser fuzilado. Depois o corpo foi jogado num fosso. Logo em seguida, houve disparos. Uma patrulha de reconhecimento da Feldgendarmerie, com *carabinieri* italianos, fora avistada pelos vigias de Bandouvas que, sem esperar que se aproximassem, atiraram de longa distância. Depois de uma escaramuça confusa e dispersa, a maior parte da tropa inimiga morreu ou foi capturada. Entre os prisioneiros, estava um cretense que afirmou ter sido obrigado a usar farda alemã.

Esse cretense foi colocado sob guarda junto de outro soldado, que pensou ser um alemão capturado. Mas "Gussie", como os britânicos e cretenses o chamavam, era o "alemão domesticado" de Ralph Stockbridge, que fugira do quartel da Wehrmacht. Gussie cochichou para o colaborador grego, em alemão, que os dois seriam fuzilados.

O traidor cochichou de volta, também em alemão, que não deviam abandonar a esperança. Ele e os outros eram a guarda avançada de uma tropa muito maior que tinha cercado toda a região. E gabou-se de há quanto tempo e com que sucesso trabalhava para os alemães. Depois que ele se condenou inteiramente, Gussie ficou de pé e disse aos *andartes* tudo o que ouvira. Um segundo traidor encontrou o seu destino.

Este estratagema bem sucedido também foi um alerta para a sua posição perigosa. Mais tarde, ao anoitecer, o clima mudou. Eles foram salvos pela forte neblina que cobriu os morros e a costa. Naquela noite, divididos em grupos pequenos, a estranha reunião do monte Tsilívdika se desfez. Bandouvas dirigiu-se mais para oeste, pelo litoral; Dunbabin mandou com ele Niko Souris, para dar-lhe conselhos sensatos.

À espera de um novo barco, Bandouvas e seus homens se esconderam perto de Kalo Lakko, na província de Sfakia. Mas os aldeões da área assustaram-se com a sua presença e, assim, ele e seus homens foram convencidos a voltar à serra do Monte Ida. Ele acabou partindo de Creta no último dia de outubro.

Enquanto isso, Dunbabin voltou ao Amari, depois de perder quase um mês. A equipe do ISLD, com Ralph Stockbridge e John Stanley, depois de romper o cordão alemão em torno de Tsilívdika, acabou completando o circuito em sentido horário da metade ocidental da ilha. Sandy Rendel foi para as montanhas de Lasithi para assumir a estação de rádio dali. Dunbabin lhe disse que levasse Franco Tavana, oficial de contra-espionagem do general

Carta. Mas a intenção de Tavana de criar um grupo de resistência com italianos e cretenses locais esvaiu-se por falta de apoio local.

Depois da catástrofe de Viannos, a onda de sofrimento atingiu mais do que as seis aldeias. O batalhão recém-formado por Schubert com italianos do Dodecaneso, que falavam grego, começou a aterrorizar o litoral sul.* Rodakino, Kallikrati e Kali-Síkia, perto do Monte Tsilívdika, também foram destruídas. Disseram que em Kali-Síkia queimaram velhas vivas em suas casas e trinta aldeões foram fuzilados em Kallikrati.

O restante do bando de Bandouvas dividiu-se com a partida do líder. Na ausência do irmão, Yanni Bandouvas vestiu-se com um manto bem curtinho de liderança. Bodias, auxiliado por Niko Samaritis, partiu com o grupo comunista para trabalhar com o ELAS, Bodias na província de Heráclion e Samaritis em Lasithi. Apesar da falta de apoio a Tavana, Lasithi era interessante para os comunistas devido à quantidade de armas italianas ali existentes.

A área de Selino, no sudoeste da ilha, também testemunhou, nessa época, lutas e represálias. Em 25 de setembro, um destacamento alemão cercou a aldeia de Koustoiérako, lar da família Paterakis. É de se presumir que tenham ouvido falar do lançamento de armas para Kiwi Perkins e o bando seliniota, ocorrido há apenas uma semana.

Como não encontrou nenhum homem, a patrulha alemã dispôs as mulheres e crianças em linha na praça e exigiu saber onde eles estavam escondidos. Furiosos com o silêncio das mulheres, montaram uma metralhadora para a execução. Os homens, entre eles Costi Paterakis, na verdade haviam subido um penhasco junto à cidade. Os seus fuzis estavam apontados para os atiradores alemães. De uma distância de 360 metros, o tiro de Paterakis derrubou o artilheiro da metralhadora e a fuzilaria dos seus conterrâneos derrubou vários outros. Os alemães sobreviventes fugiram.

Como o destino da aldeia estava bem claro, as mulheres e crianças pegaram os seus pertences mais valiosos e subiram a montanha para se esconder, enquanto muitos homens se uniam aos bandos de Selino. A reação alemã foi tão rápida quanto tinham esperado. Entre 30 de setembro e 3 de outu-

---

*Esta unidade, com fardas da Wehrmacht, foi batizada de Jagdkommando Schubert; os cretenses apelidaram os seus integrantes de schuberaios.

bro, destacamentos alemães incendiaram as aldeias de Koustoyérako, Moni e Leivada. Mas a resistência foi feroz. No mesmo período, 24 soldados germânicos foram mortos. Nessa época, Perkins já tinha uma tropa guerrilheira eficientíssima. Estavam bem armados depois de três lançamentos de pára-quedas e reforçados com homens das aldeias destruídas; naquele outono, o distrito de Selino tornou-se perigoso para os alemães. As escaramuças depois de emboscadas de patrulhas prosseguiram durante a segunda semana de outubro. Culminaram em 18 de outubro com a batalha de Akhlada.

Akhlada é uma planície minúscula nas montanhas, duas horas acima de Koustoyérako. Os pastores da aldeia tinham queijarias ali, construídas solidamente de pedra e sem janelas. O lugar fora usado para alguns lançamentos de pára-quedas e, assim, as patrulhas alemãs visitavam-no com freqüência.

Kiwi Perkins teve uma idéia inspirada para uma emboscada. Depois de escolher o caminho com todo o cuidado, ele e os seliniotas aguardaram em posição para que uma patrulha que se aproximava caísse na armadilha. Antoni Paterakis guarnecia a metralhadora Bren, arma com a qual ficou famoso, e no sinal de Kiwi abriu fogo quando a patrulha de 19 alemães e três italianos chegou às queijarias.

A reação imediata dos soldados sob fogo é procurar proteção primeiro, dar combate depois. Como as queijarias eram a única proteção contra as rajadas de fogo, jogaram-se lá dentro, esquecendo que não tinham janelas. Enquanto o resto do bando vigiava as entradas, Perkins passou de cabana em cabana, rolando uma granada para dentro de cada uma delas. Esperava um pouco depois de puxar o pino para que os alemães lá dentro não tivessem tempo de jogá-las fora; quem tentasse fugir era derrubado pelos seliniotas. Só dois integrantes do bando foram feridos: Perkins, com uma bala abrigada junto da omoplata, e outro integrante do bando, Manolis Tzatzimakis, mais gravemente.

Os soldados que se renderam não tiveram melhor sorte do que os camaradas mortos. Foram levados para o esconderijo do bando. Não havia como mandar este lote de prisioneiros para o Egito pelo mar; depois de tamanho combate, os seliniotas esperavam que toda a área fosse vedada. Na manhã seguinte, o bando tirou a sorte. Coube a Antoni Paterakis e mais um cuidar deles.

Levaram os prisioneiros para mais acima, na montanha, até um precipício num lugar chamado Tafkos. Antoni Paterakis enrijeceu-se com lembranças de como os alemães tinham sido impiedosos com os *andartes* capturados. Os prisioneiros, amarrados um ao outro em fila, perceberam qual seria o seu destino quando avançaram para a borda do penhasco. Paterakis pretendia fuzilá-los ali e depois rolar os corpos lá para baixo, mas o primeiro alemão a ser fuzilado caiu para trás e despencou no buraco. Arrastou consigo o próximo homem e assim foi até que todos desapareceram.

Embora o buraco tivesse mais de trinta metros de profundidade, alguns alemães sobreviveram à queda. Perkins, apesar do ferimento da véspera, dispôs-se a descer para acabar com eles, mas Antoni Paterakis insistiu em cuidar de tudo sozinho. Foi baixado numa corda improvisada com tiras de pára-quedas, mas ela se rompeu e ele também caiu. O destino de Paterakis horrorizou os que ficaram lá em cima. Seu pai rompeu em lamentações até que ficou claro que ainda estava vivo, embora com as costas feridas. Preso naquele ninho de cobras humano feito por ele mesmo, ouviu um dos alemães cochichar:

— E agora, Greco, morreremos juntos.

Perkins finalmente convenceu os outros a descê-lo. Chegou ao fundo em segurança, acabou com os alemães sobreviventes e, com Paterakis amarrado às suas próprias costas feridas, foi içado até a superfície. Depois a bala foi retirada das costas de Perkins com um grande punhal cretense. Este ato de salvamento fez dele um herói nacional. A partir daí passou a ser conhecido como "o inesquecível Vasili". Antoni Paterakis sobreviveu aos seus ferimentos. Foi evacuado na lancha a motor e tratado num hospital do Cairo. Mas Manolis Tzatzimakis teve de ser levado em segredo para tratamento em Canéia, onde foi traído, preso pelos alemães e fuzilado.*

Durante o decorrer do ano, a hierarquia militar em Creta foi formalizada. Tom Dunbabin tornou-se tenente-coronel, no comando da Missão Militar britânica. Xan Fielding, responsável pelo oeste da ilha, foi promovido a major com 25 anos. Não muito tempo depois, Paddy Leigh Fermor, encarregado do leste de Creta, também foi promovido a major; tinha 28 anos. Isso fazia

*Outra ação, realizada por outro bando, deve ter acontecido mais ou menos na mesma época, porque 42 alemães morreram entre 18 e 22 de outubro.

parte do ambicioso plano de Keble, que criou quase oitenta missões da SOE nos Bálcãs até outubro de 1943.

Assim, os oficiais originais da SOE espalhados pelos Bálcãs viram-se transferidos e promovidos. O seu único consolo foi a promoção rápida. A inflação de postos pretendia, principalmente, dar-lhes peso para tratar com os grupos guerrilheiros locais e, em parte, aumentar de baixo para cima a pirâmide da hierarquia, assim elevando Keble nos ombros recém-engalanados dos outros.

O crescimento rápido demais das Missões Militares britânicas não foi igualado por um aumento semelhante do número de decifradores. Somente a seção cretense conseguia dar conta, porque Jack Smith-Hughes e os seus oficiais assumiram o serviço de decifração quando a quantidade de mensagens aumentou. Já na seção grega, a situação ficou desastrosa. Os oficiais em campo ficaram furiosos. Viram que era quase impossível obter respostas e suspeitaram que toda tentativa de passar informações seria perda de tempo. Os decifradores, em sua maioria sul-africanos renomados por serem encantadores — não era apenas fantasia de homens há tempo demais em campo; os oficiais de Estado-Maior no Cairo admitiram que eles eram escolhidos pela aparência — tiveram de agüentar o grosso das mensagens ofensivas e muitas vezes obscenas.

Ninguém que conhecesse Keble confiaria num quartel-general distante comandado por aquele homem. Quem ficasse em seu caminho ou fizesse objeção aos seus métodos era perseguido e pressionado a submeter-se ou, em alguns casos, como o de Arthur Reade, submetido a uma campanha de vilificação. Mas Bolo Keble acabou escolhendo o homem errado. Furioso porque Churchill nomeara Fitzroy Maclean para encabeçar a Missão Militar britânica junto a Tito sem falar com ele, recorreu a uma campanha de mentiras acusando Maclean de ser um homossexual bêbado e indigno de confiança. Quando a notícia desta tentativa de caluniar o caráter de Maclean chegou ao general Wilson, a carreira extraordinária de Keble na SOE teve fim súbito.

A outra contribuição à reviravolta daquele ano foi a crescente rixa política com o Foreign Office sobre a Grécia continental. Ela explodiu sobre um oficialato sabidamente mal informado e pobre de imaginação quando o brigadier Myers, comandante da Missão Militar britânica na Grécia, levou ao Cairo uma delegação de *andartes*. Tanto os representantes do EAM-ELAS quanto os não comunistas enfatizaram, em termos muito francos, que o rei Jorge II não devia nem pensar em voltar à Grécia sem um plebiscito sobre o futuro da monarquia. O Foreign Office e o governo grego no exílio ficaram furiosos por terem permitido revelação tão embaraçosa.

Myers foi o bode expiatório desta contradição entre pressupostos enrijecidos e a realidade política interna da Grécia. A história contada no continente de que os britânicos tinham lançado pés esquerdos de botas para os grupos esquerdistas do ELAS e pés direitos para o EDES com o intuito de criar problemas é adequada, embora apócrifa. A política britânica na Grécia era menos uma conspiração maquiavélica e mais uma seqüência de tropeços resultantes de ignorância, arrogância, pensamento confuso, falta de imaginação e recusa a dar ouvidos aos outros.

Lord Glenconner, líder da SOE Cairo, também sofreu com o efeito da malvista honestidade de Myers e da flagrante desonestidade de Keble quando o general "Jumbo" Wilson decidiu que a SOE Cairo estava "podre até os ossos". Keble voltou aos seus "deveres de rotina" e, depois de um breve interregno sob o comando do general-de-brigada W. A. M. Stawell, o brigadier Karl Barker-Benfield ocupou-lhe o lugar.

O novo diretor militar, homem decente e sincero, de modos tranqüilos, não podia ser mais diferente do seu antecessor. Os comunistas gregos no continente identificaram o seu caráter com olhos de falcão quando ele fez uma viagem de inspeção no ano seguinte, e agiram de acordo. Em Creta, a armadilha política era menor e, assim, os oficiais da seção viram-no com mais divertimento do que exasperação.

Barker-Benfield, que, na descrição de Monty Woodhouse, tinha "cabeça redonda e brilhante, quase totalmente calvo, e um sotaque estranhamente teutônico", inspirou em Jack Smith-Hughes a idéia excêntrica de que o seu nome verdadeiro era Barcke von Bohnenfeld. Mais tarde foi constante a piada de que o alemão coronel Barge (pronuncia-se Barke), que assumiu o comando da Festungsdivision 133 em Canéia, era na verdade o irmão gêmeo, há muito desaparecido, do brigadier Karl Barker-Benfield, comandante da Força 133.

Em Creta, os oficiais britânicos estavam decididos a manter o *modus vivendi* com o EAM-ELAS para impedir a guerra civil. Na noite de 7 de novembro, Xan Fielding realizou a maior reunião entre representantes da EAM e da EOK desde a rixa de Karines, na primavera. Ela aconteceu nos morros atrás de Canéia, perto de Therisso, onde Venizelos estabelecera o seu quartel-general revolucionário na rebelião de 1905. Fielding chegou escoltado pelo seu guia e valioso conselheiro Pavlo Vernadakis. O prefeito de Canéia, Nikolaos Skoulas, liderou a delegação da EOK e o general Mandakas e Miltíades Porfiroyennis eram os representantes do EAM-ELAS.

Fielding, depois de apresentar a pauta, afirma ter se afastado para dormir por estar exausto com a marcha pelas montanhas, mas sempre tentou reduzir o seu papel no pacto de não agressão a que finalmente se chegou. Skoulas, que fizera uma cena dramática antes da reunião, perguntando "O que a história dirá se eu assinar um acordo com os comunistas?", disse então ao coronel da gendarmeria que assinasse em seu nome, ao lado de Constantinos Mitsotakis. O acordo, depois de assinado, foi em geral mantido, ao contrário do que aconteceu no continente. E muitos cretenses acreditam que este primeiro passo ajudou a salvar a ilha dos piores efeitos da guerra civil.

Depois de 14 meses em campo, Xan Fielding voltou ao Cairo. Durante o período que passou no Egito, chegou à conclusão de que nunca haveria a invasão aliada de Creta. Já que era bilíngüe em francês, por ter sido criado na França, seria mais útil lá.

Dennis Ciclitira, substituto de Fielding e capitão dos South Staffords (regimento britânico do Staffordshire, pertencente à Divisão Príncipe de Gales), chegou pouco antes do Natal. Ciclitira fora oficial competentíssimo do Estado-Maior de Jack Smith-Hughes na seção cretense desde outubro de 1942, mas até então o mais perto que chegara do serviço de campo fora como oficial comandante das travessias clandestinas que partiam de Derna. Cansado dos olhares de desdém que os oficiais lotados no Cairo tendiam a receber dos colegas em operação, Ciclitira foi voluntário para ocupar a vaga de Xan Fielding quando este voltasse para descansar. Pouco tempo depois da transmissão do cargo, a sua nomeação tornou-se permanente com a transferência de Fielding.

Embora a família fosse de origem grega, Ciclitira não se gabava dela, principalmente porque os cretenses desconfiavam, instintivamente, dos gregos de fora. Mas não se afeiçoou aos cretenses e a sua língua bastante cáustica não ajudou a esconder isso.

A região oeste de Creta, cujo comando assumiu, tinha dois aparelhos de rádio: um na área de Selino, com Kiwi Perkins, e outro em Asi Gonia, que seria a sua base nos primeiros meses. O relacionamento de Ciclitira com Perkins não foi fácil. Ele se espantou-se com o fato de os cretenses verem o neozelandês como herói, principalmente por ter salvado Antoni Paterakis do buraco, e achou difícil aceitar que considerassem um sargento como seu líder natural.

A isso se seguiria um choque de vontades. Ciclitira acreditava que Perkins causava "mais problemas do que valia a pena" lá no sudoeste e deu ordens para que voltasse ao Cairo. Perkins, decidido a lutar até o fim com os seliniotas, recusou-se a sair da ilha. A disputa foi resolvida de modo trágico no final de fevereiro de 1944. Perkins, a caminho de uma reunião com Ciclitira perto de Asi Gonia, encontrou a morte numa emboscada alemã.

26

O seqüestro do general Kreipe

Quase no final de 1943, Sandy Rendel, nas montanhas de Lasithi, recebeu mensagem de Tom Dunbabin dizendo que Paddy Leigh Fermor seria lançado de pára-quedas em sua área com uma equipe. Vinham de Brindisi para seqüestrar um general alemão.

A idéia surgiu em junho de 1942 quando o general Andrae, comandante da Fortaleza de Creta, seguindo o exemplo do general Ringel, ordenara a Manoussos Manoussakis que o levasse numa caçada ao íbex nas Montanhas Brancas. Manoussakis passara a dica a Marko Spanoudakis, líder da rede Quins, que discutiu os planos com Xan Fielding. A SOE Cairo aprovara o projeto, mas mesmo com a ajuda de Manoussakis foi praticamente impossível organizá-lo. De qualquer modo, a expedição foi cancelada a meio caminho quando chegaram notícias do ataque de Jellicoe e a autoridade de Andrae foi necessária para a execução dos prisioneiros em Heráclion. Agora a idéia do seqüestro foi levantada outra vez.

Depois de vários adiamentos, o lançamento foi marcado para a noite de 4 de fevereiro de 1944, no platô de Katharo. Leigh Fermor foi o primeiro a pular, mas depois, quando o aeroplano deu uma grande volta — a zona de pouso era demasiado pequena para mais de um de cada vez e Leigh Fermor tinha de fazer sinais com uma tocha para avisar que estava tudo bem — nuvens pesadas, que já se aproximavam, de repente cobriram o céu. Os observadores lá embaixo podiam ouvir o aeroplano continuando a dar voltas. Finalmente, ele teve de ir embora para o sul, sobre o mar.

Paddy Leigh Fermor se abrigou com Sandy Rendel em sua caverna acima de Tapais. As semanas seguintes foram uma seqüência furiosa de mensagens confusas de e para o Cairo. Sete lançamentos foram abortados no último instante. Era inevitável que esta atividade e os sobrevôos logo atraíssem a atenção alemã. Na suposição de que uma poderosa força de ataque tivesse desembarcado na área, o efetivo de cinqüenta soldados da guarnição de Kritsa foi dobrado. O consolo foi quando duas patrulhas alemãs encontraram-se no escuro e entraram em combate, deixando dois mortos e vários feridos.

Pouco depois da chegada de Leigh Fermor, um esquadrão antitraidores do bando de Bandouvas — aquele com o jovem cretense louro de farda alemã — ficou muito satisfeito. Tinham pego um traidor famoso com a mesma velha tática e exibiram com bravata o documento das autoridades alemãs que o prisioneiro prontamente lhes entregara. Na ausência do seu *kapitan*, que estava no Cairo, buscaram Rendel e Leigh Fermor, que consentiram com a execução mas mandaram alguns homens seus para garantir que não houvesse sofrimento desnecessário. Foi uma época péssima para os traidores em Creta. Em Meskla, um grupo do ELAS encurralou e matou oito "schuberaios". Os alemães decidiram desmobilizar o Jagdkommando Schubert.

Em 24 de março, quando Sandy Rendel estava afastado em suas viagens, Paddy Leigh Fermor espantou-se com a chegada de mais personagens agasalhados contra o frio. Reconheceu novamente personagens da época em que esteve com Bandouvas no ano anterior. Eram os três comunistas importantes que agora comandavam os seus próprios bandos. Yanni Bodias em Heráclion; Samaritis, líder do ELAS em Lasithi, "homem azedo e arrogante"; e Mitsos O Papas, indivíduo muito amigável e corajoso, famoso por ter afundado sozinho um navio.

Tinham vindo discutir o Acordo Nacional dos Bandos que Monty Woodhouse organizara no continente entre o ELAS e o grupo não comunista EDES (ver o Apêndice D). Queriam armas para os seus homens e Leigh Fermor disse que mandaria o pedido ao Cairo. Reconheceu que a solicitação se justificava, mas no fundo temia que o fornecimento irrestrito de armas se tornasse perigoso caso as relações entre o ELAS e a EOK se deteriorassem.

Finalmente, depois que todas as tentativas de lançar pára-quedistas foram abandonadas em meados de março, o restante da equipe partiu do Egito e chegou a Tsoutsouro na noite de 4 de abril. Assim que o equipamento foi levado da lancha até a praia no bote a remo, quatro desertores da Luftwaffe foram mandados a bordo, juntamente com uma datilógrafa do quartel-general alemão em Hierapetra, chamada Antonia, que fornecera à resistência informações importantíssimas.

Leigh Fermor e Rendel estavam na praia para receber os recém-chegados: capitão William Stanley Moss, rapaz bonito e oficial dos Guardas de Coldstream, Manoli Paterakis, aquele combatente formidável e ex-gendarme do distrito de Selino, e George Tyrakis, cretense do vale de Amari que desde o princípio trabalhara intimamente com a SOE. Tanto Paterakis quanto Tyrakis tinham feito o curso de pára-quedismo com Paddy Leigh Fermor em Ramat David. No comitê de recepção também estavam Gregori Khnarakis, que salvara o sargento Jo Bradley em setembro de 1942, quando o seu avião foi derrubado, e Antoni Papaleonidas. Duas cabras foram mortas para o desjejum depois que todos seguiram para um lugar seguro no interior.

Leigh Fermor, depois de um total de exatos 17 meses na ilha, sentia-se agora quase cretense. Ficara entristecido com o desastre de Viannos em setembro anterior e queria organizar contra os alemães um golpe sem sangue, que unificasse as facções rivais numa operação que fosse pelo menos tão cretense quanto britânica, apesar da ficção, para evitar represálias, de que fora totalmente montada a partir do Egito.

Quando, mais tarde, passou as informações ao grupo, disse-lhes que o alvo, o general-de-brigada Müller, comandante da Divisão Sebastopol e responsável por tanto sangue e sofrimento, fora substituído pelo general-de-brigada Heinrich Kreipe, oficial da frente russa de quem pouco se sabia. "No que dizia respeito ao efeito final do nosso plano", escreveu Moss mais tarde, "supúnhamos que qualquer general seria uma boa presa." Naquela época, a SOE achava que Müller fora transferido para o Dodecaneso, mas na verdade ele substituíra o general Bräuer em Canéia como comandante da Fortaleza de Creta. Seja como for, o plano consistia em realizar o seqüestro no campo relativamente aberto do quartel-general de Arkhanes ou em sua casa, a Vila Ariadne, em Cnossos, que fora a base de John Pendlebury antes da guerra.

Dois dias depois do desembarque, Leigh Fermor e o seu grupo reuniram-se com Athanasios Bourdzalis, *kapitan* da Ásia Menor à moda antiga que, apesar da idade, era um combatente irregular de grande força. Discutiram a possibilidade de usar os seus *andartes* como tropa de defesa durante o seqüestro, caso houvesse problemas.

O grupo do Egito instalara-se em Kastomonitza, para onde Miki Akoumianakis seguira de ônibus vindo de Heráclion. Embora as suas roupas citadinas pudessem parecer deslocadas numa aldeia nas montanhas com cretenses de botas e calções largos, Akoumianakis era, por várias razões, o membro mais importante da equipe. Não só conhecia melhor do que ninguém a área próxima a Cnossos, por ter sido criado lá, mas também chegara até a cultivar relações com o motorista do general e a passar uma noite na Vila Ariadne. Akoumianakis era controladíssimo quando diante de algum perigo súbito. Num dos reconhecimentos para esta operação, percebeu que oferecera a um sargento alemão um cigarro inglês, do suprimento que viera na lancha. Quando o alemão fitou o maço, espantado, Akoumianakis, sem se perturbar, pediu desculpas por lhe oferecer cigarros ingleses e acrescentou que vinham do mercado negro e que, sem dúvida, eram mercadoria capturada.

O grupo principal teve de se esconder durante uma semana numa caverna enquanto Paddy Leigh Fermor e Miki Akoumianakis estudavam a rota entre o quartel-general alemão de Arkhanes e a Vila Ariadne em Cnossos — a "Casa de Teseu", no código inseguríssimo da Missão Militar britânica. Leigh Fermor queria pegar Kreipe na própria Vila Ariadne, mas Akoumianakis convenceu-o a desistir dessa idéia. A casa e o terreno eram fortemente guardados e cercados por uma cerca dupla de arame farpado. Durante a viagem de inspeção pelo distrito, viram o general Kreipe passar de carro e não resistiram a acenar-lhe. Ele pareceu espantado e acenou de volta. Isso lhes deu a idéia de levar o general em seu próprio carro.

Depois de combinar o lugar da emboscada — o ponto onde a estrada de Arkhanes cruza a estrada Heráclion-Kastelli —, Miki Akoumianakis partiu para arranjar um par de fardas alemãs para os dois ingleses. Leigh Fermor voltou à caverna em 19 de abril, domingo de Páscoa, com o estudante Elias Athanassakis, lugar-tenente de Akoumianakis, que então retornou a Cnossos para vigiar a Vila Ariadne. Na ausência de Leigh Fermor, o grupo fora engrossado por alguns prisioneiros russos fugidos de um grupo de trabalho forçado nas estradas. Billy Moss, cuja mãe era bielo-russa, ficou entusiasmado com a idéia de criar uma tropa de desertores do Exército Vermelho, porém mais tarde os russos foram mandados para novo esconderijo. Três outros cretenses, que seriam utilíssimos nas circunstâncias — Nikos Komis, Dmitiri Tzatzas e, finalmente, Pavlos Zographistos, que possuía um vinhedo convenientemente próximo da importante encruzilhada — foram recrutados mais ou menos nesta época.

Leigh Fermor e Moss decidiram que precisavam de Bourdzalis e dos seus *andartes* como força de bloqueio, caso chegassem reforços. Um mensageiro partiu e, dois dias depois, Bourdzalis e os seus 14 *andartes* chegaram ao ponto de encontro, depois de um dia de marcha rápida. Mas dali a três dias, quando a operação foi adiada pela segunda vez, os camponeses do local avistaram os homens de Bourdzalis, estranhos na vizinhança, e os *andartes* tiveram de ser mandados para casa. No último momento, mais dois cretenses foram recrutados: Antoni Zoïdakis, velho amigo de Leigh Fermor, e Stratis Saviolakis, ambos policiais. Isso aumentou o grupo para 11 homens no total. Mas mesmo com as suas submetralhadoras Marlin, só poderiam oferecer rápida resistência caso um caminhão de soldados chegasse na hora errada.

Em três dias consecutivos, esperaram até a noite e tiveram de desistir porque o general voltou à Vila Ariadne antes do crepúsculo. No quarto dia, 25 de abril, à espera do anoitecer, começou a chover. Isso obrigou-os a sair do seu esconderijo no velho leito do rio, porque os aldeões vieram procurar caramujos. Mas em 26 de abril o general ainda não aparecera até o escurecer; engoliram os comprimidos de benzedrina e puseram-se em posição perto do cruzamento.

Depois de vários alarmes falsos o carro do general foi avistado às 21h30. Elias Athanassakis, o estudante, passara dias e noites estudando o carro e a forma dos seus faróis. Deu o sinal e várias centenas de metros adiante, descendo a estrada, uma campainha elétrica, ligada a um fio, tocou perto de onde Leigh Fermor e Moss esperavam com as suas fardas alemãs.

Foram para o meio da estrada e acenaram para o carro parar. Seguiram até ele, um de cada lado. Leigh Fermor jogou a luz da lanterna no general lá dentro e exigiu ver os seus documentos. O motorista protestou com impaciência, enquanto eles abriam as portas. Moss prendeu o motorista num salva-vidas e os cretenses que vinham atrás arrastaram-no para a estrada. Do outro lado, enquanto Leigh Fermor ameaçava o general Kreipe com o seu Colt e puxava-o do carro, Manoli Paterakis e dois outros seguraram-no e algemaram-no. Miki Akoumianakis, empolgado com a intensidade do momento, gritou na cara deste importante representante dos homens que tinham matado o seu pai:

— *Was wollen sie in Kreta?* — O que quer em Creta?

Moss assumiu o volante e o general foi deitado no chão, atrás, sob os pés de Tyrakis, Paterakis e Saviolakis. A operação toda levara menos de um minuto. Paddy Leigh Fermor, depois de pôr na cabeça o barrete do general, sentou-se na frente e, dando adeus ao resto do grupo, com o qual se encontraria no Monte Ida, afastaram-se na direção de Heráclion. Quando se aproximaram da Vila Ariadne, as sentinelas do portão apresentaram armas, mas viram o carro do Estado-Maior passar direto.

Miki Akoumianakis evitara o lado do motorista porque não queria ser reconhecido pelo homem com quem fizera amizade. No entanto, mais tarde, quando dois do bando estavam prestes a levar o motorista embora — o plano era encontrar-se no Monte Ida — achou que poderiam desobedecer as ordens estritas de Leigh Fermor de não matá-lo. O objetivo da operação era realizar um golpe espetacular mas sem sangue, que não pudesse justificar nenhuma represália contra civis cretenses. Akoumianakis lembrou-lhes tudo isso e enfatizou também que o homem os ajudara, embora inadvertidamente. Mais tarde, descobriu que tinham levado o motorista alguns quilômetros adiante e encontrado um lugar onde o corpo poderia ser escondido. Permitiram-lhe dar uma última olhada numa fotografia da família, à luz de uma lanterna protegida, e depois cortaram-lhe a garganta, devido à necessidade de silêncio.

Não muito depois de passar pelas espantadas sentinelas da Vila Ariadne, chegaram aos portões fortemente guardados de Heráclion. Moss reduziu a velocidade para dar às sentinelas tempo de ver as flâmulas na frente do carro e depois Leigh Fermor, na frente, usando o barrete de Kreipe, gritou da janela "*Generals Wagen!*", "Carro do general!". Dentro de Heráclion, a multidão noturna nas ruas impediu que avançassem mais depressa que a velocidade dos pedestres. Ficaram o tempo todo com medo de que algum soldado de licença olhasse pela janela. E ainda tinham de sair pelo Portão de Canéia, o mais fortemente guardado de todos. Mas graças às flâmulas no carro, ao barrete do general e ao respeito automático do soldado alemão pela autoridade, passaram direto, com Leigh Fermor respondendo às continências.

Na estrada de Retimno, em Yeni Gavé (hoje chamada Drosia), o carro parou e o grupo se dividiu. Moss e dois cretenses que escoltavam o general, agora sem algemas, partiram a pé rumo a Anoyia, na encosta norte do Monte Ida. Paddy Leigh Fermor seguiu em frente com George Tyrakis para deixar o carro o mais perto possível do litoral, de modo a sugerir que o grupo partira num submarino. No banco da frente, deixou uma carta lacrada, endereçada ao comando alemão, anunciando que a operação fora realizada totalmente a partir do Cairo, com oficiais britânicos e integrantes das tropas de Sua Majestade helênica lá sediadas, e assim não se justificaria nenhum tipo de represália contra a população local. Por precaução, vários artigos de fabricação britânica também foram deixados no carro. Então, Leigh Fermor e Tyrakis tiraram as flâmulas do carro e as levaram como lembranças.

Moss e o grupo que escoltava o general caminharam até um esconderijo perto de Anoyia, onde passaram o resto da noite. O general estava preocupadíssimo com a perda da sua Cruz de Cavaleiro, que devia ter se soltado durante a luta. Na manhã seguinte, tiveram de se esconder numa caverna ao serem advertidos de que grupos de busca alemães já tinham chegado à região. Os aviões de reconhecimento Fieseler Storch deram várias voltas lentíssimas pelos flancos do Monte Ida, lançando de vez em quando folhetos mal impressos que ameaçavam destruir aldeias caso o general não fosse entregue.

Paddy Leigh Fermor e George Tyrakis só chegaram a Anoyia ao amanhecer. A farda alemã de Leigh Fermor provocou olhares de intenso ódio. Os homens viraram-lhe as costas, as mulheres cuspiram e bateram janelas e o grito cretense para avisar a presença do inimigo — "Os Bois Pretos se perderam no trigal" — anunciava o seu avanço pela rua. Para os dois, foi uma sensação estranha. Foram até a casa do padre, onde a esposa do padre Skoulas, o pára-quedista, recusou-se enfaticamente a deixá-los entrar até que finalmente se convenceu de que esse personagem com a farda odiada era mesmo amigo do marido.

Naquela noite, alimentados e atendidos de toda forma possível, os dois partiram para as montanhas, para unir-se ao restante do grupo. Então, juntos, foram para o esconderijo de Mikhali Xylouris, onde um trio britânico do grupo de Tom Dunbabin, comandado por um oficial subalterno de cavalaria, John Houseman, esperava-os com ansiedade.* No dia seguinte, 28 de abril, o grupo subiu até o pico nevado do Monte Ida e desceu do outro lado, numa façanha extremamente cansativa. No caminho, uma escolta do ban-

*Xylouris assumira a liderança do bando de Anoyia no inverno anterior, depois que os alemães fuzilaram o seu *kapitan* Stephanoyannis Dramoudanis.

do de Petrakageorgis apareceu para assumir o lugar dos homens de Xylouris. Batedores foram à frente, porque se dizia que grandes destacamentos alemães tinham seguido para o vale de Amari na frente deles.

Naquela noite, escondidos numa imensa caverna labiríntica usada pelos cleftes que lutavam contra os turcos, parecia que tudo começava a dar errado. Dunbabin caíra com uma crise grave de malária e não se podia fazer contato com ele. O rádio do seu esconderijo parara de funcionar e não podiam confirmar o encontro no litoral, em Saktouria, com uma lancha motorizada. Mandaram mensageiros em várias direções — para Sandy Rendel, no leste, para Dick Barnes, oficial encarregado da área de Retimno, no litoral norte, e para Ralph Stockbridge, do ISLD, que também estava perto de Retimno — com cópias da mensagem para o Cairo.

Kreipe estava cada vez mais deprimido. Podia imaginar muito bem as piadas que seriam feitas às suas custas na cantina dos oficiais. (Com pavorosa ironia, a sua promoção a general-de-divisão, pela qual tanto esperara, chegou no dia seguinte ao seu desaparecimento.)

Sem saber como estava o cordão alemão em torno da região do Monte Ida, o grupo avançou descendo a montanha. Por sorte, a leitura errada de um bilhete que os aconselhava a não se mover levou-os a romper a linha alemã à noite, durante um dilúvio. Passaram vários dias numa moita de arbustos, encharcados pela chuva intermitente. O único consolo na época foi saber que não houve represálias, apesar dos folhetos ameaçadores.

Seguiram na direção da praia perto de Saktouria, porém más notícias os esperavam em Ayia Paraskevi. Os soldados alemães estavam por toda parte e uma grande tropa ocupava a praia da fuga. Paddy Leigh Fermor seguiu imediatamente para o esconderijo de Dick Barnes, ao norte, para combinar outro lugar. Mas só no dia seguinte ficou claro que esta fora apenas uma "horrível coincidência". Os alemães tinham acabado de saber que na noite de 20 de abril houve uma entrega de armas feita de caíque e que trinta mulas carregadas de armas tinham chegado aos bandos no interior da ilha. A raiva alemã também fora provocada pelo ataque de Petrakageorgis na Páscoa, que matara oito soldados. Com horror, o grupo ouviu as explosões distantes de dinamite e viu as colunas de fumaça preta quando quatro aldeias foram destruídas naqueles primeiros quatro dias de maio de 1944. Essas represálias, na verdade, não estavam ligadas à operação Kreipe, como deixa claro a proclamação publicada em 5 de maio no jornal *Paratiritis*, controlado pelos alemães. O seqüestro de Kreipe só foi mencionado noutra reportagem como parte do rol de crimes cometidos contra as forças de ocupação.

NOTIFICAÇÃO

As aldeias de Kamares, Lokhria, Margarikari e Saktouria e as regiões vizinhas do Nomo de Heráclion foram destruídas e extintas. Os homens foram presos e as mulheres e crianças removidas para outras aldeias.

Esses aldeões deram abrigo e proteção, durante meses, a bandos comunistas comandados por mercenários. Ao mesmo tempo, a parte pacífica da população é igualmente culpada, porque nada disse sobre tais práticas traiçoeiras.

Os bandidos freqüentavam a região de Saktouria com apoio da população e transportavam armas, suprimentos e terroristas, e ali escondiam-nos. Kamares e Lokhria deram refúgio e alimento aos bandidos. Em Margarikari, que também lhes deu abrigo e suprimentos, o traidor e agitador Petrakageorgis comemorou a Páscoa sem interferência dos habitantes.

Cretenses, ouvi com atenção! Conhecei vosso real inimigo! Defendei-vos dos assassinos dos vossos compatriotas e dos ladrões dos vossos rebanhos. Há algum tempo as Forças Armadas alemãs já sabiam desses atos rebeldes e a população sempre foi deles avisada e informada.

Mas a nossa paciência se esgotou. Agora a lâmina da espada alemã atinge os culpados e, no futuro, derrubará todos os que forem culpados de manter ligações com os bandidos e com os seus instigadores ingleses.

De acordo com outra declaração, soldados alemães revistaram a aldeia de Lokhria, em 14 de março, e encontraram armas, inclusive uma metralhadora norte-americana. Kamares fora "refúgio e abrigo de centenas de homens armados", enquanto Margarikari, "lar do arquibandido Petrakageorgis", demonstrara os seus sentimentos antigermânicos ao comparecer em massa quando "o funeral da mãe do arquibandido, realizado por cinco padres, realizou-se com grande pompa".

As coincidências infelizes foram maiores do que Leigh Fermor e seus companheiros perceberam. Em 29 de abril, uma patrulha alemã da pequena guarnição costeira de Plakias (a menos de 25 quilômetros a oeste de Saktouria) prendeu três pastores por levar os seus rebanhos para pastar na faixa litorânea proibida. O bando local de *andartes* de Rodakino emboscou os alemães que escoltavam os três pastores, dois dos quais foram imediatamente fuzilados pelos seus captores. Nesta ação rápida mas sangrenta os *andartes* mataram quatro soldados e capturaram os outros dois. Os registros alemães mostram que esses dois soldados foram fuzilados no dia seguinte. Uma fonte cretense afirma que foram mandados de barco dois dias depois para o Egito, mas isso parece muito improvável se era impossível tirar o general Kreipe da ilha. O grupo de Kreipe teve de voltar ao interior, para longe de toda essa comoção, e assim levaram o general para um abrigo de ovelhas acima de Yerakari. Foi ali, olhando o sol nascer no Monte Ida, que o general Kreipe recitou os primeiros versos da nona ode de Horácio, *Ad Thaliarchum*. Leigh Fermor completou as outras cinco estrofes, criando assim um laço além da guerra entre captor e cativo.

Então o grupo partiu para oeste, pela cintura de Creta, indo de um esconderijo na montanha a outro. O avanço foi lento, porque o general caíra da mula sobre uma pedra e machucara o ombro.

Em 7 de maio, finalmente houve contato com Barnes e Stockbridge. Mandaram-se mensagens ao Cairo e na manhã seguinte um mensageiro trouxe de volta a resposta de um dos rádios, dizendo que uma tropa de proteção do SBS, comandada por George Jellicoe, desembarcaria para auxiliar a evacuação.

O último trecho da viagem quase se pareceu com uma procissão triunfante. *Andartes* e aldeões ladeavam o caminho de ovelhas para ver o general. Literalmente centenas deles sabiam onde estavam, mas os alemães nunca receberam uma só informação dos seus espiões. Houve uma complicação na undécima hora quando um destacamento de soldados ocupou a praia de Limni, escolhida para o embarque. Felizmente, Dennis Ciclitira se aproximara com o seu rádio e reorganizou tudo para a praia perto de Rodakino.

Finalmente, às 11 horas da noite de 14 de maio, uma lancha a motor comandada por Brian Coleman apontou rumo à praia em resposta ao sinal de reconhecimento em código Morse. A tropa de proteção do SBS, comandada pelo tenente Bob Bury, pôs-se em ação, prestes a assumir posições defensivas, e ficaram de crista caída quando lhes disseram que havia pouca possibilidade de batalha na retaguarda. E como grande número de *andartes*, inclusive o bando de Asi Gonia liderado por Petrakas, tinha se reunido para ver a partida do grupo, qualquer destacamento alemão na área teria uma recepção feroz. Obedecendo à prática costumeira, antes de embarcar todos deixaram para trás as armas, botas e rações sobressalentes, rapidamente divididas pela enorme multidão na praia.

O grupo, que incluía Miki Akoumianakis e Elias Athanassakis e mais Dennis Ciclitira, embarcou e foi recebido com sanduíches de lagosta e rum da Marinha. Em Mersa Matruh, um comitê de recepção encabeçado pelo brigadier Barker-Benfield esperava com uma guarda de honra para apresentar os seus respeitos antes que o general fosse levado para cativeiro honrado. Kreipe, aceitando finalmente o seu destino, ficou quase à vontade. Paddy Leigh Fermor, por outro lado, não se sentia nada à vontade. Durante os últimos dias, começara a sofrer ataques de rigidez. Quando chegou ao Cairo, caiu com um surto de febre reumática, quase fatal e temporariamente paralisante. A condecoração que recebeu imediatamente por ter comandado a operação — a DSO, Distinguished Service Order, ou Ordem de Distinção em Serviço — teve de ser presa no paletó do seu pijama, no hospital.

A operação Kreipe foi muito criticada por ter provocado sofrimento desnecessário à população cretense, mas o estudo do professor Gottfried Schramm sobre os arquivos do Comando alemão indicam que isso é falso. Não houve ligação entre o seqüestro e a destruição de Kamares, Lokhria, Margarikari e Saktouria, como já se demonstrou. E a onda mais grave de represálias, a destruição das aldeias do vale de Amari, aconteceu no final de agosto. Como pretendiam ensinar uma lição à população local, a essência das represálias alemãs era a sua rapidez; portanto, é extremamente improvável o atraso de quase quatro meses, qualquer que fosse o rol de crimes listado pelas autoridades militares em suas proclamações. Em essência, a operação de Amari foi uma campanha de terror preventivo pouco antes que as tropas alemãs recuassem de Heráclion para oeste, com o flanco exposto a este centro da resistência cretense.*

Naturalmente, o outro argumento de que a remoção do general Kreipe teve pouca importância militar é verdadeiro. Mas o golpe visava não ao poderio alemão, mas o moral e a pretensão de dominar a ilha. Os oficiais alemães podem, mais tarde, ter feito o seu quinhão de piadas sobre Kreipe, mas a audácia do golpe claramente os abalou. O efeito foi aumentado de maneira

*Quando Tom Dunbabin e Patrick Leigh Fermor tornaram-se cidadãos honorários de Heráclion em 1948, o "cuidado e antevisão" de Leigh Fermor para evitar dar "ao conquistador qualquer desculpa para impor represálias" foram especialmente mencionados em relação à operação Kreipe.

bem eventual quando, alguns dias depois do seqüestro, o comandante de uma guarnição alemã foi morto na explosão de um trem perto de Patras.

O estímulo para os cretenses era importantíssimo numa época em que o Mediterrâneo oriental fora totalmente deixado de lado. "Todo mundo se sentiu dois centímetros mais alto naquele dia", observou Manoussos Manoussakis, que estivera em Canéia. E ainda que o moral flutuasse, como seria inevitável na época, a sua piada ao dizer que "de 450 mil cretenses, 449 mil afirmaram ter participado da operação Kreipe" mostra o imenso orgulho que despertou.

Mais tarde, numa virada propagandística final, a equipe de Dunbabin começou uma campanha de boatos dizendo que Kreipe planejara a própria fuga. Foram enfiados bilhetes perto dos quartéis com as palavras: *"Kreipe Befehl: Wir Folgen!"* — "Kreipe ordenou; nós obedecemos!", brincadeira com o lema nazista *"Führer Befehl: Wir Folgen!"*.

27

A retirada alemã

Três dias antes que os aliados desembarcassem na Normandia, um pequeno grupo da OSS, a Organização de Serviços Estratégicos — equivalente norte-americana da SOE — chegou a Creta. Vieram no mesmo barco que trouxe outro oficial britânico para se unir ao grupo de Dunbabin: o tenente Hugh Fraser, do 7º Regimento de Hussardos. O objetivo desta missão de três homens comandados pelo coronel MacGlasson era "reunir informações políticas e militares". Insistiram em manter-se independentes dos britânicos e passar somente algumas semanas no lado ocidental da ilha.

Houve uma forma mais duradoura de cooperação com a chegada de outro americano, o major Bill Royce. Ele desembarcou em 13 de julho e a organização de Dunbabin virou Missão Militar Aliada.

O verão também trouxe a visita anual do SBS. Sandy Rendel recebeu em junho o aviso de que deveria auxiliar uma força de ataque que chegaria por mar. A principal diferença em relação aos ataques anteriores era que, desta vez, o alvo principal do SBS eram os depósitos de combustível, e não os campos de pouso. A idéia era obrigar os alemães a mandarem um navio-tanque, nessa época já escassíssimos, para uma emboscada com submarinos. Esses ataques foram calculados para coincidir com outros em toda a área continental do país.

Ao chegar, no início de julho, o grupo avançado do SBS, comandado por Ian Patterson, encontrou não apenas Sandy, mas uma multidão de ajudantes (Vassili Konios e um grupo de primos) com 23 mulas para levar o acampamento. O SBS nunca se acostumou direito com o menosprezo cretense às precauções de segurança. A equipe principal desembarcou uns dez dias depois e os vários grupos se encaminharam para os seus objetivos: Heráclion, o campo de pouso de Kastelli, um depósito ao sul de Neápolis e outro perto de Armenoi.

O grupo de Armenoi, encabeçado por Dick Hardman, do SBS, e guiado por Hugh Fraser e George Psychoundakis, soube pelo seu principal informante, um tal Psaroudakis, que as reservas de combustível tinham sido evacuadas. Na verdade Psaroudakis enganou-os; dizem que queria evitar problemas com os alemães. Assim, em vez de depósito de combustível, o grupo explodiu uma ponte perto de Kouphi e emboscou um caminhão, matando cinco soldados, dos quais dois talvez fossem italianos. Na tentativa de evitar represálias, Fraser não permitiu que nenhum cretense os acompanhasse e deixou um bilhete e itens de equipamento, como uma boina, para convencer os alemães de que fora uma operação puramente britânica.

Várias outras ações aconteceram naquela noite de 22 de julho, para aumentar o efeito provocado. Mikhali Xylouris, o *kapitan* extremamente pró-britânico da região de Anoyia, levou o seu bando ainda meio inexperiente para atacar um posto avançado alemão perto de Dafnes; conseguiram matar 15 soldados. Dizem que os principais ataques destruíram 165 mil galões de combustível, mas dois membros do SBS foram capturados. Os dois, capitão John Lodwick e o artilheiro Nixon, fugiram mais tarde, quando o trem que os levava para a Alemanha foi emboscado por guerrilheiros iugoslavos. Ao voltarem, depois de numerosas aventuras, o seu oficial comandante, lord Jellicoe, comentou:

— Ah, vocês voltaram! Demoraram, hem?

Com as notícias do avanço russo na frente oriental e da abertura da segunda frente na Normandia, os bandos nas montanhas e o número de *andartes* de reserva nas cidades aumentaram muito. Todos queriam virar membros da resistência antes que fosse tarde demais.

Houve tentativas, de ambos os lados, de impedir que a EOK nacionalista e o ELAS dominado pelos comunistas brigassem entre si. O ELAS sabia que não tinha forças nem apoio popular para atacar a EOK com alguma possibilidade de sobrevivência. E, felizmente, a EOK não recebera notícias dos fatos havidos na Grécia continental, onde o ELAS pusera-se a eliminar um a um os rivais com uma versão grosseira da "tática do salame", senão estes grupos o atacariam preventivamente.

Organizou-se uma tentativa de patrocinar a amizade entre o ELAS e a EOK na região de Viannos. Como seria de esperar, esta reunião, realizada num vale das colinas cobertas de carvalhos, foi muito esquisita. Os comunistas eram liderados por um médico local. Um pequeno grupo de desertores alemães formava outra delegação. Yanni, irmão mais novo de Bandouvas, levara o seu bando, assim como o coronel Plevres, de Neápolis, líder da EOK na província de Lasithi.

No total, grupos que contavam com uns 300 homens se reuniram ali naquele dia. Primeiro, um padre levado pelos comunistas — paradoxo típico do ELAS — abençoou a causa e depois mataram-se cabras para um magro banquete, seguido de discursos de retórica interminável.

Billy Moss voltara a Creta em 6 de julho. A sua missão oficial era organizar uma ação diversionária com uma tropa de prisioneiros russos fugidos para ajudar o SBS nos ataques conjuntos de 22 de julho. Mas Moss alimentava um plano particular que não revelara ao brigadier Barker-Benfield nem a mais ninguém. Imaginara um plano imprudente para seqüestrar o substituto do general Kreipe.

Para isso, Moss tentou reunir outra vez o grupo do seqüestro de Kreipe. Instalou-se com Mikhali Xylouris na encosta norte da serra do Monte Ida, acima de Anoyia. Pode ter-se mantido deliberadamente longe de Tom Dunbabin, que desembarcou em 13 de julho, porque este vetaria o seu plano se soubesse o que estava sendo preparado.

A idéia de Moss mostrou-se impossível de realizar simplesmente porque o general Kreipe não fora substituído: o único general na ilha era Müller, comandante da Fortaleza de Creta. Perdeu-se tempo e a importante noite de 22 de julho veio e passou. Moss voltou ao esconderijo de Xylouris, tendo aumentado o seu grupo com um punhado de prisioneiros russos fugidos, que armou com submetralhadoras Sten. Havia pouco a fazer além de esperar a oportunidade certa de agir.

Para não ser superado pelas forças de ataque britânicas, um dos grupos do ELAS em Retimno cercou a aldeia de Margarites, nas primeiras horas de 1º de agosto, para encurralar os motociclistas alemães que ali passavam a noite. Depois de bloquear a estrada com uma árvore derrubada, avançaram para capturar os quatro homens, que depois fuzilaram. Uma tropa alemã, visando à represália, chegou à área entre Perama e o mosteiro de Arkadi e o bando do ELAS recuou, perdendo dois homens. A princípio alegaram ter matado quarenta alemães; depois, reduziram o número para vinte e, finalmente, para cinco, que ainda era um leve exagero, já que os registros alemães mostram que somente quatro soldados morreram entre 2 e 4 de agosto. O desdém com que suas declarações cada vez menores foram recebidas deve ter provocado mágoa e isto pode explicar o seu comportamento precipitado nas semanas vindouras.

De qualquer modo, o ímpeto rebelde aumentou conforme os cretenses sentiram o começo do fim, agora que o avanço do Exército Vermelho na Romênia ameaçava as linhas de comunicação alemãs. A revolta assumiu muitas formas, sendo a mais comum o ataque súbito a soldados solitários ou a pequenos destacamentos. E um incidente sem valor podia crescer facilmente e transformar-se numa batalha não planejada.

Na manhã de 7 de agosto, o Feldwebel Olenhauer, acompanhado de sete homens da pequena guarnição de Yení Gavé, chegou à cidade de Anoyia, lar de Xylouris e reservatório profundo de sentimentos antigermânicos. Olenhauer, embora aparentemente apreciado pelos aldeões perto do seu posto, era odiado pelos inimigos em Anoyia. Na rua principal, começou a agitar o chicote e exigir trabalhadores. Houve poucos voluntários e, assim, ele ordenou que o seu destacamento prendesse todo homem que encontrasse, além de algumas mulheres e crianças. Esses prisioneiros foram, então, obrigados a marchar pela estrada de Retimno.

Um grupo de sete "*andartes* de reserva" do ELAS — moradores do local com uma arma escondida, ao contrário dos membros dos bandos permanentes da montanha — emboscou a coluna. Uniram-se a eles mais cinco moradores que não eram do ELAS. Começaram atirando para cima, para avisar aos reféns que se jogassem no chão. Os alemães não tentaram resistir. Dois homens fugiram e Olenhauer, o seu cão e o resto do destacamento foram levados para a serra do Monte Ida. Os *andartes* do ELAS pensaram em propor a troca dos seus cativos por um grande número de prisioneiros cretenses que estavam na prisão de Ayia. Não surpreende que isso não tenha dado em nada e que os *andartes* tenham fuzilado todos os cativos, inclusive o cachorro de Olenhauer.

Depois do confronto na estrada, os cidadãos de Anoyia temeram o pior e, juntando alguns pertences e alimentos, abandonaram as casas. Os homens armaram-se com espingardas antigas e falaram em resistência. Alguns deles foram até o esconderijo de Xylouris, e Billy Moss decidiu que "o palco estava claramente armado para a ação". Se os alemães iam destruir Anoyia, então ele e seus homens poderiam emboscar a coluna quando se aproximasse.

Moss partiu com o seu próprio núcleo de cretenses, os russos e meia dúzia de homens do bando de Xylouris, além de mais 15 armados com armas automáticas. Passaram pelas ruas abandonadas de Anoyia, seguiram pelos morros e desceram até a estrada principal Retimno-Heráclion, pela qual viriam os alemães. Escolheram um bom ponto para a emboscada perto de Damastas, num lugar onde a estrada fazia uma curva perto de uma pequena ponte, que minaram com granadas Hawkins.

Os preparativos para a emboscada tornaram-se caóticos. Primeiro, tiveram de tirar do caminho os aldeões locais e seus rebanhos. Depois atiraram num único caminhão alemão que levava trabalhadores, em seguida num grande caminhão do exército que os membros do bando de Xylouris, rápidos no gatilho, tentaram atingir de distância maior que o alcance das armas, exigindo uma caçada louca pelo campo para pegar os ocupantes, e mais tarde vários outros veículos. Finalmente a tropa verdadeira enviada para cuidar de Anoyia foi avistada. Consistia de um caminhão cheio de infantes apoiado por um carro blindado. Quinze submetralhadoras Sten logo cuidaram dos soldados, mas o carro blindado derrubou um guia de Anoyia, que usava uma espingarda antiga e ficou no caminho recarregando metodicamente a arma, e um dos russos. Mais teriam caído caso Moss não desse a volta e, subindo por trás, jogasse uma granada pela escotilha. No total, quase trinta alemães foram mortos, contando com os 12 prisioneiros mortos mais tarde pelos homens de Xylouris. Na costumeira prática cretense, os seus corpos foram jogados num precipício.

A esperança de Moss de que o ataque de Damastas salvasse Anoyia foi infundada. Os alemães simplesmente esperaram cinco dias para reunir uma tropa muito maior. "Já que a cidade de Anoyia", dizia a proclamação do seu arrasamento, "é um centro de espionagem inglesa em Creta, já que os seus habitantes cometeram o assassinato do sargento da guarnição de Yení Gavé, já que os seus habitantes cometeram a sabotagem em Damastas, já que os *andartes* de vários bandos da resistência encontram asilo e proteção em Anoyia e já que os seqüestradores do general Kreipe passaram por Anoyia, usando Anoyia como parada quando o transportaram, ordenamos o seu aniquilamento e a execução de todo habitante do sexo masculino que for encontrado na aldeia e numa área de um quilômetro ao seu redor. Müller, comandante da Guarnição de Creta. Canéia, 13 de agosto de 1944."

Praticamente a cidade toda foi queimada e trinta moradores fuzilados, juntamente com mais 15 homens capturados por perto. Outro relato afirma que mais de cem casas de Damastas foram destruídas e trinta pessoas fuziladas ali, mas que em Anoyia só 15 morreram.

No mesmo dia em que Moss lutava em Damastas, Tom Dunbabin, acompanhado de Antoni Zoïdakis e mais dois, partiu para encontrar, em Kyparisses, o coronel Kelaïdis, representante do governo no exílio. Mas quando o grupo saiu de um vinhedo e atravessou a estrada Armenoi-Retimno, dois alemães, desconfiados, abriram fogo sem avisar. Zoïdakis, o último a atravessar, caiu gravemente ferido. Dunbabin, virando-se, matou um dos alemães com o seu revólver e atingiu o outro. A chegada quase instantânea de reforços alemães deixou pouca opção aos três sobreviventes senão correr e proteger-se. Os alemães amarraram Zoïdakis ao seu veículo. Saíram pela estrada, arrastando-o até que morresse. Em Armenoi, foram dadas ordens para que o seu corpo ficasse ali insepulto durante vários dias, como advertência. Mas o seu destino horrível, ainda mais porque era "um verdadeiro *pallikari*", como diziam os cretenses, só endureceu os corações.

O objetivo do encontro de Dunbabin com o coronel Kelaïdis era preparar a sua discussão com os líderes da EAM. Isso aconteceu em Melidoni, em 17 de agosto. A intenção era encontrar algum tipo de política comum entre os bandos nacionalistas da EOK e os grupos do ELAS, comandados pelos comunistas e que seguiam a orientação política da EAM, mas a desconfiança mútua impediu todo e qualquer acordo. A EAM, controlada pelos comunistas, desconfiava do governo britânico e, acima de tudo, do seu compromisso de devolver o trono ao rei sem plebiscito, enquanto Dunbabin conhecia, melhor do que a maioria dos cretenses, as tentativas impiedosas dos comunistas de monopolizar o poder no continente. A inquietação de Dunbabin com a ameaça de guerra civil só pode ter aumentado durante a viagem posterior de Melidoni para o sul. Um destacamento do ELAS cercou o seu grupo e exigiu, ameaçadoramente, notícias da conferência.

Nem um acordo bem-sucedido em Melidoni ajudaria a impedir a fase seguinte de destruição e matança. Cinco dias depois da reunião, vários batalhões da infantaria alemã deslocaram-se pelo vale de Amari. Os amariotas foram pegos totalmente de surpresa. Nos oito dias seguintes, de 22 a 30 de agosto, os alemães destruíram nove aldeias e fuzilaram 164 habitantes, 43 deles somente de Yerakari. Tudo de valor foi tirado das casas, empilhado em caminhões do exército e levado para Retimno; depois as casas foram queimadas. A criação também foi confiscada para uso alemão.

Os bandos locais e o grupo do ELAS na província de Retimno ofereceram pouca resistência. O tamanho da tropa alemã mobilizada em toda área transformaria em suicídio qualquer tentativa de intervenção. Mais tarde Petrakageorgis queixou-se amargamente ao coronel Tsiphakis que o destacamento do ELAS, comandado por Limonias e Veloudakis, deixara de avisá-lo e ajudá-lo quando uma coluna alemã passou por eles a caminho de atacar a sua posição. Mas a resistência reacendeu-se durante os últimos dias da operação e uma dúzia de alemães morreu.

Vários casos foram influenciados pelo acaso ou talvez pelo capricho de algum comandante alemão. Algumas aldeias foram destruídas sem razão e outras inexplicavelmente poupadas. Como é que, dentre todos os centros da resistência, Asi Gonia escapou ainda é um dos mistérios da ocupação. Os aldeões acreditaram que São Jorge, o seu santo padroeiro que os salvara dos turcos, devia ter intercedido outra vez.

Com certeza um elemento de vingança influenciou a operação alemã, mas em termos militares o objetivo era claro, apesar das declarações semelhantes às de Anoyia: intimidar a principal região de atividade guerrilheira no flanco da linha planejada para a retirada de Heráclion. O fracasso deste objetivo logo foi demonstrado com precipitação.

Estimulado pela notícia de que os alemães estavam mandando de volta as enfermeiras e começavam a reunir as guarnições mais distantes, Tom Dunbabin convocou uma conferência de oficiais de ligação no mosteiro de Arkadi, em 8 de setembro. Chegou do Cairo a instrução de "interromper a sabotagem ou qualquer ato que possa causar dano à população civil". Dunbabin enviou esta mensagem a todos os bandos guerrilheiros, mas o ELAS não pretendia seguir ordens britânicas e até alguns bandos nacionalistas ligados à EOK preferiram ignorá-la.

O grupo do ELAS, que se autodenominava 44º Batalhão embora só tivesse uns cinqüenta homens, deslocou-se para o vale de Amari duas semanas depois da passagem dos alemães. O seu plano era fazer uma pequena operação para angariar apoio nesta área geralmente nacionalista. Capturariam o posto avançado alemão, com apenas três homens que controlavam a escola agrícola de Asomaton, e distribuiriam as hortaliças e a criação pelas aldeias vizinhas.

Na manhã de 11 de setembro, o destacamento do ELAS ocupou o lugar sem derramamento de sangue. Este passo enfureceu os *kapitans* nacionalistas locais. Ao saber das intenções do ELAS, tinham feito advertências específicas contra toda e qualquer ação na área. Os seus homens cercaram o prédio e obrigaram o grupo do ELAS a libertar os prisioneiros e retirar-se.

Mas o incidente não poderia ser apagado com tanta facilidade. Algumas horas depois, grande parte do "44º Batalhão" viu dois caminhões cheios de soldados, mandados de Retimno, na estrada que serpenteia pelo vale rumo à serra divisória onde fica a aldeia de Apostoloi. Se vinham em resposta ao incidente ou para evacuar os soldados como parte da retirada geral dos postos avançados mais isolados, não se sabe.

Num ponto hoje marcado pelo baixo-relevo de um *andarte* de bigode, o grupo do ELAS emboscou os veículos. O som dos tiros atraiu quase todos os cretenses armados que puderam ouvi-lo, qualquer que fosse a sua orientação política. (Mais tarde, quando o coronel Tsiphakis soube dos detalhes da ação, ficou fora de si de tão exasperado com tamanha irresponsabilidade.) Os *andartes* nacionalistas levaram os alemães feridos na emboscada e eles foram bem tratados. Parece que os outros prisioneiros foram levados pelo ELAS e, mais tarde, fuzilados.

A batalha aumentou quando chegaram ao vale reforços alemães de Retimno, a apenas 25 quilômetros de distância. Chegaram a levar alguns canhões de campanha, usados para bombardear o vale do Amari e a aldeia de Pandanassa, do outro lado do rio, para onde alguns *andartes* tinham recuado. Uma das granadas matou o Dr. Alexandros Generales, que cuidava de alemães feridos. Mais uma vez, foram alardeados números exageradíssimos de inimigos mortos pelos *andartes*: uma fonte diz que os alemães perderam uns cem homens. Na verdade, os dados alemães mostram que somente 16 ou 17 soldados morreram em conseqüência desta ação. A execução de prisioneiros pelo ELAS aumentou o número de alemães mortos para cerca de 26.

Houve uma emboscada bem mais eficiente, embora realizada em desobediência ainda mais flagrante à ordem do Cairo, alguns dias depois, em 15 de setembro, quando o bando de anoienses de Xylouris destruiu uma patrulha alemã de 14 homens na margem do Psiloriti, do lado de Heráclion.*

Para surpresa e alívio dos amariotas, os alemães anunciaram que não haveria represálias pela emboscada de Apostoloi. (Mesmo assim, a execução de 15 reféns na prisão de Ayia, em 16 de setembro, foi relacionada a esta luta no Amari.) As fontes nacionalistas afirmam que as suas aldeias foram poupadas da segunda onda de destruição devido aos bons cuidados prestados aos alemães feridos. Mas a verdadeira razão pode ter sido mais objetiva. Os oficiais alemães não queriam cutucar mais nenhuma onça com vara curta num momento como aquele. Já começara o recuo dos postos avançados antes da evacuação completa de Heráclion e os soldados alemães estavam se sentindo desmoralizadíssimos.

A taxa de deserções alarmou os oficiais comandantes alemães. (Parece que os soldados que seriam transferidos para o continente é que mais desertaram; o vôo pelo Egeu, diante do poder aéreo aliado, era, nessa época, considerado quase pena de morte.) Como indicação do tamanho do problema do comando alemão, dos quinhentos prisioneiros na cadeia de Ayia cerca de 150 eram italianos e 150 alemães, somando o dobro do número de cretenses. A diferença consistia de uns cinqüenta prisioneiros de guerra russos que estavam sendo punidos. Haveria mais deserções caso os soldados alemães tivessem mais certeza de que virariam prisioneiros dos britânicos. Sabiam que os cretenses, depois das tentativas de Schubert de arrancar informações dos aldeões com os seus informantes disfarçados, tinham matado sumariamente vários desertores verdadeiros.

A campanha de propaganda da Missão Militar Aliada em Creta foi mais ampla e complexa do que se costuma pensar. Tanto o americano Bill Royce, na região de Heráclion, quanto o seu colega de Canéia, Stephen Verney (mais tarde bispo de Repton), eram ligados à PWE — Political Warfare Executive, a Executiva de Guerra Política, entidade irmã da SOE. Verney, que a princípio se recusara a participar de combates por questões de consciência e per-

*No total, 23 alemães foram dados como mortos em 15 de setembro. A diferença representa, presumivelmente, os prisioneiros levados pelo ELAS perto de Apostoloi e executados mais tarde.

tencia à Unidade de Ambulâncias dos quacres ingleses, entrou mais tarde como soldado para o Royal Army Service Corps, no Cairo. Mas Paul Vellacott, diretor da sua escola em Harrow e da PWE no Oriente Médio, encontrou-o numa festa. Não querendo desperdiçar um classicista promissor do Balliol College, Vellacott recrutou-o na mesma hora.

Verney foi treinado e mandado para Creta em 20 de agosto com o cabo Cohen, judeu alemão, para servir de intérprete. Sua missão era provocar descontentamento no exército alemão. Os líderes da PWE recordavam os motins de novembro de 1918 em Wilhelmshaven, Kiel e Munique, que provocaram o colapso repentino da resistência alemã e encurtaram em até seis meses a Primeira Guerra Mundial.

Verney, conduzido por Marko Drakakis, o seu anjo da guarda cretense, concentrou-se em três categorias: alemães que não gostavam do regime nazista; "nacionais", como poloneses e austríacos, com farda da Wehrmacht; e alemães apaixonados por moças cretenses. Costa Mitsotakis, o seu primeiro contato em Canéia, foi um guia valiosíssimo ao lhe indicar que alemães devia abordar. Um dos oficiais antinazistas, ex-integrante do Reichstag, disse que se odiava por conversar com um dos inimigos do seu país, mas o regime de Hitler não lhe dava alternativa. Enquanto isso, o cabo Cohen tentava identificar e recrutar, nas fileiras alemãs, quem era secretamente comunista e socialista, operação arriscada que mais tarde levou à prisão de vários participantes da rede.

Um dos "nacionais" era Kurt Schlauer, polonês alistado na Wehrmacht por ser protestante. Ajudou Verney e os seus auxiliares da EOK fazendo traduções. Nos morros acima de Canéia, instalaram uma gráfica numa caverna. Era administrada por Xenofon Hadjigrigorakis, jornalista cretense que produzia dois boletins, um em grego e o outro, *Kreta Post*, em alemão. Houve mais ajuda de um sargenteante alemão apaixonado por uma professora primária cretense. Ele desertou com a sua motocicleta, que foi muito útil.

O *Kreta Post*, que se baseava principalmente nas transmissões da BBC, oferecia uma cenoura de idealismo com a noção de que surgiria uma nova Alemanha com o fim de Hitler. Enquanto isso, o restante da campanha propunha-se a dar "a impressão de que todo o sistema estava rachando". Tasso Ninolakis, rapaz corajoso e esperto que trabalhava na rede de Verney-Mitsotakis, passava aos alemães informações falsas ou exageradíssimas sobre as atividades da resistência. Também se envolveu num plano para infiltrar glóbulos de explosivo plástico com aparência de carvão no estoque de combustível da cozinha dos oficiais alemães. Verney escrevia regularmente ao general Benthag para lembrar-lhe como era desesperadora a sua situação e para insistir que chegara a hora da *Kapitulation*. Esta única palavra e a sua inicial transformaram-se em tema de uma campanha. Meninos de Canéia foram contratados para uma ofensiva de pichações. Usou-se ácido para gravar a letra K nos vidros dos veículos alemães. A letra era pintada em postos de vigia, postes e paredes de quartéis.

No início de outubro, Verney sugeriu ao Cairo outro estratagema: que a BBC transmitisse boatos de um desembarque britânico a oeste da ilha. Isso foi feito e deve ter sido uma das poucas vezes que a BBC concordou em transmitir informações falsas; provavelmente a honra foi salva com a palavra "boatos". De qualquer modo, o estratagema funcionou. Um oficial alemão, num carro do Estado-Maior, foi despachado a toda pressa para fazer contato com a tropa aliada. Em Kandanos, evidentemente convencido de que estava perto dos invasores, deu voltas abanando uma bandeira branca e gritando: *"Nicht boom-boom! Nicht boom-boom!"* num alto-falante.

O Cairo nem sempre atendia aos pedidos. Pouco antes que o tristemente famoso general Müller partisse de Creta em 26 de setembro, a célula de Verney recebeu informações detalhadas sobre o avião em que viajaria para Atenas e a hora da decolagem. No meio da noite, Verney mandou mensagem ao Cairo pedindo a interceptação por caças de longo alcance. Pôs quatro X como prefixo da mensagem para demonstrar a prioridade mais alta possível e a necessidade de ação imediata, para que oficiais superiores fossem acordados para tomar a decisão. Para seu desespero, a única resposta foi: "Fique Calmo. Use Menos X." Nada foi feito.

A reunião de Dunbabin no mosteiro de Arkadi em 7 de setembro decidira a estratégia geral a ser seguida quando os alemães realizassem o segundo e maior estágio da sua retirada para o lado oeste da ilha. Percorrendo todos os rostos com os olhos, Dunbabin deve ter-se espantado com a mudança desde os dias em que assumira o cargo. Havia agora oito oficiais na ilha sob o seu comando: Rendel, Barnes, Ciclitira, Terence Bruce-Mitford, que trabalhara com Pendlebury na ilha antes da invasão, Barkham, Houseman, Fraser e Matthew White, o tão sofrido operador de rádio, agora promovido. Havia também quatro oficiais adidos: Eaton, Royce (Organização de Serviços Estratégicos), Verney (Executiva de Guerra Política) e Lukas (exército polonês); e mais 14 cabos e sargentos, muitos dos quais tinham acabado de chegar como parte da equipe de treinamento em armas pesadas de Bruce-Mitford.

Cinco dias depois da reunião em Arkadi, Sandy Rendel e o bando de Anoyia, com setenta integrantes, reuniram-se com Miki Akoumianakis nas ruínas do Palácio de Cnossos. Lá, à vista da residência dos generais alemães na Vila Ariadne, fizeram planos para infiltrar-se em Heráclion. Não demoraria para que Tom Dunbabin conseguisse tomar a vila, que conhecia tão bem desde antes da guerra, e a transformasse em quartel-general da Missão Militar. Mais tarde ele informou à Escola Britânica de Arqueologia que o sítio de Cnossos fora levemente danificado pelo fogo de morteiros em maio de 1941, talvez na batalha em que morreu o pai de Miki Akoumianakis. Mas durante a ocupação as autoridades alemãs fizeram todo o possível para evitar danos.

Os alemães sabiam que Miki Akoumianakis era o principal agente britânico na cidade, mas não o prenderam. As regras normais da contra-espionagem eram suspensas agora com mais freqüência conforme a sua posição na ilha ficava cada vez mais isolada. A negociação era preferível a um banho de sangue pelo qual os oficiais alemães seriam responsabilizados pelas potências aliadas vitoriosas. Parece que a corrupção também contaminou a guarnição alemã em nível muito mais alto do que seria de esperar. Em troca de oitenta soberanos de ouro, um oficial superior prometeu impedir a destruição do porto e da cidade. Mas nas semanas seguintes houve tantos fatores e facções em ação, com os vários grupos de *andartes* aproximando-se ansiosos pela matança ou pelo espólio, que não havia a mínima certeza de um resultado pacífico.

O coronel Andreas Nathenas, novo representante militar do governo no exílio, era oficialmente governador da província de Heráclion, mas a sua autoridade só era reconhecida pela Missão Militar Aliada e por dois bandos da EOK: os anoienses de Xylouris, infiltrados na cidade, e os homens de Petrakageorgis, do lado oeste. Ao sul da cidade, Bodias posicionara-se com o seu grupo do ELAS. E os dois outros bandos principais da região, o de Bandouvas e o de Plevres, estavam do lado leste, perto do aeródromo. Tinham rearmado os seus homens com armas alemãs depois que os britânicos se recusaram a fornecê-las. Bandouvas, já de volta do Egito, mostrou-se ainda mais imprevisível do que antes. De vez em quando, os alemães obtiveram a sua inatividade com vários favores e era difícil definir a sua relação com Bodias. Apesar da traição de Bodias ao abandoná-lo depois do episódio de Viannos no ano anterior, os dois mantinham claramente algum tipo de entendimento, como um fato desagradável logo demonstrou.

Durante dez dias, a partir de 1º de outubro, os soldados alemães e os *andartes* mediram-se com incerteza, cada lado à espera de que o outro desse o primeiro passo. Com a artilharia alemã posicionada de modo a bombardear a cidade em caso de ataque e vários batalhões de infantaria bem armada e bem situada, seria loucura se os *andartes* começassem uma batalha. No entanto, os grupos da EOK (o de Petrakageorgis e o de Xylouris) estavam dispostos a lutar caso os alemães tentassem destruir o porto. Enquanto isso, os homens de Plevres tinham começado a entrar na cidade, aparentemente com o consentimento dos alemães, que até lhes deram algumas armas por serem nacionalistas e não comunistas.

Finalmente, os alemães ficaram um pouco mais tranqüilos ao verem que as hordas de civis cretenses, com facas presas entre os dentes, não se lançariam contra os soldados em retirada e o dia da libertação de Heráclion aconteceu em 11 de outubro. Foi um espetáculo estranho. O oficial americano Bill Royce e Sandy Rendel ficaram no Portão Novo, fardados, à vista dos alemães. Logo apareceu o destacamento do ELAS, incongruentemente comandado por Bodias montado num pônei com um colar de margaridas no pescoço. Rendel viu, então, Petrakageorgis "sentado num veículo alemão capturado, com um sorriso largo e confiante, parecendo um general sul-americano do século XIX prestes a comandar uma revolução. Depois de três anos nas montanhas, este seria o seu dia e ele queria aproveitá-lo".

Houve vários momentos tensos enquanto os alemães, cobertos de vaias, tateavam nervosos o gatilho dos fuzis. Mas finalmente os alemães partiram sem derramamento de sangue, com Royce a escoltar-lhes a retaguarda pelo Portão de Canéia, rota que Pendlebury seguira no segundo dia da batalha, há três anos. Quando o último veículo desapareceu, a multidão explodiu de alegria com cantos e ovações. Num estado de espírito um pouco mais solene, Evgenios, metropolita de Heráclion e de toda Creta, realizou uma cerimônia de ação de graças na Catedral.

Mas não demorou para que houvesse cenas feias quando a multidão exigiu vingar-se dos colaboradores, principalmente do odiado chefe de polícia Polioudakis. Este, que fora abandonado pelos alemães, foi trazido da cadeia até o balcão onde Petrakageorgis, um homem grande, fingiu concordar em jogá-lo para a multidão. Mas só balançou Polioudakis pelos pés antes de puxá-lo de volta. Muitos acreditam que Polioudakis foi executado logo depois, mas outras fontes mais confiáveis dizem que conseguiu fugir para Atenas, onde trabalhou como escriba de analfabetos diante de repartições públicas.

Antes que o coronel Nathenas impusesse a lei marcial, várias mulheres tiveram a cabeça raspada e casas de colaboradores foram saqueadas. O que mais se temia era o choque entre grupos rivais de *andartes*. Na tentativa de acalmar a situação e patrocinar a boa vontade entre as facções rivais, o general Nikolaos Papadakis, recém-nomeado governador militar de Creta, ordenou a reunião de todos os bandos que tinham participado da libertação da cidade para que o conhecessem e aos seus próprios *kapitans*. Papadakis, primo do complicado coronel, chegara em 6 de outubro com o major Jack Smith-Hughes como oficial de ligação.

O governador militar e os *kapitans*, tanto da EOK quanto comunistas, reuniram-se na varanda da Prefeitura para acenar para os bandos de *andartes* lá embaixo. De repente ouviu-se um tiro abafado e Yanni Bodias, líder do ELAS, cambaleou, atingido no braço. Athanasios Bourdzalis, o *kapitan* à moda antiga chamado para auxiliar o seqüestro de Kreipe, atirara em Bodias por trás, na varanda. Alegou que Bodias, com a sua péssima fama, insultara-lhe a filha.

Bodias foi levado para o hospital, onde foi atendido e tratado pelo cirurgião e líder nacionalista Dr. Giamalakis. O incidente provocou surtos de tiros entre os bandos que continuaram até que Dunbabin e Smith-Hughes saíram dando voltas de jipe na cidade para tranqüilizar ambos os lados. Bourdzalis, que fora preso de imediato, enfrentou uma corte marcial convocada pelo general Papadakis. Bandouvas foi um dos seus membros. Bourdzalis foi condenado à morte e Papadakis confirmou a pena, ainda que o ferimento de Bodias não fosse grave. As linhas de combate tinham-se enrijecido a tal ponto que Tom Dunbabin convenceu-se de que devia apoiar Papadakis na confirmação da pena; o risco de guerra civil era grande demais.

Como observou mais tarde um dos seus colegas mais íntimos, Dunbabin acreditava com firmeza que nunca deveria fugir de decisões desagradáveis nem pedir a outros que realizassem seu trabalho sujo. No ano anterior, quando dois traidores da aldeia de Kroussonas (um deles fora aluno de Monty Woodhouse em Haifa) chegaram ao seu quartel-general com falsas ofertas de ajuda, Dunbabin não só tomou a decisão de que tinham de morrer como sentiu-se obrigado a executar a pena em pessoa. Deu a cada um vinho contendo uma das pílulas suicidas da SOE; numa repetição inquietante de Rasputin no palácio de Iusupov (e nada tranqüilizadora para os oficiais da SOE), nenhum deles apresentou nenhum sintoma. Foram então levados para fora da caverna e Dunbabin deu o primeiro tiro.

A tensão entre os nacionalistas e os partidários do EAM-ELAS não se restringiu a Heráclion. Todas as cidades maiores foram atingidas. Em alguns cafés, a entrada de um oficial britânico era saudada por uma canção antibritânica em voga na época. Em Canéia, Stephen Verney ficou consternado quando os jovens a quem pediu que participassem da campanha de pichações contra os alemães retorquiram que não fariam isso sem ordem específica do Partido.

Depois da partida dos alemães de Heráclion, Rendel deu um passeio de carro pelo lado leste da ilha para comemorar com amigos e auxiliares e descobriu que o EAM-ELAS vinha realizando, desde setembro, uma campanha de intimidação. Em Neápolis, o bispo local estava em prisão domiciliar por ter feito um sermão anticomunista. Em Ayios Nikolaos, embora fosse saudado por líderes de esquerda numa demonstração de comemoração aliada, Rendel descobriu que tinham prendido adversários políticos, inclusive os que apoiaram os britânicos. E em Hierapetra o comitê local da EAM trancara o nacionalista brigadier Karandinos, mas fora obrigado a libertá-lo pelo volume de protestos. Somente em Sitéia, onde os nacionalistas formavam a grande maioria, os grupos do ELAS mantiveram cuidadosa neutralidade. A guerra civil estava no ar e ambos os lados tinham certeza de que os britânicos interviriam. Mas isso era superestimar o poder britânico, como logo provariam os acontecimentos em Atenas.

Em 13 de outubro, os últimos soldados alemães partiram de Retimno, rumo ao último trecho da retirada para Canéia, relativamente sem serem importunados. No mesmo dia, suas tropas no continente abandonaram Atenas.

Em terra, os únicos incidentes aconteceram quando um grupo do ELAS ficou preso numa escaramuça inconclusiva depois de uma emboscada e Hugh Fraser não resistiu a experimentar a arma secreta da SOE: explosivo plástico moldado e colorido para parecer-se com bosta de burro. Colocou-o cuidadosamente numa curva fechada com um penhasco atrás. A idéia era explodir os pneus de algum veículo militar num ponto perigoso, provocando assim um acidente fatal que os alemães não atribuiriam a sabotagem. Para seu grande horror, o primeiro veículo foi um caminhão civil cheio de cretenses. Por milagre os pneus não tocaram a bosta de burro, mas Fraser, decidido a não pôr em perigo vidas cretenses, correu e removeu as estranhas minas. Mal acabou de fazê-lo e passou uma seqüência de caminhões alemães.

Dunbabin fizera outros planos com o Cairo. As colunas de veículos alemães que se deslocavam por uma única estrada constituíam alvo perfeito para caças-bombardeiros e os ataques aéreos evitavam o risco de represálias. Spitfires equipados com tanques de combustível maiores e conduzidos principalmente por pilotos sul-africanos participaram de várias sortidas. Os primeiros atacantes a investir contra as posições em torno de Heráclion tiveram uma surpresa horrível. Todas as baterias antiaéreas retiradas dos campos de pouso e de outros postos avançados tinham sido concentradas ali. Algumas aeronaves foram derrubadas, mas os pilotos conseguiram escapar. Assim que se livraram da exuberância da hospitalidade cretense, foram remetidos de volta numa das lanchas motorizadas da Marinha Real. Porém, por mais eficazes que fossem os ataques aéreos, o dano mais permanente foi causado pelos alemães em retirada. Destruíram impiedosamente todas as pontes atrás deles, inclusive uma obra-prima veneziana perto de Retimno.

Pouco antes que o centro das atenções em Creta se deslocasse para oeste de Heráclion, houve tentativas em Canéia de impedir a ocupação. Em setembro, Constantinos Mitsotakis abordara o capitão Wildhage, oficial da Abwehr no Estado-Maior do general Benthag, para discutir uma fórmula para a rendição. Wildhage rejeitou com firmeza esta iniciativa e, referindo-se à torrente de cartas de Verney ao general Benthag sobre o mesmo assunto, acrescentou:

— Diga ao major Stephens [*nom de guerre* de Verney] que, se continuar a mandar cartas subversivas, será preso.

Wildhage, decidindo, presumivelmente, que já bastava, resolveu pegar a célula Mitsotakis-Verney com a técnica do espião plantado. Um soldado, fingindo ser comunista em segredo, entrou em contato com o cabo Cohen e, contra todas as regras de segurança, foi levado até a casa. Os homens de Wildhage atacaram em 22 de outubro. Prenderam Mitsotakis, o seu amigo Manoussos Manoussakis e Cohen.

As prisões de 22 de outubro foram o segundo golpe sério numa semana. Os oficiais britânicos tinham ficado envergonhados com a prisão do tenente Geoffrey Barkham em 17 de outubro. Parece que Barkham, que sempre fora temerário, fora afetado por uma certa euforia excessiva com a aproximação do final da guerra. Comprara um carro com a ajuda do major Papayannakis (comandante de um batalhão da polícia formado pelos alemães e que estava secretamente em contato com os britânicos) e foi para Canéia namorar e martelar um piano. A sua vigorosa versão da polca "Roll Out the Barrel" podia ser ouvida na rua, a distância considerável. Naquele dia Dennis Ciclitira também esteve em Canéia e, ao encontrar Barkham, ordenou-lhe que partisse. Ciclitira, usando farda da gendarmeria fornecida pelo major Papayannakis, deixou ele mesmo a cidade pela estrada para Kastelli Kissamou. Quase foi pego quando o veículo onde estava enguiçou em Maleme, ao lado do fortemente guardado aeródromo.

Enquanto isso, Barkham tinha ido embora no carro com Perikles Vandoulakis (da família do "cônsul britânico" de Vafé), mas os dois foram detidos num bloqueio na estrada. O cabelo ruivo e o rosto redondo de Barkham já tornavam difícil que passasse por cretense e o seu grego não era suficientemente bom para enganar uma sentinela atenta. Pego, Barkham soltou uma praga em inglês e admitiu sua nacionalidade. Ele e Vandoulakis foram levados sob guarda e separados para interrogatório. Depois da guerra, Barkham contou a um colega que, na cela, tentara suicidar-se, com medo que a Gestapo o forçasse a denunciar alguém, e não conseguira. Sua sorte, entretanto, foi extraordinária.

A decisão sobre o seu destino — ir para um campo de concentração na Alemanha — foi tomada por um tal capitão Kurt Waldheim, no continente. Ele e John Lodwick, o oficial do SBS capturado em julho, foram mandados para o Norte, mas o trem sofreu uma emboscada de guerrilheiros iugoslavos. Mais tarde, Barkham contou que os guerrilheiros cortaram a garganta do idoso sargenteante alemão encarregado deles. Prisioneiro dos britânicos na Primeira Guerra Mundial, tratara-os com toda a gentileza durante a viagem.

Misericordiosamente, os temores de Verney pelo destino dos camaradas mostraram-se infundados. Com grande engenhosidade psicológica, Mitsotakis censurou seus captores por violarem a antiga tradição da bandeira de trégua. Não fora bem isso o que acontecera, já que a célula continuara suas atividades subversivas durante quase um mês depois da tentativa de fazer a paz. Mitsotakis chegou a fazer muito estardalhaço pelo fato de que o oficial alemão que dera voltas perto de Kandanos com uma bandeira branca não recebera nenhum tiro.

Em Canéia, sua irmã Kaite logo fez contato com as autoridades alemãs. E embora a pena de morte para agentes inimigos e membros da resistência capturados fosse supostamente obrigatória, ela descobriu que os oficiais alemães de Canéia hesitavam em realizar execuções: a guerra estava perdida e eles, cercados na ilha. Ela se encontrou com Dennis Ciclitira nas montanhas e ele mandou uma carta incisiva para o quartel-general do general Benthag, através do bispo de Cidônia. A pressão foi reforçada por Tom Dunbabin, que também enviou uma carta às autoridades alemãs através do bispo Xirouhakis. Caso houvesse execuções, ameaçava tratar do mesmo modo os prisioneiros de guerra alemães.

Parece que os alemães se dispuseram a avaliar uma troca de prisioneiros e houve uma reunião em lugar neutro no final de janeiro de 1945. Ciclitira, acompanhado pelo capitão Lassen, do SBS, que estava na ilha, e tendo o bispo como mediador, iniciou a discussão com um major alemão do Estado-Maior de Benthag e um tenente da Feldgendarmerie. Depois de algum tempo Lassen exasperou-se com o excesso de cautela e sugeriu que poderiam poupar muito tempo se os seus homens jogassem uma partida de futebol com os alemães e quem vencesse levava tudo. A princípio o intérprete alemão recusou-se a traduzir uma proposta tão frívola, mas nisso o bispo começou a gargalhar e ofereceu-se para árbitro.

No final, chegou-se a um acordo. Ciclitira foi a Atenas de caíque e convenceu o Estado-Maior do general Scobie, comandante das tropas britânicas na Grécia, a deixá-lo pegar 12 oficiais alemães e mais 24 praças — processo demorado, já que contrariava os regulamentos — e levá-los de volta a Creta. Queria espécimes bem nutridos, com cinqüenta cigarros por semana, para convencer a guarnição da ilha de que a vida de prisioneiro de guerra dos britânicos era melhor. Os alemães escolhidos não gostaram da idéia de serem libertados em Creta. Atravessar o Egeu era perigoso e temiam a vingança da população civil quando a guerra terminasse.

A troca de dez cretenses por 36 alemães finalmente aconteceu em Georgiópolis, em 31 de março de 1945.* Perikles Vandoulakis, que conseguira manter a sua identidade falsa — adotara o nome de Palakis — desde a prisão com Geoffrey Barkham, acenou exultante para Glembin, comandante da Feldgendarmerie, quando se afastou e gritou:

— *Yassou*, Herr Glembin, meu nome é Perikles Vandoulakis, não Palakis!

*Depois da guerra, o Dr. Herbert Glembin contou a Mitsotakis que Hitler teve de assinar pessoalmente a autorização da troca, já que este procedimento era formalmente proibido. Embora não seja impossível, isso parece improvável.

28

Os últimos dias da ocupação

No outono de 1944, quando já se conseguia avistar o fim da guerra, autoridades externas à ilha começaram a ter precedência sobre as que estavam em campo. Era o triunfo inevitável do oficial de Estado-Maior sobre o combatente.

Em vez da inflação de postos da época de Bolo Keble, houve uma escalada de postos. Do lado grego, o coronel Nathenas foi substituído pelo general Papadakis e Tom Dunbabin teve de receber o brigadier Barker-Benfield em seu novo papel de comandante da Creteforce. Barker-Benfield, homem excessivamente otimista que o ELAS conseguira impressionar, poderia ter saído diretamente das páginas de Evelyn Waugh. A sua recusa a dar ouvidos às advertências de Woodhouse e Hammond na Grécia quanto à impiedade comunista foi quase tão desastrosa quanto o apoio obstinado de Churchill e do Foreign Office ao impopularíssimo King.

As tentativas de impedir o rompimento entre o ELAS e as tropas nacionalistas prosseguiram. Em 25 de outubro, houve uma reunião entre o oficial grego mais graduado da ilha, o general Papadakis, e o coronel Kondekas, comandante da chamada (com certo otimismo) 5ª Divisão do ELAS. Dunbabin também enviou ao ELAS, como oficial de ligação, Terence Bruce-Mitford, um dos seus oficiais mais experientes, agora que terminara o seu trabalho no treinamento com armas pesadas. Bruce-Mitford, com o cabelo vermelho e a nova missão, foi apelidado, previsivelmente, de "Major Vermelho". Do ponto de vista político, o seu trabalho era mais do que difícil.

Em 12 de novembro, uma tropa alemã atacou o quartel-general do ELAS em Panayia, no interior, bem perto de Canéia. Depois de luta feroz, recuaram tendo perdido uns vinte homens.

Em teoria, os soldados do ELAS estavam sob o comando aliado do general Papadakis, ficção que os comunistas mal se davam ao trabalho de admitir. Tinham um rádio em contato direto com o quartel-general do EAM-ELAS no continente, onde supostamente o comando seria do general Mandakas. E como os comunistas tinham conseguido se infiltrar no quartel-general do Exército Nacional em Atenas, o coronel Kondekas, em Creta, sabia das decisões tomadas pelo governo grego e pelo general Scobie, no continente, antes que Dunbabin recebesse algum aviso. Kondekas usou sem escrúpulos esta vantagem.

A idéia de que a guerra estava praticamente acabada começou a se instalar. Em 19 de novembro, a RAF chegou para ocupar o campo de pouso de Kastelli Pediados e, pouco depois, Hugh Fraser foi mandado para Sfakia, onde, a partir de 3 de dezembro, as lanchas da Marinha Real começaram um serviço de viagens regulares à luz do dia, transportando equipamentos e prisioneiros, um dos quais foi morto, na frente dele e com bastante despreocupação, por um cretense. Em 15 de dezembro, o quartel-general das Forças Aliadas declarou Creta "área libertada". Mas com uma divisão alemã bem armada ainda ocupando a capital da ilha, foi uma declaração bem prematura. Há apenas uma semana, como se para lembrar a todo o mundo que o fim ainda não chegara, os alemães fizeram um ataque de madrugada ao quartel-general britânico.

O bolsão alemão ia de Georgiópolis, a leste, até o final da planície litorânea na outra ponta do Golfo de Canéia. A sua profundidade variava; o curioso é que era mais estreito junto a Canéia. Seis bandos importantes de *andartes*, com um efetivo conjunto máximo de menos de 3.200 homens, mantinham 11 mil soldados alemães e italianos num perímetro de cerca de 70 quilômetros de comprimento.* Com uma terra de ninguém de mais ou menos cinco quilômetros de largura, os dois lados tinham se postado para o jogo de espera.

---

*Os bandos de sitiantes, de leste a oeste, eram: Apokoronas (EOK), comandado pelo major Liodis, com até 600 homens; Sfakia (EOK), comandado pelo major Voloudakis, até 240 homens; 5ª Divisão do ELAS, comandada pelo coronel Kondekas, efetivo de até 1.250 homens; Lakkoi (EOK), comandado pelo coronel Antoni Papadakis, até 300 homens; Selino, comandado pelo major Marketakis, até 500 homens; Kissamou, comandado pelo coronel Kaisakis, até 500 homens.

Nessa época, o quartel-general britânico estava instalado em Vafé, naquele apropriado refúgio de 1941 e 1942 conhecido como "Consulado Britânico" — em outras palavras, a casa de Niko Vandoulakis. George Psychoundakis recorda-se de ter chegado lá certo dia e encontrado Dunbabin, Smith-Hughes, Ciclitira e "o bem-humorado Sr. Leigh Fermor", todos bebendo e cantando em volta da mesa. "O Sr. Mikhali", explicou Psychoundakis, "estava de excelente humor, porque acabara de voltar a Creta depois de seis meses de ausência."

Durante a longa recuperação da paralisia causada pela febre reumática, Leigh Fermor passou parte da licença em Beirute, na Missão Britânica, com o general e Lady Spears. Billy Moss encontrou-se com ele lá algumas semanas depois do episódio de Damastas, até que foi chamado de volta ao Cairo para ser mandado para a Macedônia — não de volta a Creta, como esperava. Leigh Fermor, irritado com a fraqueza, voltou para vê-lo partir. Ainda convalescente, ficou no Cairo até que as autoridades médicas concordaram que já se recuperara suficientemente bem para voltar a Creta. Chegou finalmente à ilha em 28 de outubro.

Em Heráclion, com Sandy Rendel, Paddy Leigh Fermor iniciou uma longa rodada de reuniões com o coronel Nathenas, governador militar da província, e Petrakageorgis, comandante da cidade, e uma rodada ainda mais longa com velhos amigos que queriam comemorar o seu retorno e a sua recuperação.

Depois, foi para Vafé como segundo no comando de Tom Dunbabin. A estranha vida de lá, sitiando os alemães, poderia levar a uma certa falta de vigilância. Felizmente, Vafé estava excepcionalmente bem situada, com vista magnífica da planície de Apokoronas, a sudeste de Suda. Às oito da manhã de 8 de dezembro, uma tropa alemã, encabeçada por vários veículos blindados, destruiu a barricada na estrada abaixo da aldeia. Talvez ainda mais felizmente, Antoni Paterakis estava por perto com a sua famosa metralhadora Bren. Isso deu aos *andartes* da aldeia tempo para se reunir e iniciar uma ação de retaguarda.

Alguém enfiou a cabeça pela porta e gritou a Paddy Leigh Fermor que os alemães tinham atacado e que todo mundo estava recuando para os morros atrás, conhecidos como Vothonas. Leigh Fermor agarrou o estoque de soberanos e todos os documentos secretos que encontrou e correu como ordenado. Mas a retirada não foi uma derrota, graças principalmente a Antoni

Paterakis e à sua metralhadora Bren. Os *andartes* lutaram tão bem nas terras altas em torno da aldeia que os alemães se retiraram no fim da tarde, depois de perder uns cinco mortos e muitos feridos.

Pouco depois, após uma visita a Asi Gonia, Leigh Fermor caminhava pelos morros perto do lago Kourna quando viu um rapaz magro que lhe parecia conhecido. Xan Fielding voltara à ilha quase sem aviso. O trabalho de resistência na França, para o qual buscara ser transferido no início do ano, logo se transformara em pesadelo. Estava viajando de carro com Francis Cammaerts, colega oficial da SOE, e um oficial francês quando foram detidos num bloqueio de estrada perto de Digne. Foram presos e levados para a cadeia local. Algumas horas antes de serem levados ao esquadrão de fuzilamento, ele e os companheiros foram resgatados por outra agente, num dos maiores atos de coragem e sangue-frio de toda a guerra. Christine Granville, condessa polonesa Skarbeck, agente da SOE que há mais tempo trabalhava atrás das linhas inimigas, abordou um oficial de ligação da Gestapo, disse-lhe que também era agente britânica e ofereceu-lhe dinheiro e um salvo-conduto dos aliados que avançavam caso ajudasse os prisioneiros a fugir.

Paddy Leigh Fermor partiu de Heráclion em 23 de dezembro a bordo do HMS *Catterick*. Chegou ao Cairo bem a tempo de se juntar aos outros para o último Natal em Tara. Xan Fielding, que ficou mais um mês na ilha, perdeu uma comemoração extraordinária: alguém chegou a esfarelar tabletes de benzedrina no recheio do peru para que a festa durasse mais. Foi a última. A maioria dos moradores de Tara partiu para as selvas do sudeste da Ásia, ainda sob o comando da SOE, lá conhecida como Força 136. Fielding, depois de partir de Creta em 1º de fevereiro, foi mandado primeiro para Saigon e depois para Phnom Penh. Quando a luta terminou, realizou a viagem há tanto desejada até Kalimpong e a fronteira tibetana.

Leigh Fermor voltou à Inglaterra, onde passou a fazer parte da SAARF — Special Allied Airborne Reconnaissance Force, ou Força de Reconhecimento Aerotransportada Especial Aliada. Formada principalmente por veteranos da SOE recrutados a toda pressa e instaladas no campo de golfe de Sunningdale, este grupo ficou de prontidão para ser lançado de pára-quedas no Oflag IV C, no Castelo de Colditz, para resgatar prisioneiros importantes — *Prominenten* — que pudessem ser usados como reféns na fase final da guerra. Felizmente, Miles Reid, que na Grécia comandara o Phantom Reconnaissance Group (Grupo de Reconhecimento Fantasma) e fora recentemente repatriado, avisou ao comando da SAARF que esta operação seria um desastre. Todo o plano foi cancelado. O mesmo aconteceu com o projeto de salvar os que estavam presos no campo de concentração de Flossenburg: o tempo se esgotara. A idéia de que Mike Cumberlege, o comandante do *Dolphin* e do *Escampador* com o seu brinco de ouro, poderia ter sido salvo tornou-se uma das muitas queixas retrospectivas, que pouco bem podem fazer. Ele e os outros capturados com ele em 1943 num ataque no Canal de Corinto foram levados e fuzilados dois dias antes da rendição alemã.

A libertação da Grécia e o tráfego crescente entre Creta e o mundo exterior fizeram com que finalmente os acontecimentos do continente começassem a ter alguma influência. Mas de modo algum a política cretense foi um reflexo automático. O seu padrão, equilíbrio e natureza eram todos diferentes. Talvez um dos maiores contrastes surgidos tenha sido ético. No continente, o governo, em sua luta com os comunistas, recorreu aos odiados Batalhões de Segurança formados pelos alemães e às forças "X" da extrema direita, pouco melhores que esquadrões da morte. Em Creta, praticamente não houve colaboração organizada, apenas atos individuais de colaboração com o inimigo.

Cinco dias depois que os alemães partiram de Atenas e que ali chegou um grupo avançado de soldados britânicos, o "Governo de União Nacional", encabeçado por George Papandreou mas financiado pelos britânicos instalou-se de modo bem pouco convincente. George Seferis, poeta e diplomata aproveitado pelo governo de Papandreou, disse que os seus ministros "pareciam internos de um orfanato com roupa nova de inverno". O governo sobreviveu principalmente porque os comunistas sofriam de incerteza e rachas internos. Os moderados acreditavam que conseguiriam conquistar o poder de forma pacífica e, assim, não deviam recusar apoio, enquanto linhas-duras como Aris Velouchiotis argumentavam que deveriam usar o ELAS para tomar o poder antes que os imperialistas britânicos os esmagassem e entregassem tudo aos "monarco-fascistas".

A questão dos bandos guerrilheiros entregarem ou não as armas ao Exército Nacional causou uma crise no final de novembro. Inevitavelmente, a desconfiança mútua levou a um círculo vicioso de má-fé preventiva. Mas de modo curioso, o pior exemplo de má-fé foi o de Stalin com o Partido Comunista grego. Ele nunca lhes contou o seu acordo de "percentuais" com Churchill, discutido em maio e confirmado em outubro, que dividiu os Bálcãs em esferas de influência. Stalin chegou a dar a sua bênção à mobilização da tropa do general Scobie — a Operação Maná — mais de três semanas antes que chegasse lá. Nos anos seguintes, muito sofrimento e derramamento de sangue poderia ter sido evitado de ambos os lados se os comunistas gregos soubessem desde o princípio onde pisavam.

Siantos, um dos líderes do ELAS, começou a deslocar divisões de *andartes* rumo a Atenas em 1º de dezembro. Outros comandantes comunistas, tendo a princípio concordado com esta ofensiva, começaram a pensar melhor. A indecisão, nada característica do Partido, foi fatal. Quando se realizou a manifestação inspirada pelos comunistas que deflagrou a fase preliminar da guerra civil grega, na Praça da Constituição em 3 de dezembro, os líderes comunistas e do ELAS ainda hesitavam quanto ao melhor caminho a seguir. Embora "a gendarmeria grega encurralada tenha perdido a cabeça e disparado na multidão" e assim, tecnicamente, dado início ao derramamento de sangue, a manifestação visava, claramente, "uma solução política": eufemismo do Partido para "golpe de Estado".

A desorganização comunista deu aos soldados do general Scobie e aos seus aliados gregos, tanto os honrados quanto os nem tanto, a oportunidade de recuperar-se. Em 12 de dezembro, um grupo de vanguarda da 4ª Divisão britânica chegou amontoado em bombardeiros Wellington e Liberator. E em 7 de janeiro de 1945, depois de um mês de lutas esporádicas, o ELAS foi obrigado a fugir de Atenas e pedir paz. Esta foi formalizada com o acordo de Varkiza, mas a luta estava longe de acabar.

Em Creta, a principal agitação de 1945 seguiu-se, despropositadamente, às tentativas de paz no continente. Os bandos do ELAS ocuparam posições perto de Retimno em 17 de janeiro e interromperam ambos os lados da principal estrada Canéia-Heráclion. Recusaram-se a permitir a entrada de todos os suspeitos de apoiar a EOK. O tenente-coronel Pavlos Gyparis, comandante nacionalista e antigo combatente guerrilheiro da Guerra dos Bálcãs na Macedônia, mandou-lhes ordens de dispersar. Os comandantes do ELAS concordaram em conversar mas não houve nenhuma reunião e Gyparis, desconfiando de táticas de obstrução, mandou alguns homens até lá. Houve vários tiroteios e algumas baixas. No dia seguinte, os grupos do ELAS fugiram e a cidade voltou ao normal. Os *andartes* da EOK que capturaram alguns comunistas queriam matá-los sumariamente, mas parece que um oficial de ligação britânico sugeriu que, em vez disso, lhes dessem baldes e escovões para que lavassem dos muros as suas pichações. Felizmente, isso pareceu ainda melhor aos seus captores. O incidente mais grave aconteceu no sul da província, quando bandos da EOK retaliaram contra a fortaleza comunista de Koxaré e mataram muitos homens do ELAS, inclusive o seu líder Limonias.

Uns dez dias depois, em 29 de janeiro, houve choques em Heráclion entre o ELAS e Bandouvas. Desta vez, é difícil não suspeitar que o que estava em jogo era mais o orgulho pessoal do que os princípios políticos, mas, seja como for, as baixas foram bem concretas. Entre elas, um oficial britânico e o seu motorista: o capitão Clynes do SBS e o soldado Cornthwaite, atingidos por um franco-atirador do ELAS em seu jipe a caminho de Retimno.*

Na província de Canéia, a presença do inimigo comum não reduziu as tensões entre o ELAS e os britânicos. Até o desarmamento de prisioneiros e desertores do Eixo teve conseqüências políticas: o ELAS exigiu ficar com as armas para si e os britânicos recusaram.

Isso aconteceu depois de uma das deserções em massa mais bem-sucedidas da ocupação: a de um batalhão italiano forçado pelos alemães a trabalhar. Stephen Verney, depois de vários contatos indiretos com o oficial comandante italiano, esgueirou-se no hospital do seu acampamento para uma reunião. Verney deitou-se, disfarçado, na mesa de operação enquanto o coronel, sentado ao seu lado, inclinou-se à frente, quase como se ouvisse a sua confissão. Discutiram planos em murmúrios enquanto outro oficial fazia as vezes de médico.

Verney consultou primeiro Xan Fielding e depois escolheram uma noite. Uma companhia foi levada em caíques da praia perto de Maleme e o restante foi conduzido às montanhas. Os alemães não faziam idéia do que estava acontecendo até o último instante, quando o coronel italiano entrou em

*Em novembro de 1944, Bob Bury, oficial do SBS que fora cobrir a evacuação de Kreipe, foi morto num caíque ao largo de Salônica por monarquistas que acreditavam que ele e Andy Lassen eram comunistas.

pânico e saiu em seu carro do Estado-Maior com os faróis acesos. Houve então um pesado tiroteio no escuro e um dos *andartes* cretenses que auxiliavam a operação foi morto.

Depois que os italianos entregaram as armas, foram levados para Paleókora e embarcados para o Egito num navio de guerra da Marinha Real. Enquanto isso, o seu armamento foi guardado numa garagem, em Kastelli Kissamou. O ELAS não demorou a exigir para si este enorme butim, mas os britânicos recusaram-se a ceder e mais uma vez a desconfiança se confirmou.

Kastelli Kissamou fora libertada pelo major Digridis, líder destemido da EOK que insistiu que Jack Smith-Hughes o acompanhasse à cidade a cavalo, à frente dos seus *andartes*. Smith-Hughes, que nunca tivera afinidade com cavalos, foi obrigado a superar o medo e agarrar-se à sela com ambas as mãos quando a montaria começou a dar voltas, nervosa com os gritos da multidão.

Dennis Ciclitira, da SOE, e John Stanley, do ISLD, instalaram-se em Kastelli Kissamou, mas os comunistas eram fortes naquela região e incidentes pequenos poderiam provocar mobilização geral de ambos os lados. Ciclitira tinha 12 homens alojados numa escola, em sua maioria pertencentes ao bando de Selino, inclusive Antoni Paterakis. Enquanto isso, o ELAS requisitou outra escola para um grupo de homens seus. O grosso dos seus voluntários, várias centenas de *andartes* de reserva, podiam ser convocados de imediato na cidade e nas cercanias.

Em certa ocasião, Antoni Paterakis encontrou um guerrilheiro do ELAS portando armas abertamente na rua e considerou isso uma afronta pessoal. Num instante exibiu a própria arma e desarmou o *andarte* à vista de todos. Para um cretense, este era um insulto mortal. O *andarte* do ELAS correu de volta à base e, dali a uma hora, a pouco mais de trinta quilômetros das linhas alemãs, ambos os lados estavam prontos para a batalha.

John Stanley procurou o padre Spyrou, importante simpatizante do ELAS, para encontrar um jeito de impedir o derramamento inútil de sangue. Os dois tiveram de ir até a base do ELAS, "um passeio de arrepiar os cabelos", para discutir os termos. Stanley, injustamente apelidado de Capitão Vermelho pelo seu esforço para manter a paz com o ELAS, apresentou mais tarde a tese de que, por estranho que pareça, a tradição cretense de vingança familiar foi influência importante para impedir a guerra civil. As sangrentas brigas de família que se seguiriam seriam tão horrendas que bastou isso para agir como equivalente primitivo da dissuasão nuclear.*

Uma ilha como Creta, com história tão longa de ocupação e revolta, estava fadada a desenvolver a crença instintiva no tratamento impiedoso dos traidores. Os colaboradores sabiam que não podiam esperar misericórdia se fossem pegos. Um agente alemão capturado por *andartes* implorou para que lhe permitissem suicidar-se. Quebraram-lhe as pernas com pedras pesadas a certa distância da borda de um penhasco, de modo que teve de se arrastar o resto do caminho para atirar-se lá embaixo.

Em Heráclion, depois da libertação, cinco colaboradores foram julgados por trair os assassinos de um jornalista que era importante lacaio dos alemães. Quando somente dois receberam a pena de morte — os outros três, mais jovens e aparentemente por influência dos pais, tiveram penas longas de prisão — *andartes* armados invadiram o tribunal, levaram os prisioneiros para a sala do promotor e começaram a lhes cortar a cabeça, com sucesso apenas limitado. Depois os corpos foram jogados pela janela para a multidão lá embaixo.

Os jovens das aldeias das montanhas também tentaram mostrar-se ao máximo antes que a guerra acabasse. Em Halepa, a poucos metros da residência do general Benthag, um pastorzinho matou um oficial. Poupou dois soldados, que logo levantaram os braços em rendição. O garoto pegou a adaga cerimonial do oficial e fugiu. Mais tarde, no mesmo dia, trocou a adaga por dez ovelhas. Sem dúvida o novo dono inventou uma boa história de como matara sozinho o oficial numa luta corpo-a-corpo.

Outro incidente, na última semana da guerra (quatorze alemães morreram nos últimos dez dias), envolveu dois garotos da aldeia de Asi Gonia. Também queriam tomar a arma de um oficial alemão. Em Ayios Ioannis, junto a Canéia, agarraram um capitão na rua para tomar-lhe a Luger. Durante a luta, mataram-no com a sua própria arma. Um veículo alemão apareceu; eles pularam um muro e fugiram. Os moradores locais, ao saber do acontecido, ficaram zangados e entristecidos: o oficial morto pelos meninos era um médico alemão muito amado na vizinhança por tratar os pacientes cretenses sempre que possível.

---

*As brigas entre famílias entrelaçavam-se inevitavelmente com a política. O clã Viglis, da Samácia, uniu-se ao ELAS principalmente porque os seus inimigos da família Sartzetakis apoiavam a EOK

Perto do final da guerra, houve um surto súbito de grupos espúrios, sem objetivo político. Esses *andartes* autoproclamados tentavam passar-se por membros da resistência, em parte pelo prestígio e também porque havia a esperança de que se concedessem pensões quando chegasse a paz. Mas o oportunismo ignóbil de alguns e os vários incidentes de feroz exagero devem ser avaliados contra o pano de fundo da resistência cretense como um todo. Poucas populações da Europa ocupada demonstraram tamanha unidade diante da opressão A coragem dos *andartes* genuínos, a santidade de personagens como o padre Ioannis Alevizakis e Alexandros Kokonas e a corajosa generosidade dos aldeões que abrigaram e alimentaram estranhos — soldados gregos, britânicos e da comunidade britânica depois da batalha, conterrâneos cretenses que fugiam de outras províncias e integrantes da Missão Militar Aliada — formam, com razão, uma lembrança bem mais duradoura.

O impasse em Creta, que parecia durar indefinidamente, de repente chegou ao fim devido a fatos ocorridos noutros lugares. Em 8 de maio, Dennis Ciclitira, em Kastelli Kissamou, recebeu uma mensagem que lhe dizia para fazer contato com o comandante alemão e combinar os procedimentos para a rendição formal. Ciclitira não falava alemão, mas felizmente Costa Mitsotakis, bom poliglota, estava com ele. Vestidos de terno e não de farda, aproximaram-se do posto avançado alemão mais próximo e mandaram um mensageiro às sentinelas da Kriegsmarine.

Depois de esperar muito tempo ao sol, chegou um carro do quartel-general. Ciclitira e Mitsotakis foram levados à casa de Venizelos em Halepa, onde Mitsotakis recebera conselhos do general Bräuer depois de ser libertado da prisão pela primeira vez. Foram escoltados até o escritório do general Benthag, que os esperava flanqueado pelo coronel Barge, seu chefe do Estado-Maior, e pelo capitão Wildhage, oficial encarregado da contra-espionagem.

Os três usavam as melhores fardas e foram muito formais. O general Benthag, oficial alto, de compleição robusta, anunciou que acabara de receber ordens do almirante Dönitz, em Flensburg, para render-se ao quartel-general das Forças Aliadas. Ciclitira confirmou que eram representantes oficiais e começou a discutir os termos. Benthag então perguntou-lhe como entrariam em contato com as autoridades em Heráclion. Ciclitira respondeu que isso não era problema. Há algum tempo o seu rádio vinha funcionando secretamente num apartamento perto do quartel-general, onde o volume do tráfego de mensagens ocultara dos rastreadores alemães as suas próprias mensagens.

No dia seguinte, uma aeronave leve foi de Heráclion a Maleme buscar o general. Isso foi feito em meio a grande segredo, para evitar um surto de ataques de última hora dos irregulares cretenses. Benthag desembarcou no aeroporto de Heráclion sem quepe e usando um casaco sem insígnias. Dali foi levado à Vila Ariadne, onde se realizaram os procedimentos — foram rápidos demais para merecer o nome de cerimônias — na comprida sala de jantar de Sir Arthur Evans. O general-de-brigada Sir Colin Callander, novo oficial-comandante da 4ª Divisão, enviado à Grécia durante a luta em Atenas em dezembro anterior, enviara em seu lugar o brigadier Dick Kirwan. Benthag ficou abalado ao descobrir que não havia termos, somente a rendição incondicional. Perguntou se isso significava que os comandantes poderiam ser fuzilados. Sim, se considerados culpados de crimes de guerra, foi a resposta. Benthag voou de Heráclion de volta a Maleme parecendo "muito desalentado". A Vila Ariadne e os campos de pouso de Maleme e Heráclion formavam um triângulo adequado para o seu último ato.

Apesar dos temores de Benthag depois de voltar da Vila Ariadne, os alemães da área de Canéia não sofreram maus-tratos. Kirwan autorizou-os a manter as armas pessoais para defender-se até que chegassem soldados britânicos para protegê-los e disse ao general Benthag que continuasse a administrar a disciplina militar alemã. Benthag ordenou a execução de um soldado que estuprara e assassinara uma cretense. Num emaranhado da justiça militar, meses depois o general Benthag foi acusado do crime de mandar fuzilar um soldado depois da rendição. Felizmente, Kirwan, na época vice-diretor de Operações Militares no Ministério da Guerra, soube disso e isentou-o.

Com os alemães ainda em posse de formidável poder de fogo mas com profundo medo da população cretense, o interregno teve um estranho clima de irrealidade. Na noite da rendição secreta de Benthag em Cnossos, oficiais britânicos na área de Canéia, como Ciclitira, Stanley e Verney, entraram na cidade. Num senso de humor meio desatinado, convidaram os oficiais alemães, que há tanto tempo vinham tentando encontrá-los, para uma festa num café antes de irem para o cativeiro. A idéia de se apresentarem pelo pseudônimo e pelo nome verdadeiro foi irresistível. A guarnição alemã formou um grupo de jazz. Entre os convidados estavam vários dos mais odiados representantes da potência ocupante, como o capitão Herbert Glembin, da Feldgendarmerie, e o Sonderführer Emil Grohmann, que interrogara Geoffrey Barkham. Grohmann, engenheiro de minas, era outro caçador alemão de guerrilheiros que passara a maior parte da vida na Grécia. Schubert, embora supostamente ainda em Canéia nessa época, não estava presente, nem nenhum integrante da Gestapo, já que tinham deixado a ilha em setembro de 1944.

Na manhã seguinte, mais uma vez fardados, os britânicos participaram da comemoração espontânea e inesquecível que apequenou até a de Heráclion no mês de outubro anterior. Multidões das aldeias e cidadezinhas próximas convergiram alegres para Canéia. Bandos de *andartes* rivais correram para ser os primeiros a chegar à cidade e espalhou-se o boato de que seria inevitável a luta entre os bandos do ELAS e os soldados do Exército Nacional comandados pelo coronel Gyparis. Mas o estado de espírito propício aos cantos e ovações foi forte demais naquele dia. O povo dançava por toda parte: nas ruas, nos cafés e nas casas.

Verney, cujo trabalho passou a ser de propaganda para os aliados, montou escritório em Canéia, desta vez abertamente. Nos próximos dias recebeu cópias das primeiras fotografias tiradas nos campos de concentração libertados. Organizou imediatamente uma exposição, que provocou descrença e ultraje entre os soldados alemães ainda bem armados; um deles colocou uma granada debaixo do carro de Verney.

Em 13 de maio, um grupo avançado da "Presforce", batalhão do Real Regimento de Hampshire comandado pelo brigadier Patrick Preston, partiu do Pireu num contratorpedeiro rumo a Canéia. Dez dias depois, houve o desarmamento dos soldados alemães. O grupo principal dos Hampshires marchou pela estrada, partindo da Baía Suda, em ordem de desfile: imagem bem diferente daqueles soldados exaustos e imundos que tinham fugido dos pára-quedistas e caçadores de montanha há quase exatamente quatro anos.

Os soldados alemães, que em defesa própria tinham se retirado para o Akrotiri, foram mantidos atrás de um cordão protetor até partirem da Baía Suda. De acordo com Dennis Ciclitira, tiveram permissão de levar consigo tudo o que tinham capturado. Tinham tantas coisas que o comandante afirmou que poderia ter levado o dobro de soldados britânicos com equipamento completo. "Os cretenses", diz a história do Regimento de Hampshire, "ressentiram-se muito da contenção dos soldados britânicos diante dos seus inimigos odiados e vencidos."

Depois da gritaria, veio a limpeza. A maior prioridade de Ralph Stockbridge foi isolar o major Kleinschmidt, da Abwehr, e levá-lo de avião para Atenas para interrogatório. Como extensão das suas atividades de propaganda, Verney abriu uma escola de inglês. Ela foi assumida pelo British Council e transferida para o antigo consulado alemão. Lá, um dos seus membros encontrou um tesouro em prata, emparedado no final de um corredor.

Para os oficiais da SOE que lá continuaram nos meses seguintes, a principal tarefa foi resolver disputas e recompensar os que tinham auxiliado os britânicos. Mas o fluxo de soberanos do Cairo se interrompera e a moeda local perdera o valor: em Atenas, um soberano comprava 64 milhões de dracmas. O preço dos produtos mais caros era dado em *okas* de azeite; os itens menores, como jornais, eram cobrados em cigarros.

Dennis Ciclitira, que vinha de uma família de comerciantes de frutas secas, decidiu que o único modo de pagar as obrigações da SOE seria recorrer à especulação comercial de azeite. Pediu à Marinha Real que bloqueasse Canéia para impedir exportações para Heráclion e, tendo assim baixado o preço numa das pontas da ilha e o elevado na outra, fez rapidamente empréstimos, comprou e vendeu para levantar a quantia necessária.

Para muitos cretenses, a vitória sobre os alemães não reduziu os sofrimentos; na verdade, a vida ficou ainda mais difícil. Muitos jovens combatentes da resistência logo se viram convocados pelo exército para lutar na guerra civil do continente, que voltou a recrudescer em julho de 1946 e durou até o final de agosto de 1949. Ralph Stockbridge, na época oficial regular do MI6, tornou-se vice-cônsul do Consulado Geral de Salônica para enviar informações sobre os aspectos do conflito na região.

Mais uma vez os cretenses não seguiram os gregos do continente — "os de cima", como às vezes eram chamados. Venizelos teria aprovado; a ilha ressaltou a sua posição extraordinária mas muito coerente ao rejeitar a monarquia no plebiscito de setembro de 1946, ao mesmo tempo que rejeitou decididamente o comunismo.

A política cretense era incisiva. Os comunistas nunca conseguiram manipular a questão da monarquia e do regime de Metaxas numa ilha tão declaradamente republicana como Creta. As acusações de colaboração feitas aos conservadores cretenses e à centro-direita de nada adiantaram, porque pouquíssimos estavam assim manchados. Provados deste rabo preso dos rivais, os comunistas não podiam distorcer os fatos, como fizeram no continente.

A outra diferença foi que no continente o avanço espantoso do Exército Vermelho causou uma impressão de inevitabilidade muito mais forte — aquele argumento marxista-leninista que falava à emoção visceral do temor entusiasmado.

A ilha de Creta e a sensação de individualidade que gerava na imensa maioria dos seus habitantes também constituíam uma fortaleza contra o internacionalismo, fosse este a Nova Ordem de Hitler ou o comunismo russo fantasiado de irmandade universal. E o resultado da guerra civil em Creta, embora tenha se arrastado até 1948, levou impiedosamente à derrota do ELAS, como no fundo até os comunistas cretenses deviam saber.

Yanni Bodias, o renegado do ELAS do bando de Bandouvas, teve o fim selvagem e tradicional de um fora-da-lei. Depois de ter conseguido fugir das unidades do exército em Psiloriti, foi perseguido por Bandouvas e pelo seu bando no final talvez inevitável do seu estranho relacionamento. Mas foi um policial que viu Bodias escondido num alto pé de azevinho no sopé das montanhas. Matou-o com um único tiro. O corpo caiu sobre um galho e lá ficou, dobrado ao meio. O policial foi contar aos seus superiores.

Um pastor, atraído pelo tiro, avistou o corpo de Bodias com o binóculo balançando levemente na correia. Subiu na árvore para pegá-lo e, orgulhoso, levou consigo o seu butim. Bandouvas encontrou-o pouco depois e reconheceu imediatamente o binóculo, que dera a Bodias antes da briga em 1943. O pastor não teve alternativa senão levá-lo de volta ao cadáver. Um dos homens de Bandouvas recebeu ordens de subir na árvore e descer o corpo, que foi então levado para o irmão em Ay Varvára. Lá, a cabeça e uma das mãos foram cortadas para identificação. No dia seguinte, os homens de Bandouvas voltaram a Heráclion, passando pelo Portão de Canéia, para levar a cabeça em triunfo pelas ruas, presa a uma vara. Bandouvas, que em suas memórias fingiu, de forma bem pouco convincente, ter ficado chocadíssimo com comportamento tão bárbaro, afirmou, em outras ocasiões, ter dado o tiro fatal.

Além da serra do Monte Ida, a principal área de resistência comunista ficava junto à garganta de Samaria, onde uma unidade do ELAS, com efetivo de várias centenas de homens, se agüentou até 1948. Finalmente, soldados do Exército Nacional avançaram pelos dois lados com força máxima, certos de que tinham encurralado os *andartes* do ELAS, mas a maioria conseguiu escalar os penhascos e fugir para as Montanhas Brancas. Lá, alguns deles transformaram-se em salteadores, vivendo de ovelhas roubadas. Os dois últimos, Spyros Blazakis e Giorgios Tzobanakis, desceram no outono de 1974 depois da queda do regime do coronel.

Um dos destinos menos merecidos dos anos do pós-guerra foi o de George Psychoundakis. Primeiro teve de suportar a indignidade sórdida da prisão como desertor do exército grego, devido a um erro burocrático na sua documentação. Esta injustiça não o poupou de dois anos de serviço ativo no norte da Grécia contra as tropas comunistas de lá. Quando voltou a Creta, teve de trabalhar como operário na construção de estradas na montanha para sustentar a família, cujas ovelhas tinham sido todas roubadas na guerra. Apropriadamente, foi neste período de purgatório que escreveu a sua obra-prima da resistência, *O mensageiro cretense*.

Muitos anos depois, em 1974, os alemães criaram o seu cemitério de guerra na Colina 107, acima de Maleme. Psychoundakis, com boa dose de humor negro cretense, candidatou-se ao emprego de zelador. Ali, enterraria o homem que se pode dizer que foi o último alemão da ocupação da ilha.

Em 1946, o governo grego exigiu o retorno dos generais comandantes das tropas ocupantes do Eixo para serem julgados pelos seus crimes.* A acusação de que as tropas do governo dependeram de colaboradores para esmagar os comunistas ainda doía.

Os dois primeiros comandantes alemães em Creta a serem mandados para julgamento em Atenas foram o general Müller, famoso pela sua brutalidade, e o general Bräuer, o menos culpado de todos. Ambos foram condenados à morte.

---

*O julgamento do general Student em Luneburg já desmoronara. O coronel van der Heydte, transferido inexplicavelmente do campo de prisioneiros de guerra de Colchester como testemunha da promotoria, causou confusão no tribunal ao afirmar que, ao lado do marechal-de-campo Alexander, Student era o general que ele mais admirava.

Paddy Leigh Fermor, que por acaso estava em Atenas na época, foi levado por amigos gregos para assistir ao último dia do julgamento. Mais tarde, insistiram que, nos bastidores, visitasse os dois generais. Leigh Fermor não gostou muito da idéia, mas os generais alemães se comportaram como se fosse uma ocasião social perfeitamente comum. Quando foi apresentado como seqüestrador do general Kreipe, Müller riu.

— *Ach, Herr Major. Mich hätten sie nicht so leicht geschnappt!* — "O senhor não teria me capturado com tamanha facilidade."

A execução de Bräuer foi retardada, com simbolismo de mau gosto, até 20 de maio de 1947, aniversário da invasão aerotransportada. A sua morte chocou tanto a opinião pública internacional que Andrae e outros oficiais graduados, muito mais culpados, escaparam com penas de prisão. Poucos protestaram a favor de Müller.

Muitos anos depois, a pedido da Associação Alemã de Soldados Aerotransportados, o corpo do general Bräuer foi levado de Atenas para o cemitério que dava para Maleme, onde foi sepultado por George Psychoundakis.

Durante a década de 1970 George Psychoundakis e Manoli Paterakis, outro herói da Resistência, trabalharam juntos no cemitério alemão. Quando davam uma pausa no trabalho, conversavam à sombra de uma árvore, olhando o mar além de Maleme. Certa tarde, mais de trinta anos depois da guerra, um visitante idoso, que mancava devido a um antigo ferimento, claramente um ex-oficial alemão, parou de repente e fitou Manoli Paterakis com intensidade incômoda. Os traços de Paterakis — o cretense tinha um perfil de águia — eram inconfundíveis.

— Já vi o senhor antes — disse ele, com um sorriso de amarga certeza. Paterakis vasculhou a memória atrás do rosto do alemão. Tinha certeza de que nunca lhe pusera os olhos na vida.

— O senhor nunca me viu — confirmou o alemão —, mas eu vi o senhor. O senhor estava com um homem que perdera uma das mãos e descansava o rifle no coto do antebraço.

Espantado, Paterakis concordou que era verdade. O alemão então explicou que estava deitado, escondido debaixo de um arbusto, quando os dois tinham parado bem perto dele.

Na primeira manhã da batalha de Creta, gravemente ferido logo depois de descer de pára-quedas, arrastara-se como um bicho para longe das vistas. O seu batalhão fora quase todo destruído e os soldados irregulares cretenses buscavam sobreviventes. A chegada de reforços alemães parecia esperança perdida. No fim das contas, ficara ali deitado durante três dias, sem água para beber, até ser encontrado. Nunca esqueceu o rosto de Manoli Paterakis.

Apêndices

Apêndice A: Organizações Secretas

A entidade Military Intelligence (Research), ou Informações Militares (Pesquisa), pertencia ao War Office, Ministério da Guerra britânico, e foi fundada em 1938 pelo coronel J. C. F. Holland e pelo major Colin Gubbins, que mais tarde se tornou diretor da SOE. O principal objetivo do MI(R) era criar, treinar e suprir grupos guerrilheiros por trás das linhas inimigas.

A Seção D foi um ramo do Secret Intelligence Service (Serviço Secreto de Informações) e, portanto, não era subordinada ao ministério da Guerra, embora fosse encabeçada por um oficial regular, o coronel Lawrence Grand. Recrutava principalmente empresários que conhecessem um determinado país porque se especializou em sabotagem de instalações industriais e de meios de comunicação.

A Seção D e o MI(R), juntamente com a Electra House (disfarce da contrapropaganda comandada por Sir Campbell Stuart), foram amalgamados no verão de 1940 e passaram mais tarde a ser conhecidos como Special Operations Executive (SOE, Executiva de Operações Especiais), novamente dividida em SO1 e SO2. Ambas estavam sob a tutela do secretário de Guerra Econômica, cuja organização foi rebatizada de Political Warfare Executive (Executiva de Guerra Política).

A SO1 era responsável pela contrapropaganda, subordinada ao secretário de Guerra Econômica, ao secretário de Informações e ao ministro do Exterior; mais tarde, passou a chamar-se Political Warfare Bureau (PWB, Escritório de Guerra Política). A SO2, que se concentrou na sabotagem e na organização de grupos de resistência nos países inimigos e naqueles ocupados pelo inimigo, continuou a ser chamada apenas de SOE. Mais tarde os seus grupamentos regionais adotaram outros nomes. A SOE Cairo, com os seus ramos, ficou conhecida como Força 133.

A SOE tinha um concorrente na coleta de informações. Era o ramo militar do Serviço Secreto de Informações, Inter Services Liaison Department (ISLD, Departamento de Ligação entre as Armas). Ao contrário do Cairo ou da Grécia, onde em certa ocasião a rivalidade levou a um tiroteio fatal, em Creta a SOE e o ISLD trabalharam juntos de maneira bem amistosa.

Apêndice B: As formações britânicas e alemãs na batalha

Unidades e Cadeia de Comando da Creforce

Quartel-General da Creforce	General-de-brigada Freyberg, Cruz da Vitória Coronel Stewart
1º Batalhão do Regimento Galês (Welch Regiment)	

Setores de Maleme e Galatas

2ª Divisão da Nova Zelândia (QG 1 km a SO de Canéia) 3º Regimento de Hussardos (sete blindados leves)	A/General-de-brigada Puttick Tenente-coronel Gentry (Chefe do Estado-Maior)
4ª Brigada da Nova Zelândia 18º Batalhão da Nova Zelândia 19º Batalhão da Nova Zelândia 1º Pelotão Leve da Real Artilharia	Brigadier Inglis
5ª Brigada da Nova Zelândia (Setor de Maleme, QG em Platanias) 7º Real Regimento Blindado (2 Matildas) 21º Batalhão da Nova Zelândia 22º Batalhão da Nova Zelândia 23º Batalhão da Nova Zelândia Destacamento de Engenharia 28º Batalhão (Maori) 1º Regimento Grego (Kastelli Kissamou)	Brigadier Hargest

10ª Brigada da Nova Zelândia	Coronel Kippenberger
Cavalaria Divisional da Nova Zelândia	
Batalhão Misto da Nova Zelândia	
6º Regimento Grego	
8º Regimento Grego	
20º Batalhão da Nova Zelândia (Reserva Divisional)	

Setor de Suda

Organização de Defesa da Base Naval Móvel	General-de-brigada Weston Tenente-coronel Wills
Oficial comandante da Marinha encarregado de Suda	Capitão Morse, Marinha Real
15º Regimento de Defesa Costeira	
Baterias antiaéreas e de holofotes	
Batalhão Misto de Fuzileiros	
1º Batalhão de Batedores	
Hussardos de Northumberland	
106º Regimento da Real Artilharia Montada	
16º Batalhão Misto da Brigada de Infantaria Australiana	
17º Batalhão Misto da Brigada de Infantaria Australiana	
Batalhão Misto "Perivólios Reais"	
2º Regimento Grego	

Georgiópolis

QG da 19ª Brigada de Infantaria Australiana	Brigadier Vasey
2/7º Batalhão de Infantaria Australiano	
2/8º Batalhão de Infantaria Australiano	

Retimno

2/1º Batalhão de Infantaria Australiano	Tenente-coronel Campbell
2/11º Batalhão de Infantaria Australiano	
7º Real Regimento Blindado (2 Matildas)	

4º Regimento Grego
5º Regimento Grego
Gendarmeria cretense

Setor de Heráclion

QG da 14ª Brigada de Infantaria	Brigadier Chappel
2º Batalhão do Black Watch	
18º Batalhão do Regimento de York e Lancaster	
2º Batalhão de Leicester	
2/4º Batalhão de Infantaria Australiano	
7º Regimento Médio da Real Artilharia	
7º Real Regimento Blindado (2 Matildas)	
3º Regimento de Hussardos (seis blindados leves)	
3º Regimento Grego	
7º Regimento Grego	

Timbaki

2º Batalhão dos Highlanders de Argyll
e Sutherland
7º Real Regimento Blindado
(2 Matildas)

Efetivo

O total de soldados aliados chegou a 42.460, dos quais apenas metade eram infantes adequadamente formados. O setor de Suda tinha a menor proporção de soldados armados: somente 3 mil em 15 mil. O total de 42.460 homens incluía cerca de 9 mil soldados gregos, dos quais somente pequena parte teve papel importante, devido a armamento e treinamento insuficientes. Além disso, havia 1.200 gendarmes e mais de 3 mil irregulares cretenses.

Baixas

Mortos e desaparecidos	1.751
Feridos	1.738
Prisioneiros de guerra	12.254
Marinha Real:	1.828 mortos e 183 feridos

Cruzadores afundados:	*Gloucester, Fiji, Calcutta*
Contratorpedeiros afundados:	*Juno, Greyhound, Kelly, Kashmir, Imperial, Hereward*
Naus capitânias avariadas:	*Warspite, Barham, Valiant, Formidable*
Cruzadores avariados:	*Ajax, Naiad, Perth, Orion, Dido, Carlisle*
Contratorpedeiros avariados:	*Kelvin, Nubian, Napier, Ilex, Havoc, Kingston, Nizam*

Unidades e Cadeia de Comando Alemãs

IV Frota Aérea	General Löhr
VIII Corpo Aéreo	General Freiherr von Richthofen
120 Dornier 17, com base em Tatoi	
40 Heinkel 111 com base em Elêusis	
80 Junkers 88 com base em Elêusis	
150 Junkers 87b (Stukas) com base em Micenas, Molaoï e Scarpanto	
90 Messerschmitt 110 com base em Argos	
90 caças monomotores Messerschmitt 109 com base em Molaoï	
XI Corpo Aéreo	General Student Generalmajor Chappel (Chefe do Estado-Maior) Coronel von Trettner (Operações) Major Reinhardt (Intendência)

Três grupos de transporte sob comando (aprox. 500 Junkers 52)
Esquadrilha de planadores (aprox. 70 planadores DFS 230)
Esquadrão de aeronaves de reconhecimento Fieseler Storch

QG do Regimento Tempestade	Generalmajor Meindl (depois, Coronel Ramcke) Major Braun
I Batalhão	Major Koch

II Batalhão	Major Stentzler
III Batalhão	Major Scherber
IV Batalhão	Capitão Gericke
QG da 7ª Divisão de Pára-quedistas	General-de-brigada Süssmann Major Conde von Uxküll
Batalhão de Engenharia de pára-quedistas	Major Liebach
1º Regimento de Pára-quedistas	Coronel Bräuer Capitão Rau Capitão conde von der Schulenburg
I Batalhão	Major Walther
II Batalhão	Capitão Burckhardt
III Batalhão	Major Karl-Lothar Schulz
2º Regimento de Pára-quedistas	Coronel Sturm Major Schulz Capitão Paul
I Batalhão (Retimno)	Major Kroh
II Batalhão (Heráclion)	Capitão Schirmer
III Batalhão (Retimno)	Capitão Wiedemann
3º Regimento de Pára-quedistas	Coronel Heidrich Tenente Heckel
I Batalhão	Capitão Freiherr von der Heydte
II Batalhão	Major Derpa
III Batalhão	Major Heilmann
5ª Divisão de Caçadores de Montanha	General-de-brigada Ringel Major Haidlen Capitão Ferchl
95º Regimento de Caçadores de Montanha	(Tropas divisionais)
Artilharia de Montanha	Tenente-coronel Wittmann

Engenharia	Major Schaette
Reconhecimento	Major conde Castell zu Castell
85º Regimento de Caçadores de Montanha	Coronel Krakau
I Batalhão	Major Treck
II Batalhão	Major Esch
III Batalhão	Major Fett
100º Regimento de Caçadores de Montanha	Coronel Utz
I Batalhão	Major Schrank
II Batalhão	Major Friedmann
III Batalhão	Major Ehal
141º Regimento de Caçadores de Montanha (da 6ª Divisão de Caçadores de Montanha)	Coronel Jais

Efetivo

Lançados de pára-quedas e em planadores: Maleme	1.860
Vale de Ayia e Canéia	2.460
Retimno	1.380
Heráclion	2.360
Levados em embarcações de transporte de tropas:	
Maleme	13.980
Total	22.040

Baixas

Mortos e desaparecidos*	
pára-quedistas	3.094
caçadores de montanha	580
tripulação	312
Feridos	2.594

*17 desaparecidos eram oficiais alemães levados para o Egito como prisioneiros de guerra.

Apêndice C: Mensagens do Ultra enviadas a Creta antes da batalha

Neste estágio inicial do Ultra, as mensagens eram mandadas ao Cairo na série OL, ou Orange Leonard, com três algarismos. A série OL 2000 era enviada a Creta ao mesmo tempo, ou até várias horas depois. Assim, o Cairo sabia o que fora mandado para Creta; a série OL 5000 era para Malta. Este sistema pretendia impedir o repasse de informações desnecessárias que poderia comprometer o Ultra, caso interceptadas ou capturadas. As mensagens enviadas à Creforce costumavam ter o prefixo "Pessoal para o general Freyberg — Imediatíssimo". O capitão Sandover, oficial na caverna acima da pedreira da Creforce, decifrava a mensagem, mostrava-a a Freyberg e depois queimava-a. A hora e a data do envio vinham no final de cada mensagem, mas aqui são colocadas no início para facilitar a consulta.

OL 2151 18h45 28.4.41

As mensagens OL enviadas ao Cairo só tinham números de três algarismos nesta série. As mensagens ao Cairo e ao Centro de Operações Aéreas Creta [o coronel Beamish recebeu mensagens do Ultra por alguns dias antes da chegada de Freyberg] têm somente números a partir de OL 2000 nesta série. Assim, os números mostram a distribuição de cada mensagem.

OL 2155 16h15 1.5.41

Soube-se que para capacitar a GAF [Força Aérea alemã] a realizar operações planejadas para as próximas semanas, o inimigo não porá minas na Baía de Suda nem destruirá aeródromos em Creta. Esta mensagem cancela OL 2154.

OL 2157 3h25 3.5.41

Há indicações de que as unidades de transporte aéreo não estarão prontas para operações em grande escala antes de, no mínimo, 6 de maio. Outros preparativos parecem completos.

OL 2165 21h50 4.5.41

Há indícios de que em 4 de maio o Estado-Maior da 7ª Fliegerdivision mudou-se para Salônica e vai se mudar para Atenas em 8 de maio.

OL 2167 23h40 6.5.41

Preparação para operação contra Creta provavelmente terminada em 17 de maio. Seqüência de operações do dia zero em diante será desembarque de pára-quedas da 7ª Fliegerdivision mais soldados do 11º Fliegerkorps para tomar Maleme, Candia [Heráclion] e Retimo [Retimno]. Então caças e bombardeiros de mergulho seguirão para Maleme e Candia. Próximo desembarque aéreo dos remanescentes 11º Fliegerkorps, inclusive quartel-general e unidades subordinadas do exército. Depois unidades antiaéreas mais soldados e suprimentos. Terceiro regimento de caçadores de montanha do 12º Exército detalhados, elementos de unidades blindadas motociclistas unidades anticarro a serem detalhadas pelo supremo-comando do exército e tudo sob o 11º Fliegerkorps. Almirante Sudeste dará proteção com barco [ou barcos?] torpedeiro italiano, flotilhas, caça-minas e talvez submarinos. Transporte marítimo por barcos alemães e italianos. Operação a ser precedida antes do dia zero por ataque violento aos acampamentos militares e posições antiaéreas da RAF.

[Nota. Este terceiro regimento era o 141º Regimento de Caçadores de Montanha da 6ª Divisão de Caçadores de Montanha, incluído para reforçar o 85º e o 100º regimentos da 5ª Divisão de Caçadores de Montanha. O 95º Regimento de Artilharia de Montanha e outros destacamentos não foram contados porque eram tropas divisionais. O Almirante Sudeste era o Almirante Schuster.]

OL 2168 10h05 7.5.41

Unidades antiaéreas mais soldados e suprimentos mencionados nosso 2167 seguirão por mar para Creta, também três regimentos de caçadores de montanha mais prováveis que terceiro regimento de caçadores de montanha.

[Nota: O principal mal-entendido surgiu quando os analistas leram essas duas frases juntas e cometeram dois erros. Chegaram à conclusão de que vinham três regimentos de caçadores de montanha *além* do XI Corpo Aéreo (7ª Divisão de Pára-quedistas e 22ª Divisão Aerotransportada). O envolvimento da 22ª Divisão fora descrito em OL 167, de 26 de abril, que detalhou o seu transporte de Bucareste a Atenas, mas parece que não foi interceptada nenhuma mensagem cancelando o seu movimento pelo 12º Exército e substituindo-a pela 5ª Divisão de Caçadores de Montanha. A Diretoria de Informações Militares, mas não a Diretoria de Informações Aéreas (ver OL 2170 a seguir), parece ter lido as duas frases juntas e suposto que esses três regimentos de caçadores também seriam transportados por mar junto com as unidades antiaéreas. Em OL 21302, quase todos os outros elementos em seqüência detalhados pelo 12º Exército estão agrupados no comboio marítimo.]

OL 2169 17h35 7.5.41

Melos a ser ocupada por alemães em 7 de maio com vistas a preparação aeródromo.

OL 2170 18h30 7.5.41

Adendo a 2167 desta série sobre planejado ataque alemão a Creta. Segue escala estimada de ataque e cronograma sugerido. Cronograma sugerido. Primeiro dia ou primeiro dia menos um — forte ataque de bombardeio a objetivos da força aérea e militares. Primeiro dia — lançamento de pára-quedas e chegada de algumas aeronaves operacionais. No primeiro ou segundo dia chegada de soldados aerotransportados com equipamento como armas, motocicletas e talvez AFV [veículos blindados de combate] leves. Segundo dia chegada de tropas e suprimentos por mar depois de chegada de destacamentos aerotransportados. Escala estimada de ataque de pára-quedas e aerotransportado. Número de aeronaves de transporte de tropas hoje disponíveis na área é cerca 450. Pode ser aumentado para 600 caso necessário. Dependendo de instalações operacionais para o maior número sendo a escala do ataque de pára-quedistas no primeiro dia pode ser 12 mil homens em duas sortidas. Escala de transporte aéreo de soldados e equipamento no segundo dia pode ser 4 mil homens e quatrocentas toneladas de equipamento ou equivalente, levadas por 600 Ju 52. Se ocorrer operação aerotransportada no primeiro dia a iniciativa dos pára-quedistas será reduzida em 50%. Provavelmente haverá ataque de bombardeio preliminar por bombardeiros de longo alcance e caças bimotores com base em Bulgária Salônica Atenas e talvez Rodes. Esforço máximo por dia estimado em 105 sortidas de bombardeiros de longo alcance e 100 sortidas de caças bimotores. Aeronaves disponíveis como força aérea ocupante — 60 Me 109 e 90 Ju 87. Decolam de campos de pouso no Peloponeso. Posição de campos de pouso não conhecida mas acha-se que alemães procuram lugares adequados. Área de Atenas é área operacional da qual provavelmente partirá ataque aerotransportado. Todas as escalas acima são o peso máximo que se acredita possível atingir. Não se levou em conta o efeito da nossa ação nem a possível falta de instalações operacionais na área de Atenas para o número máximo de aeronaves disponíveis. Anterior ao diretor de informações.

OL 2/284 19h 13.5.41

Aeronaves bimotores provavelmente atacarão aeródromos em Creta em 14 de maio.

OL 2/302 17h45 13.5.41

O seguinte resume intenções contra Creta das ordens operacionais emitidas.

Parág 1. A ilha de Creta será capturada pelo 11º Corpo Aéreo e a 7ª Divisão Aérea e a operação estará sob o controle do 11º Corpo Aéreo.

Parág 2. Todos os preparativos, inclusive a reunião de aeronaves de transporte, caças e bombardeiros de mergulho, assim como soldados a serem transportados por ar e mar, serão terminados em 17 de maio.
Parág 3. O transporte de soldados por mar será em cooperação com almirante sudeste que vai assegurar a proteção de embarcações alemãs e italianas (cerca de 12 navios) por tropas navais leves italianas. Esses soldados estarão sob as ordens do 11º Corpo Aéreo imediatamente ao desembarcarem em Creta.
Parág 4. Um ataque violento de unidades de bombardeiros e caças pesados para cuidar das forças aéreas aliadas em solo assim como as suas defesas antiaéreas e acampamentos militares precederá a operação.
Parág 5. As seguintes operações serão realizadas a partir do dia um. A 7ª Divisão Aérea pousará de pára-quedas e tomará Maleme, Candia e Retimo. Segundo. Bombardeiros de mergulho e caças (cerca de 100 de cada tipo) seguirão por ar até Maleme e Candia. Terceiro. Desembarque aéreo do 11º Corpo Aéreo, inclusive quartel-general do corpo e elementos do Exército sob o seu comando inclusive provavelmente a 22ª Divisão. Quarto. Chegada do contingente aerotransportado consistindo de baterias antiaéreas assim como de mais soldados e suprimentos.

Parág 6. Além disso o 12º Exército designará três regimentos de caçadores de montanha como instruído. Mais elementos como motociclistas, unidades blindadas, unidades anticarro, unidades antiaéreas também serão designados.
Parág 7. Dependendo das informações agora aguardadas, também como resultado de reconhecimento aéreo, o aeródromo de Kastelli [Pediados] a sudeste de Candia e o distrito oeste e sudoeste de Canéia terão atenção especial e neste caso instruções separadas serão incluídas em ordens de operação detalhados.
Parág 8. Aeronaves de transporte, das quais número suficiente — cerca de 600 — serão designadas para esta operação, reunidas em aeródromos na área de Atenas. A primeira sortida provavelmente levará somente pára-quedistas. Outras sortidas terão por objetivo o transporte do contingente aerotransportado, equipamento e suprimentos e provavelmente incluirão planadores rebocados.
Parág 9. Com vistas a dar proteção de caças às operações, a possibilidade de criar uma base de caças em Scarpanto será examinada.
Parág 10. A Intendência cuidará para que o combustível necessário para toda a operação esteja à disposição a tempo na área de Atenas e um navio-tanque italiano chegará ao Pireu antes de 17 de maio. Este navio-tanque provavelmente também estará disponível para transportar combustível para Creta. Ao reunir suprimentos e equipamento para a força invasora é preciso lembrar que consistirá de 30 a 35 mil homens, dos quais uns 12 mil formarão o contingente de pára-quedistas e 10 mil serão transportados por mar. O efetivo da força de bombardeiros de longo alcance e

caças pesados que preparará a invasão atacando antes do dia um será de aproximadamente 150 bombardeiros de longo alcance e 100 caças pesados.
Parág 11. Foi dada a ordem de não minar a Baía de Suda e de não destruir os aeródromos cretenses, para não interferir com as operações pretendidas.
Parág 12. Mapas preparados com fotografias aéreas de Creta na escala de um para dez mil serão distribuídos entre as unidades que participam desta operação.

[Nota: O algarismo único do prefixo da OL 302 foi apagado na cópia do Public Record Office, escritório de registro público, mas quase certamente é um 2. O acúmulo de mal-entendidos na leitura chega ao máximo nesta mensagem, com números estimados sem exatidão entendidos como confirmados.]

OL 5/313 4h20 14.5.41
Se o reconhecimento não revelar alvos marítimos em 14 de maio bombardeiros de mergulho Junkers 88 gruppe 1 LG1 atacarão a Baía de Suda.

[Nota: O Junkers 88 não era bombardeiro de mergulho. É possível que o transmissor quisesse dizer Junkers 87, ou Stuka.]

OL 6/314 10h15 14.5.41
No futuro a palavra Colorado será usada em vez da palavra Creta em todas as mensagens desta série.

OL 8/337 5h 16.5.41
Em 16 de maio ataques de caças pesados a aeronaves britânicas no aeródromo de Heráclion pretendidos também transferência para Scarpanto — aeródromo provavelmente na ponta sul da ilha — de cerca de 20 aeronaves Junkers 87 para fechar estreito Kaso.

OL 9/339 8h05 16.5.41
Novos indícios indicam que o dia um da operação contra Colorado [Creta] é 17 de maio mas adiamento de 48 horas parece provável.

OL 10/341 14h10 16.5.41
Com novas informações adiamento dia um de operação contra Colorado confirmado. 19 de maio parece data mais próxima.

OL 12/370 1h55 19.5.41

Em 19 de maio às 0800 GMT haverá reunião de oficiais comandando unidades força aérea no aeródromo de Elêusis. Discussões tratam operação contra Colorado, principalmente Malemes, Canéia Retimo e Iraklion. Sortidas de todas unidades apesar desta reunião. Caças monomotores para Molaoi — no ritmo de um vôo de cada vez — atacarão repetidamente aeronaves no aeródromo de Malemes no dia 19. Bombardeiros de mergulho em Scarpanto também esperados para operar nos transportes. Parece que hoje segunda-feira pode ser dia menos um.

Apêndice D: Organizações políticas gregas

Dominadas pelos comunistas

KKE Partido Comunista da Grécia.

EAM Frente de Libertação Nacional. Coalizão política de esquerda e centro-esquerda manipulada, a princípio com habilidade e depois com violência, pelos comunistas. Conseguiu atrair muita gente com boas credenciais democráticas até que ficou visível o interesse obcecado do Partido Comunista pelo poder exclusivo.

ELAS Exército Popular de Libertação Nacional, braço militar da EAM. No continente, tinha mais de 50 mil homens em armas, organizados em divisões por região. Em Creta, o seu efetivo armado nunca passou de 5 mil homens, contando as reservas. O lado naval, que usava caíques armados, chamava-se ELAN.

Não comunistas e anticomunistas

EDES Liga Grega Republicana Nacional. Organização a princípio de centro-esqueda, pendeu para a direita, principalmente em conseqüência da incansável pressão comunista. O lado político urbano, principalmente, viu-se conspurcado pela colaboração. O ramo militar era comandado pelo general Napoleon Zervas. O apoio britânico a Zervas e a contrapressão sobre o EAM-ELAS, organizados por Monty Woodhouse, salvou o EDES de um ataque total comunista. (No continente apenas.)

EKKA Libertação Nacional e Social. O EKKA, outro grupo centrista, era comandado pelo coronel Dimitrios Psarros. Menor que o EDES, era vulnerável e o ELAS destruiu-o num massacre traiçoeiro. (No continente apenas.)

X A organização X consistia de grupos nacionalistas de extrema-direita comandados pelo coronel George Grivas. Fanaticamente anticomunistas e, em muitos casos, armados pelos alemães, os seus membros mereciam o epíteto comunista de "monarco-fascistas". (No continente apenas.)

EOK Organização Nacional de Creta. A EOK foi uma aliança informal de cretenses não comunistas, de tendência principalmente venizelista, que iam da centro-esquerda à direita republicana. (Em Creta apenas.)

Notas

Primeira parte: A queda da Grécia

Página **1. Missões militares**

21 "Todo domingo...", Hunt, *A Don at War*, p. 20.
24 "Amanhã vocês partem...", Wisdom, *Wings over Olympus*, p. 58.
25 "informações detalhadas...", Churchill, *Their Finest Hour*, p. 424.
25 "inteligente, mas não muito sábio", conversa com Caccia, 14-3-90.
26 "reencarnação de Byron", Woodhouse, *Something Ventured*, p. 9.
27 "um repertório espantoso...", Mott-Radclyffe, *Foreign Body in the Eye*, p. 50.
27 "Os gregos com certeza eram corajosos...", Hollingworth, *FrontLine*, p. 97.
27 "O maior espetáculo...", Blunt, citado em Mott-Radclyffe, p. 46.
28 "segundo Scapa", do primeiro-ministro ao gal. Ismay, 3 de novembro, citado em Davin, *Crete*, p. 6.
28 "Cuidaremos de Creta", conversa com Caccia, 21-3-90.
29 "roupas e calçados...", De Guingand, *Operation Victory*, p. 59.

2. Missões diplomáticas

32 "guerra de nervos", de Wavell ao Chefe do Estado-Maior Geral Imperial Britânico, citado em Connell, *Wavell*, p. 310.
32 "alertar a nós...", de Wavell ao Chefe do Estado-Maior Geral Imperial Britânico, citado em Connell, Wavell, p. 312.
32 "O governo de Sua Majestade...", dos Chefes de Estado-Maior aos Comandantes-em-Chefe, citado por Connell, p. 310.

32 "seria necessário...", Papagos, *The Battle of Greece*, p. 312.
33 "deram, todos, o mesmo suspiro de alívio", conversa com Jacob, 10-4-90.
33 "Winston sentia...", *ibid.*
33 "de certo modo...", *ibid.*
35 "a qualquer custo", Mack Smith, *Mussolini*, p. 309.
36 "Não se considerem...", Churchill, *The Grand Alliance*, p. 63.
36 "em todas as questões...", Churchill, *The Grand Alliance*, p. 60.
37 "formidáveis...", De Guingand, *Operation Victory*, p. 57.
37 "alisou-se", De Guingand, *Generals at War*, p. 29.
37 "normalmente bastante taciturno...", conversa com Caccia, 14-3-90.
38 "A guerra é uma opção...", De Guingand, *Operation Victory*, p. 55.
39 "regateio...", Coats, *Of Generals and Gardens*, p. 88.
39 "Os nossos representantes...", Blunt, citado em Mott-Radclyffe, p. 66.
39 "cheio de otimismo...", De Guingand, *Generals at War*, p. 33.
40 "os dois soldados cansados...", Connell, p. 354.
41 "SECRETÍSSIMO...", Wavell, citado em Connell, p. 355.

3. Missões secretas

43 "a escolha obsoleta...", Leigh Fermor, *A Time of Gifts*, p. 1.
44 "Quanto material...", Hart-Davis, *Peter Fleming*, p. 215.
44 "a coisa toda...", conversa com Wilkinson, 20-3-90.
44 "Compton Mackenzie...", Household, *Against the Wind*, p. 101.
45 "um olho só...", Fleming, citado em Hart-Davis, p. 224.
45 "não tinha idéia...", conversa com Norman, 20-3-90.
45 "enrijecer a determinação do príncipe Paulo", *ibid.*
46 "eriçada...", *ibid.*
46 "vice-cônsul...", Pendlebury, citado em Powell, *The Villa Ariadne*, p. 113.
46 "A melhor...", Hammond e Dunbabin, *John Pendlebury in Crete*, p. X.
47 "Fui levado nos ombros...", *ibid.*
47 "A anglofilia é crescente!", Powell, p. 98.
47 "a ilha melhor do que ninguém...", Powell, p. 113.
48 "não muito diferente de um cupido adulto...", *Korero*, 27 de março de 1944, p. 5.
48 "Como é que...", citado em conversa com Smith-Hughes, 21-8-90.

4. A dupla invasão

51 "Metade do tempo...", conversa com Fletcher, 20-5-90.

52 "riscos adicionais", Chefe do Estado-Maior Geral Imperial Britânico ao secretário de Estado para a Guerra, 7-3-41, citado em Connell, p. 352.
52 "Senti-me...", Bright, *History of the Northumberland Hussars Yeomanry*, p. 39.
53 "Estavam a caminho...", Hobson, *Army Quarterly and Defence Journal*, abril de 1990.
53 "arfando por vingança", Schmidt, *Hitler's Interpreter*, p. 223.
54 "Os fatos de quinta-feira em Belgrado...", Churchill, 30-3-41, ao primeiro-ministro em exercício da Austrália, Churchill, *The Grand Alliance*, p. 143.
55 "repelida no desfiladeiro de Rupel", mensagem Ultra OL 51 PRO DEFE 3/ 891.
55 "uma situação adversa", Papagos, p. 363.
56 "Para que lado?", Bright, p. 41.
57 "caos do tipo espetacular e agradável", Hart-Davis, p. 243.
57 "É preciso dizer que...", Hobson, "The Episode in Greece".
57 "Tenho de usar...", carta de Hobson ao autor, 19-10-90.
57 "igualzinho a um quadro...", conversa com De Winton, 28-9-90.
58 "Caro colega...", carta de Petre Norton, 25-6-91.
59 ""um buraco de vinte metros...", conversa com De Winton, 28-9-90.
59 "Fique de fora", *ibid.*
59 "um falcão...", conversa com Norman, 20-3-90.
59 "o seu grandioso grito de guerra...", conversa com Hunt, 11-4-90.
60 "Bem, se os boches...", Hobson, "Episode in Greece".
60 "doutrina fetichista...", Wilson, p. 80.
62 "No aniversário do Führer...", List, *Von Serbien bis Kreta*, p. 96.
62 "trabalho de quinta-coluna", Wilson, p. 95.
63 "de pé no centro...", Wisdom, p. 199.
63 "visão agradável", Hollingworth, p. 115.
63 "depois de dirigir...", Bright, p. 64.
64 "Boa sorte quando voltarem!", Stephanides, *Climax in Crete*, p. 17.

5. Do outro lado do Egeu

65 "os caminhões eram...", Stephanides, p. 16.
70 "Por quem...", Hobson, "Episode in Greece".
71 "Vou fazer o que...", conversa com Leigh Fermor, 13-2-90.
72 "saindo do controle", Lee, *The Royal House of Greece*, p. 90.
73 "agrupados em dois...", Stephanides, p. 22.
74 "Dia de sol...", Hadjipateras e Fafalios, *Crete 1941*, pp. 31-2.
77 "Pagamos...", Churchill, citado em Coats, p. 102.

78 "Poucos percebem...", diário de Blunt, citado em Mott-Radclyffe, p. 86.
78 "Orgulho-me...", Household, p. 132.

Segunda parte: A batalha de Creta

6. "Um segundo Scapa"

82 "Não me surpreende", Cox, *A Tale of Two Battles*, pp. 16-17.
83 "Não podemos...", conversa com Smith-Hughes, 20-8-90.
84 "Boa tarde...", Wisdom, p. 197.
84 "Agüente firme! *Rule Britannia!*", carta de Edward Hodgkin.
85 "o equipamento...", conversa com Mott-Radclyffe, 5-4-90.
88 "Ei! O que foi que você...", Cox, p. 31.
88 "Acho que devem...", conversa com Pumphrey, 19-2-90.
88 "um dos momentos...", conversa com Caccia, 21-3-90.
90 "Estamos aqui...", *ibid.*
91 "alguns soldados australianos...", conversa com Wilkinson, 20-2-90.
91 "ótimo para encontrar...", conversa com Hammond, 1-3-90.
92 "sem fala de espanto", conversa com Cox, 25-4-90.
92 "anda, dá a viradinha", *Korero*, 27 de março de 1944, p. 5.
92 "Sem boa RAF", Cox, p. 63.
93 "Devem-se envidar...", Churchill, *Their Finest Hour*, p. 476.
93 "O Estado-Maior Geral grego", Relatório do Inter-Services Committee on Operations in Crete, PRO WO 106/3126.
94 "passando pelo forte...", C. J. Hamson, *Liber in Vinculis*, p. 26.
94 "Em sua casa...", Memorando do comando alemão sobre as atitudes da população civil em Creta para com as Forças Armadas alemãs e a reação destas, parág. 5, Canéia, 18 de dezembro de 1942.
95 "amor e *adieu*", citado em Powell, p. 113.

7. "A ponta da lança alemã"

97 "a Alemanha pode...", Alemanha, Auswärtiges Amt, *Documents on German Foreign Policy*, Série D, Vol. XI, Nº 242. Ver também Ciano, *Diplomatic Papers*, p. 400.
98 "bom humor brusco", Farrar-Hockley, *Student*, p. 115.
99 "Portanto, longe de...", Creveld, *Hitler's Strategy 1940-1941*, p. 168.
99 "A ocupação da ilha...", *DGFP*, D, Vol. XII, nº 403. Ver também Diretiva do Führer nº 29 de 17 de maio de 1941. *DGFP*, D, Vol. XII, nº 536.

100 "A nossa formação é jovem", Heydte, *Daedalus Returned*, p. 21.
100 "idealismo, ambição ou desejo de aventuras", Heydte, p. 25.
100 "um pouco de ardor...", Pöppel, *Heaven and Hell*, p. 9.
101 "tornara-se...", Leigh Fermor, p. 197.
101 "estava escrito errado...", Heydte, carta ao autor, 30-10-90.
102 "verdadeiro deus da guerra", Pöppel, p. 10.
102 "mais de férias...", Heydte, p. 35.
104 "Com voz tranqüila...", Heydte, p. 37.
105 "a ilha parecia sem vida", Student, em *Kommando*, citado por Stewart, *The Struggle for Crete*, p. 89.
105 "Os cretenses são...", "Military and Geographical Description of Greece', p. 84, 31 de março de 1941, citado em Memorando, 18 de dezembro de 1942.
106 "carroças sobrecarregadas...", Heydte, pp. 39-40.
107 "Estamos quase bobos...", Emrich, diário não publicado.

8. "Fontes secretíssimas"

109 "chegou ao posto de general", citado em Singleton-Gates, *General Lord Freyberg VC*, p. 25.
109 "uma certa notoriedade", citado em Singleton-Gates, p. 26.
110 "a gente quase...", Churchill, *The Grand Alliance*, p. 242.
111 "Ele não suportava...", Stevens, *Freyberg VC*, p. 41.
111 "grande São Bernardo", Coats, p. 74.
111 "Winston era um mau juiz...", conversa com Jacob, 10-4-90.
111 "Parece claro...", Churchill, *The Grand Alliance*, p. 241.
111 "Winston sempre espera...", Channon, *The Diaries of Chips Channon*, p. 362.
112 "Quero que vá a Jerusalém e liberte Bagdá", Wilson, p. 102.
112 "Eu lhe disse...", citado em Davin, p. 40.
113 "O nosso pessoal parece...", relatório de Wilkinson a Gubbins, 29 de maio de 1941.
114 "como uma horda de falcões...", J. W. Clayton do Pelotão A da 23ª Bateria Antiaérea Leve, carta ao autor, 15-8-90.
114 "As forças à minha disposição...", citado em Churchill, *The Grand Alliance*, p. 243.
115 "nossas informações indicam insuficiente...", Wavell, PRO PREM 3/109.
115 "As nossas informações indicam...", Churchill, *The Grand Alliance*, p. 245.
115 "homem de humor muito instável...", Coats, p. 102.
115 "Não posso entender...", citado em Churchill, *The Grand Alliance*, p. 246.

115 "Favor indagar ao general Freyberg...", OL 2166, PRO DEFE 3/894.

116 "São tão completas...", Chefes de Estado-Maior a Comandantes-em-Chefe, nº 98, PRO PREM 3/109.

116 "Portador de Cérebro Pequeno", Dorman-Smith, citado em Greacem, *Chink*, p. 177.

117 "Se vierem num...", Freyberg, citado em Connell, p. 454.

117 "Os alemães podem transportar...", relatório do JIC (Joint Intelligence Committee, ou Comitê Conjunto de Informações) de 27-4-41, PRO PREM 3/109.

118 "Freyberg foi corajoso", Churchill, *The Grand Alliance*, p. 246.

118 "Da nossa parte...", Freyberg, citado em Stewart, p. 108.

119 "Uma coisa se destaca...", Gefechtbericht XI Fl. Korps — Einsatz Kreta, nos arquivos de Freiburg, citado em Mabire, *La Crète*, p. 32.

121 "um desembarque por mar...", Freyberg, comentário sobre esboço de Churchill, documentos de Davin, citado em Stewart, p. 128.

121 "possibilidade meio improvável", De Courcy, *History of the Welch Regiment*.

122 "devido a várias providências...", Freyberg, comentário sobre esboço da história oficial da Nova Zelândia, documentos de Davin, citado em Stewart, p. 128.

123 "camaradinhas da Macedônia...", Kippenberger, *Infantry Brigadier*, p. 49.

125 "rosto simpático...", citado em Powell, p. 111.

125 "Satanás devia o nome...", Woodhouse, *Something Ventured*, p. 18.

125 "eu te batizo...", conversa com Smith-Hughes, 26-8-90.

126 "respiravam sangue, morte...", conversa com Hammond, 1-3-90.

126 "não saírem correndo...", citado em Davin, p. 100.

127 "não dava muita importância...", Stewart, p. 135.

128 "Terminei o plano...", Freyberg, citado em Churchill, *The Grand Alliance*, p. 250.

129 "homem que se apresentava...", Cox, p. 33.

129 "Não sei o que nos espera", Cox, p. 67.

9. "Uma ótima oportunidade para matar"

131 "Essa não é razão suficiente...", Farrar-Hockley, p. 91.

132 "Ao contrário da suposição...", Leutnant Genz, *Der Zweite Weltkrieg*, Vol. 29, citado em Hadjipateras e Fafalios, p. 46.

135 "Dia de verão comum...", diário de guerra do 22º Batalhão, PRO WO 179/735.

135 "uma pulsação zangada", *ibid.*

136 "assustador, amargo e agourento", citado em Henderson, *22 Battalion*, p. 41.
137 "Não foi um desjejum...", Hadjipateras e Fafalios, p. 13.
137 "A sua atitude...", Woodhouse, *Something Ventured*, p. 13.
138 "os céus tremiam...", Astley, p. 76.
138 "Que visão incrível!", citado em Hunt, p. 39.
140 "postada para alvos no mar", Davin, p. 100.
142 "que eu já declarara...", Kippenberger, p. 50.
143 "onde nada fez...", Kippenberger, p. 52.
143 "retângulo sólido...", Kippenberger, p. 50.
143 "em seu silêncio...", Kippenberger, p. 52.
144 "Ele gritou e guinchou...", carta de Fletcher para casa.
144 "o 19º Batalhão nos disse...", Kippenberger, p. 55.
145 "o vale todo...", Kippenberger, p. 56.
145 "Os canalhas estão pousando", Farran, *Winged Dagger*, p. 87.
146 "Acho que eu não...", Farran, p. 90.
147 "insensibilidade alemã...", Farran, p. 91.
147 "mortos por civis...", Davin, p. 145.
147 "que recebera ordens...", Memorando, Canéia, 1942.
147 "bons de mira", conversa com Hollenden, 13-6-90.
148 *"der Furor Teutonicus"*, List, p. 141.

10. Maleme e o Vale da Prisão

153 "prejudicado pela péssima comunicação...", Davin, p. 99.
155 "Se for preciso, é preciso", Davin, p. 110.
156 "Os civis, inclusive mulheres...", Memorando, Canéia, 1942.
157 "A gente procurava...", conversa com Betts, 20-5-90.

11. À queima-roupa em Retimno e Heráclion

162 "pára-quedistas nunca ficam sob fogo!", Pöppel, p. 34.
166 "abaladíssimo" e "Não reforçamos...", conversa com Sandover, 12-10-90.
169 "o mensageiro disse solenemente...", Fergusson, *The Black Watch and the King's Enemies*, p. 79.
170 "pelas pistolas...", Bolitho, *The Galloping Third*, p. 264.
171 "Mungo Stirling...", Fergusson, p. 81.
172 "Quase fui junto...", Fergusson, pp. 81-2.
172 "ao sul e a oeste da cidade...", Memorando, Canéia, 1942.

175 "Ele sabia que, para ele...", C. J. Hamson, p. 105.
175 "Tentamos também...", PRO PREM 3/109.

12. Primeira noite e segundo dia

178 "Hoje foi...", citado em Churchill, *The Grand Alliance*, p. 254.
179 "bastante satisfatória", Diário de Guerra da Divisão da Nova Zelândia, citado em Davin, p. 134.
183 "uma característica notável...", Stewart, citado em Singleton-Gates, p. 162.
184 "Na parede...", Heydte, pp. 110-12.
187 "Em certo momento...", Capitão Anderson, citado em Davin, pp. 188-9
187 "Quando chegamos nele...", Dyer, citado em Davin, p. 90.
188 "Setenta segundos...", Cox, pp. 80-1.
189 "predominava a impressão...", Davin, p. 194.

13. "A invasão por mar"

191 "A nossa atenção na pedreira...", Cox, p. 81.
193 "Informação confiável...", Diário de Guerra da Divisão da Nova Zelândia, citado em Stewart, p. 134.
193 "Não poderia deixar...", Freyberg, citado em Stewart, p. 309.
193 "um mapa na escala 1/500.000...", Harmeling, p. 24, citado em Stewart, p. 88.
195 "para seguir...", Stitt, *Under Cunningham's Command*, p. 146.
196 "Canhões, abrir fogo!", conversa com Barratt, 13-8-90. Ver também Alfred M. de Zayas, *The Wehrmacht War Crimes Bureau*, pp. 254-6.
197 "De repente, ao norte...", Cox, p. 82.
161 "Brigadier Stewart...", *ibid.*
197 "Quanto a mim...", Cox, p. 83.
198 "tortura observar...", Lindsay, *History of the Sherwood Rangers*, p. 22.

14. Desastre em terra e mar

200 "um batalhão bem treinado...", Long, *Australian War History — Greece, Crete and Syria*, p. 235.
200 "homem franco, de rosto vermelho...", Farran, p. 94.
200 "ninguém exprimiu dúvidas...", Gentry, citado em Davin, p. 197.
201 "pelo menos o mérito...", Farran, p. 94.
201 "O volume de...", Upham, citado em Davin, p. 216.

202 "Fluxo constante de...", Diário de Guerra da Divisão da Nova Zelândia, citado em Davin, p. 229.
204 "um útil propósito...", Rawlings, despacho de Cunningham, parág. 31.
205 "como Jesus Cristo...", Coats, p. 107.
206 "Quem diabos...", conversa com Caccia, 14-3-90.
208 "Palo e eu encontramos Dicky...", rainha Frederica, carta de 30 de maio, *A Measure of Understanding*, p. 43.
208 "Esperem um instante...", Heydte, p. 119.
208 "em maus lençóis", Kidson, *Petrol Company*, p. 124.
208 "Bem, isso é tudo...", Farran, p. 94.
209 "cujos nervos...", Heydte, p. 120.
209 "uma algazarra infernal", Kippenberger, p. 59.
210 "veio o capitão Forrester...", citado em Davin, p. 234.
210 "trauteando um apito de lata...", Bassett, citado em Davin, p. 160.
210 "Num espaço aberto...", Kippenberger, p. 59.
210 "ele foi um dos homens..." e "o momento mais emocionante...", citado em Davin, p. 235.
210 "teria sido levado...", Emrich, diário não publicado.

16. A batalha de Galatas

221 "Todos sentiam...", Thomas, *Dare to be Free*, p. 14.
223 "ao vê-los chegar...", Kippenberger, p. 60.
224 "de uma tranqüilidade agourenta", Kippenberger, p. 61.
224 "quase opressiva", Heydte, p. 19.
225 "reunidos em silêncio perplexo...", Stephanides, p. 100.
226 "cavaleiro burgúndio...", Heydte, p. 143.
227 "inchou num rugido", Kippenberger, p. 63.
227 "Num buraco...", Kippenberger, p. 64.
227 "Voltem! Voltem!", Thomas, p. 19.
228 "cansados, mas resolutos...", Kippenberger, p. 66.
228 "Todos pareciam tensos...", Thomas, p. 21.
228 "Lá estava Kip...", conversa com Forrester, 4-10-90.
229 "Os maoris...", *ibid.*
229 "O efeito foi...", Thomas, p. 22.
229 "dezenas de automáticos...", Kippenberger, p. 67.
231 "um buraco no chão coberto de lona", Kippenberger, p. 69.

17. A tropa de choque de Laycock e a Força-Reserva

235 "Estávamos ocupados...", relatório de Wilkinson a Gubbins, 29 de maio de 1941.

236 "O senhor será embarcado...", conversa com Wilkinson, 20-2-90.

236 "aparência pouco impressionante...", Waugh, *The Diaries of Evelyn Waugh*, p. 494.

236 "smart set", Waugh, p. 488.

236 "Vi poucos...", Waugh, p. 491.

236 "Nunca, na história...", Waugh, p. 495.

236 "atacar aeródromos...", relatório de Laycock, PRO DEFE 2/699 XC/A/ 60340.

236 "afirmado que...", Waugh, p. 498.

237 "um pesadelo inesperado...", Graham, *Cretan Crazy Week*, arquivo do Grupo de Pesquisa Histórica do Comando do Oriente Médio (MECHRG, Middle East Commando Historical Research Group).

237 "notou que...", relatório de Laycock.

238 "alpendre...", *ibid.*

239 "Lá vamos nós...", conversa com Bevan, 19-5-90.

241 "Quem quer que nos observasse...", Heydte, p. 146.

242 "calmo mas obtuso", Waugh, p. 500.

242 "O general Weston pulou de trás...", Waugh, p. 501.

242 "falando sozinho", conversa com Tanner, 2-12-90.

242 "a estrada estava engarrafada...", Graham, *Cretan Crazy Week*.

18. Ao sul da Baía Suda

247 "Achei difícil...", Stephanides, p. 122.

248 "Engraçado...", Woodhouse, *Something Ventured*, p. 14.

248 "andava muito depressa...", Kippenberger, p. 71.

248 "Se alguém...", conversa com Tanner, 2-12-90.

249 "Depois de arranjar água...", *The Account of Sergeant Charles Stewart who was himself taken prisoner at Crete*, MECHRG.

250 "Dava pena ver...", Sargento Stewart, *ibid.*

250 "desavergonhadamente feliz", Kippenberger, p. 71.

251 "o Black Watch...", Fergusson, p. 86.

251 "o outro lado...", conversa com Hollenden, 13-6-90.

251 "um silêncio espantado...", Sheffield, *The York and Lancaster Regiment*, p. 84.

252 "um copo de xerez...", Underhill, *The Royal Leicestershire Regiment*, p. 53.
252 "Foi bem esquisito...", Fergusson, p. 88.
254 "Foi assim...", Collins, do 7º Esquadrão de Cruzadores, PRO PREM 3/109.
255 "Eles fugiram...", C. J. Hamson, p. 121.
256 "perseguir...", Diário de Guerra da 5ª Divisão de Caçadores de Montanha, citado em Davin, p. 392.
256 "O jogo acabou...", Long, p. 274.
257 "Major, o meu maior...", carta de Sandover ao autor, 2-10-90.

19. Rendição

259 "a Luftwaffe...", Stephanides, p. 137.
260 "assim que alguém...", citado em Long, p. 299.
261 "cenário da lenda...", Cox, p. 100.
262 "Eu estava decidido...", Hargest, citado em Long, p. 304.
262 "o quartel-general...", Kippenberger, p. 75.
263 "Alguns suplicavam...", Kippenberger, p. 76.
263 "vozes da Marinha...", Cox, p. 105.
264 "Meu Deus, o rosto...", conversa com Forrester, 4-10-90.
264 "foi de opinião...", Kippenberger, p. 77.
264 "Às três Armas...", Hunt, p. 46.
265 "Um dos piores...", Hamson, p. 127.
265 "foi terminantemente contra", citado em Davin, p. 438.
265 "O senhor foi o último...", Waugh, p. 507.
265 "Ordens finais da CREFORCE...", PRO WO 218/166.
266 "O senhor e o seu Estado-Maior...", Graham, *Cretan Crazy Week*.
266 "Laycock ainda tinha dois batalhões...", Graham, carta de 9 de junho de 1976 a Michael Davie, organizador de *The Diaries of Evelyn Waugh*.
266 "Primeiro [Weston] encarregou...", Waugh, p. 509.
266 "O general Weston me perguntou...", Graham, *Cretan Crazy Week*.
267 "Ao descobrir que todo o Estado-Maior...", PRO WO 218/166.
268 "Vamos lá, compridão...", conversa com Tanner, 2-12-90.
268 "tivesse no íntimo...", carta de Graham a Davie.
268 "As minhas ordens foram de ir com os homens...", Laycock, PRO DEFE 2/699.
269 "Suponho Ivor...", *The Letters of Ann Fleming* (org. Mark Amory), p. 155.
269 "Respondi que...", Waugh, *The Diaries of Evelyn Waugh*, 6 de julho de 1955, p. 728.
223 "Então veio o...", citado em Long, p. 307.

271 "Está tudo bem...", citado em Messenger, *The Middle East Commandos*, p. 93.
271 "O que está fazendo...", citado em Long, p. 307.
271 "Ali, passaram a preparar...", diário de Hildyard.

20. Cairo e Londres

275 "Lá estava o Cairo...", conversa com Forrester, 4-10-90.
276 "A reação dos EUA...", Eccles, *By Safe Hand*, p. 274.
276 "Acho que nunca...", Diários de Killearn, 29 de maio de 1941, St Antony's College, Oxford.
277 "um zumbido de atividade...", Lee, p. 111.
277 "todos derramavam...", conversa com Wilkinson, 20-2-90.
277 "Estou longe de estar tranqüilo...", Churchill, 14 de junho de 1941, PRO-PREM 3/109.
278 "É claro que o senhor sabe...", Farrar-Hockley, p. 101.
278 "uma lembrança amarga", Pöppel, p. 67.
278 "atribuídas pelo Comando alemão...", Memorando, Canéia, 1942.
279 "A sua postura...", conversa com De Winton, 28-9-90.
279 "Na minha opinião...", Laycock, PRO DEFE 2/699.
279 "Na verdade, a nossa situação...", C. J. Hamson, p. 12.

Terceira parte: A resistência

21. Represálias, fuga e resistência

285 "Dez Mandamentos...", citado em Mabire, *La Crète*, p. 449.
286 "Muitos pára-quedistas...", citado em Zayas, *The Wehrmacht War Crimes Bureau*, p. 155.
286 "É certo que a população civil...", general Student, Ordem de 31-5-41, citado em Memorando, Canéia, 1942.
287-88 "certas medidas punitivas...", PRO FO 371/28885, citado em Zayas, p. 99.
288 "tendia a concordar", *ibid.*
292 "Ah, sim, aqui tem muitos", citado em Powell, p. 164.
292 "surravam-nos...", Psychoundakis, *The Cretan Runner*, p. 37.
293 "Ordem-unida...", conversa com Sandover, 12-10-90.
294 "avaliar o país...", conversa com Stockbridge, 27-6-90.
295 "os olhos incansáveis...", conversa com Smith-Hughes, 20-8-90.
296 "suculentos, impertinentes e sedentos de sangue", Rendel, *Appointment in Crete*, p. 25.

297 "trocar algumas palavras...", citado em Powell, p. 155.
297 "Não dá certo procurar depois de Pendlebury", citado em Powell, p. 159.
297 "corajosíssimo e...", conversa com Fraser, 12-6-90.
298 "Uma das qualidades...", carta de Leigh Fermor ao autor, 28-8-90.
298 "Os aldeões eram tão hospitaleiros...", citado em Powell, p. 159.
298 "Tudo dependia...", carta de Stockbridge ao autor, 20-8-90.

22. Rumo ao campo

299 "A SOE era uma organização...", Woodhouse, *Something Ventured*, p. 28.
299 "Isso nos surpreendeu...", Diários de Lord Killearn, 24 de março de 1941.
300 "casa perto da estrada", conversa com Smith-Hughes, 20-8-90.
300 "A SOE e o SIS foram separados...", Comitê de Defesa do Gabinete de Guerra (Operações), Operações da SOE na Europa: Nota do Secretário de Guerra Econômica, DO (44) 2 de 11 de janeiro de 1944.
301 "A SOE era basicamente...", conversa com Stockbridge, 27-6-90.
302 "Não posso lhe contar...", conversa com Ward, 28-5-90.
303 "matéria que qualquer um...", Rendel p. 18.
305 "o pessoal de recursos humanos...", conversa com Ward, 28-5-90.
305 "Quatro meses depois...", Woodhouse, *Apple of Discord*, p. 45. Ver também Denys Hamson, *We Fell Among Greeks*, p. 149.
305 "Esta parte das nossas...", Rendel, p. 22.
306 "mais parecido com uma peça...", Rendel, p. 27.
307 "marcha por uma nuvem...", Rendel, p. 57.
308 "Alguns falam...", John Pendelbury, citado em Hammond e Dunbabin, p. 47.
308 "O quê, nunca viu...", conversa com Stanley, 4-7-90.
309 "complexo de *pallikari*", Fielding, *The Stronghold*, p. 28.
310 "Fique aí parado, seu turco...", Psychoundakis, p. 87.
311 "Os joelhos começavam...", conversa com Verney, 17-7-90.

23. O ponto máximo do poder alemão

317 "a morte de...", Pitt, *Special Boat Squadron*, p. 32.
317 "Ficar sem...", Fielding, *Hide and Seek*, p. 79.
320 "majorzinho gorducho...", Woodhouse, *Something Ventured*, p. 8.
321 "Ninguém que não o tenha conhecido...", Sweet-Escott, *Baker Street Irregular*, p. 73.
322 "a barba e o bigode...", carta de Leigh Fermor ao autor, 28-8-90.

322 "Mandakas queria ser...", conversa com Psychoundakis, 24-5-90.
324 "Meu jovem...", conversa com Manoussakis, 26-5-90.
324 "Quase toda a população...", Memorando, Canéia, 1942.

24. O ano da mudança

330 "Alemães! Agora vocês estão...", carta de Leigh Fermor, 26-7-90.
331 "bom garoto", conversa com Stanley, 4-7-90.
331 "grande, fanfarrão...", Hammond, *Venture into Greece*, p. 124.
334 "nada daquela fanfarronice cretense", conversa com Fraser, 12-6-90.
335 "mais como convidaria alguém...", conversa com Stockbridge, 27-6-90.
339 "um fox-terrier vibrando de entusiasmo", Rendel, p. 18.
339 "Só vou acender...", conversa com Psychoundakis, 24-5-90.

25. O armistício italiano

342 "a crença quiromântica...", Deakin, *The Brutal Friendship*, p. 183.
344 "um monte de lisonjas...", conversa com Leigh Fermor, 26-7-90.
344 "há tanto tempo alvo...", Churchill, *Closing the Ring*, p. 168.
344 "Se os soldados italianos em Creta e Rodes...", Churchill, *Closing the Ring*, p. 167.
345 "Esta é a hora...", Churchill, *Closing the Ring*, p. 102.
347 "Se houvesse...", carta de Leigh Fermor ao autor, 14-9-90.
350 "*Ah, ah, mon capitaine!*", carta de Leigh Fermor ao autor, 12-10-90.
355 "E agora, Greco...", citado em Hadjipateras e Fafalios, p. 300.
357 "podre até os ossos", citado em Cooper, *Cairo in the War*, p. 271.
357 "cabeça redonda...", Woodhouse, *Something Ventured*, p. 8.
358 "O que a história...", conversa com Manoussakis, 29-9-90.
359 "mais problemas do que valia a pena", conversa com Ciclitira, 26-6-90.

26. O seqüestro do general Kreipe

363 "No que dizia respeito...", Moss, *Ill Met by Moonlight*, p. 39.
365 "*Was wollen sie in Kreta?*", conversa com Akoumianakis, 22-5-90.
369 "NOTIFICAÇÃO...", *Paratiritis*, sexta-feira, 5 de maio de 1944.
371n "cuidado e antevisão", texto do Decreto do Conselho Municipal de Heráclion de 15-2-48, fornecido por Miki Akoumianakis.
372 "Todo mundo se sentiu...", conversa com Manoussakis, 26-5-90.
372 "*Kreipe Befehl: Wir Folgen*!", Dunbabin, *Final Report*, p. 45.

27. A retirada alemã

373 "reunir informações...", conversa com Fraser, 12-6-90.
374 "Ah, vocês voltaram...", Lodwick, *The Filibusters*, p. 174.
377 "o palco estava...", Moss, *A War of Shadows*, p. 46.
377 "Já que...", citado em Kokonas, *The German Occupation of Crete*, p. 339.
382 "a impressão de que...", conversa com Verney, 17-7-90.
383 "*Nicht boom-boom!*", conversa com Manoussakis, 26-5-90.
383 "Fique Calmo...", conversa com Verney, 17-7-90.
385 "sentado num veículo alemão...", Rendel, p. 223.
388 "Diga ao major...", conversa com Manoussakis, 26-5-90, e com Verney, 17-7-90.
391 "*Yassou*, Herr Glembin...", Psychoundakis, p. 232.

28. Os últimos dias da ocupação

395 "o bem-humorado...", Psychoundakis, pp. 225-6.
397 "pareciam internos...", Seferis, *A Political Diary*, Atenas, 1979, p. 269, citado em Papastratis, *British Policy Towards Greece During the Second World War*, p. 204.
398 "a gendarmeria grega encurralada...", Sweet-Escott (testemunha do fato), p. 226.
398 "uma solução política", Grambas, "The Greek Communist Party 1941-1945: The Internal Debate on Seizing Power", publicado em Sarafis, *Backgroundo Contemporary Greece*, Vol. II, p. 194.
400 "um passeio de arrepiar os cabelos", conversa com Stanley, 4-7-90.
403 "muito desalentado", conversa com Ciclitira, 26-6-90.
405 "Os cretenses ressentiram-se muito...", Scott Daniell, *Regimental History of the Royal Hampshire Regiment*, p. 207.
408 "*Ach, Herr Major...*", conversa com Leigh Fermor, 26-7-90.
408 "Já vi o senhor...", diálogo reconstruído, conversa com Psychoundakis, 24 5-90.

Bibliografia

Fontes publicadas
[O lugar da publicação é Londres, a menos que citado]

Bennett, Ralph, *Ultra in the Mediterranean*, Hamish Hamilton, 1989
Bitzes, John, *Greece in World War II*, Sunflower University Press, Kansas, 1989
Bolitho, Hector, *The Galloping Third*, John Murray, 1963
Bright, Joan, *History of the Northumberland Hussars Yeomanry, 1924-1949*, Mawson, Swan & Morgan. Newcastle-upon-Tyne, 1949
Britton, James, *Record and Recall*, Lightfoot, 1988
Carlton, D., *Anthony Eden*, Alien Lane, 1981
Churchill, Winston S., *The Second World War: Their Finest Hour* (vol. II), *Grand Alliance* (vol. III), *Closing the Ring* (vol. V), Cassell, 1949, 1950 e 1952.
Ciano, Galeazzo, *Ciano's Diplomatic Papers*, Odhams, 1948.
Clark, Alan, *The Fall of Crete*, Blond, 1962
Coats, Peter, *Of Generals and Gardens*, Weidenfeld & Nicolson, 1976
Connell, John, *Wavell*, Collins, 1964
Cooper, Artemis, *Cairo in the War*, Hamish Hamilton, 1989
Cox, Geoffrey, *A Tale of Two Battles*, William Kimber, 1987
Davin D., *Crete*, Official History of New Zealand in the Second World War 1939-1945 [História Oficial da Nova Zelândia na Segunda Guerra Mundial, 1939-1945], War History Branch, Wellington, Nova Zelândia, e Oxford University Press, 1953
Deakin, F. W., *The Brutal Friendship*, Weidenfeld & Nicolson, 1962
De Belot, R., *The Struggle for the Mediterranean 1939-45*, Princeton, 1951
De Courcy, J., *The History of the Welch Regiment 1919-1951*, Western Mail & Echo, Cardiff, 1952
De Guingand, Major-General Sir Francis, *Operation Victory*, Hodder, 1947
——, *Generals at War*, Hodder, 1964

Eccles, David, *By Safe Hand*, Bodley Head, 1983

Elliott, Murray, *Vasili — the Lion of Crete*, Stanley Paul, 1987

Farran, Roy, *Winged Dagger*, Collins, 1948

Farrar-Hockley, General Sir Antony, *Student*, Ballantine, Nova York, 1973

Fergusson, *The Black Watch and the King's Enemies*, Collins, 1950

Fielding, Xan, *The Stronghold*, Secker, 1953

Fielding, Xan, *Hide and Seek*, Secker, 1954

Fleming, Ann (org. Mark Amory), *The Letters of Ann Fleming*, Collins, 1985

Forgeat, Raymond, *Les Parachutistes de la France Libre*, Vincennes, 1990

Germany, Auswärtiges Amt, *Documents on German Foreign Policy 1918-1945*, Série D, vol. XI, HSMO [Her Majesty Stationery Office], 1961, e vol. XII, HMSO, 1962

Greacen, Lavinia, *Chink: A Biography*, Macmillan, 1989

Hadjipateras, C., e Fafalios, M., *Crete 1941*, Efstathiadis, Atenas, 1989

Halder, Generaloberst F., *Kriegstagebuch*, Vol. II, Kohlhammer, Stuttgart, 1963

Hammond, Nicholas, e Dunbabin, T. J., *John Pendlebury in Crete*, edição particular, Cambridge, 1948

Hammond, N. G. L., *Venture into Greece*, Kimber, 1983

Hamson, C. J., *Liber in Vinculis*, Trinity College, Cambridge, 1989

Hamson, Denys, *We Fell Among Greeks*, Cape, 1946

Handel, Michael I., "Intelligence and Military Operations", em *Intelligence and National Security Journal*, vol. 5, nº. 2, abril de 1990

Hart, Capitão Basil Liddell, *The Other Side of the Hill*, Cassell, 1951

Hart-Davis, Duff, *Peter Fleming*, Cape, 1974

Henderson, Jim, *22 Battalion*, Official History of New Zealand in the Second World War 1939-1945, War History Branch, Wellington, Nova Zelândia, 1958.

Heydte, Freiherr E. von der, *Daedalus Returned*, Hutchinson, 1958

Hinsley, F. H., *British Intelligence in the Second World War*, vol. I, HMSO, 1981

Hobson, Brigadier R. W., "The Episode in Greece", *Army Quarterly and Defence Journal*, abril de 1990

Holland, Jeffrey, *The Aegean Mission*, Greenwood Press, 1989

Hollingworth, Clare, *Front Line*, Cape, 1990

Household, Geoffrey, *Against the Wind*, Michael Joseph, 1958

Hunt, David, *A Don at War*, William Kimber, 1966

Kaloudis, Pantelis, *Sprung über Kreta*, Druffel Verlag, Munique, 1981

Kidson, A. C., *Petrol Company*, Official History of New Zealand in the Second World War 1939-1945, War History Branch, Wellington, Nova Zelândia, 1961

Kippenberger, Major General Sir Howard, *Infantry Brigadier*, Oxford University Press, 1949

Kiriakopolous, G. C., *Ten Days to Destiny*, Franklin Watts, Nova York, 1985

Kokonas, N. A, *The German Occupation of Crete, from the Archives of Colonel Christos Tsiphakis*, Retimno, 1989

Kurowski, Franz, *Der Kampf um Kreta*, Moewig, Munique, 1988

Lee, Marechal-do-Ar Arthur Gould, *The Royal House of Greece*, Ward Lock, 1950

——, *Special Duties*, Ward Lock, 1947

Leigh Fermor, Patrick, *A Time of Gifts*, John Murray, 1977

Lindsay, T. M., *The Sherwood Rangers*, Burrup, 1952

List, Generalfeldmarschall, *Von Serbien Bis Kreta, Erinnerungen vom Feldzug*, Aspioti, Atenas, 1942

Llewellyn, Peter, *Journey Towards Christmas*, Official History of New Zealand in the Second World War 1939-1945, War History Branch, Wellington, Nova Zelândia, 1949

Lodwick, John, *The Filibusters*, Methuen, 1947

Long, Gavin, *Australian War History — Greece, Crete and Syria*, Australian War Memorial, Canberra, 1953

Mabire, Jean, *La Crète — Tombeau des Paras*, Presses de la Cité, Paris, 1982

Mack Smith, Denis, *Mussolini*, Weidenfeld & Nicolson, 1981

Messenger, Charles, *The Middle East Commandos*, William Kimber, 1988

Michaelopolos, André, *Greek Fire*, Michael Joseph, 1943

Moss, W. S., *Ill Met By Moonlight*, Harrap, 1950

——, *A War of Shadows*, Boardman, 1952

Mott-Radclyffe, Sir Charles, *Foreign Body in the Eye*, William Kimber, 1975

Papagos, General Alexander, *The Battle of Greece*, Scaczikis Alpha, Atenas, 1949

Papastratis, Procopis, *British Policy Towards Greece During the Second World War*, Cambridge, 1984

Pitt Barrie, *The Crucible of War*, vol. I, Macmillan, 1986

——, *Special Boat Squadron*, Century, 1983

Playfair, Major General I. S. O., *History of the Second World War: The Mediterranean and the Middle East*, vol. I, HMSO, 1954, vol. II, HMSO, 1956

Pöppel, Martin, *Heaven and Hell*, Spellmount, Tunbridge Wells, 1988

Powell, Dilys, *The Villa Ariadne*, Hodder & Stoughton, 1974

Psychoundakis, George, *The Cretan Runner*, John Murray, 1955

Rendel, A. M., *Appointment in Crete*, Wingate, 1953

Sarafis, M. (org.), *Background to Contemporary Greece*, vols. I e II, Merlin, 1990

Sarafis, S., *ELAS — Greek Resistance Army*, Merlin, 1980

Schmidt, Paul, *Hitler's Interpreter*, Heinemann, 1951

Scott Daniell, D., *Regimental History of the Royal Hampshire Regiment*, vol. III, Gale & Polden, Aldershot, 1955

Sheffield, Major O. F., *The York and Lancaster Regiment, 1919-1953*, Gale & Polden, Aldershot, 1953

Singleton-Gates, Peter, *General Lord Freyberg VC*, Michael Joseph, 1963
Smith, Major General A. C. (org.), *The German Campaign in the Balkans*, Superintendent of Documents, Washington D. C., 1953
Stephanides, Theodore, *Climax in Crete*, Faber & Faber, 1946
Stevens, Major General W.G., *Freyberg VC*, Wellington, Nova Zelândia, 1965
Stewart, Ian, *The Struggle for Crete*, Oxford University Press, 1955
Stitt, Commander George, *Under Cunningham's Command*, Alien & Unwin, 1944
Stout, T., *New Zealand Medical Services*, Official History of New Zealand in the Second World War 1939-1945, War History Branch, Wellington, Nova Zelândia, 1956
Sweet-Escott, Bickham, *Baker Street Irregular*, Methuen, 1965
Thomas, W. B., *Dare to be Free*, Allan Wingate, 1951
Tsivimonakis, E. M., *The National Resistance in the Name of Rethymno, 1941-1944*, Estia, Atenas, 1985
Underhill, Brigadier W. E., *The Royal Leicestershire Regiment*, South Wigston, 1958
Van Creveld, Martin, *Hitler's Strategy, the Balkan Clue*, Cambridge University Press, Cambridge, 1973
Vrba, Leopold, *Kreta — Invasion auf Flügeln*, Moewig, Rastatt, 1985
Waugh, Evelyn (org. Michael Davie), *The Diaries of Evelyn Waugh*, Penguin, Harmondsworth, 1976
——, *Officers and Gentlemen*, Chapman & Hall, 1955
Wilson, Field Marshal Henry Maitland, *Eight Years Overseas*, Hutchinson, 1950
Wisdom, T. H., *Wings over Olympus*, Alien & Unwin, 1952
Woodhouse C. M., *Apple of Discord*, Hutchinson, 1948
——, *Something Ventured*, Granada, 1982
Zayas, Alfred M. de, *The Wehrmacht War Crimes Bureau 1939-1945*, University of Nebraska Press, 1990
Zotos, Stephanos, *Greece — The Struggle for Freedom*, Nova York, Crowell, 1967

Fontes não publicadas

Relatórios, diários, cartas em coleções particulares
Public Record Office [Escritório de Registro Público britânico]
ADM 1/11056, 202
DEFE 2/711
DEFE 3/686, 687, 891 e 894
PREM 3/109
WO 169/ 914, 915, 919, 923, 1334A, 1500, 1736 e 1751
WO 179/ 723, 724, 721, 732, 733, 734, 735, 736 e 746
WO 201 e 202

Imperial War Museum [Museu Imperial da Guerra]
Middle East Commando Historical Research Group [Grupo de Pesquisa Histórica do Comando do Oriente Médio]
National Army Museum [Museu Nacional do Exército]
Museu da Guerra, Atenas

Agradecimentos

O trecho do poema "The Jug", do general Wavell, é citado com permissão dos proprietários conjuntos dos documentos do general. O material sob copyright da Coroa, no Public Record Office, foi reproduzido com permissão do Controlador do Her Majesty's Stationery Office [Escritório de Publicações de Sua Majestade].

Conversas e correspondência

Primeira parte: A queda da Grécia

Lord Caccia, GCMG [cavaleiro da Grã-Cruz de São Miguel e São Jorge], GCVO [cavaleiro da Grã-Cruz da Real Ordem Vitoriana] (Primeiro Secretário da legaçao britânica em Atenas); Sir Geoffrey Cox, CBE [comendador da Ordem do Império Britânico] (Divisão da Nova Zelândia); Major G. W. F. de Winton (Cavalaria de Middlesex e QG da 1ª Brigada Blindada); Sargento R. Fletcher (Divisão da Nova Zelândia); General-de-Brigada M. Forrester, CB [Companheiro da Ordem do Banho], CBE, DSO [Ordem de Distinção em Serviço], MC [Cruz Militar] (Regimento da Rainha e Missão Militar Britânica); Professor Nicholas Hammond, CBE, DSO, FBA [Membro da Academia Britânica], DL [Professor Eminente] (MI(R)); Brigadier R. W. Hobson, CBE (Chefe do Estado-Maior da 1ª Brigada Blindada); Sir David Hunt KCMG [Cavaleiro-Comendador da Grã-Cruz de São Miguel e São Jorge], OBE [Oficial da Ordem do Império Britânico] (Regimento Galês, Estado-Maior do serviço de informações do BAFG); Major Patrick Leigh Fermor, DSO, OBE (Corpo de Informações, Missão Militar Britânica); Tenente-Coronel Guy May (Hussardos de Northumberland Hussars e QG da Força W); Sir Charles Mott-Radclyffe, DL (Brigada de Fuzileiros e Missão Militar Britânica); Tenente-Coronel Mark Norman, CBE (Cavalaria de Hertfordshire e Missão Iaque); Tenente-Coronel John Pumphrey, MBE [membro da Ordem do Império Britânico], TD [membro do Parlamento Irlandês] (Hussardos de Northumberland); Brigadier Ray Sandover, DSO (2/11º Batalhão da Infantaria Australiana).

Segunda parte: A Batalha de Creta

Miki Akoumianakis; Tom Barratt (HMS *Dido*); Tom Bevan (Regimento Galês); R. B. Brown (RFA [embarcação da Real Frota Auxiliar] *Olna*); Lord Caccia; Evangelos Christou (Heráclion); Fuzileiro Naval J. W. Clayton (MNBDO — unidade móvel do corpo britânico de Fuzileiros Navais); Horace Cowley (HMS *Kos*); Sir Geoffrey Cox (QG da Creforce); Alexander Dow (Black Watch); Gefreiter Gottfried Emrich (3º Regimento de Pára-quedistas); Sargento Ron Fletcher (19º Batalhão, Divisão da Nova Zelândia); General-De-Brigada Michael Forrester (Missão Militar Britânica); Vassilios Fourakis; Alfred Gotts (Real Artilharia e "Perivólios Reais"); Professor Nicholas Hammond (SO2 e HMS *Dolphin*); Professor Freiherr von der Heydte (3º Regimento de Pára-quedistas); Capitão Myles Hildyard (Cavalaria dos Rangers de Sherwood); Lord Hollenden [Tenente Gordon Hope-Morley] (Black Watch e QG da 14ª Brigada de Infantaria); Sir David Hunt (Regimento Galês e Estado-Maior de informações do QG da Creforce); F. M. Hutton (HMS *Glenroy* e Castelo Thurland); General-De-Divisão Sir Ian Jacob, GBE, CB, DL (Secretário-Assistente Militar do Gabinete da Guerra); Manolis Kougoumtzakis; Major Patrick Leigh Fermor (QG da 14ª Brigada de Infantaria); Clifford Pass (Regimento Galês); Tenente-Coronel John Pumphrey (Hussardos de Northumberland); Brigadier Ray Sandover, DSO (2/11º Batalhão da Infantaria Australiana); Major J. Smith-Hughes, OBE (RASC [Royal Army Service Corps, ou Corpo de Serviço do Exército Real]); K. Stalder (RAMC [Royal Army Medical Corps, ou Corpo Médico do Exército Real]); Norman Swift (Leicesters); Dr. R. E. S. Tanner (Layforce); Eleutheris Tsinakis; Sir Peter Wilkinson, KCMG, DSO, OBE (Reais Fuzileiros e SOE).

Terceira parte: A resistência

Miki Akoumianakis; Major Dennis Ciclitira (Regimento de Staffordshire e SOE); Major Xan Fielding, DSO (Regimento Chipre e SOE); Capitão Hugh Fraser (7º Regimento de Hussardos e SOE); Conde Jellicoe, PC [conselheiro do Privy Council, o Conselho Particular da Rainha], DSO, MC (SAS e SBS); Major Patrick Leigh Fermor (Corpo de Informações e SOE); Manoussos Manoussakis; George Psychoundakis; Major Jack Smith-Hughes (RASC e SOE); Niko Souris; Capitão John Stanley, MC (Força de Defesa do Sudão e ISLD); Capitão Ralph Stockbridge, MC com Barra (ou seja, comenda duas vezes conferida) (Segurança de Campo e ISLD); Major Stephen Verney, MBE (RAOC [Royal Army Ordnance Corps, Corpo de Intendência do Exército Real] e PWE [Political Warfare Executive, Executiva de Guerra Política]); Major Michael Ward (Green Howards [regimento de infantaria do exército britânico] e SOE Cairo).

Índice remissivo

Para achar a lista de formações e regimentos, procure o verbete do exército do país: força imperial australiana, exército britânico, força aérea alemã, exército alemão, exército italiano, exército da Nova Zelândia e Exército Real Helênico. Procure os navios de guerra britânicos em Marinha Real.

Abrahams, Harold, 20
Agatángelos, abade, 293, 295
Akoumianakis, Manolaki, 216-17, 384
Akoumianakis, Miki, 217, 335, 343, 347-48; e a operação Kreipe, 364-72, 384
Akrotiri (península), 81, 90, 121; pouso de planadores, 137, 240, 404
Albânia, 21, 23; ataques aéreos à, 24; exército grego na, 29, 31, 60
Alevizakis, pe. João [Ioannis], 328, 402
Alexandria, 26, 39, 99, 235, 254, 264, 279, 293
Alikianou, 156
Alones, 328
Altmann, cap., 133, 137
Amari, vale de, 298, 334, 371, 379; emboscada e represálias de Apostoloi, 380-81
Ancara, 38
Andrae, general Waldemar, 288, 289, 323, 361, 408
Andrew, ten-cel. L. W. (agraciado com a Victoria Cross), 129, 140, 151-55, 179-81, 186
Androulakis, Yanni, 343
Ano Meros,
Anoyia, 304, 318, 335-36, 366, 367, 376, 377, 378, 384
Apokoronas, 247, 329; bando de, 394n, 395
Apostoloi, 380-81
Argiroupolis, 319
Argos, 72
Ariadne, Vila, 46; rei Jorge II em, 84; como hospital militar, 217, 289, 364, 365, 366, 384; rendição alemã, 403
Aris (Aris Velouchiotis), 397
Arkadi, mosteiro de, 376; conferência em, 379, 383, 384
Arkhanes, 289, 363, 364
Armenoi, 374, 378
Armistício italiano, 343-50
Asi Gonia, 290, 292, 318, 329, 338, 358-59, 370, 379, 396
Askifu, 247, 259, 260, 327

Atenas, 20, 21-23, 24-25, 27-28, 30, 32, 36-38, 39, 47-48, 49, 51, 61, 62-63, 64, 65, 71-72, 105; início da guerra civil grega, 397-98, 403
Athanassakis, Elias: e a operação Kreipe, 365-72
Ay Marina, 111
Ay Rumeli, 205-06
Ayia Galini,
Ayia Paraskevi, 368
Ayia, prisão de, 142, 143
Ayia, vale do, *ver* Vale da Prisão
Ayios Nikolaos, 387

Badoglio, marechal P., 347
Bakirdzis, cel E., 69
Bandouvas, Manoli, 125, 218, 295, 317, 331-32, 343-44; fracasso de Viannos, 345-48, 349, 349-51, 352, 353, 362; libertação de Heráclion, 384; e morte de Bodias, 406
Bandouvas, Yanni, 375
Barbrook, maj. W., 48, 91, 235, 247
Barge, cel., 357, 402
Barker-Benfield, brigadier K. V., 357, 371, 375, 393
Barkham, Cap. C. G. A., 383, 389
Barnes, maj R. C., 368, 370, 383
Barstow, Oliver, 45, 76, 274
Bassett, cap. B. I., 144, 208
Batalhões de Segurança, 397
Beamish, cel. G. R., 116, 138-39
Beirute, 317
Belgrado, 53; bombardeio de, 54
Benthag, gal., 388, 390, 401, 402, 403
Bergé, com., 315-16
Beteinakis, cel., 334, 349
Blarney, gal. Sir Thomas, 52, 61
Bletchley Park, 32, 57, 116
Blücher, conde Hans-Joachim von, 101, 216
Blücher, conde Leberecht von, 101, 215-16
Blücher, conde Wolfgang von, 101, 102, 171, 215-16
Blunt, cel. J. S., 22, 25, 39, 55, 67, 68, 77, 78, 88, 122; fuga com King, 149-50, 205-06
Blunt, Doreen, 67, 76, 77
Bodias, Yanny, 346, 353, 362; libertação de Heráclion, 385; tiro em, 386; morte de, 406
Borwick, cap. M., 270, 271
Botonakis, Mikhaili, 333
Bourdzalis, Athanasios, 363, 365; executado por atirar em Bodias, 386
Bradley, sgt. J., RAF, 323, 363
Brauchitsch, marechal-de-campo von, 53
Bräuer, gal. Bruno, 98; comanda o 1º Reg. PQD em Heráclion, 162-63, 214, 217, 219, 252, 287, 288, 323; torna-se comandante de Creta, 323; e atitudes, 323-24, 327; sobre o armistício italiano, 348, 363; julgamento em Atenas e execução, 407-08; funeral em Creta, 408
Braun, maj., 140-41
Brigadas Internacionais, 272
Britten-Jones, Sra. J., 66, 85
Brooke, sgt. H., 345-46
Bruce-Mitford, maj. T., 94, 173, 383, 393
Bulgária: entra para o Pacto Tripartite, 38
Burckhardt, cap., 170, 172
Burghley, Lord, 20
Burn, prof. A. R., 66
Bury, ten. R., 370

Caccia, Harold, 25, 28, 37, 45, 48-49, 66, 67-68, 76, 88, 90-91; fuga com King, 205-06, 274, 289
Caccia, Nancy, 45, 67, 76, 274
Callander, general-de-brigada Sir Colin, 403
Cammaerts, Francis, 396
Campbell, cap. T. C., 155, 180
Campbell, ten. com. J., 305
Campbell, ten-cel. I. R., 164, 165, 166, 200, 213, 214, 219, 239, 255, 256, 257
Candia, *ver* Heráclion
Canéia, 82-83; como capital da Grécia, 87, 89,

90, 104; reforço de, 191-93; ataque aéreo a, 224-26; rendição de, 241; QG da Fortaleza de Creta, 289; sob a ocupação, 290-91; início da organização da resistência, 296-97; organização da resistência, 333; forças alemãs sitiadas em, 394; libertação de, 404; depois da rendição alemã, 404
Carta, gal. A., 273, 289, 343, 344-45, 348, 349, 350
Carton de Wiart, gal. Sir Adrian, 45
Casson, cel. Stanley, 25, 49
Castelorizzo, 94
Catarina, princesa da Grécia, 85
Cator, ten-cel. H., 303
Channon, Sir Henry "Chips", 11, 279-80
Chappel, brigadier B. H., 122, 124, 161, 167, 170, 219, 251, 253
Charrington, brigadier R., 58, 60, 70-71
Chefes do Estado-Maior, 28, 32, 52, 115; sobre a oportunidade em Creta, 116
Churchill, Randolph, 236, 279
Churchill, W. S., 28; e o príncipe Paulo da Iugoslávia, 31, 32, 33, 35-36, 45, 47, 77, 78, 93; nomeação de Freyberg, 109-11; e o governo da Nova Zelândia, 128, 234, 276-77; sobre a recaptura de Creta e do Dodecanesp, 344-45; "acordo de percentagens" com Stalin, 398
Ciano, conde Galeazzo, 23
Ciclitira, maj. D. J., 358-59, 371, 383; organiza troca de prisoneiros, 389, 390, 395, 400; e a rendição do gal. Benthag, 402, 403, 404, 405
Cnossos, 19, 46, 84, 85, 216, 217, 254-55, 347, 384
Coats, Peter, 33, 205, 276
Cohen, cap. G. R., 382, 389
Colina 107 (Maleme), 134, 140, 141, 151, 153-55, 179; captura da, 180-81, 185
Colvin, ten-cel. F. B., 235, 242, 246, 266, 268
Comitê Conjunto de Informações, 117
Comunistas gregos, *ver* KKE
Constantino, príncipe da Grécia, 66, 85
Contrapropaganda: contra alemães em Creta, 329-30; desembarque na Sicília, 341-43; deserções alemãs e, 381-83
Corinto: istmo, 63, 65, 102, 106, 163
Cos, 345
Cox, Geoffrey, 129, 178, 192, 197, 247, 261
Creta: população de, reação ao rei, 85-86; política, 85-86; caráter, 86; população, 87; Churchill e a defesa de, 28, 93-94, 112-14; revolta cretense de 1938, 93; papel dos irregulares cretenses na batalha, 146-48; em Retimno, 148, 166, 167, 214; em Heráclion, 147, 172-73, 214-18; em Kastelli Kissamou, 148, 224; em Kandanos, 224-25, 234; vingança alemã, 256, 273; raiva alemã com as baixas, 278; represálias alemãs, 285-89; condições de vida sob a ocupação alemã, 289-91; atitude do gal. Bräuer diante de, 323; medo alemão de invasão de, 327; à beira da guerra civil, 397-401
Cumberlege, comandante M., 92, 125, 126, 175-76, 253, 305
Cunningham, almirante Sir A. B., 28, 71, 194-95, 203, 235, 264, 305

D'Albiac, vice-marechal do Ar Sir J.,
Dalton, dr. H., 300
Damastas, 377-78
Daratsos, 144, 147, 156, 157, 208, 230, 234
Dayan, Moshe, 47
De Guingand, gal. Francis, 37, 38
Deakin, Sir William,
Demertzi, Nicki, 48, 72, 75, 84, 91-92, 247
Derna, 305
Derpa, maj., 145, 157, 209-10
Dietrich, gal. Sepp, 46, 62, 99
Digridis, maj., 400
Dill, gal. Sir John, 33, 36, 37, 40, 53
Dittmer, ten-cel. G., 231

Dönitz, grande-almirante Karl, 402
Doundoulakis, George, 335
Drakakis, Marko, 382
Dunbabin, ten-cel. T. J., 175, 297-98, 304, 324, 332; desconfiança do cel. Plevres, 334; ataques do SBS em 1943, 342; volta do Egito, 347; cuida de Bandouvas e do armistício italiano, 347-48, 352; partida do gal. Carta, 350, 351; instruções a Rendel, 351; promovido a tenente-coronel, 355, 361; e a operação Kreipe, 367-72, 375, 378; encontro com Kelaïdis e o EAM em Melidoni, 378; convoca reunião em Arkadi, 379, 383-84; e a execução de Bourdzalis, 387, 388, 393, 395
Duncan, ten-cel. A., 239, 240
Durrell, Lawrence, 84, 309
Durrell, Nancy, 84
Dyer, maj. H. G., 222

EAM (Frente de Libertação Nacional), 324, 333, 339, 357; reunião de Melidoni, 378
EAM-ELAS, 324-25, 331; e o Acordo Nacional dos Bandos, 340, 356, 357-58, 387, 394
Eben Emael, 98, 136
Eccles, David, 276
Eccles, Sybil, 276
Eden, Anthony, 33-40, 53, 299
EDES (Liga Grega Republicana Nacional), 340, 357, 362
ELAS (Exército Popular de Libertação Nacional), 324, 330-31, 339, 353, 362, 374, 375, 376, 378, 379; 44º Batalhão de Retimno, 379-80; libertação de Heráclion, 384, 386, 387-88; 5ª Divisão, 393-94; luta no continente, 398-99; luta em Creta, 399-400, 406-07
EOK (Organização Nacional de Creta), 297, 325; organização e primeira reunião pan-cretense em Prines, 333-34; libertação de Heráclion, 384, 386; tensão com o ELAS, 398-99
Estado-Maior de planejamento conjunto, 28
Estados Unidos da América, 78; James Roosevelt sobre Creta, 149; efeito da perda de Creta,
estratégia periférica, 23
Evans, Sir Arthur, 85, 216, 347, 403
Exército alemão
formações:
XII Exército, 38, 102, 117, 158, 184
XL Corpo Panzer, 56
1ª Divisão Panzer, 342
2ª Divisão Panzer, 55, 61
5ª Divisão Panzer, 224
22ª Divisão Aerotransportada, 103, 117, 118
Liebstandarte Adolf Hitler, 46, 58
5ª Divisão de Caçadores de Montanha, 55, 103, 104, 117, 118, 184, 186, 211, 222, 256
6ª Divisão de Caçadores de Montanha, 55, 61
22ª Divisão Bremen-Sebastopol, 328
regimentos:
31º Regimento Blindado, 256
85º Regimento de Caçadores de Montanha, 193, 222-23, 234, 245, 256
95º Regimento de Caçadores de Montanha, 223, 224, 256
100º Regimento de Caçadores de Montanha, 187, 188, 193, 222, 227, 240, 256, 260, 271
141º Regimento de Caçadores de Montanha, 240, 243, 256
55º Batalhão de Motociclistas, 224, 235
Exército britânico
formações:
Força W, 52, 56, 58, 63
Creforce, 112, 122, 124, 126-27; manhã da invasão, 137, 138, 149, 150, 161, 188, 191, 192; durante a "invasão por mar", 197; manhã do contra-ataque, 200; muda-se da pedreira, 226; Freyberg, 243, 261

4ª Divisão, 398, 403
1ª Brigada Blindada, 52; desdobramento no norte da Grécia, 57, 58, 60; retirada e evacuação, 67, 70, 70-71
14ª Brigada de Infantaria, 82, 121, 122, 124, 125, 126; não informada da invasão, 137, 161, 170, 219, 251
Força Mackay, 56, 57
Layforce, 44; tentativa de desembarque em Paleókora, 235; desembarque em Suda, 236-37, 246, 249-50, 265-70, 279
regimentos:
3º de Hussardos, 145-46, 170, 200, 228, 259
4º de Hussardos, 55, 65, 69
3º Real Regimento Blindado, 58
7º Real Regimento Blindado, 152, 154, 170
2º da Real Artilharia Montada, 55, 58
7º Regimento Médio, 169, 171
Hussardos de Northumberland, 55, 58, 63, 137-38
Rangers de Sherwood, 197, 198, 247-48
Hussardos de Argyll & Sutherland, 121, 219, 255, 265
Black Watch, 121, 124, 156, 167, 169, 171, 215, 218, 251, 252, 254
Regimento de Hampshire, 404
Real Regimento da Rainha, 235
Real Regimento do Leicestershire, 121, 161-62, 167, 169, 170, 171, 173, 252
Regimento de York e Lancaster, 121, 172, 173, 251
Regimento Galês: em Alexandria, 21; Suda, 82, 121, 124, 193, 211, 226; destino na Força-Reserva, 239-41, 273
SAS, 315, 316
SBS, 315, 342, 370, 373-74, 389, 399, 399n
50º Grupo de Choque do Oriente Médio, 93-94, 272, 273
Rangers, 55, 219, 239
Perivólios Reais, 156, 240
7º Hospital Geral de Campanha, 144, 156
Exército da Nova Zelândia
formações:
2ª Força Expedicionária da Nova Zelândia, 51
2ª Divisão da Nova Zelândia, 52, 61, 109, 112, 121, 189, 211, 251
4ª Brigada, 69, 71, 121, 129, 182, 193, 200, 227
5ª Brigada, 61, 82, 129, 153, 180, 186, 187, 199, 200, 210-11, 221-23, 262
10ª Brigada, 122, 129, 142, 156, 199, 209, 230
regimentos:
5º Regimento de Campanha, 63
18º Batalhão, 143, 200, 211, 223, 226-27
19º Batalhão, 143, 208-09
20º Batalhão, 121, 143, 182, 189, 193, 199, 200, 201-02
21º Batalhão, 180, 182, 186, 201, 202
22º Batalhão, 129, 135, 136, 140-41; defesa do campo de pouso, 151-55
23º Batalhão, 141-42, 153-54, 155, 179-80, 182, 186, 211, 221, 228, 245, 259
28º Batalhão (Maori), 179, 187, 201, 202, 211, 231, 234, 246
Batalhão Misto, 142, 144, 227
Cavalaria da Divisão, 143, 157, 230
Companhia de Combustíveis da Divisão, 142, 156, 157, 230
Destacamento de Engenharia, 141-42, 187
Exército grego, *ver* Exército Real Helênico
Exército italiano:
51ª Divisão Siena, 29, 272-73, 348, 400
58ª Divisão Leniano, 29
Exército iugoslavo, 36, 37, 38; colapso do, 54, 72
Exército Real Helênico: defesa da linha Metaxas, 55; substituição da 5ª Divisão cretense, 93; formação de regimentos

gregos em Creta, 123
formações:
Exército de Épiro, 61, 65
5ª Divisão cretense, 28-29, 35, 72, 78, 273
regimentos:
evzones, 209
1º Regimento Grego, 122, 224
2º Regimento Grego, 150, 156, 157, 234
3º Regimento Grego, 124
4º Regimento Grego, 213-14
5º Regimento Grego, 213-14
6º Regimento Grego, 142, 144
7º Regimento Grego, 124
8º Regimento Grego, 123, 142, 144, 156, 222, 242

Farran, ten. R. A., 146, 200, 208, 228-30
Fernleaf House, 91
Ferrero, gal., 62
Fielding, maj. A. W. (Xan): chegada, 2965; encontro com Skoulas para discutir criação da EOK, 297, 301, 302, 307, 309, 313, 317; problemas com cel. Papadakis, 318; sobrevoa Creta com a RAF, 320; volta com Arthur Reade, 322-23, 324, 325; organiza evacuação de soldados perdidos, 337-38; e o bando de Selino, 339-40; problema com o gal. Mandakas, 339-40; em Tsilívdika, 351; promoção a major, 355; organiza reunião de Therisso entre EOK e EAM-ELAS, 357; volta ao Cairo e se transfere para a SOE França, 396; volta a Creta, 396, 399
Fleming, Ann, 269
Fleming, maj. Richard, 124
Fleming, Peter, 44, 45, 47, 56-57, 65, 68, 299
Fletcher, cap. R., 143
Florina, 57
Forbes, Comandante de Ala Visconde (conde de Granard), 49, 67
Força Aérea alemã
formações:
4ª Frota Aérea, 102, 158
VIII Corpo Aéreo, 103, 135, 158, 176, 184, 194, 225-26, 248, 264
X Corpo Aéreo, 32
XI Corpo Aéreo, 103, 184
7ª Divisão de Pára-quedistas, 100-02, 117, 131-34, 285
regimentos:
Regimento Tempestade (mais tarde, Grupo Ramcke), 100n, 104, 132, 136, 147-48, 158, 178, 184, 185, 186, 189, 222, 227
1º Regimento de Pára-quedistas, 98, 104, 162, 169-74, 214-19
2º Regimento de Pára-quedistas, 102, 104, 162, 162-67, 213-14
3º Regimento de Pára-quedistas, 102, 104, 143, 145, 146, 155, 156, 159, 178, 182, 184, 192, 208-10, 226, 240
Batalhão de Engenharia de Pára-quedistas, 104, 143, 144, 147
Força Imperial Australiana
formações:
Corpo Australiano, 56
6ª Divisão, 52, 56, 59, 61, 72, 88
7ª Divisão, 52
16ª Brigada, 56
19ª Brigada, 121, 234, 240
batalhões:
2/1º, 121, 164-67, 214, 255, 256
2/4º, 169, 171
2/7º, 121, 199, 200, 211, 234, 270, 271
2/8º, 121, 234, 246
2/11º, 121, 164-67, 213-14, 225, 256
Força Mackay, 56, 57
forças "X", 397
Forrester, cap. M., 26, 27, 69, 75, 124, 144, 209-10, 228, 261, 264, 275
Frantzeskakis, pe. Stilianos, 147, 224
Fraser, cap. Hugh, 374, 383, 388, 394
Frederica, princesa herdeira da Grécia, 66, 85, 207

Freyberg, gen-brg. B., 52, 106, 109; carreira, 109-10; caráter, 111; medo da "invasão por mar", 114-15; e informações do Ultra, 115-19; e reconhecimento, 122; e os regimentos gregos, 123; em visita aos soldados, 126-27, 129; na manhã da invasão, 137; e a evacuação do rei, 149; relatórios ao Cairo, 178; preocupação com "invasão por mar", 191-93; observa a batalha naval, 197; decisão de recuar para Galatas, 210-11; decisão de evacuar Creta, 233-34, partida para Sfakia, 245, 261, 262, 265; relatório de Inglis a Churchill e recriminações no Cairo, 276-78, 279, 280
Fuzileiros Navais, *ver* Real Corpo de Fuzileiros Navais

Gabinete de Guerra, 33, 122
Galatas: ataque de pára-quedistas a, 142-46, 155, 156, 157, 158; combate em 21 e 22 de maio, 208-10; Batalha de, 226-31, 243, 273
Gambier-Parry, gal-brg. M. D., 25
Gentry, cel. W. G., 182, 200, 231
Genz, ten., 133, 155, 158
Georgiópolis, 156, 189, 193, 200-01, 391, 394
Gericke, 102, 140, 178
Giamalakis, dr., 386
Gibraltar: plano de invasão de (Operação Félix), 24
Glembin, cap. H., 391, 404
Glenconner, 2º Barão, 320, 357
Glennie, contra-almirante I. G., 195, 196
Goering, Hermann, 78n, 98, 286
Gorgopotamos, ponte, 304, 320
Gournes, 171
Graham, maj. F. C. C., 242, 246, 249, 266-67, 268, 270
Grande Bretagne, Hotel, 27, 63, 67, 106, 131, 184
Granville, Christine, 396
Grazzi, Emanuele, 22
Grécia, plano de invasão da (Operação Marita), 24
Grohmann, Sonderführer E., 404
Grupos de choque, *ver* Layforce
Gubbins, general-de-brigada Colin, 113-14
guerra civil grega, 280, 325
Gyparis, ten-cel. Pavlos, 398

Hadjigrigorakis, Xenophon, 382
Halder, gal. Franz, 53, 97
Halepa, 90, 193, 241, 289, 323, 401, 402
Haliacmon, linha, 37, 38, 39, 51, 52, 56
Halkiadakis, George, 294
Hammond, ten-cel. N. G. L, 20, 47, 68-69, 72, 75, 92, 126, 175-76, 253, 303, 331
Hamson, C. J., 125, 174, 217, 255, 265
Hargest, brigadier J., 82, 129, 158, 179, 182, 200, 238-39, 245, 262, 277
Harling, Operação, *ver* Gorgopotamos, ponte
Hartmann, cap., 318
Heidrich, cel., 156, 159, 182, 208-10, 240
Heráclion, 19; deflagração da guerra, 23; Pendlebury como vice-cônsul, 46-47, 92, 94, 101, 104, 105, 112, 119; manhã de 20 de maio, 162; luta em, 173-75; ataque aéreo a, 217-18; evacuação de soldados britânicos, 251-52, 290-91; ataque do SAS e represálias, 315-17; rede de informações durante a ocupação, 334-35; preparação para a retirada alemã de, 383-84; infiltração na cidade, 384; dia da libertação, 385; choques entre Bandouvas e o ELAS, 399; julgamento dos colaboradores, 401
Heydte, cap. Freiherr von der, 100, 101, 144, 157, 184, 225, 241, 407n
Heywood, general-de-brigada T. G., 25, 32, 35, 38, 68, 122, 206, 218
Hierapetra, 126, 255, 363, 387
Hildyard, Myles, 247, 263, 271, 274, 290
Hinton, sgt., agraciado com a Victoria Cross, 73

Hitler, Adolf, 21, 23, 24, 53, 54, 62, 97, 98, 99, 104, 278, 280; obsessão com o flanco balcânico, 342n
Hobson, brigadier R. H., 53, 57, 70
Hollingworth, Clare, 63
Hope-Morley, ten. G. (Lord Hollenden), 124, 161
Household, Geoffrey, 44, 49, 54
Houseman, cap. J. W., 367, 383
Hulme, sgt. A. C., 245
Hunt, cel. D. W. S., 20, 21, 49, 67, 138-39, 197
Hutchinson, R. W., 84

Inglis, brigadier L. M., 70, 129, 182, 193, 227, 231, 241, 265, 277
ISLD (MI6), 293, 300-01, 305, 308, 312, 335, 340, 352, 412
Iugoslávia: negociações gregas com, 31; captura de Skopje, 55-56

Jellicoe, cap., 2º conde de, 315, 316, 324, 361, 370, 374
Jeschonnek, gal. Hans, 98
Jodl, gal. Alfred, 62, 97, 99
Johnson, cap. S. H., 152, 155, 181
Johnstone, Norman, 45, 76
Jorge II, rei dos Helenos, 22, 23, 32, 36, 61, 66-67, 85, 86, 88, 122-23; fuga pelas Montanhas Brancas, 149-50, 205-06, 280, 303, 332, 334; transmissões, 347; e a questão do plebiscito, 357
Jorge, príncipe da Grécia, 85
Juventude Hitlerista, 100

Kakopetro, 287
Kalamata, 72, 84
Kalanthe, 67, 68, 76, 90, 91, 274
Kalafotakis, cap., 173
Kali-Síkia, 353
Kallikrati, 353
Kamares, 369, 371
Kandanos, 147; luta em, 224, 287, 383
Kaso, estreito, 235
Kasos, 94, 126, 175
Kastelli Kissamou, 75, 78, 122; e o destacamento de Mürbe, 148, 224; defesa de, 224-25, 287; tensão entre o ELAS e a EOK, 400; libertação de, 400, 402
Kastelli Pediados, 316, 317, 323, 342, 347, 374, 394
Kastoria, 29
Kato Simi, 349
Keble, brigadier M., 320-22, 356-57
Kelaïdis, coronel, 378
Khnarakis, Gregori: e a operação Kreipe, 363-72
Killearn, lady (lady Lampson), 41n
Killearn, Lord (Sir Miles Lampson), 276, 299
King, contra-almirante E. L. S., 195, 203, 204 261, 264
Kippenberger, cel. H. K., 122, 129, 142, 143, 144, 145, 156, 157; insiste em contra-ataque ao Vale da Prisão, 182; na Batalha de Galatas, 227-31, 248, 250, 263, 264
Kiriakosélia, 337, 338
Kirwan, brigadier R., 403
KKE (Partido Comunista grego), 324, 325, 331, 332; tropeço na conferência pan-cretense em Karines, 332; política para a Macedônia, 333; infiltração no QG do Exército Nacional em Atenas, 394; reação aos soldados britânicos em Atenas, 398; fracasso em Creta, 405-06, 423
Kleinschmidt, maj., 405
Kleye, cap., 185-86
Koch, maj, 136, 141, 184
Kokonas, Alexandros, 324, 334, 402
Komis, Nikos, 364
Komnas (traidor), 319
Kondekas, cel., 339, 393, 394
Kondomari, 287
Koryzis, Alexandros, 33; suicídio de, 61
Koustoiérako, 338, 353-55
Koxaré, 399

Kreipe, gal. H., 290, operação para seqüestrar, 363-72, 408
Kroh, maj., 163, 165, 166, 213, 214
Kroussonas, 251, 387

Lampson *ver* Killearn
Langouvardos, pe. A., 292
Larissa, 61
Lasithi, 272; organização da resistência, 334, 343, 344; ELAS em, 353, 361, 362
Lassen, cap. Anders, agraciado com a Victoria Cross, 342, 390
Lawrence, prof. A. W., 47
Laycock, general-de-brigada R., 235, 236, 242, 246, 247, 248, 265-66, 279
Leigh Fermor, Joan, 336
Leigh Fermor, maj. P. M.: com a Missão Militar Britânica na Grécia, 26, 27, 43, 71, 75; em Creta, 101, 124-25; com a Missão Militar Britânica em Creta, 252-52, 298, 301, 303, 304, 307, 309, 319-20, 323, 329, 335-36, 343-44; e as negociações italianas, 343-46, 347, 348; com Bandouvas, 345-47; fuga do gal. Carta, 349-50; promovido a major, 355; desce de pára-quedas para a operação Kreipe, 361; e a operação Kreipe, 362-72; volta a Creta, 395; partida de Creta e fim da guerra, 396; julgamento dos generais Bräuer e Müller, 408
Leivada, 354
Leros, 345
Levidis, cel., 150, 205-06
Liebach, maj., 144
Limonias (líder do ELAS), 379, 399
List, marechal-de-campo Wilhelm, 62, 102-03, 184
Lodwick, cap. J., 374, 389
Löhr, gal. Alexander, 102, 185
Lokhria, 369, 371
Longmore, marechal-do-ar A., 36, 40
Lukas, maj. Stanislas, 384

MI9, 337
MacGlasson, cel., Exército dos EUA (OSS), 373
Mackay, general-de-brigada I., 56
Maclean, brigadier Fitzroy, 356
Maleme, campo de pouso de, 89, 104, 111, 112, 113; aviso do Ultra de ataque a, 119, 121, 122; pouco antes da invasão, 128-29, 133; manhã da invasão, 134-36; ataque de pára-quedistas a, 139-41; mal-entendido sobre a defesa, 178-82; defensores recuam, 186, 233, 237, 277, 315; e a rendição alemã em Creta, 403
Mandakas, gal. E., 297, 322, 323, 324, 331, 340, 358, 394
Maniadakis, Constantinos, 22, 27, 49, 61, 69, 85
Manoussakis, Manoussos, 288, 303, 323, 333, 361, 372, 389
Margarikari, 369, 371
Margarites, 375
Marinha alemã:
Bismarck, 276
Marinha Real Australiana
navios de guerra:
Napier, 263
Perth, 82, 203, 204, 261, 264, 275
Marinha Real Helênica
navios de guerra:
Helle, 21
Papanikolis, 305, 319, 322, 335
Marinha Real: e a Baía Suda, 114-15; destruição do Primeiro Grupo de Embarcações Leves, 191, 194-96; interceptação do segundo comboio, 203; ataques da Luftwaffe, 203-05; evacuação de Heráclion, 253-54; evacuação de Sfakia, 261, 263, 267; operações em Creta, 305
navios de guerra:
Abdiel, 235-36, 264
Ajax, 26, 27, 111, 195
Barham, 194

Calcutta, 82, 203, 261, 264
Carlisle, 204
Coventry, 261
Decoy, 205, 206
Diamond, 74
Dido, 195, 196, 253, 254
Dolphin, 92, 125-26, 175-76, 253n
Fiji, 204
Formidable, 194
Glengyle, 82, 236, 261
Gloucester, 204
Greyhound, 204
Hasty, 195
Havoc, 71
Hereward, 195, 254
Hero, 205, 235
Hood, 276
Hotspur, 253, 254
Ilex, 194
Illustrious, 32
Imperial, 253
Jackal, 207
Janus, 195
Jervis, 194
Juno, 195
Kandahar, 204
Kashmir, 207
Kelly, 206-07
Kelvin, 207
Kimberley, 195, 253
Kingston, 204
Kipling, 207
Naiad, 203
Nizam, 194, 235
Nubian, 195
Orion, 195, 253, 254
Phoebe, 261, 264
Queen Elizabeth, 194
Thrasher, 291
Thunderbolt, 293
Torbay, 293
Valiant, 204, 206
Warspite, 194, 204
Wryneck, 74, 75
York, 81, 322
Matapan, cabo: Batalha do, 54
Matsuoka, Sr., 53
Maxwell, cel. T., 300, 320
Maxwell, ten. P. V. H., 202
May, cap. Guy, 69
Mazarakis, gal., 61
Meindl, generalmajor E., 140, 141, 143, 184
Melidoni: encontro de Dunbabin com a EAM, 378-79
Mellisinos, gal., 27
Mercúrio (Merkur), Operação, 99
Metaxas, gal. I., 21, 22, 23, 27, 31, 32; morte de, 33, 78
Metaxas, linha, 55, 56
MI(R), 19, 20, 43, 44, 69, 235, 411
Miers, comandante, agraciado com a Victoria Cross, 293
Milos, 194, 195, 203
Mincemeat ("Picadinho"), Operação, 341
Missão Iaque, 45, 46, 47, 56, 57, 59, 65, 68
Missolonghi, 65
Mitsotaki, Kaite, 390
Mitsotakis, Constantinos, 323, 358, 382; preso, 382, 389, 390, 402
Moir, sgt. T., 377-78
Monastir, desfiladeiro de, 37, 46, 55
Monemvasia, 75
Moni, 354
Morse, cap. J. A. V., Marinha Real, 191, 211, 235-36, 261
Moss, cap. I. W. Stanley, 301-02; e a operação Kreipe, 362-72; volta a Creta, 375; Damastas, 377, 395
Mott-Radclyffe, cap. C. E., 26, 67-68
Mountbatten, almirante Lord L., 206-07
Müller, general, 289, 328; ultimato aos soldados italianos, 348, 349; substituído por Kreipe, 363; destruição de Anoyia, 378; partida de Creta, 383; julgamento e execução, 407-08

Mürbe, ten.: lançado em Kastelli Kissamou, 148, 224-25, 287
Mussolini, Benito, 21, 35, 62, 97; queda de, 344, 348
Myers, brigadeiro E., 356-57

Nathenas, cel., 384, 386, 393
Naupaktos, 65
Nauplia, 69, 72, 74
Neápolis, 334, 347, 374, 387
Neumann, dr. H., 181, 287
Nicolson, Harold, 276
Nicolson, Nigel, 210n
Norman, Mark, 45, 59, 76, 77
Northumberland, 10º duque de, 53, 58

Olimpo, Monte, 37, 52, 56
Omalo, planície de, 322
OSS (Organização de Serviços Estratégicos), 373

Palairet, lady, 205
Palairet, Sir Michael, 23, 28, 37, 39, 67, 205
Paleókora, 147, 224, 235
Panayia, 394
Papadakis, cel. Andreas, 294, 296, 318, 319
Papadakis, gal. Nikolaos, 386, 393, 394
Papadoyannis, Emmanuel, 334
Papagos, gal. Alexandros, 22, 31, 32, 36, 38, 39, 54, 55, 56
Papaleonidas, Antoni: e a operação Kreipe, 363-72
Papandreou, George, 397
Papas, Mitsos O, 362
Papasteriou, gal., 78
Papayannakis, maj., 389
Paterakis, Antoni, 354-55, 359, 395-96, 400
Paterakis, Costi, 353
Paterakis, Manoli, 272, 343, 350; e a operação Kreipe, 362-72, 408-09
Patras, 65, 372
Paulo, príncipe regente da Iugoslávia, 31; assinatura do Pacto Tripartite, 53, 69
Paulo, príncipe-herdeiro da Grécia, 67, 85
Pawson, David, 69, 72
Peck, maj. G. W., 200
Pedro, príncipe da Grécia, 27, 69, 71, 124, 144, 149, 150, 205-06
Pendlebury, cap. J. D. S., 19, 46, 85, 92-95, 124-26, 217-18, 251, 273, 297, 308, 385
Perama, 376
Perivolia (Canéia), 150, 157, 234
Perivolia (Retimno), 167, 213, 214, 219, 220, 255, 256
Perkins, sargento especialista D. C., 308, 338, 339, 353-55, 358-59
Petrakageorgis (*kapitan andarte*), 125, 218, 295, 317, 318, 332, 368, 369, 379, 384, 395
Petrakas, Petro, 292, 370
Pireu, 51, 54, 66, 194
Pirgos, 179, 186, 201
Pirie, Ian, 48-49, 69, 72, 75, 91, 247
Pitcairn, ten-cel. A. A., 251
Planadores, operações com, 133, 136, 137, 138
Platanias, 186, 201, 221, 223
Plessen, ten. von, 140
Plevres, cel. Nikolaos, 334, 375, 384
Ploesti, *ver* Romênia
Polentas, Andreas, 319, 323
Polioudakis (chefe de polícia de Heráclion), 318, 351, 386
Pollock, George, 45, 300
Pool, ten. comandante F. G. ("Skipper"), reserva da Marinha Real, 291, 292, 293
Pöppel, M., 100
Porfiroyennis, M., 68, 289, 343, 358
Porto Rafti, 70
Powell, Enoch, 320
Presforce, 404
Preston, brigadier P., 404
Preveli, 291

Profitilias, 137
Psychoundakis, George, 294, 307, 329, 336, 337, 338, 351, 374, 407, 408
Puttick, brigadier E., 122, 158, 182, 193, 238, 239, 240, 261-62, 277
PWE (Executiva de Guerra Política), 381-82, 411

Quilliam, cel., 49
Quins, os (rede de informações), 297, 323, 333

RAF (Royal Air Force): na Grécia (Força Aérea Britânica na Grécia), 23, 24, 29, 35, 60; pessoal de terra na retirada, 62; batalha aérea sobre Atenas, 63; evacuação da, 72; interesse em Creta, 112, 114; retirada de Creta, 127; pessoal de terra em Maleme, 139; durante ataque, 152; fracasso no preparo de campos de pouso, 218; bombardeia Maleme, 233
esquadrilhas:
30ª Esquadrilha, 128
211ª Esquadrilha, 24
Rafina, 70
Ramcke, cel. H., 101, 185, 186, 202, 223, 240
Ranfurly, Condessa de, 299
Rawlings, contra-almirante H. B., 204-05, 253
Reade, cap. A. E. E., 321-22, 329
Real Corpo de Fuzileiros Navais: MNBDO, 90, 112; artilharia antiaérea em Maleme, 134; batalhão de fuzileiros na retaguarda, 266, 267
Reinhardt, maj., 105
Rendel, maj. A. M., 296, 305, 306, 334; chegada a Treis Ekklisies, 350; em Tsilívdika, 351; rumo às montanhas de Lasithi, 352, 361, 362-63, 368, 373, 383, 384, 385, 387
Retimno, 88; ataque de pára-quedistas a, 162-67; suprimento da guarnição, 239; australianos cercados, 255, 256; organização da resistência, 333, 334; choques entre o ELAS e a EOK, 398-99
Retimno, campo de pouso, 104, 119, 121, 166
Richthofen, gal. Freiherr W. von, 103, 157, 184, 188, 225-26
Ringel, gal. Julius, 103, 117, 193, 222, 243, 246, 256, 272, 288, 361
Rodakino, 351, 369
Romênia: campos de petróleo, 20, 24, 99, 112, 280; tropas alemãs na, 31, 33, 38
Rommel, gal. E., 276, 313
Royce, maj. W. M., Exército dos EUA (OSS), 373; e a contrapropaganda, 381-83; libertação de Heráclion, 385
Rüdel, juiz R., 286, 287
Russell, maj. J. T., 208, 227
Rússia: invasão da (Operação Barbarossa), 24, 78n, 99, 226, 248, 264; efeito da Batalha de Creta sobre, 279, 280, efeito da campanha sobre a ocupação de Creta, 327

Sakellariou, almirante Alexandros, 69
Saktouria, 368, 369, 371
Salisbury-Jones, brigadeiro A. G., 26, 27, 69, 124, 248, 277
Salônica, 11; captura alemã de, 55, 102
Samaria, 401n; última batalha do ELAS, 407
Samaritis, Niko, 353, 362
Sandford, cap. M., 197
Sandover, maj. R. L., 164, 166, 213-14, 219, 255, 256, 257, 293
Santorini, 77
Satanás (Antonis Grigorakis), 125, 173, 174, 217, 251, 255, 317, 318
Saviolakis, Stratis: e a operação Kreipe, 365-72
Scarpanto, 194, 254
Scherber, maj., 141, 142, 143, 184, 186
Schlauer, Kurt, 382
Schlemm, gal., 184
Schölz, juiz J., 286
Schubert (oficial de contra-espionagem), 338, 344; e o Jagdkommando Schubert (dos "schuberaios"), 353; desmobilização do Jagdkommando Schubert, 362, 404

Schulenburg, cap. conde von der, 172
Schulz, maj. K.-L., 171, 172, 173, 174, 217
Scobie, general-de-divisão R., 390, 394, 398
Scott, cap. P., 71
Seção D, 25, 43, 69, 411
Seferis, George, 397
Selborne, 3º conde de, 300
Selino, bando de: família Paterakis e chegada de "Kiwi" Perkins, 339, 353-55
Sfakia: decisão de recuar para, 243, 245, 249, 250, 260-71; temor alemão de invasão, 327
Shearer, brigadeiro E. J., 175
Siantos (líder comunista), 398
Sicília: invasão da, 341-42
Simovic, gal. Dusan,
Sitéia, 255, 272, 344, 387
Skoulas, Nikolaos, 297, 325, 333, 358
Skoulas, pe. Ioannis, 304, 350
Smith-Dorrien, ten-cel. P., 26, 71
Smith-Hughes, maj. Jack, 239, 271, 292, 293, 294, 295, 300, 304, 321, 324, 356; e a libertação de Heráclion, 386, 395
Smuts, marechal-de-campo Lord, 40
SOE, 19, 25, 43, 44, 411-12; centro de treinamento ME 102 em Haifa, 47-48, 302-04, 387-88; SOE Cairo, 291, 295, 296, 299-302; e a política, 35-57
Sofia, princesa da Grécia, 66, 85
Souris, Niko, 345, 347, 351, 352
Spanidis, cap. Athanasios, Marinha Real Helênica, 335
Spanoudakis, Marko, 297, 333, 361
Spears, gal. Sir Edward e Lady,
Spyrou, pe., 400
Stalin, Josef: e o "acordo de percentagens", 398
Stanley, cap. J., 335-36, 351, 352, 400
Stauffenberg, cel. conde C. von, 101
Stawell, major-general W. A. M., 357
Stentzler, maj., 140, 141, 153, 178, 179
Stephanides, dr. T., 63, 73-74, 157, 225, 234, 247, 259, 275
Stewart, brigadeiro K. L., 182, 183, 197
Stewart, sgt. c., 249, 250
Stirling, ten-cel. D., 316
Stockbridge, maj. R., 293, 294, 298, 301-12, 335-36; em Tsilívdika, 351-52, 368, 370, 405
Student, gal. K., 98, 99, 100, 102, 103, 104, 105,106, 131, 184, 185, 186, 188, 208; desembarca em Maleme, 226, 278, 285, 286, 287; julgamento por crimes de guerra, 407n
Sturm, cel. A., 162-63, 166, 184
Stylos, 245, 247, 248
Suda, 104, 121, 240
Suda, Baía de, 81, 89; naufrágio de embarcações, 113, 129, 175; primeira ameaça à, 234; chegada da Layforce, 234-37; e a rendição alemã, 404
Suez, Canal de, 99
Sunion, Cabo, 71
Süssmann, gal. W., 101-02; morte, 133, 143, 184
Sutherland, maj. David, 342
Sweet-Escott, B., 321

Tanner, soldado R. E. S., 242, 248, 268
Tarves, sgt. A., 329, 339
Tavana, ten. Franco, 343, 345, 348, 350, 352, 353
Terisso, 205; reunião entre EAM e EOK, 357
Thomas, ten. W. B., 228-30, 273
Tidbury, brigadier O. H., 97, 113, 122, 156
Timbaki, 219, 265, 297, 315
Trebes, ten. H., 142, 181, 287
Treis Ekklisies, 342, 349, 350
Trettner, cel. von, 131, 184
Tsangarakis, Yanni, 319-20, 329, 336
Tsiphakis, maj. C., 163, 333-34, 379, 380
Tsolacoglou, gal. Georgiou, 62, 99
Tsouderos, Emmanuel, 67, 85, 205
Tsoutsouro, 362
Turle, contra-almirante C. E., 206, 218

Turrall, cap. Guy, 296, 297
Tyrakis, George: e a operação Kreipe, 363-72
Tzatzas, Dmitri, 364

Ultra, 32, 49, 58, 106, 115-19; leitura errada do, 191-92; texto das mensagens, 418-23
Upham, ten. C., agraciado com a Victoria Cross, 201, 262
Utz, cel. Willibald, 187, 227
Uxküll, maj. conde von, 100, 101, 143, 286

Vafé, 292, 296, 318, 323, 389, 395
Vale da Prisão (Vale de Ayia), 142-43, 159; fracasso no contra-ataque, 182, 192, 208-11, 224, 226, 231, 234
Valona, 35
Van Creveld, prof. Martin, 78n, 99
Vandoulakis, Nikolaos, 292, 296, 319, 395
Vandoulakis, Perikles, 389, 391
Varkiza, acordo de, 398
Vasey, brigadier G. A., 200, 231, 239, 245, 259
Vellacott, Paul, 382
Veloudakis (líder do ELAS), 379
Venizelos, Eleutherios, 23, 205, 323, 405
Vernadakis, Pavlo, 358
Verney, maj. S. E., 311, 381-83, 388-89, 399, 405
Vevi, 57
Viannos, 345, 348, 349, 375
Viena, 53
Vrisses, 259

Waldheim, dr. Kurt, 389
Walker, ten-cel. T. G., 270, 271
Walther, maj., 170, 171, 215
Waugh, Evelyn, 45, 235-36; *Oficiais e gentlemen*, 235-36, 242, 248, 249, 260, 265-66, 267, 268-70, 279
Wavell, gal. Sir Archibald, 32, 33, 36, 36-38, 39, 40, 52, 61, 77; nomeação de Freyberg, 109; informa Freyberg, 111-12; e Freyberg sobre a defesa de Creta, 114-16; e análise das informações do Ultra, 116-17, 191; avisado da evacuação de Creta, 233; decisão sobre a evacuação, 243, 264, 276
Weixler, cap. F.-P., 136, 178, 287
Weston, general-de-brigada E. C., 89, 112-13, 156; comando da retaguarda, 238-41, 245, 261; e a rendição de Creta, 265, 266, 267
White, ten. M., 309, 317, 383
Wiedemann, cap., 163, 167, 213-14
Wildhage, cap., 388-89, 402
Wilkinson, Peter, 91, 92, 113, 114, 235-36
Wilson, gal. Sir Henry Maitland, 39-40, 49, 52, 60, 61, 62, 65, 69, 71, 72, 111, 112, 345, 356
Winton, Gerry de, 57, 59, 279
Witzig, cap., 98
Woodhouse, cel. C. M., 26, 78, 125; sobre a manhã de 20 de maio de 1941, 137, 248; com a Missão Militar Britânica em Creta, 294-96; substituído por Dunbabin, 297, 299; e o Acordo Nacional dos Bandos, 340, 362, 387

Xirouhakis, bispo A., 288, 390
Xylouris, Mikhaili, 367-68, 374, 375, 376, 377, 381, 384

Yení Gavé, 376, 377
Yerakari, 398, 324, 334, 379
Young, cel. George, 44; com a Layforce, 235-36, 245-46, 267, 268, 269, 270, 271
Young, ten. comandante R., Marinha Canadense, 305

Zervas, gal. Napoleon, 340
Zographistos, Pavlos, 364
Zoïdakis, Antoni: e a operação Kreipe, 365-72; morte, 378

Este livro foi composto na tipologia Latim 725 BT,
em corpo 10,5/14,5, e impresso em papel
off-set 75g/m² no Sistema Cameron da Divisão
Gráfica da Distribuidora Record.